Política Criminal Contemporânea

Criminologia, Direito Penal e Direito Processual Penal

**Homenagem do Departamento de
Direito Penal e Processual Penal pelos 60 anos
da Faculdade de Direito da PUCRS**

P769 Política criminal contemporânea: criminologia, direito penal e direito processual penal: Homenagem do Departamento de Direito Penal e Processual Penal pelos 60 anos da Faculdade de Direito da PUCRS / coord. Alexandre Wunderlich; Andrei Zenkner Schmidt ... [et al.] – Porto Alegre: Livraria do Advogado Editora, 2008.

344 p.; 23 cm.

ISBN 978-85-7348-520-2

1. Política criminal. 2. Criminologia. 3. Direito penal. 4. Processo penal. I. Wunderlich, Alexandre, coord. II. Schmidt, Andrei Zenkner.

CDU – 343.9

Índices para o catálogo sistemático:
Processo Penal
Direito penal
Criminologia
Política criminal

(Bibliotecária responsável: Marta Roberto, CRB-10/652)

Alexandre Wunderlich
(Coordenador)

Política Criminal Contemporânea

Criminologia, Direito Penal e Direito Processual Penal

Homenagem do Departamento de
Direito Penal e Processual Penal pelos 60 anos
da Faculdade de Direito da PUCRS

Alexandre Wunderlich
Andrei Zenkner Schmidt
Aury Lopes Júnior
Cezar Roberto Bitencourt
Fábio Roberto D'Avila
Fabrício Dreyer de Avila Pozzebon
Flávio Cruz Prates
José Antonio Paganella Boschi
Lenôra Azevedo de Oliveira
Luciano Feldens
Lúcio Santoro de Constantino
Marcelo Caetano Guazzelli Peruchin
Nereu José Giacomolli
Ney Fayet Júnior
Paulo Vinicius Sporleder de Souza
Rodrigo Ghiringhelli de Azevedo
Rodrigo Moraes de Oliveira
Ruth Maria Chittó Gauer
Salo de Carvalho
Tupinambá Pinto de Azevedo

©
Alexandre Wunderlich (Coord.), Andrei Zenkner Schmidt,
Aury Lopes Júnior, Cezar Roberto Bitencourt, Fábio Roberto D'Avila,
Fabrício Dreyer de Avila Pozzebon, Flávio Cruz Prates,
José Antonio Paganella Boschi, Lenôra Azevedo de Oliveira,
Luciano Feldens, Lúcio Santoro de Constantino,
Marcelo Caetano Guazzelli Peruchin, Nereu José Giacomolli,
Ney Fayet Júnior, Paulo Vinicius Sporleder de Souza,
Rodrigo Ghiringhelli de Azevedo, Rodrigo Moraes de Oliveira,
Ruth Maria Chittó Gauer, Salo de Carvalho, Tupinambá Pinto de Azevedo,
2008

Capa, projeto gráfico e diagramação
Livraria do Advogado Editora

Revisão
Rosane Marques Borba

Direitos desta edição reservados por
Livraria do Advogado Editora Ltda.
Rua Riachuelo, 1338
90010-273 Porto Alegre RS
Fone/fax: 0800-51-7522
editora@livrariadoadvogado.com.br
www.doadvogado.com.br

Impresso no Brasil / Printed in Brazil

Uma justa homenagem, 60 anos de história

JARBAS DE MELO E LIMA

Diretor da Faculdade de Direito da PUCRS

Indiscutivelmente, o livro que ora está sendo dado a lume em homenagem aos 60 anos de atividades acadêmicas da Faculdade de Direito da Pontifícia Universidade Católica do Rio Grande do Sul, constitui-se como um marco na construção do saber científico na órbita do Departamento de Direito Penal e Processual Penal.

Para que uma Universidade e, particularmente, suas unidades autônomas, como o são as Faculdades, possam alcançar elevados níveis de excelência é imprescindível planejamento e execução de boas políticas voltadas aos investimentos de infra-estrutura, com a construção de prédios apropriados, laboratórios, bibliotecas, redes de informática, aptas a colocarem a comunidade acadêmica em contato com as informações que transitam, com a velocidade da luz, no mundo contemporâneo, extremamente cambiante, veloz, virtual.

Não obstante todos os investimentos, a Universidade, como um todo, e suas unidades autônomas, em particular, não conseguirão, jamais, viabilizar esses objetivos se não tiverem em seus quadros com professores e funcionários pessoas altamente qualificadas, em condições de transmitir seus conhecimentos auridos no exercício da atividade profissional como advogados, juízes, membros do Ministério Público ou integrantes de carreiras jurídicas, como, ainda, da pesquisa científica, metódica, crítica, apta a propiciar a revisão de paradigmas e a contribuir para com o avanço da ciência em benefício da humanidade.

A presente obra – que foi planejada e construída graças ao esforço e à dedicação dos professores da Faculdade de Direito, com o incondicional apoio da sua Direção e da próopria Universidade – pode ser apontada como o exemplo da preocupação da Pontifícia Universidade Católica com a consolidação desses paradigmas.

A persistência, a presença e a dedicação do corpo docente da Faculdade de Direito nos cursos de especialização e de Mestrado – mais a valiosa contribuição de professores de outras Universidades do país e do exterior – propiciou o nascimento, na Capital do Rio Grande do Sul, de uma verdadeira Escola de Criminologia, de Direito Penal e de Processo Penal, ideologicamente identificada com a defesa dos direitos e das liberdades fundamentais do cidadão, a qual vem a cada dia ganhando espaço nos cenários nacional e internacional, por meio de vozes que aqui pesquisam e publicam.

A presente obra revela, por seus textos diversos, a excelência e a seriedade das pesquisas realizadas na graduação e no Programa de Pós-Graduação em Ciências Criminais da Faculdade de Direito da PUCRS e, nessa perspectiva, afina-se, plenamente, aos objetivos dessa nova Escola de Direito.

Nem sempre a importância de publicações, como a presente, é visualizada pela sociedade no plano da elaboração e execução das políticas legislativas e, acima de tudo, na formulação da crítica construtiva sobre a atuação das agências de controle social, nomeadamente, o Ministério Público, a Polícia Judiciária e o Poder Judiciário.

Neste quadro, a Academia vem ocupando espaço e preenchendo vazios que possibilitam, cada vez mais, o engrandecimento das ciências penais em prol da coletividade e da ciência.

Nada mais justo, então, que agradecer o empenho e a dedicação dos professores que compõem o Departamento, Alexandre Wunderlich, Andrei Zenkner Schmidt, Antônio Dionísio Lopes, Átilo Antônio Cerqueira, Aury Celso Lima Lopes Júnior, Cezar Roberto Bitencourt, Fábio Roberto D'Avila, Fabrício Dreyer de Ávila Pozzebon, Fernanda Sporleder de Souza Pozzebon, Flávio Cruz Prates, Gerson Antônio de Ávila, José Antônio Paganella Boschi, Lenôra Azevedo de Oliveira, Luciano Feldens, Lúcio Santoro de Constantino, Marcelo Caetano Guazzelli Peruchin, Marcelo Machado Bertoluci, Mário Rocha Lopes Filho, Nereu José Giacomolli, Ney Fayet de Souza Júnior, Paulo Vinícius Sporleder de Souza, Rodrigo Ghiringhelli de Azevedo, Rodrigo Moraes de Oliveira, Salo de Carvalho e Telma Sirlei da S. F. Favaretto, reconhecendo que aqui se fez e se faz história.

Que esta obra, "Política Criminal Contemporânea", seja seguida de muitas obras para que a evolução do fecundo pensamento acadêmico, em nosso meio, fique registrada para o gáudio nosso e dos pesquisadores do futuro.

Sumário

Apresentação – 60 anos do Departamento de Direito Penal e Processual Penal da PUCRS: a construção de uma Escola de Criminologia no Rio Grande do Sul
Alexandre Wunderlich (coord.) 9

Parte I – Temas de Criminologia e Política Criminal Contemporânea 17
1. História de violência e desagredação: a igualdade imprime a desigualdade
   Ruth Maria Chittó Gauer 19
2. Violência e criminalidade: perspectivas policiais e políticas
   José Antonio Paganella Boschi 33
3. Política Criminal e legislação penal no Brasil: histórico e tendências contemporâneas
   Rodrigo Ghiringhelli de Azevedo e *Tupinambá Pinto de Azevedo* 49
4. Resistência, prática de transformação social e limitação do poder punitivo a partir do sistema de garantias: pela (re)afirmação do garantismo penal na contemporaneidade
   Alexandre Wunderlich e *Rodrigo Moraes de Oliveira* 63
5. A evolução da legislação brasileira e a igualdade racial vinculada ao negro
   Flávio Cruz Prates 73

Parte II – Temas de Direito Penal 85
6. Considerações sobre um modelo teleológico-garantista a partir do viés funcional-normativista
   Andrei Zenkner Schmidt 87
7. Direito penal e direito sancionador: sobre a identidade do direito penal em tempos de indiferença
   Fábio Roberto D'Avila 119
8. A co-responsabilidade do Estado nos crimes econômicos: fundamentos doutrinários e aplicabilidade judicial
   Salo de Carvalho 137
9. Criminalidade ambiental e a Hidroelétrica Barra Grande: o crime ambiental que nunca será julgado
   Lenôra Azevedo de Oliveira 151
10. O aditamento da denúncia e a sua repercussão na prescrição da pretensão punitiva
    Ney Fayet Júnior 165
11. Esterilização humana e direito penal: comentários sobre a Lei 9.263/1996
    Paulo Vinicius Sporleder de Souza 191
12. A conformação constitucional do direito penal
    Luciano Feldens 207

Parte III – Temas de Direito Processual Penal 231
13. Direito ao processo penal no prazo razoável (ou quando os juristas acertam contas com Einstein)
    Aury Lopes Júnior 233
14. A inconstitucionalidade dos poderes investigatórios do Ministério Público
    Cezar Roberto Bitencourt 261
15. Breves considerações sobre o direito ao recurso no processo penal brasileiro
    Fabrício Dreyer de Avila Pozzebon 285
16. Parecer do Ministério Público, na segunda instância, sem o devido contraditório
    Lúcio Santoro de Constantino 305
17. Legitimação ativa do cidadão envolvido em atos de cooperação judicial penal internacional
    Marcelo Caetano Guazzelli Peruchin 319
18. Resgate necessário da humanização do processo penal contemporâneo
    Nereu José Giacomolli 332

Apresentação

**60 anos do Departamento de Direito Penal e
Processual Penal da PUCRS: a construção de uma
Escola de Criminologia no Rio Grande do Sul**

ALEXANDRE WUNDERLICH

Professor Coordenador do Departamento de Direito Penal
e Processual Penal da Faculdade de Direito da PUCRS

A obra que ora se apresenta ao público é fruto do trabalho realizado pelos docentes do Departamento de Direito Penal e Processual Penal da prestigiada Faculdade de Direito da Pontifícia Universidade Católica do Rio Grande do Sul, hoje dirigida pelo Exmo. Professor Jarbas Lima, Diretor da Faculdade de Direito.

O trabalho é realizado em parceria, sempre frutífera, com o pós-graduação em ciências criminais e aborda temas de criminologia, política criminal contemporânea, direito penal e direito processual penal.

Nada mais justo que organizar uma obra com artigos dos professores de criminologia, direito penal e direito processual penal da PUCRS que, ao longo do tempo, fizeram e fazem a história das ciências criminais no Rio Grande do Sul e no país. Assim, o livro expressa o trabalho realizado pelos docentes e vem homenagear a Faculade de Direito, quando se comemora seu aniversário de sessenta anos.

Sessenta profícuos anos da viva e rica história de um Departamento de Direito Penal e Processual Penal que muito contribuiu cientificamente e que tantos ilustres docentes teve nos seus quadros. Afinal, no ato de inauguração da Faculdade de Direito, em 13 de janeiro de 1947, o então Diretor Professor Armando Câmara já advertia que a Faculdade de Direito era uma *"promissora realidade cultural, uma atuante força apostólica"*. Seu corpo docente era *"inte-*

grado por figuras expressivas da cultura jurídica do Rio Grande". "Vários de seus mestres eram já consagrados professores da Universidade do Estado".[1]

Então, nesse momento festivo, é bom lançar um olhar retrospectivo pela história e ver a importância que o Departamento de Direito Penal e Processual Penal teve dentro da Faculdade de Direito da PUCRS, bem como na própria sociedade gaúcha. Sem medo de errar, diria que a contribuição no crescimento e desenvolvimento do saber penal e criminológico é fruto de seis décadas de árduo trabalho científico, o que fez com que o Departamento de Direito Penal e Processual Penal da PUCRS seja altamente reconhecido, nacional e internacionalmente, sobretudo, por sua produção e por seus professores.

O Departamento de Direito Penal e Processual Penal foi, alhures, Dertamento de Direito Penal, Departamento de Direito Criminal e/ou Departamento de Direito Processual e Prática Jurídica. Contudo, sempre reuniu disciplinas teóricas e práticas, fazendo uma aproximação singular entre os fundamentos teóricos e as técnicas forenses. Hoje, estão reunidas todas as disciplinas de direito penal material, direito processual penal, criminologia e medicina legal num único Departamento – conglobando as denominadas ciências penais.

Sublinhe-se, por ser importante, que a construção do saber penalístico e criminológico dentro da Faculdade deu-se sob o comando de eminentes Professores, como aqueles quatro mestres que estavam presentes no ato de sua constituição, os primeiros quatro professores de direito penal e processual penal da Faculdade de Direito: professores de direito penal, Doutores Celso Soares Pereira e Hernani Estrela; professores de direito judiciário penal, Doutores Baltazar Gama Barboza e José Salgado Martins.[2]

Fizeram e ainda fazem a história do Departamento de Direito Penal e Processual Penal os coordenadores, insignes Professores Doutores Alaor Antônio Wiltgen Terra, Jupiter Torres Fagundes, Alceu Loureiro Ortiz, Paulo Pinto de Carvalho, Vilmar Fontes, Paulo Olimpio Gomes de Souza e Fabrício Dreyer de Avila Pozzebon. Os coordenadores, cada qual ao seu tempo, marcaram (e marcam) a história do Departamento e da Faculdade de Direito com enorme dedicação e brilhantismo.

Na condição de professor, o Departamento de Direito Penal e Processual Penal teve inúmeros nomes de destaque, figuras reconhecidas pelo saber jurídico-penal e altas autoridades da Justiça gaúcha. Indiscutivelmente, quase a totalidade dos grandes penalistas do Estado do Rio Grande do Sul passaram pelo Departamento. Para citar apenas dois dos importantes exemplos, dentre tantos que mereciam relevo nesta apresentação, cumpre destacar o processualista emérito Professor Paulo Cláudio Tovo,[3] como um dos ícones do judiciário gaúcho

---

[1] Faustino João e Elvo Clemente, *História da PUCRS*, 2ed., v. I, POA: EDIPUCRS, 2002, p. 75-76.
[2] Ob. cit., *História da PUCRS*, v. I, p. 75.
[3] Sobre Tovo, ver Wunderlich, A. (org.), *Escritos de direito e processo penal em homenagem ao Prof. Paulo Cláudio Tovo*, RJ: Lumen Juris, 2002.

e reconhecido doutrinador, autor de um número infinito de artigos e livros. Da mesma forma, o penalista e Professor José Salgado Martins,[4] emérito jurista e autor de tantos trabalhos importantes para o crescimento do direito penal e penitenciário no país. A justa homenagem aos Professores Paulo Cláudio Tovo e José Salgado Martins é também merecida para todos os professores que lecionaram ou seguem a lecionar no Departamento de Direito Penal e Processual Penal.

A verdade é que desde o princípio a Faculdade de Direito da PUCRS criou um ambiente acadêmico inovador e promissor, que possibilitou a construção de uma Escola de Direito Penal e Processual Penal no Rio Grande do Sul. Ao longo dos anos, esta Escola (ou Movimento) tomou corpo, desenvolveu-se e ganhou respeito e notoriedade, fundamentalmente a partir dos inúmeros debates, seminários, simpósios, congressos e escritos científicos publicados por pofessores e alunos pesquisadores da Faculdade de Direito da PUCRS.

Diz o senso comum jurídico que o direito penal é, de fato, a primeira paixão dos estudantes dos Cursos de Direito. Seja pela dramaticidade do Tribunal do Júri, seja pelos temas emergentes que ensejam calorosas discussões em classe, pode-se atestar que o dado é mesmo verdadeiro. Na Faculdade de Direito da PUCRS não é diferente. O direito penal é tratado com destaque, brilhantismo de cátedra, merecendo atenção especial dos alunos dentro da Instituição.

Afinal, o estudo do direito penal como ciência importa a todos nós, acadêmicos ou não. O estudo das ciências penais está interligado ao debate da violência, em suas múltiplas formas. Temática que, inexoravelmente, atinge a todos. Nesse ponto, os penalistas Zaffaroni, Batista, Alagia e Slokar estão com razão: *"não há sociedade na qual todos os conflitos tenham solução, nem se pode afirmar seja indispensável produzir uma solução por via institucional em todos os casos, especialmente se for previsível que a intervenção possa reproduzi-los ou agravar-lhes as conseqüências. É possível, por outro lado, haver conflitos que não tenham composição viável ou culturalmente aceitável e que, não obstante, requeiram resposta formal"*.[5]

Importa, então, buscar alternativas de resolução aos conflitos diários de nossa sociedade. Da mesma forma, buscar viabilizar uma convivência pacífica por meio do estudo das ciências penais, a fim de minimizar os efeitos da violência que nos atinge. Daí a importância do Departamento de Direito Penal e Processual Penal, dentro e fora dos muros da Universidade, discutindo a violência e pensando soluções.

Como é cediço, no âmbito das ciências criminais, alguns conflitos são selecionados, sendo tratados como *desvios de conduta*. Alguns conflitos, então, passam a figurar como infração penal - delitos/crimes e contravenções – nosso objeto de estudo. Vê-se, que, enquanto interlocutores da discussão sobre a função

---

[4] Ob. cit, *História da PUCRS*, v. I, p. 75.
[5] Eugenio Raúl Zaffaroni, Nilo Batista, Alejandro Alagia e Alejandro Slokar, *Direito penal brasileiro*, RJ: Revan, 2003, p. 87-88.

do direito penal dentro da Academia, temos o desafio de, com atenção às ciências correlatas, tentar minimizar os conflitos interindividuais praticados por esses atores desviantes.

Foi nesse contexto que surgiu o que denominamos de *Escola de Criminologia do Rio Grande do Sul*, no berço da Faculdade de Direito da PUCRS e, especialmente, a partir da criação do Programa de Pós-Graduação em Ciências Criminais. O PPG em Ciências Criminais é um grande marco na história recente da PUCRS. Foi inicialmente idelizado pelos Professores Doutores Cezar Roberto Bitencourt, Ruth Maria Chittó Gauer e Lenio Streck, a partir de Curso de Especialização *lato sensu* em Ciências Penais. O mestrado, o primeiro na área das ciências criminais no Rio Grande do Sul, possibilitou a formação de vários professores da PUCRS e de outros tantos que hoje integram seus quadros. Aqui, deve-se ressaltar, com ênfase, o abnegado trabalho que foi desenvolvido pelo primeiro coordenador, professor Cezar Roberto Bitencourt, e pela atual coordenadora, professora Ruth Maria Chittó Gauer. Estes dois exemplos de docência, professores coordenadores do PPGCCRIM, viabilizaram, dentro da nossa PUCRS, a realização dos sonhos de muitos mestrandos que agora lecionam na Casa e, de outros tantos, que estão exercendo a cátedra em diversos cantos do país.

Com a criação do Mestrado em Ciências Criminais surge com mais ênfase a necessária reivindicação da transdisciplinaridade para resolução dos conflitos sociais. Esta reivindicação aparece num momento de consciência da crise dos paradigmas que produzem o conhecimento científico e da necessidade de sua superação, preenchendo a lacuna apresentada por meio da flexibilização e do intercâmbio entre os pesquisadores e os saberes por eles produzidos.

Nasce uma transdisciplinaridade que é complementar à aproximação disciplinar: *"faz emergir da confrontação das disciplinas dados novos que as articulam entre si; oferecendo-nos uma nova visão da natureza e da realidade. A transdisciplinaridade não procura o domínio sobre as várias disciplinas, mas a abertura de todas elas àquilo que as atravessa e as ultrapassa"*.[6]

O Estado depende de instrumentos de minimização, surgindo a necessidade da existência de uma concreta política criminal com potencial prático-teórico capaz de estabelecer critérios de racionalização para aqueles atores desviantes que não tiveram a oportunidade de receber o processo de socialização. Quando os instrumentos informais de soluções dos conflitos falham, surge o Estado punitivo - com seu poder-dever -, como último recurso de controle social.

---

[6] É importante salientar a necessidade da construção de uma visão transdisciplinar do direito penal. O Direito não está divorciado das demais ciências e, na busca do saber científico, é fundamental esta compreensão. Especialmente no que tange ao estudo da participação da vítima no processo penal, com toda a fenomenologia que isto envolve, é imperioso discutir o tema a partir deste novo paradigma. Sobre a construção e projeção do saber penal, seus saberes *secantes* e *tangentes*, vale conferir Zaffaroni, Batista, Alagia e Slokar, op. cit., *Direito penal brasileiro*, pp. 271-357. Vale citar ainda a *Carta de Transdisciplinaridade* (adotada no Primeiro Congresso Mundial da Transdisciplinaridade, Convento de Arrábida, Portugal, novembro de 1994), publicada no *Informativo do Instituto Transdisciplinar de Estudos Criminais*, POA: ITEC, n° 6, jul./ago., 2000, p. 03-04) como indicativo de que há uma real busca da transdisciplinaridade.

Este dado fundamental é observado pela PUCRS, o que a diferencia enquanto instituição de ensino. É nesse contexto que a Escola criada na PUCRS recebe redobrada importância. Os estudos demonstram empírica e cientificamente um sistema penal estatal como um *sistema injusto, repressivo, estigmatizante e seletivo*,[7] e a partir desse reconhecimento é que floresce o amplo debate acadêmico dentro do Departamento de Direito Penal e Processual Penal e conjuntamente com o PPG em Ciências Criminais.

Assim, as discussões realizadas na atividade docente e produzidas no Departamento de Direito penal e Processual Penal estão muito próximas do PPG em Ciências Criminais. Na última década, a história do Departamento, em certa medida, se funde com a história do Programa de Pós-Graduação em Ciências Criminais *stricto sensu*. Por isso, o trabalho científico é sério, comprometido e altamente técnico – na graduação e no pós-graduação. – como prova o presente livro que ora se torna público.

Pode-se atestar que os estudos produzidos pela nossa *Escola* têm rejeitado a "pasteurização" do ensino do direito penal. Firmou-se, ao longo dos anos, uma batalha contra a utilização de manuais de profundidade acadêmica epidérmica, ensejando uma necessária e permanente revisão teórico-prática dos conteúdos ministrados nas salas de aula.

Hodiernamente, sociólogos e filósofos discutem a crise da epistemologia moderna, a crise dos paradigmas e o fim das certezas. Autores como Baudrillard, Lyotard, Mafessoli e Virilio falam nos sintomas de uma "sociedade pós-moderna", da sociedade da pressa, da velocidade, do individualialismo e da "coisificação" do homem. O mundo está em permanente e profunda transformação. Então, por esta razão, o ensino jurídico(penal) não pode restar estático, abúlico, inerte, desconhecendo até mesmo os caminhos já trilhados pela própria modernidade. Não é incomum, então, ver-se os professores do Departamento destacando autores da sociologia e da filosofia nas classes de direito penal, direito processual penal ou criminologia.

Nessa perspectiva, cabe sublinhar que a necessidade da interdisciplinariedade entre as ciências ainda não é a preocupação de algumas Faculdades de Direito. Em sentido oposto, destaca-se o pioneirismo da *Escola de Criminologia do Rio Grande do Sul* criada dentro da Faculdade de Direito da PUCRS, no seio do pós-graduação.

A *Escola Transdisciplinar de Criminologia do Rio Grande do Sul,* expressão cunhada pelo Professor Ney Fayet Júnior, recebe, assim, uma marca de inquestionável valor, o reconhecimento por sua "autenticidade", por ser "diferente" e "resistente". O estudo do dereito penal, do processo penal e da criminologia dentro da PUCRS é diferenciado, autêntico e crítico, sem, contudo, olvidar-se dos postulados tradicionais e dos autores clássicos.

---

[7] Por todos, conferir Nilo Batista, *Introdução crítica ao estudo do direito penal brasileiro*, 3 ed., RJ: Revan, 1996, pp. 25-26.

O fenômeno vivido na PUCRS foi identificado por Ney Fayet Jr:[8] *"Neste quadrante, não se me afigura desadequado afirmar que esta aproximação, cada vez mais efetiva, do Direito Penal e da Criminologia a outras áreas do conhecimento científico, consolidou, sobretudo no universo acadêmico, a idéia da transdiciplinariedade. Em pontos de intersecção de interesses, avulta-se a necessidade de um intercâmbio entre as disciplinas, que permite, em toda a evidência, uma visão mais elasticizada do fenômeno da criminalidade, contribuindo para um enfrentamento, não só mais abrangente, como mais real do problema. Por outro lado, e assinalá-lo é aqui dever inadiável e incontornável, mostra-se como uma importante conquista o fato de as Universidades pretenderem retomar um papel de vanguarda na produção de um saber que possa interagir com o meio, no sentido da transformação das estruturas sociais. E mais importante ainda se apresenta o fato de os setores jurídico-acadêmicos estarem buscando a dianteira da discussão sobre o fatores da violência (objeto disciplinar próprio de suas ciências), retomando um espaço que fora, para o ulterior proveito dos estudos jurídicos, (devidamente) ocupado por outras ciências. Com efeito: nas décadas passadas, a pesquisa sobre os fatores sociais da violência estava sendo conduzida por outras áreas do conhecimento (notadamente a sociologia e a antropologia), que, além de legarem ao Direito Penal e à Criminologia uma contribuição de inestimável valor, contribuíram, decisivamente, para a construção deste enfoque transdiciplinar de interpretação da violência. (...)"*

Como se observa, não é desarrazoado dizer-se que hoje, aqui no Estado do Rio Grande do Sul, dentro da PUCRS, a partir das contribuições de grandes juristas que incentivaram e incentivam o manutenção do pensamento penal liberal, se construiu uma verdadeira *Escola de Criminologia do Rio Grande do Sul*, que se consolidou e ganhou projeção internacional. Por fim, cabe salientar que junto com o Departamento de Direito Penal e Processual Penal e do Programa de Pós-Graduação em Ciências Criminais nasceu o Instituto Transdisciplinar de Estudos Criminais (!TEC), parceiro nos estudos e nas publicações científicas. O PPG Ciências Criminais e o !TEC publicam, em conjunto, a valiosa Revista de Estudos Criminais, com circulação nacional, divulgando idéias e pesquisas desenvolvidas no âmbito da PUCRS.

Por todas estas razões, é bom olhar para o passado e ver a construção de uma *Escola* que se consolida a cada dia que passa e que hoje segue sendo construída por todos os professores do Departamento de Direito Penal e Processual Penal. Essa continuidade, sublinhe-se, só é possível, pela presença e pela liderança firme do professor Jarbas Lima, Exmo. Diretor da Faculdade de Direito, um verdadeiro incentivador e motivador do estudo das ciências criminais e um apaixonado pela tribuna judiciária e pelo Tribunal do Júri. E, é lógico, por eles, os professores Andrei Zenkner Schmidt, Antônio Dionísio Lopes, Átilo Antônio Cerqueira, Aury Celso Lima Lopes Júnior, Cezar Roberto Bitencourt, Fábio Roberto D'Avila,

---

[8] *A sociedade, a violência e o Direito Penal*, Porto Alegre: Livraria do Advogado, 2004, prefácio.

Fabrício Dreyer de Ávila Pozzebon, Fernanda Sporleder de Souza Pozzebon, Flávio Cruz Prates, Gerson Antônio de Ávila, José Antônio Paganella Boschi, Lenôra Azevedo de Oliveira, Luciano Feldens, Lúcio Santoro de Constantino, Marcelo Caetano Guazzelli Peruchin, Marcelo Machado Bertoluci, Mário Rocha Lopes Filho, Nereu José Giacomolli, Ney Fayet de Souza Júnior, Norberto Flach, Paulo Vinícius Sporleder de Souza, Rodrigo Ghiringhelli de Azevedo, Rodrigo Moraes de Oliveira, Salo de Carvalho e Telma Sirlei da S. F. Favaretto – e a todos aqueles que pelo Departamento passaram, parabéns e muito obrigado.

Parte I

TEMAS DE CRIMINOLOGIA E POLÍTICA CRIMINAL CONTEMPORÂNEA

— 1 —

História de violência e desagredação: a igualdade imprime a desigualdade

RUTH MARIA CHITTÓ GAUER
Professora Doutora, Coordenadora do Mestrado em
Ciências Criminais da PUCRS

Houve um tempo que se acreditou que o estado garantiria o direito de todos. Nesse tempo, o da esperança, da crença, muitos autores pregaram essa possibilidade. No início do século XIX os relatos sobre essa possibilidade foram surpreendentes. Nesse sentido, vale lembrar Tocqueville,[1] aristocrata francês que vivenciou a Revolução Francesa e foi um atento observador da sua época, o autor assim se referiu aos movimentos de democratização: "(...) *Acima desta massa, se ergue um poder imenso e tutelar que se encarrega, com exclusividade, de garantir os direitos de todos e de controlar seu destino. É absoluto, detalhado, regular, previdente e suave"*. Assemelhar-se-ia à autoridade paterna se, como esta tivesse objetivo preparar homens para a idade adulta, mas na realidade, o que faz é mantê-los irrevogavelmente na infância, apetece-lhe que os cidadãos vivam bem, desde que não pensem em outras coisas. Este poder tutelado pelo estado, estruturado na igualdade, observado por Tocqueville não se concretizou em sua pretendida totalidade.

A questão da igualdade e da diferença, problemática que pauta toda e qualquer discussão na atualidade, está no locus do debate sobre violência. Esta entendida aqui no limite de questões que envolvem igualdade, diferença, além da discriminação, exclusão, corrupção, ilícitos em geral, entre outras questões. A primeira vincula-se a forma de tornar o outro igual. A modernidade para atingir a igualdade precisou disciplinar através de vários instrumentos, entre eles as leis e

---
[1] TOCQUEVILLE, Alexis de. *Igualdade Social e Liberdade Política*. Uma Introdução à Obra de Alexis Tocqueville. Textos selecionados e apresentados por Pierre Gibret. São Paulo: Nerman, 1988, p. 136, 137.

a educação, não apenas os homens, mas todas as coisas que pudessem estar fora do lugar. Mary Douglas[2] refere que o reconhecimento de qualquer coisa fora do lugar constitui-se em ameaça, e assim as consideramos desagradáveis e as varremos vigorosamente, pois são perigos em potência. Neste processo de limpeza os perigos são semi-identitários. A criação desta compulsão, desse desejo irresistível de igualdade, ordem, que levaria a racionalidade totalizadora e a segurança pautou os princípios da educação moderna, levou ainda a construção de uma sociedade racionalista-neurótica. O mundo perfeito, utopia dos iluministas, seria "totalmente" limpo e idêntico a si mesmo, transparente e livre de contaminações. A racionalidade expressa pela convenção e pelas leis tinha como fim imunizar a sociedade contra a violência, discriminação, inclusão, desigualdade, diferença, corrupção, ilícitos em geral, assim como a sedução das crenças e demais impurezas, objetivando a previsibilidade e o controle para se poder criar uma sociedade igualitária.

Os modernos esqueceram, no entanto, que não haveria imunidade para o egoísmo, o niilismo, a discriminação, violência tanto psicológica como física, para a perversidade e outras formas de violência incontroláveis em suas diferentes manifestações, como por exemplo, a exploração de um número enorme de seres humanos. A importante obra sobre educação, na modernidade, estruturou-se na premissa que embasa o pensamento moderno: a busca da igualdade.

Quais os procedimentos políticos, jurídicos, administrativos, e quais os dispositivos que permitiriam a busca da construção e manutenção de uma sociedade higienizada e imunizada? A compulsão pela ordem esteve, e está, presente nas sociedades ocidentais, seja nos regimes políticos das democracias liberais seja nos regimes totalitários. Porém, há que se salientar que a violência depuradora sempre esteve mais presente nos ambientes onde a exceção constitui-se a regra. A eliminação dos diferentes como a dos adversários políticos é vista como uma forma de limpeza atinge os opositores, a todos os que podem se constituir em perigo. Os exemplos históricos mais recentes como nazismo, fascismo, comunismo, assim como as formas mais diferenciadas de ditaduras na contemporaneidade comprovam, sem muito esforço, a utilização de práticas de saneamento dos sistemas políticos. Nos estados de exceção, os perigosos, todos os que são identificados como potencialmente contaminadores, devem ser purificados ou eliminados. Quando os estados passaram a estabelecer políticas públicas para cuidar do corpo da população, purificando a sociedade e assim "protegendo" e ordenando a vida pública e privada, abriu-se a possibilidade para a inclusão de alguns e logicamente a exclusão de outros.

A manutenção do modelo igualitário conquistou espaço na mesma proporção que os regimes totalitários e de exceção se aprofundam. Quanto maior a exceção, maior a igualdade, por mais paradoxal que possa parecer. Dumont[3] sugere

---

[2] DOUGLAS, Mary.*Pureza e Perigo.* São Paulo: Perspectiva, 1976, p. 18.

[3] DUMONT, Louis. *O individualismo. Uma perspectiva antropológica da ideologia moderna.* Rio de Janeiro: Rocco, 1985, p. 270-274.

que o nacional socialismo tenha revelado a essência – mesmo que essa opinião possa causar algum, mas não suficiente, incômodo, mal-estar – da sociedade contemporânea. A atomização do indivíduo fez com que prevalecesse uma tensão contraditória. Por um lado, a emancipação gerou o individualismo arrebatado, por outro, uma coletivização ao extremo, isto é, o nivelamento de todas as diferenças, conduziu à pior das tiranias. Esse fato eliminou o caráter carismático do vínculo social e abriu a possibilidade de eliminar os laços de solidariedade que uniam as comunidades e estruturavam a sociedade. A ausência de laços de solidariedade implica a abertura da exclusão em nome da ordem igualitária totalizadora. Os perigos precisam ser eliminados, limpos, depurados, para que a totalidade se faça no conjunto da sociedade. Contemporaneamente a sociedade de massa revela a impossibilidade de pensar na forma, na essência e no modelo. Esse aspecto traz problemas tato para a democracia como para a educação.

Partindo da premissa que a democracia tem por base uma igualdade, estruturada na naturalização do indivíduo, constituída pelo direito, o que pressupõe a exclusão do desigual, (diferente), em nome da ordem, cabe aqui lembrar que nesse caso a força política se sustenta na medida em que se purifica colocando distância entre a ordem e a desordem, entre a pureza e o perigo, com a tentativa de eliminação do estranho, do desigual, impedindo que ele se torne um perigo ameaçador da homogeneidade. Se representação e identidade constituem, nas palavras de Franco de Sá,[4] a força de uma democracia, não e possível falar de democracia que prescinda da identidade. É Jaques Derridá quem tenta pensar "a democracia por vir" através do apelo de uma outra fraternidade. Para ele, a desnaturalização estava em obra na própria formação da fraternidade. A presença de qualquer grau de homogeneização e de exclusão daquele que não é homogêneo, portanto diferente, implica a configuração de uma totalidade. Na contemporaneidade, a soberania do estado passou a ser a soberania do direito. Hans Kelsen[5] defendeu a identidade entre o Estado e a própria ordem legal. A teoria pura do direito é vista pelo autor como forma acabada da universalidade da ordem jurídica em termos de racionalidade. A partir desta constatação, o exercício da soberania, nos regimes democráticos, apresenta-se como a soberania da ausência de soberania. Para o autor, a teoria pura do direito está para a soberania como a verdade está para a evidência. É, seguindo essa reflexão, que podemos encontrar nas teses de Schmitt,[6] a questão da exceção. O autor explora profundamente a relação entre o ocaso da soberania política e a emergência do conceito de guerra humanitária enquanto guerra discriminante ou criminalizante, isto é guerra total, exemplo de regime de exceção. A própria soberania, na atualidade, sofre evidências devastadoras. A busca de novos fundamentos não será suficiente para imunizá-la da cor-

---

[4] SÁ, Alexandre Franco de. *Metamorfoses do poder*. Coimbra Ariadne Editora, 2004. (Coleção Sofhia 002). P. 34, 51-52.

[5] KELSEN, Hans. *Teoria Pura do Direito*. Tradução de João Baptista Machado. 4 edição. Coimbra: Armênio Amado, 1979.

[6] SCHMITT, *apud* SÁ, Alexandre Franco de.

reção que é uma forma de evidência devoradora. A soberania da igualdade, que nasceu naturalizada, ficou profundamente contaminada pelos vários eventos do século XX; entre os exemplos mais emblemáticos citamos os regimes de exceção – nazismo, fascismo.

Fica evidente que a política da igualdade potencializa a violência de várias formas: eliminando todo e qualquer outro, o diferente, o sujo, o impuro o anormal, o doente, enfim tudo o que causa estranheza, perigo, que lembra sujeira e desordem. O tecido social precisou ser impermeabilizado a tal ponto que a sua proteção torna difícil pensar em rupturas que permitam a contaminação. As práticas políticas adotadas na modernidade, em nome da igualdade, que visava à eliminação das hierarquias medievais, estavam pautadas na prescrição de condições de controle dos comportamentos individuais e coletivos, a uniformização feita pela educação permitiria a eficácia do controle. Essa pretensão de controle social nada mais é que a submissão da ação pelo comportamento: a ação enquanto possibilidade de criação e o comportamento pautado pela previsibilidade. A perspectiva da previsibilidade encontra-se vinculada à lógica binária e dual típica do pensamento moderno. Reafirma o paradigma do "ou isto ou aquilo", do sujo e do limpo, o igual e o desigual, do modelo e do antimodelo, do branco e do preto. No entanto, o pensamento moderno estruturou uma forma de exclusão que obscureceu a possibilidade de preferência. Poderíamos preferir a inclusão, e não a exclusão, ou seja: isto, aquilo, além de outros.

A lógica da exclusão serviu de base para a construção de termos como "classe", "raça", "gênero", entre outros, que serviam à identificação dos sujeitos. Hoje esses termos dissolvem-se, o conceito de raça já foi desmontado; no início do século passado, ele inexistia. As dimensões de territorialidade que circunscreviam os espaços sociais romperam-se, e a ordem das coisas, tal como pensada na modernidade, embasada na premissa da inclusão e da exclusão deixou de ser a norma. Por intermédio de alguns fenômenos contemporâneos, dá-se um processo de "despurificação" das identidades sociais A retenção de uma essência identitária – esforço nostálgico de afirmação – é cada vez menos viável. Podemos observar que todas as práticas culturais estão sob o contato contínuo entre o local e o global fato esse que impede a simples questão que pautou a inclusão exclusão ao mesmo tempo em que impossibilita pensar uma igualdade tal como defendida pelos direitos humanos. Alguns exemplos mais marcantes podem ser apontados: o caso da mulher paquistanesa condenada à morte por crime de honra o qual foi cometido pelo seu irmão; as famílias dos homens-bomba que são punidas pelo crime cometido por eles quando suas casas são destruídas; noventa e cinco por cento dos casos julgados no Paquistão são realizados pelos conselheiros locais que julgam segundo os princípios específicos de sua cultura, desconhecendo a questão dos direitos humanos, aponto apenas exemplos que marcaram a opinião pública mundial recentemente isto para não trazer exemplos brasileiros, os quais não faltariam. Esses fatos suscitam questões que focalizam aqueles processos que são produzidos na articulação de diferenças culturais. Há uma intensa negociação nesses "entre-lugares", lugares de negociação em andamento, *locus* do "aqui e agora". A soma das partes envolvidas e suas demandas não implicam num único resultado, mas implementam múltiplas negociações e sobredeterminações (como o dispositivo irrefreável de Foucault)

O "embate cultural" – que caracteriza as crises sociais da atualidade – não envolve, necessariamente, o duelo entre tradição e modernidade. O advento dos fundamentalismos (tentativa lograda de resgate) é apenas um lado do caleidoscópio social onde as questões da ordem, do perigo, da inclusão e, sobretudo, da exclusão constituem-se no *locus* das políticas atuais. As reflexões sobre os temas acima abordados são fundamentais para a compreensão da crise epistemológica que vivemos. A premente necessidade de relativisar a verdade e vincular a análise a um pensamento heterotópico, não consensual, permitiriam uma maior visibilidade da crise que estamos todos envolvidos. Esses temas não se encontram necessariamente juntos. Eles podem aparecer no desespero epistemológico, no relativismo, entre outros lugares. O certo é que a sociedade já não consegue ser explicada pelo positivismo e pelo determinismo racionalista. Não há preparação para lidar com o erro, com as impurezas, só podemos pensar nelas como possibilidade de nos imunizarmos. O Caos dá visibilidade a uma instabilidade que é apenas aparente. Qual o lugar da realidade única? Em tempos polifônicos, é impossível pensar na babel.

Qual o papel do estado frente à invisibilidade do excluídos? Frente à pergunta, a sedução poderia ser dispensada? No entanto, identificar o discurso em nível de senso comum torna-se fundamental para visualizar como o discurso da purificação está presente inconscientemente. Somos seduzidos por outros mecanismos que dão maior visibilidade, uma vez que as palavras não possuem a transparência necessária.

A impossibilidade de uma verdade única, de uma identificação totalizante, associada a uma velocidade, que, segundo Virilio, é a velhice do mundo, matam o discurso político. Nesse quadro, o consensual ficam sendo os totalitarismos, os fundamentalismos, enfim, todos os determinismos totalitários próprios de tempos de descrença e de desconstrução de verdades limpas, ordenadas, protegidas dos perigos, enquadradas na limpeza purificadora que ordena o social com a possibilidade de termos a ditadura do modelo revelador da ordem dos Estados nacionais, tais como pensados desde o século XVIII.

A questão não envolve a justaposição da diferença, ao lado do consenso cultural, não se trata apenas de inclusão e reconhecimento das "minorias", nesse caso, o ideal essencializador (ou identitário) seria reforçado. Concordando com Bhabha[7] sobre a possibilidade de afirmar o deslocamento do lugar onde as relações sócias se concretizam. O autor refere que os "entre-lugares", as fímbrias, os interstícios, enfim, correspondem ao *locus* no qual se exercitam as relações sociais. As diferenças culturais são exercitadas engendrando novos espaços e tem-

---

[7] BHABHA, Homi K. *O Local da Cultura*. Belo Horizonte: Editora UFMG, 2001, p. 20-46.

poralidades, o que implica um deslocamento constante, anulando as categorias de "centro" e "periferia", igual e diferente.

Para Bhabha,[8] "essa passagem intersticial entre identificações fixas abre possibilidade de um hibridismo cultural que acolhe a diferença sem hierarquia suposta ou imposta". O presente "é o tempo de agora", capaz de se autogerar, distante do historicismo teleológico das "causas". Nem ruptura, nem projeção, abandonam-se a seqüencialidade.

A idéia da homogeneidade vista como pureza das culturas nacionais, ou mesmo das raças, a exemplo do nazismo, fica comprometida, passando a ser questionada. É o ocaso do etnocentrismo. A interferência das minorias ocupa o território da cultura, mas não produz a multiplicação da prosa austera dos refugiados políticos e econômicos. É nesse sentido que a fronteira se torna o lugar a partir do qual algo começa a se fazer presente em um movimento não dissimilar ao da articulação ambulante, ambivalente, do além. Como decorrência, o exotismo minoritário não é um mix de diversidades mas uma transformação qualitativa: o nascimento de novas conexões que extrapolam as dualidades: minoria x maioria, capital x trabalho, Estado x sociedade, metrópole x colônia, pureza x perigo e assim por diante. O que é impressionante no novo internacionalismo é que o movimento do específico ao geral, do material ao metafórico, não é uma passagem suave de transição e transcendência.[9] A meia passagem da cultura contemporânea, como no caso da própria escravidão, é um processo de deslocamento e disjunção que não totaliza a experiência.

Ao lado dessa reflexão, de releitura sobre questões como raça, desigualdade, e acesso à educação, há também, um movimento político. Na medida em que se abre espaço para o debate torna-se um espaço de intervenção no aqui e no agora. Trata-se de um movimento de "renovação" do passado, reconfigurando-o como "entre-lugar" contingente, que inova e irrompe a atuação do presente. Segundo Bhabha, na linguagem bejaminiana, é quando o presente explode para fora do contínuo da história. Ao invés do *continuum* cristalizado, no sucessivo de passado-presente, o diálogo cultural engendra uma espécie de "novo conceito de novo", caracterizado pela emergência constante da "tradução cultural". Isto é, a modernidade tropical pós-colonial não é a Mesma do "Velho Mundo" – autenticada – tampouco é completamente diferente desta. Igualdade na Diferença.

A tradição ocidental, que buscou sempre a exegese da diferença, embora nunca conseguido superar o arco hermenêutico para *além* do outro (como o próprio em si), dá seus últimos passos. O Outro perde o poder de significar, de negar, de iniciar seu desejo histórico, de estabelecer seu próprio discurso institucional, do puro e do impuro. A experiência social da "teoria crítica ocidental" perfaz um caminho que vai da consideração do "bom selvagem" de Rousseau, ao "bom" e dócil corpo da diferença, nos discursos contemporâneos do multiculturalismo.

---

[8] BHABHA, Homi K. op. cit.
[9] Id. Ibid., p. 25-26.

Essa concepção permite a compreensão de experiências como sendo, ela mesma, a marca da impossibilidade de se localizar tanto uma origem, quanto uma pureza cultural. Produz um problema irresolvível de diferença cultural para a própria interpelação da autoridade cultural colonial. Como exemplo, Bhabha lembra que na relação entre hinduísmo e cristianismo, sob a égide do discurso colonialista, e para sua própria "eficácia", foi preciso encontrar catequistas nativos, que traziam consigo suas próprias ambivalências e contradições culturais e políticas. As noções liberais de multiculturalismo, de intercâmbio de culturas e de cultura da humanidade, é uma retórica que considera as culturas como portadoras de conteúdos totalizáveis, de memórias míticas e de identidade coletiva única, o arcabouço da tradição.

A luta se dá freqüentemente entre o tempo e as narrativas historicistas, teleológicas ou míticas, do tradicionalismo – de direita ou de esquerda – e o campo deslizante, estrategicamente deslocado, da articulação de uma política de negociação. Para Bhabha,[10] "o tempo de libertação é (...) um tempo de incerteza cultural, e, mais crucialmente, de indecidibilidade significatória ou representacional".

Uma cultura não pode ser auto-suficiente por causa da *differance* da escrita, quer dizer no processo de manifestação simbólica da linguagem porque existe uma diferença manifesta no próprio *lugar do enunciado*. Isso se justifica porque "o pacto da interpretação nunca é simplesmente um ato de comunicação entre o Eu e Você designados no enunciado. A produção de sentido requer que esses dois lugares sejam mobilizados na passagem para um Terceiro Espaço, que representa tanto as condições gerais da linguagem quanto a implicação específica do enunciado em uma estratégia performativa e institucional da qual ela não pode, em si, ter consciência. O que essa relação inconsciente introduz é uma ambivalência no ato da interpretação".[11]

O que o autor pretende é desafiar "a noção de identidade histórica da cultura como força homogeneizante, unificadora, totalizante, autenticada pelo passado originário mantido vivo na tradição nacional de um Povo". Sua perspectiva desloca a narrativa da nação ocidental de modo a tornar manifesto que o discurso sobre a "pureza" inerente às culturas (ou a pureza racial) é insustentável, mesmo antes de recorrermos a instâncias históricas empíricas que demonstram seu hibridismo. Para esse fim deveríamos lembrar que é o "inter" – fio cortante da tradução e da negociação, o *entre-lugar* – que carrega o fardo do significado da cultura. E, ao explorar esse Terceiro Espaço, temos a possibilidade de evitar a

---

[10] BHABHA, Homi. Op cit, p.65-68.

[11] Para uma análise sobre a complexidade do processo de enunciação, bem como da relação entre emissor, mensagem e receptor, e suas interconexões com a teoria hermenêutica, sugere-se o capítulo "Hermenêutica e Ciências Humanas" onde Luiz Eduardo Soares afirma que a linguagem "antecede o sujeito, instaura com este uma dialética, na qual representa o universal aquilo que, oferecendo-se ao sujeito, o precede e sucede, o inclui – tornando-o possível – e o exclui, prescindindo de sua intervenção para configurar-se em sua essencialidade universal, mas que, simultânea e paradoxalmente, depende dele para existir, assumindo concretude nas particularizações que ele realiza". SOARES, Luiz Eduardo, *O rigor da indisciplina*. Rio de Janeiro: Relume-Dumará, 1994, p. 45.

política da polaridade e emergir como os outros de nós mesmos. Esse fim nos levaria ao abandono da inclusão exclusão.

Importante lembrar ainda outra expressão do autor influenciada pelo pensamento de Walter Benjamim, quando cita a seguinte passagem do texto bejaminiano: "o estado de emergência em que vivemos não é a exceção, mas a regra. Temos de nos ater a um conceito de história que corresponda a essa visão".[12] A luta contra a discriminação, a opressão, o perigo da Impureza racial, entendido como sujeira, não apenas muda a direção da história ocidental, mas também contesta sua idéia historicista de tempo como um todo progressivo, ordenado e controlado. A análise da despersonalização não somente aliena a idéia iluminista de homem, mas também contesta a transparência da realidade social como imagem pré-dada do conhecimento humano. Afinal, a própria natureza da humanidade se aliena na condição da discriminação e a partir daquela "declividade nua" ela emerge não como uma afirmação da vontade nem como evocação da liberdade, mas como uma indagação enigmática: de *o que quer o homem?* Fanon[13] desloca e questiona: *o que deseja o homem negro?* Poderímos completar a pergunta: o índio, o pobre, o discriminado em geral.

Ao articular o problema da alienação cultural colonial na linguagem psicanalítica da demanda e do desejo Fanon questiona radicalmente a formação tanto da autoridade individual como da social na forma como se desenvolvem nos discursos da soberania social. Para ele, "tal mito do Homem e da Sociedade é fundamentalmente minado na situação colonial". Na opinião do autor a vida cotidiana exibe "uma constelação de delírio" que medeia às relações sociais normais de seus sujeitos: *"o preto escravizado por sua inferioridade, o branco escravizado por sua superioridade, ambos se comportam de acordo com uma orientação neurótica".* A esse quadro social, o autor chama de "delírio maniqueísta".

De acordo com Fanon, "o que é freqüentemente chamado de alma negra é um artefato do homem branco". Bhabha afirma que esta transferência revela a incerteza psíquica da relação colonial porque suas representações fendidas "são o palco da divisão entre corpo e alma que encena o artifício da identidade", uma divisão que atravessa tanto a pele branca quanto a preta no processo de firmamento da autoridade individual e social. Daí emergem três condições subjacentes a uma compreensão do *processo de identificação* na analítica do desejo:

a) "existência" não é transcendente, mas dá-se em relação a uma alteridade, seu olhar e seu lócus. Ou seja, o colonizador, só existe em relação ao colonizado e o negro em relação ao branco. Esse pensamento supera o arco hermenêutico;

b) o próprio lugar da identificação já contém uma cisão porque " é precisamente naquele uso ambivalente de 'diferente' – ser diferente daqueles que são diferentes faz de você o mesmo – que o Inconsciente fala da forma da alteridade,

---
[12] Ver BENJAMIM, Walter. "Sobre o conceito de história" em *Magia e técnica, arte e política: ensaios de literatura e história da cultura.* Editora Brasiliense, 1987.
[13] FANON, apud BHABHA, Homi. Op. cit, p. 72-75.

a sombra amarrada do adiamento e do deslocamento. Não é o Eu colonialista nem o Outro colonizado, mas a perturbadora distância entre os dois que constitui a figura da alteridade colonial";

c) a *identificação* nunca é a afirmação de uma identidade pré-dada, nunca uma profecia *auto* cumpridora – é sempre a produção de uma imagem de identidade e a transformação do sujeito ao assumir aquela imagem. A demanda da identificação – isto é, ser *para* um Outro – implica a representação do sujeito na ordem diferenciadora da alteridade".[14]

Os retratos pós-coloniais manifestam o ponto de fuga de duas tradições familiares do discurso da identidade: a tradição filosófica da identidade como processo de auto-reflexão no espelho da natureza humana – tal como o *cogito ergo sum* cartesiano[15] – e a visão antropológica da diferença da identidade humana enquanto localizada na divisão natureza/cultura – tal como aponta Claude Lévi-Strauss[16] acerca do tabu do incesto. Funciona como dobradiça, da passagem, entre natureza e cultura. É a impossibilidade de reivindicar uma origem para o Eu (ou o Outro) dentro de uma tradição de representação que concebe a identidade como a satisfação de um objeto de visão totalizante, plenitudinário. Ao romper a estabilidade do ego, expressa na equivalência entre imagem e identidade, a arte secreta da invisibilidade muda os próprios termos de nossa percepção da pessoa. A própria questão da identificação só emerge *no intervalo* entre a recusa e a designação. Ela é encenada na luta agônica entre a demanda epistemológica, visual, por um conhecimento do Outro e sua representação no ato da articulação e da enunciação.

O poder total construído com base na impessoalidade e na igualdade permitiu o discurso da identidade que pode ser pensada como a auto-interpretação política do mundo contemporâneo. A totalidade dos estados nacionais foi construída, em boa parte, pelo sentido declinante de comunidade, a inclusão dos iguais e a exclusão dos diferentes. Por outro lado, a perda de valores espirituais unificados, que foram substituídos pela possibilidade de "liberdade" de credo, o crescimento do poder do Estado e da cultura de massas, e mesmo o aumento do conhecimento constituíram-se em ações políticas baseadas na liberdade, mas que não desempenharam um papel social que tivesse impedido a discriminação. O historiador Jacob Burckhardt via claramente o lado decadente da natureza humana, nesse contexto, acreditava que era uma barreira permanente ao progresso. Seu argumento principal era considerar a decadência essencialmente como um decréscimo geral na vitalidade, que se originava numa certa espécie de virtude, "*a moral das velhas senhoras*" do cristianismo e da burguesia, que salientava a piedade, o amor ao próximo, a solicitude e falta de confiança em si mesmo.

---

[14] BHABHA, Homi. Op. cit, p. 76-78.

[15] Ver DESCARTES, René. *Os pensadores*. XV. São Paulo: Abril Cultural, 1973.

[16] Ver LÉVI-STRAUSS, Claude. Antropologia Estrutural I.

Durkheim[17] observou que as sociedades tiveram sempre mitos coletivos para poderem existir, e isto era precisamente o que os europeus do final do século XIX já não possuíam, ou estavam em processo de perder. Ele compreendia a suprema importância para a sociedade das crenças comuns e dos vínculos que tradicionalmente se encarnavam na religião, na família e nas lealdades sociais e vocacionais. Para ele, a Europa sofria de uma *anomie* (colapso geral da consciência coletiva), que era o resultado da divisão do trabalho, que estimulava a mobilidade e a especialização, e deste modo não só separava as pessoas umas das outras, como as tornava críticas em relação às normas tradicionais. Para muitos, essa era a melhor explicação da decadência contemporânea. Era a crise espiritual, ou declínio das velhas crenças que deixara um vazio religioso e metafísico.

Ao voltar ao pensamento de Durkheim, Baumer[18] coloca que é retirar-se de um novo mundo irracional do *Fin-de-Siècle*, para o mundo sóbrio da razão e da ciência. Durkheim só pertencia a este novo mundo irracional, no sentido em que via a decadência e procurava maneiras de a curar. Para compensar a *anomie*, que era a causa da doença social, era necessário planejar uma nova solidariedade moral. Para isso o autor defendeu uma nova ética secular e um novo tipo de instituição. A ética para ser ensinada nas escolas devia "salientar o dualismo da natureza humana: por um lado a individualidade do homem e a dignidade da pessoa humana, por outro lado, o lado social de sua natureza e até que ponto a sociedade o afecta, mesmo na maneira como pensa e, conseqüentemente, o que lhe deve".

Estas receitas para a recuperação, baseadas numa crença na liberdade da história tal como da natureza, ajudam a explicar a evaporação parcial do ânimo pessimista, durante o período eduardiano. Contudo, o progresso fora agora desmascarado e era evidente para um número cada vez maior de pessoas que não havia nada de automático ou certo nele. Na complexidade do mundo atual há muita coisa fora do lugar – que não cabe na lógica cartesiana – daí a importância de Mary Douglas quando lembra que o reconhecimento de qualquer coisa fora do lugar constitui-se em ameaça, e assim consideramos desagradáveis e os varremos vigorosamente, pois são perigos em potência. Esses perigos, no entanto, se transformaram em condição de analise. A imposição de um modelo rígido de pureza, tal como o da igualdade moderna, é imposto, ele se torna totalizante conduz a exceção já que a pureza é inimiga da mudança, da ambigüidade e da diferença. Se a ânsia pelo rigor existe em todos nós, temos que ter presente que o rigor está repleto de inadequação.

O tema da desilusão frente à história da violência contemporânea parece estar presente e revela a crise dos tempos atuais. Estas constatações, baseadas na crença da liberdade da história tal como da natureza, ajudam a explicar parcialmente o ânimo pessimista do período.

---

[17] DURKHEIM, E. *Reglas del metodo sociologico*. Madrid, Morata, 1974.
[18] BAUMER, Frankiln. 164.

Contudo, o progresso foi desmascarado e torna-se evidente para um número cada vez maior de intelectuais que não há nada de automático ou certo nele. As metamorfoses ocorridas no século passado afetaram as atitudes humanas em relação às tradições do passado, aos modos de expressão e o surgimento de uma nova perspectiva do mundo. Com relação ao advento de uma cultura unificadora devemos esperar o surgimento de um outro padrão cultural que possa ser gestado em um ambiente que leve em consideração os limites e as desilusões com a lógica moderna e o próprio humanismo. O vazio das convicções humanistas, os paradoxos da filosofia liberal, entre a dignidade e igualdade humanas no plano do ideal/real, as pretensões morais totalitárias que encobrem a real vontade de domínio, o desmascaramento da fácil crença no progresso, a moralidade, ela própria uma forma de imoralidade, os ataques frontais aos valores e pressupostos que fundamentavam a cultura ocidental, desmontaram a fragilidade da visão de totalidade e superioridade. Se, na frase de Dewey, a mente individual possui como função a vida social, a ciência deixou o homem procurando, às apalpadelas, uma esquiva realidade; Freud deixou-o procurando em vão uma realidade em seu próprio e mais íntimo eu; a história explicitou esses fatos evidenciando a violência produzida pela cultura humanista iluminista.

O *phatos* perene de nossa história, situado num sentimento ambíguo entre a tradição e modernidade redentora, fornece uma representação caleidoscópica das múltiplas e diferentes partes que formam uma "realidade" em constante equilíbrio de antagonismos. Os antagonismos revelam-se, via de regra, em atos de violência, vistos como um dos mais preocupantes fenômenos da atualidade dá visibilidade à face "noturna" de um mundo que se afastou radicalmente da promessa feita pelos modernos dos séculos dezessete e dezoito, o mundo como progresso. A representação da violência não pode ser igualada a outras formas pensadas como puras, nas quais o representado pode ser exclusivamente uma projeção do pensamento.

A importância das imagens transmitidas pelos meios de comunicação, retrata as diferentes formas de violência tanto as de repressão como as de coerção. Estas imagens desvelam a sistemática intelectualista estabelecida, apenas para reduzir o simbolizado dos diferentes processos de violência sem mistério. A diferente face da desagregação social aparece se dá a ver, sem que seja necessário reduzi-las ou mesmo incluí-las em uma hermenêutica redutora. Os dados científicos embasados em premissas de que existe uma causalidade especificamente material para os atos mais cotidianos que se revelam como explosões de inquietação, insatisfação, perversidade, além de outras manifestações entendidas como expressões da violência não podem ser interpretados de forma linear. A redução advém de crenças em uma história única que explicaria as diferentes formas de manifestações dramáticas que demonstram cabalmente uma outra face do "destino" pensado para a humanidade desde o período iluminista. A objetivação, associada à racionalização construíram a promessa de um mundo com soluções positivas para os problemas da humanidade: fome, pobreza, diferença, hierarquia, poder, privilégios, pandemias, epidemias, desagregações, etc. No entanto, as imagens da desagregação expressa com extrema sensibilidade os resultados de traumas vivenciados pela sociedade cujo projeto racional de progresso desemboca em monstruosidades impensáveis do ponto de vista da premissa que criou a perspectiva do futuro glorioso.

Assim, balizar a condição diferencial e o estatuto particular de fenômenos sociais vinculados a processos violentos implica compreender que a violência não é um fato anacrônico, alienígena da sociedade. No entanto, certo é que se há alguma novidade nas reflexões ora apresentadas elas estão fundadas sobre dois alicerces inauditos na sua conjugação: a possibilidade de ver alguma coisa já inacessível no tempo e a possibilidade de ver alguma coisa inacessível na história do direito como poder controlador e limitador da violência.

A estrutura jurídica se fez a partir da secularização, o princípio secularizador, portanto constituí-se no elemento estruturador das sociedades ocidentais modernas que reivindicaram para Si a verdade como substância afirmada em Si e negada no outro, o qual seria excluído como alguém que fosse infiel, mas assumiram uma verdade, índice de Si mesma. Esta verdade é excessiva por natureza. No entanto, o direito penal continua usando a premissa da evidência dos fatos: a evidência, Como diz Rui Cunha Martins,[19] é uma alucinação dos sentidos, em sentido quase estrito da linguagem, ela foi exaustivamente atestada por dois grandes filósofos, de Duns Scot a Husserl. Toda a argumentação realizada, em qualquer âmbito, a prática utilizada é a extirpação de elementos que impeçam a explicitação daqueles elementos que poderiam conotar um problema para o convencimento do que se quer que seja todo como verdade. Mesmo os fatos mais evidentes, notórios, chamados no âmbito judiciário de flagrante delito, carregam uma nebulosidade a qual impede de ser totalmente transparente, portanto impossível de se tornar visível na sua totalidade e também para todos. A tradição jurídica tende a agir frente ao flagrante delito deslocando para o juiz a responsabilidade de julgar uma verdade tida como óbvia, através de sua neutralidade e imparcialidade. Na tramitação do processo, a preocupação das garantias está na defesa de que a visibilidade do fato não antecipe a decisão judicial. Fernando Gil[20] analisa a questão da evidência dizendo que o direito garantista é um outro sistema de constrangimento imposto à evidência, O sentido da racionalidade é sempre esse, nas ciências do direito.

O século XX revelou que a garantia pretendida por esses princípios foi desmontada pela realidade empírica divulgada em tempo real. A identidade polarizada, tal como analisada por Hall,[21] fruto da multiplicação, é "celebração móvel", e de transformação contínua nos sistemas culturais. Esses fatores levam ao tempo

---

[19] MARTINS, Rui Cunha. Modos de Verdade. IN, Revista de História e Teoria das Idéias. Instituto de História e Teoria das Idéias, Universidade de Coimbra, Coimbra, Volume 23, 2002, p. 19-20.

[20] GIL, Fernando. Modos de Verdade. IN, *Revista de História e Teoria das Idéias*. Instituto de História e Teoria das Idéias, Universidade Coimbra, Coimbra, Volume 23, 2002, p. 26.

[21] HALL, Stuart. *A identidade cultural na pós-modernidade*. Rio de Janeiro: DP&A, 1997.

da insegurança, um tempo diferente do tempo da segurança, no qual prevalece o estado de direito. Entre tantas inseguranças, temos a insegurança jurídica que nos aproxima ao estado de natureza. Esse mal endógeno da máquina jurídica precisa ser revertido. Para tanto se faz necessário equilibrar o tempo da promessa com o tempo de requestionamento. Impõe-se o imperativo de uma nova gestão pública onde o caráter problemático dos fins, dos meios e dos resultados possa conduzir a outros critérios de oportunidades. Ost[22] refere que "o direito tradicional dá lugar ao direito excepcional e ao homem vitimado inscrito e datado numa sociedade onde há um elevado nível de desordem simbólica". De modo geral, a violência, vista mais especificamente como criminalidade, deixa transparecer uma reivindicação de ordenamentos sociais mais justos. Como se sabe, o conceito de *justo* (conceito relativo, mas sempre dotado de valor) é eminentemente arbitrário e, por outro lado, denuncia a impotência do Estado, que não consegue cumprir o seu projeto. Já não se acredita no devir, portanto não se acredita no projeto, (muitas vezes mais anunciado que desejado) de unificar e equilibrar a sociedade. Esse é um problema geral para os governos atuais; se problema real ou ficção discursiva, é outro assunto.

Frente a essa complexidade, novas questões se fazem presente. O tempo da segurança, do estado de direito já não está presente. Caminharíamos para uma insegurança que nos levaria a um estado de natureza? Sabemos que a insegurança jurídica um mal endógeno da máquina jurídica que se estruturou na igualdade totalizadora, revela o seu limite. Qual seria o remédio, o dever ser jurídico? Há uma consciência que um fator de segurança importante é o equilíbrio do tempo da promessa com o tempo de requestionamento. Impõe-se o imperativo da gestão pública: o direito apresenta características do requestionamento e da temporalidade, marcado pela racionalidade falível. Uma nova gestão implica a integração da incerteza e da indeterminação dos valores, a nova direção às condutas é vista como um problema a construir, essa gestão deve assumir o caráter problemático dos fins, dos meios e dos resultados. A produção normativa, vista como uma inversão temporal operacionaliza e dirige os critérios de oportunidade que resultam das condições "reais" dos contextos de implementação.

Caso brasileiro e o problema da urbanização sem planejamento. Quase 90% da população vivem nas cidades, mais especificamente nos grandes centros urbanos. Há quase que uma ausência de políticas de serias de planejamento urbano, a tentativa do Sistema Nacional de Habitação foi apenas um esboço do que deveria ser uma política.

---

[22] OST, François. *O tempo do direito.* Lisboa, Piaget, 1999.

— 2 —

Violência e criminalidade: perspectivas policiais e políticas

JOSÉ ANTONIO PAGANELLA BOSCHI

Advogado. Mestre em ciências criminais pela PUCRS
e professor do Direito da PUC

Sumário: Introdução – As leis penais são brandas? – Há impunidade no Brasil? – Os juízes trabalham pouco? – A justiça é lenta demais? – Por que então, em nosso meio, há violência e criminalidade violenta em níveis insuportáveis? – Violência e criminalidade: pelo resgate do pacto federativo como proposta de solução.

Introdução

Violência e criminalidade são aspectos do mesmo fenômeno, muito embora uma possa existir independente da outra. Há violências explícitas e/ou subliminares que não constituem "crimes", assim como existem condutas criminosas desprovidas de violência.

Pode-se falar, ainda, em violências sem dores físicas, aptas a causarem grandes prejuízos sociais (ao estilo das violências inerentes à macrocriminalidade econômica e financeira).

Pelo prisma negativo, a que mais atormenta é, entretanto, a violência física, ou seja, aquela das ruas, visível nas chacinas, nos roubos à mão armada, nos assaltos. É a violência em condutas tipificadas nas leis penais como crime, sejam elas praticados isoladamente ou por diversas pessoas em grupos organizados.

Buscando conhecer os níveis do medo que essa violência vem causando às pessoas em geral, uma pesquisa encomendada pela Prefeitura de Porto Alegre e divulgada por ZERO HORA comprovou que 60% dos moradores tinha medo de sair às ruas. O percentual foi, comparativamente, maior que o do Rio (26%), que o de Santiago do Chile (26%), de Cali (46%) e que o de Caracas (33%), conforme dados fornecidos pela ACTIVA, transcritos por Roberto Briceno-León,[1] comentando pesquisas de campo.

Ante essa arquitetura de medo,[2] o comportamento humano, nas principais cidades brasileiras, vem se modificando continuamente. O *stress* causado pela violência e pela criminalidade violenta tem provocado a perda da qualidade de vida, bastando lembrar que muitas pessoas, no dizer de Túlio Khan, "saem menos de casa, deixam de freqüentar cinemas, bares, restaurantes, (...) e para evitar os ladrões, (...) deixam em casa seus carros e passam a andar de táxi. Empresários e industriais estão trocando seus automóveis de luxo por veículos modestos. Outros passaram a blindar os carros fazendo com que aumentassem em 50% a procura pela blindagem no começo de 1999, em comparação com 1988".[3]

Na conformação desse quadro de medo, atuam muitos políticos profissionais, que fazem da violência e do crime seus palanques em épocas de eleições, clamando por leis mais duras, por penitenciárias na Amazônia, por redução da imputabilidade penal, por pena de morte. Desse modo, intencionalmente ou não, acabam por superdimensionar o problema e por reduzir, cada vez mais, o *espaço público* nas ruas das cidades. "As pessoas, apressadas e agarradas aos seus pertences, não param mais para responder a ninguém e quando o fazem é de maneira aflita e desconfiada. Em determinados locais e horários, motoristas não obedecem mais à sinalização de trânsito com medo de assalto e os transportes públicos também não se mostram como a alternativa segura para o cidadão amedrontado".[4]

Outrossim, abrindo largos espaços à violência e à criminalidade violenta também a mídia brasileira ao cumprir seu papel culmina por maximizar a ansiedade de todos, propagando, às vezes para além do necessário, essa cultura de medo. Jornais e televisões organizam pautas priorizando os fatos mais dramáticos ou aterrorizantes do cotidiano, muitas vezes ocorridos em lugares muito distantes, que o mundo cibernético, virtual, eletrônico, coloca ao nosso lado, no mesmo instante dos acontecimentos, reforçando a opção pelo enclausuramento na própria casa, para dormir, ver um filme, navegar na *internet*, falar horas ao telefone, ou não fazer nada, etc.

Conquanto na sociologia já não haja qualquer objeção à tese de que a violência e o crime são fenômenos naturais e culturais, ante a percepção de que nem todos os indivíduos partilhariam com a mesma intensidade dos sentimentos coletivos, como explicou Débora Regina Pastana,[5] apoiada em Durkheim, é indiscu-

---

[1] BRICENO-LEÕN, Roberto, *La Nuena. Violência Urbana de América Latina.* Sociologias, Violências. América Latina, Porto Alegre. UFRGS, 1999, p. 43.

[2] PASTANA, Débora Regina. *Cultura do Medo, Reflexões sobre Violência Criminal, Controle Social e Cidadania no Brasil.* São Paulo. IBCCRIM, 2003, p. 63.

[3] KAHN, Túlio. *A Expansão da Segurança Privada no Brasil: Algumas Implicações Teóricas e Práticas.* São Paulo. Boletim Conjuntura Criminal, ano 2, n. 5, jun. 1999, cit. por DÉBORA REGINA PESTANA, ob. cit. p. 64.

[4] PASTANA, Débora Regina. obra citada, p. 65.

[5] Obra citada, p. 23-24.

tível que a arquitetura do medo coletivo, confirmada pelas respostas à pesquisa acima mencionada, concorrem causas efetivas e reais, sendo suficiente lembrar que, em nosso país, na década 80/90, o número de homicídios cresceu 209%, consoante dados fornecidos por Sérgio Adorno.[6]

Aliás, em Porto Alegre, a bem refletir essa conclusão, segundo pesquisa divulgada por Zero Hora,[7] o número de homicídios, no período de 98 a 2002, cresceu 445%, o de furtos 67%, o de roubos 220% e o relacionado a drogas cresceu em 208%. Aliás, os números seriam ainda mais dramáticos e preocupantes se considerássemos as conhecidas *cifras ocultas*, que camuflam ou encobrem a violência e a criminalidade violenta e que não chegam ao conhecimento das autoridades para as providências com inquéritos e processos.

Uma pesquisa realizada por Ignácio Cano[8] apontou, por exemplo, que, no Rio de Janeiro, de 100 homicídios, menos de 10 foram objetos de processos judiciais. Por isso, relata Débora Regina Pastana o IBOPE, a pedido da Comissão Justiça e Paz concluiu que em São Paulo a prática da tortura teve apoio de 54% dos entrevistados e que apenas 26% deles rejeitaram totalmente as graves violações dos direitos humanos.[9]

Em represália à chacina de um casal de namorados nessa Capital Paulo, atribuída a um adolescente, milhares de pessoas participaram de passeata contra a violência convocada por parentes e amigos das vítimas e nessa ocasião os discursos mais aplaudidos foram precisamente aqueles que "defendiam penas mais severas para crimes como o praticado contra o casal de namorados. Em todos os discursos a principal reivindicação era pela redução da maioridade penal, de 18 para 16 anos".[10]

A reivindicação foi publicamente endossada pelo Cardeal Dom Aloísio Lorscheider, sob o argumento de que adolescentes "sabem o que fazem".[11]

A denotar o altíssimo grau de irracionalidade com que a violência e a criminalidade das ruas vem sendo discutida, uma conhecida apresentadora de televisão, poucos dias atrás, ainda sobre o duplo homicídio ocorrido em São Paulo, afirmou, ao vivo, no programa por ela comandado, que *mataria* o adolescente dado pelas autoridades como o responsável pelo fato.[12]

O mesmo fato levou, também, o rabino da Congregação Israelita Paulista a criticar o Estatuto da Criança e do Adolescente e a posicionar-se expressamente a favor da *pena de morte*,[13] conduta que revela, *data venia,* um grande paradoxo.

---

[6] ADORNO, Sérgio. *Exclusão Socioeconômica e Violência Urbana*, Sociologias, Violências, América Latina. Porto Alegre. UFRGS, 1999, p. 84.

[7] ZERO HORA, ed.de 12.8.2003, tendo por fonte a Polícia Civil.

[8] Citada no Jornal do Magistrado, mar/jun. 2002, p. 5.

[9] Obra citada, p. 109.

[10] Jornal Zero Hora, ed. 24.11.2003.

[11] Jornal Zero Hora, ed. 14.11.2003.

[12] Jornal Zero Hora, ed. De 19.11.2003. Assim declarou a jornalista: "Eu vou fazer uma entrevista com você. Vou mesmo. Se me deixarem, eu vou. Mas eu vou armada. Eu saio de lá e vou para a cadeia. Mas ele não fica vivo. Pouco Antes, (...) havia dito que gostaria de cortar o adolescente em pedaços (...)".

[13] Jornal Zero Hora, ed. 24.11.2003.

Fácil entender o porquê do sentimento da população de que "bandido bom é bandido morto", a propiciar a equívoca divisão dos brasileiros em grupos rivais: de um lado, o grupo dos "bons" e, de outro, o dos "maus", inimigos do povo, sobre os quais deverão recair, implacavelmente, as leis repressivas, como propõem, aliás, os conhecidos movimentos da Lei e da Ordem e das Janelas Quebradas.

O argumento é de que as leis penais do Brasil são muito brandas, a ponto de magistrado gaúcho afirmar, recentemente, pela imprensa, que o problema do tráfico e do consumo de drogas dependia da intensificação daqueles que *consumiam drogas(...)!*[14] Em pesquisa realizada pela AMB (Associação dos Magistrados Brasileiros), 57,4% dos entr4evistados manifestaram-se favoráveis à redução para 16 anos da imputabilidade penal "como uma das formas de reduzir a violência" e 28,4% deles declararam acreditar que a instituição da pena de morte "contribuiria"" para o alcance desse objetivo (...)[15]

Essa tem sido ultimamente a linha do discurso oficial brasileiro – endossado por movimentos populares e também pela mídia – priorizando a repressão, em detrimento da elaboração e da execução de projetos que, sem prejuízo da incidência das leis penais, possibilitem fechar as fábricas *que produzem violência e crimes para estacarmos a prosperidade da própria atividade criminosa.*

São válidas essas suposições?

Costuma-se afirmar, ainda, que a culpa pelos elevados níveis de violência e de criminalidade é do Judiciário, por ser lento, burocrático, ineficaz, conduzido por profissionais que ganham muito e trabalham pouco (...)

Será verdade?

Passemos a examinar melhor essas questões.

As leis penais são brandas?

Em nível de governo e, também, nos debates travados no âmbito da sociedade civil pelo rádio e pela televisão, mesmo sem tempo suficiente para a boa dialética, o argumento mais invocado para a justificação da política de *endurecimento penal* é o de que as leis brasileiras são muito brandas e que, por isso, o direito penal não consegue cumprir sua função *intimidatória.*

É falso esse argumento, pois a legislação penal pós-1988, é, paradoxalmente, muito mais severa que a do período imediatamente anterior à Constituição Cidadã. Desde o Império até 1988 o direito penal comum avançou no sentido da preservação das liberdades fundamentais mas, paradoxalmente, após a promulgação da atual Constituição Federal esse mesmo direito se expandiu e infletiu na direção contrária.

O Código Penal de 1890, refletindo a formação jusnaturalista que Bernardo Pereira de Vasconcelos recebeu em Coimbra, substituindo o Livro V das

---
[14] Zero Hora, ed. 31.07.2003.
[15] JORNAL DO MAGISTRADO, novembro de 2002, p. 4.

Ordenações Filipinas, foi saudado como síntese das idéias liberais que varriam o continente europeu, a ponto de servir de parâmetro à elaboração do Código Espanhol[16] e de Códigos Penais latino-americanos,[17] constando que o famoso Hans Mittermayer teria aprendido português só para lê-lo no original![18]

Os aperfeiçoamentos viriam com os Códigos Penais de 1890 e de 1940, conquanto este último tenha se inspirado no Código Rocco. O que não se costuma dizer é que esse Código, sem embargo da inspiração, procurou harmonizar as duas grandes correntes do pensamento científico em que se dividiam os penalistas à época: de um lado os clássicos e, de outro lado, os positivistas! O Código de 1940, vigente até hoje, com modificações, consolidou a garantia da individualização da pena como nenhum outro, ao conferir ao juiz amplo espaço de manobra para estabelecer a medida certa e justa da pena.

O atual Código sofreria modificações extraordinariamente liberais até o advento da atual Constituição Federal, seja pela Lei 6.416/77, dispondo sobre a progressão nos regimes, seja assegurando a liberdade provisória ao preso em flagrante, quando ausentes os motivos exigidos para a prisão preventiva, seja pela Reforma da Parte Geral, operada em 1984 – quando houve a introdução em nosso sistema da então recentíssima teoria finalista da ação.

Isso tudo, para não precisarmos referir à Lei 7.210/84, que jurisdicionalizou a execução e estabeleceu limites com direitos e garantias nas relações entre Estado e Condenado.

Todavia, após 1988, a produção legislativa bem expressou a proposta de maior severidade punitiva e de combate ao crime e à violência às custas do enfraquecimento das garantias individuais.

Basta citar a Lei 8.072/90, que veio proibir a progressão nos regimes instituída pela Lei 6416/77; a Lei 9.034/95, autorizando o juiz a realizar investigações e julgamentos em procedimentos secretos, colocando-nos de volta à inquisição e ao sistema inquisitivo da Idade Média; a Lei 7.960/89, autorizando a prisão para investigar, em contraste com o princípio de que primeiro investiga-se e, só depois, comprovada a autoria e existência de crime, é que, por ordem judicial, pode-se prender (...); a Lei 9.437/907, sancionando, com duras penas, a posse e o porte de arma de fogo; a Lei 9.099/95, definindo os crimes de menor potencial ofensivo e, desse modo, trazendo, de volta para o sistema penal, a grande clientela constituída pela população mais pobre, que dele vinha se alforriando com base no princípio da bagatela; o novo Código de Trânsito e a fantástica gama de proibições, ensejando multas e mais multas, como se o direito penal pudesse atuar como instrumento arrecadatório, dentre outros diplomas legais.

---

[16] CEREZOMIR, José. *Curso de Derecho Penal Español. Parte General.* 3ª ed., Madrid. Tecnos,.990, p. 190.

[17] ZAFFARONI, Raúl. Manual. p.123, e TOLEDO, Francisco de Assis. *Princípios Básicos de Direito Penal.* São Paulo. Saraiva. 1986, p. 52.

[18] GAUER, Ruth M. Chittó. *Influência da Universidade de Coimbra no Moderno Pensamento Jurídico Brasileiro.* Revista do M.Público do RS, vol. 40.

O endurecimento legislativo continua em pleno curso.

Aliás, no Brasil, não edita-se uma lei sem regras penais, sendo suficiente lembrar, em abono à tese, a de nº 10.741/2003, dispondo sobre o Estatuto do Idoso, que contém 14 tipos penais, todos construídos com abuso de elementos normativos em textos exageradamente abertos, em contraste com os princípios que disciplinam o direito penal de garantias.

No Congresso, tramitam Projetos na linha da priorização da repressão, como se pode ver do PEC 26/2002, visando à redução da idade penal para 16 anos; do PEC 46/2001, pretendendo ampliar rol crimes imprescritíveis; do PL 6.599/02, colimando definir como hediondos os crimes contra crianças; do PL 7.017/02, pretendendo elevar as penas para corrupção ativa e passiva; do PL 6.776/02, visando aumentar as penas nos crimes de seqüestro e cárcere privado; do PL 5.073/01, já aprovado, que criou o regime disciplinar diferenciado, cognominado por Nilo Batista de cela surda, como a prevista no Código Penal de 1890, embora a visível ofensa ao princípio da dignidade da pessoa humana;[19] do PL 6.113/02, objetivando instituir prisão obrigatória quando das sentenças por crimes hediondos, e, dentre outros, do PL 3.473/00, visando alterar a PARTE GERAL DO CP com a eliminação do regime aberto e o aumento dos prazos para a progressão (1/3) e o livramento condicional (1/2).

Sem embargo das leis penais severas[20] e desse fantástico instrumental repressivo, há, como todos sabem, violência e crime em todos os lugares do mundo. É que o grande equívoco da política que joga todas as fichas no combate à violência e à criminalidade *pela via exclusiva do direito penal* decorre da falsa suposição de que as *penas, mesmo as elevadas,* carregam aptidão para prevenir a violência e a criminalidade.

Os maiores estudiosos afirmam que a intimidação do criminoso pela pena também não passa de um mito. Os criminosos habituais, com efeito, continuam praticando ilícitos, muitas vezes como modo ou estilo de vida. Aqueles que estão determinados a cometer um crime, por outro lado, não costumam ler os Códigos antes do início dos atos de execução, para avaliarem os riscos, sendo certo, bem ao contrário disso, que confiam em não ser apanhados pelo sistema de Justiça penal.

Isso tudo sem falar no conteúdo antidemocrático e injusto dessa política que instrumentaliza o criminoso para o alcance da finalidade de prevenção geral. Como ensina Roxim, por todos, é muito "difícil compreender que possa ser justo que se imponha um mal a alguém para que outros omitam cometer um mal".[21]

---

[19] *In* Juízes para a Democracia, *Manifesto do Movimento Antiterror,* ano 6, n. 31, jan/mar 2003.

[20] A redução da idade penal para 16 anos e a fixação de penas mais rigorosas para os crimes mais graves foram admitidas respectivamente por 57,4% e 84,3% de 1.017 dos mais de 15.000 magistrados associados à AMB em pesquisa encomendada por essa entidade nacional. A pesquisa reflete, portanto, o pensamento de um número reduzido de magistrados do grande universo que poderia ser novamente questionado.

[21] ROXIM, Claus. *Política Criminal y Estructura del Delito.* Barcelona. Ppu, 1192, p. 27.

Dizendo de outro modo: mais vale a certeza da punição do que a gravidade da pena! A quantidade de leis penais severas em nosso país não conseguiu produzir a redução da violência e da criminalidade violenta, como se esperava, porque, simplesmente, como sabe o aluno da cadeira de Direito Penal ou de Criminologia, a lei, sozinha, não consegue alterar a realidade e muitas vezes, como diria Spota,[22] acaba chegando tarde, pois nem toda a conduta está tipificada!

Se a pena severamente cominada no preceito secundário da norma fosse, sozinha, a solução para todos os males sociais produzidos pela violência e pela criminalidade, naqueles países onde, por exemplo, a morte é a pena para os homicidas, não haveria mais assassinatos. Do mesmo modo, se as altas penas para os seqüestros fossem, por si, o meio para a prevenção dos seqüestros e outros crimes hediondos, certamente, em nosso país, não mais teríamos esses crimes e todos os outros arrolados pela Lei 8.072/90, quando sabemos que a realidade indica exatamente o contrário!

Aliás, o único resulto concreto da política de endurecimento penal foi um só: o aumento vertiginoso da população carcerária e a maior deterioração do ambiente destinado a recuperar os presos, muitos dos quais, do interior das cadeias, planejam crimes violentos e fornecem instruções para a sua execução por egressos do sistema ou por integrantes da organização tipicamente criminosa (PCC).

Há impunidade no Brasil?

O Secretário dos Direitos Humanos do Governo Federal recentemente afirmou pela imprensa de todo o país, com grande estardalhaço, que há impunidade no Brasil e que ela está diretamente ligada à atuação dos juízes.

A afirmação não é reveladora do bom domínio do tema, pelo declarante, sendo suficiente observar que o extraordinário aumento da população carcerária no país, na última década, não pode ser dissociado do aumento do número de sentenças condenatórias.

Em razão da incidência e da efetiva *aplicação pelos órgãos do Poder Judiciário* da legislação penal vigente, a população carcerária brasileira que, em 1995 era de 148.760 pessoas (ou seja, 95,4 delas para cada 100.000 habitantes), passou, em 2003, para 248.685 indivíduos (isto é, 146,5 de pessoas presas, para cada 100.000 habitantes).[23] Hoje o Brasil já tem quase 400 mil pessoas encarceradas, consoante registros oficiais do DEPEN, amplamente divulgados pela imprensa e bem conhecidos de todos.

Rigorosamente, não há mais lugar nas cadeias brasileiras. Os condenados amontoam-se uns sobre os outros porque os estabelecimentos prisionais acaba-

---
[22] SPOTA, *Alberto G. O Juiz, o Advogado e a Formação do Direito através da Jurisprudência.* Porto Alegre. Fabris. 1987.
[23] Censo Penitenciário: Ministério da Justiça – in Manifesto do Movimento antiterror, publicado como Editorial no Jornal Juízes para a Democracia (jan/mar 2003).

ram virando depósitos de presos, verdadeiras sucursais do inferno, pois no seu interior o regime é o das instituições totais, onde o poder não passa nem se submete aos controles, onde não há educação, não há dignidade, mas sim promiscuidade, violências sexuais, enfim, degradação humana e, pela estigmatização da passagem, condenação perpétua à marginalização que leva à reincidência. A superpopulação é fato tão grave que para que pudéssemos zerar o *déficit* de 3.500 vagas mensais seria preciso construirmos, todos os meses, 7 cadeias com 500 vagas, ao custo de 15 milhões de reais cada uma – conforme dados oficiais do DEPEN, órgão do Ministério da Justiça (Zero Hora, 16.10.2004). O investimento anual alcançaria R$ 800 milhões, "mais do que o dobro do orçamento realizado em segurança pública pelo governo brasileiro em 2006", conforme lembra Marcos Rolin, em artigo para Zero Hora (26.11.2006).

No Rio Grande do Sul, Estado que, reconhecidamente, tem um razoável Sistema Penitenciário, o jornal Zero Hora, edição de 31 de outubro de 2003, estampando números e mais números, abriu a seguinte manchete: "Presídios Gaúchos Estão à beira de um Colapso".[24]

Insta observar ainda que há, ainda, para serem cumpridos, milhares de mandados de intimação de sentenças condenatórias, nos mais diversos Estados da Federação, como é do amplo conhecimento de todos.

É claro que não estamos propondo a extinção das penas privativas de liberdade. Elas devem ser aplicadas nos casos graves. Tampouco estamos dispensados do dever de construir novos presídios e de melhorar as condições dos que existem hoje. Lembramos todavia que a opção de resolver tudo só com *prisão*, mesmo que os orçamentos públicos pudessem sustentar as demandas por novas penitenciárias, agravará ainda mais a situação. Precisamos, isto sim, é de boas políticas sociais, que priorizem as crianças, que criem oportunidades, valorizem e eduquem os jovens, que enfrentem os *déficits* em saúde, habitação, emprego, salário, etc. Precisamos, também, de boas escolas que eduquem as pessoas, desde criança, a viverem em harmonia na sociedade.

Essas políticas, associadas à melhor organização das polícias civil e militar, ao planejamento estratégico, à inteligência, ao preenchimento dos claros nos quadros no serviço público, enfim, à melhoria das condições de trabalho sob os mais variados aspectos, serão as que otimizarão os serviços estatais na área da segurança e ensejarão as condições ideais para que todos nós possamos acreditar que podemos ganhar a guerra contra a criminalidade e a violência.

Não é correta, falarmos então em impunidade, ao menos ao nível da criminalidade violenta das ruas, que torna as pessoas reféns em suas próprias casas. A impunidade a ser combatida situa-se em outro nível, revestida de violência

---

[24] Conforme a reportagem, no Rio Grande do Sul, em outubro de 2003, estavam encarcerados 18.863 homens e 742 mulheres, ou seja, quantidade de pessoas maior do que a população de 150 municípios gaúchos, tendo-se por b ase pesquisa feita pelo Instituto Brasileiro de Geografia e Estatística.

institucional, que não acusa nenhuma dor física. Os responsáveis por ela são pessoas "educadas" e "socializadas", em relação a quem o Código Penal está muito distante (...)

Os juízes trabalham pouco?

Outro argumento muito invocado para tentar explicar o problema da violência e da criminalidade violenta – associado ao anterior – é o de que os juízes, em geral, trabalham pouco e ganham muito. Daí a impunidade geral, que seria atribuível à burocracia do sistema e à baixa efetividade na solução dos processos!

Não é o objetivo neste artigo discutir os salários dos magistrados nem o de dizer se ganham demais, até porque o *muito* e o *pouco* dependem do grau do grau de importância que uma sociedade pretender conferir aos seus magistrados, na defesa dos direitos dos cidadãos, sendo certo que as enormes exigências para o acesso ao cargo e a exclusividade e particularidade das funções não autoriza, seriamente, qualquer comparação com outras funções igualmente relevantes que outras pessoas possam ocupar na sociedade brasileira.

Cumpre destacar, no entanto, que a afirmação de reduzida produtividade dos juízes brasileiros não corresponde à realidade. Nesse sentido, pensamos que a sensação social de inoperância da magistratura tem a ver, isto sim, com os *déficits* de comunicação do próprio Poder Judiciário com a sociedade.

É por causa dessa sensação e da lamentável distância que separa o juiz do jurisdicionado, associadas à onda maximizada pela mídia de violência e criminalidade, que o Judiciário, conforme pesquisa recente, ficou com a pior imagem, perdendo para a Igreja, para a Imprensa e para a própria presidência da Presidência da República,[25] embora dessa última devessem partir, por óbvio, políticas públicas capazes de atuar na contenção da produção da *usina* de violências e de criminalidade que infernizam a vida das pessoas. Observe-se que curiosamente a manchete foi redigida para indicar que "Congresso e Judiciário tem a pior imagem" mas, sem embargo disso, o 38% dos entrevistados que afirmaram ter desconfiança na Justiça foram tecnicamente os mesmos entrevistados que afirmaram confiar na Instituição, isto é, 39%!

Não é preciso ser gênio para concluir, então, que esses números não autorizariam a construção da manchete jornalística acima reproduzida, pois se, de um lado, 38% do universo de entrevistados tem visão negativa e 39% *tem visão positiva do Poder Judiciário,* a manchete deveria ser no sentido de que *a maioria das pessoas entrevistadas confia,* isto sim, na magistratura!

Sem precisar dizer que a função dos juízes não é a de agradar as pessoas nem a de esclarecê-las como devem resolver seus problemas, parece inequívoco que, em face das peculiaridades das funções exercidas, em toda a demanda,

---

[25] Jornal Zero Hora, ed. de 11.11.2003.

impregnada de litigiosidade e de incivilidade, haverá, sempre, um perdedor, que ficará insatisfeito com a sentença.

Não obstante, os números a seguir bem demonstram o altíssimo grau de operosidade e de efetividade da magistratura brasileira. Os juízes, como pode-se ver, trabalham muito, sim, o que bem explica o grande aumento do número de condenações e de prisões em nosso país, objeto dos comentários precedentes.

Conforme pesquisa independente da FUNDAÇÃO KONRAD ADENAUER, comentada por Maria Teresa Sadek,[26] em 1990, quando a população brasileira era de 144.764.945 pessoas, entraram na justiça comum 3.617.133 processos, dos quais foram julgados 2.411.847. No ano de 1998, quando éramos 161.171.902 brasileiros, ingressaram na mesma justiça 7.467.189 processos, dos quais foram julgados 4.938.083. Dizendo de outro modo e ainda com a ilustre autora, "enquanto a população no período cresceu 11,33%, a procura pela Justiça de 1º grau aumentou 106,44%", ou seja, na média de 1 processo para cada 31 habitantes, aspecto que *desmitifica* e *desconstrói* o argumento de que a população *não confia* na magistratura!

Para orgulho da magistratura gaúcha, a mesma autora, no seu extraordinário estudo, afirma, como que para confirmar os dados abaixo reproduzidos, que no sul do Brasil, a *melhor média (com um processo para cada 20 habitantes)* foi a do *Rio Grande do Sul, Estado onde foram julgados (em média) 95% dos processos ajuizados, ou seja, "o mais alto percentual do país e bastante acima da média nacional".*[27]

Com efeito, de acordo com o Relatório do Ano Judiciário, divulgado pelo Poder Judiciário do Estado do Rio Grande do Sul, pode-se ver que em 1990 (quando existiam no Estado só 493 juízes) foram julgados 282.722 processos no primeiro grau de jurisdição, número que, em 2001, quando atuavam 587 magistrados, saltou para 617.722.[28]

Quer dizer: embora o aumento quase imperceptível do número de juízes em atividade, a magistratura gaúcha, em 2001, conseguiu *aumentar extraordinariamente a sua produtividade,* julgando com a mesma força de trabalho *dois terços a mais de processos do que na década de 1990.* Aliás, o Relatório de 2001 do Poder Judiciário gaúcho atestou que tanto no primeiro quanto no segundo grau a média de sentenças-ano e de acórdãos-ano, por juiz e desembargador, respectivamente, chegou a 1.000!

Em 2004, ainda segundo dados oficiais divulgados por ZH em 20.2.2005, foram encerrados 1.470.0000 processos (6% a mais que o ano anterior), remanescendo um pequeno déficit, por terem-se iniciado, nesse ano, 1.733.436 ações no RS. Estudos da Corregedoria do Judiciário gaúcho indicaram que, em média,

---

[26] SADEK, Maria Tereza. *Acesso à Justiça.* São Paulo. Konrad-Adenaur-Stiftung, Pesquisas, 21,2001, p. 14 e 15.

[27] Idem, p. 24.

[28] Relatório de 2001 do TJRS, p. 172.

cada juiz julgou em 2004 a quantidade de 3.558 processos (...), ou seja, mais de 10 por dia!

Por conseguinte, a alegação de baixa operosidade da magistratura brasileira é outro mito que precisa ser urgentemente desfeito, fazendo-se Justiça aos Juízes, não sendo da responsabilidade deles as mazelas da sociedade, nomeadamente as que dizem ou decorrem da violência ou da criminalidade.

A justiça é lenta demais?

Sendo verdade que a Justiça é demorada, nem assim é lícito afirmar que a demora no julgamento dos processos é a grande culpada pelo aumento da violência e da criminalidade no Brasil.

Há também nesse ponto alguns mitos a desmanchar.

Comecemos lembrando que a lentidão da Justiça não é fenômeno exclusivamente brasileiro. Como afirmou o jurista José Carlos Barbosa Moreira, "sem de longe insinuar que isso nos sirva de consolo, ou nos permita dormir o sono da boa consciência", o problema, em verdade, é "universal e alarma não poucos países do chamado primeiro mundo".[29]

Observe-se que na Espanha, segundo explicou Mauro Capeletti,[30] o tempo de duração de um processo é de aproximadamente 5 anos e 3 meses.

Nos Estados Unidos da América do Norte, conforme pesquisa feita por John Goerdt,[31] o tempo médio de tramitação dos processos em Nova Orleãs é de 1.215 dias no cível e de 1.645 dias no crime e em Washington de 1.333 dias no cível e 886 dias no crime.

Na Itália, conforme estudos feitos pro Piccardi,[32] a tramitação média dos processos é de 1.075 dias no cível. Barbosa Moreira noticiou relatório elaborado pelo Procurador Geral da república junto à Corte de Cassação italiana dando conta que a tramitação média dos processos entre 1991 e 1997, no primeiro grau de jurisdição, no citado país, foi de quatro anos!

Na Bélgica, segundo pesquisa feita por José Eduardo Faria,[33] o tempo médio de vida dos processos é de 2 anos e 3 meses.

No Japão, afirma José Carlos Barbosa Moreira,[34] reportando-se a um dos vice-presidentes da Associação Internacional de Direito Processual, antes da entrada em vigor do novo código, em 1998, não era raro um feito se arrastar por al-

---

[29] MOREIRA, José Carlos Barbosa. *O Futuro da Justiça: Alguns Mitos*, Revista da Escola Paulista da Magistratura.v. 2, n. 1, páginas 71-83.

[30] CAPELETTI, Mauro. *Acesso à Justiça*. Porto Alegre, Fabris. 1988. p. 20.

[31] GIERDT, John. The Justice System Journal, Vols. 14/3 e 15/1, p. 294 e 295, *apud* BENETTI, Sidnei. Jornal A Cidade de Ribeirão Preto.

[32] PICCARDI. Revista de Direito Processual, 1982, vol. 4, p. 711.

[33] FARIA, José Eduardo. *Direito e Justiça – A Função Social do Judiciário*, p. 47.

[34] Artigo citado, p. 71.

guns anos na primeira instância e levar mais de um decênio até a eventual decisão da Suprema Corte.

Vê-se, então, que a demora não é exclusivamente "coisa nossa".

Se o Judiciário brasileiro não é mais rápido, não obstante seu desempenho não destoar do desempenho dos Judiciários dos países do primeiro mundo, isso se deve, em grande parte, à falta de recursos humanos e materiais, às antigas fórmulas sacramentais e, basicamente, aos recursos em excesso.

Mais: é bom frisar que a demora na prestação jurisdicional muitas vezes é buscada deliberadamente pelas partes no processo.

É ingênuo supor, como afirma José Carlos Barbosa Moreira, que todas as partes clamam por uma justiça rápida, em qualquer circunstância. "Basta alguma experiência da vida forense para mostrar que, na maioria dos casos, o grande desejo de pelo menos um dos litigantes é o de que o feito se prolongue tanto quanto possível. Ajunto que os respectivos advogados nem sempre resistem à tentação de usar todos os meios ao seu alcance, lícitos ou ilícitos que sejam para procrastinar o desfecho do processo: os autos retirados deixam de voltar a cartório no prazo legal, criam-se incidentes infundados, apresentam-se documentos fora da oportunidade própria, interpõem-se recursos, cabíveis ou incabíveis, contra todas as decisões desfavoráveis, por menos razão que se tenha para impugna-las, e assim por diante".[35]

Por último, ainda com Barbosa Moreira, é preciso desfazer o mito que hiperdimensiona a malignidade da lentidão. "Para muita gente, na matéria, a rapidez constitui *o valor* por excelência, quiçá o único. Seria fácil invocar aqui um rol de citações de autores famosos, apostados em estigmatizar a morosidade processual. Não deixam de ter razão, sem que isso implique – nem mesmo, quero crer, no pensamento desses próprios autores – hierarquização rígida que não reconheça como imprescindível, aqui e ali, ceder o passo a outros valores. Se uma justiça lenta demais é decerto uma Justiça má, daí não se segue que uma Justiça muito rápida seja necessariamente uma Justiça boa".[36]

A agilização da Justiça não pode ser a qualquer preço, com o sacrifício das garantias da igualdade das partes, do contraditório, da ampla defesa e do direito ao recurso, pois isso implicaria ignorar os avanços da civilização e a negar a modernidade. Há consenso entre os juristas de que "justiça rápida" é "justiça temerária" e que para o integral respeito às garantias constitucionais das partes é indispensável bem compreender que o tempo do processo não corresponde ao tempo da sociedade, especialmente considerando-se que o tempo atual é veloz, virtual, a ponto de esquecermos frequentemente fatos relevantes, atropelados por novos acontecimento.

---

[35] Artigo citado, p. 74/75.
[36] Idem, ibidem, p. 75.

Enfim: se a nossa Justiça não discrepa relativamente ao tempo do processo da Justiça dos Países desenvolvidos e com níveis menores de violência e de criminalidade, fácil concluir que a natural demora na tramitação e no julgamento dos processos também não pode ser erigida como causa da violência, da criminalidade e da alegada impunidade.

Por que então, em nosso meio, há violência e criminalidade violenta em níveis insuportáveis?

Se a legislação brasileira é intensamente punitiva e se o Poder Judiciário parece estar respondendo à altura as demandas criminais intentadas pelo Ministério Público e pelos acusadores privados, em resposta ao crime convencional, cometido com ou sem violência física, como explicar, então, a persistência dos elevados índices de violência e de criminalidade violenta em nosso meio?

Ora, pensamos ter deixado bem claro que há um grande equívoco na afirmação de que a questão violência/criminalidade deve continuar sendo tratada exclusivamente como caso de polícia. Nossa histórica opção pelo encarceramento como *primeira solução* e não em como ultima *ratio,* ao contrário dos países mais desenvolvidos e sérios não tem se mostrado eficaz, salvo na produção de créditos ao poder executivo e, perversamente, de débitos, pré-anunciados, ao Poder Judiciário, porque, simplesmente, em nenhum lugar do mundo, a realidade é modificável por decreto.

Quando a imprensa de todo país abre manchetes mostrando que o planejamento de crimes graves e violentos nos mais diversos pontos do país é realizado no interior das grandes penitenciárias, tem-se a prova de que o ambiente penitenciário não melhora e sim degrada ainda mais os indivíduos.

Tratar a violência e a criminalidade exclusivamente com leis penais não considera como questão exclusivamente penal é não considerar outrossim as tensões e frustrações produzidas pelas fantásticas *desigualdades sociais e as enormes demandas públicas por consumo, saúde, educação, trabalho, moradia e educação em nosso país.*

Sobre as desigualdades sociais, em entrevista ao Jornal da Pontifícia Universidade Católica do RGS, o sociólogo e economista Bernardo Kliksberg, que mora em Washington e atua como Coordenador da Iniciativa Interamericana de Capital Social, Ética e Desenvolvimento do BID e presta assessoria às Nações Unidas, à OIT, à UNESCO e à UNICEF, autor de 33 livros sobre a luta e a pobreza, confirmou que as desigualdades sociais atuam como "o principal inimigo da América Latina",[37] enigmaticamente o lugar do Planeta onde estão as maiores reservas em matérias primas-estratégicas, fonte de energia barata, excelente capacidade de produção de alimentos (...)".[38]

É claro que ao invocarmos o pensamento desse autor, não estamos querendo, por óbvio, atribuir aos pobres a responsabilidade pela violência e pela crimi-

---
[37] Jornal da PUC, ano XXV, n. 117, nov.dez-2003, p. 24 e 25.
[38] Idem, p. 25.

nalidade violenta, pois, se assim o fizéssemos, estaríamos, mais uma vez, sendo injusto com todas pessoas que lutam com dificuldades para viver. A tese que sustentava a exclusiva causalidade entre pobreza, delinqüência e violência, não mais tem aceitação, conforme explica Sérgio Adorno.[39] Sabidamente, a maioria da população pobre é honesta e nunca praticou crimes.

O que estarmos isto sim querendo dizer, apoiados, nesse particular, em Briceño-León,[40] é que *o empobrecimento* e a *desigualdade* atuam fortemente como fontes de violência e de criminalidade. Esse autor lembra, com efeito, que em 1998, 13 dos 18 países latino-americanos tinham salário mínimo inferior ao de 1980, com um número de pobres superando a casa de 220 milhões de pessoas. Estudos recentes do Banco Mundial dão conta que 24% da população da América Latina e do Caribe vive com menos de um dólar por dia e, conforme a CEPAL, em levantamento feito em 1999, o desemprego, na região, passou de 5,7% em 1990 para 9,5% em 1999, mas o que chama a atenção *não é só o incremento dos desocupados, senão a particularidade dos novos trabalhos, pois de cada dez empregos que se criaram na região entre 1990 e 1997 sete (6,9, mais precisamente), se originaram do setor informal.*[41]

Ora, num quadro como esse, como pretender que as pessoas vivam em clima de absoluta harmonia e ordem? O aumento do processo estrutural de exclusão pode sim vir a gerar a expansão das práticas de violência como norma social particular, "vigente em vários grupos sociais enquanto estratégia de resolução de conflitos, ou meio de aquisição de bens materiais e de obtenção de prestígio social, significados esses presentes em múltiplas dimensões da violência social e política contemporânea", como nos ensina José Vicente Tavares dos Santos.[42]

A satisfação pelo Estado brasileiro da enorme dívida social e o revigoramento dos valores morais da nação mediante a educação das pessoas, para que, desde pequenas, aprendam a exercitar a cidadania, a cobrar responsabilidades das autoridades, a honrar seus compromissos, etc., são as únicas alternativas capazes de produzir efeitos concretos em termos de redução dos níveis da violência e da criminalidade, mesmo a *longo prazo*.

Violência e criminalidade: pelo resgate do pacto federativo como proposta de solução

Conforme dissemos acima, a opção pelo caminho da repressão, exclusivamente, não estancará com a eficiência desejada a prosperidade da violência e da criminalidade e só aumentará a gravidade do problema em si.

É necessário percorrer novos caminhos: os caminhos da política de fortalecimento dos entes federados sem o que não poderão promover os investimentos

---

[39] ADORNO, Sérgio, artigo e obra citada, p. 109.
[40] Artigo citado, p. 36.
[41] Idem, p. 36-37.
[42] SANTOS, José Vicente Tavares. *Violências, América Latina: a Disseminação de Formas de Violência e os Estudos sobre Conflitualidades,* Sociologias, Violências, América Latina. Porto Alegre. UFRGS, p. 18.

necessários à neutralização da violência e da criminalidade via educação, moradia, saúde, lazer, emprego e renda, etc. Não podemos continuar pensando em resolver tudo com a construção de mais presídios. Nem teríamos recursos suficientes. Em verdade, o dinheiro precisa ser canalizado para investimentos sociais aptos a estancar, mesmo a longo prazo a prosperidade da violência e do crime.

Não há outra saída, então, senão a que conduz ao retorno da pureza do conceito de Federação, pois só assim poderemos devolver aos Estados e aos Municípios as condições idealizadas pelo modo federativo para o eficaz cumprimento de suas obrigações constitucionais e legais. Esses entes federados hoje dispõem de minguados orçamentos e por isso só conseguem atender as necessidades básicas da burocracia oficial, com benefícios sociais discutíveis. Do dinheiro que arrecada em impostos, o Estado do RS, por exemplo, repassa cerca de 18% da receita líquida à União Federal só para pagar dívidas antigas (...)

A questão não dispensa, portanto, amplo e urgente debate sobre a causa disso tudo. Não é mais possível que a os interesses estaduais e municipais de um país continental como o Brasil continuem sob administração centralizada em Brasília, na dependência da boa-vontade do Presidente, de seus Ministros da República, de partidos políticos ou eventualmente de terceiros interessados em levar alguma vantagem (...)

Nossa Constituição dispõe que o Brasil é uma Federação, ou seja, uma nação cujos poderes distribuem-se em três níveis distintos, o central, o estadual e o municipal, sendo exercidos conforme as competências constitucionalmente delimitadas. Sem embargo disso, o Brasil não conseguiu desvencilhar-se política e juridicamente do espírito concentrador, inaugurado com Getúlio Vargas e intensificado pelos militares até 1988, quando foi promulgada a atual Carta, bastando lembrar que a maior parte das receitas públicas sob a denominação de "contribuições sociais" vai para os cofres da União e não retorna para os Estados e Municípios. Federado na Constituição, o Brasil, na prática é um Estado unitário!

Como sabem todos, são freqüentes as caravanas de Governadores, de Prefeitos e Vereadores à capital Federal em busca de recursos. Quanto são liberados boa parte perde-se nos ralos da complexa e cara burocracia, sem falarmos na corrupção, praga estampada todos os dias nos jornais.

Parece-nos, portanto, que a redução da gravidade do problema da segurança dos cidadãos mediante a redução dos níveis de violência e de criminalidade não está desvinculada então desse grave problema que é o do centralismo político e financeiro na União Federal. Ao constatarmos a miserabilidade dos Estados e dos Municípios fica fácil ver que por maiores que sejam os esforços das autoridades judiciárias, da polícia, dos agentes penitenciários, e do Ministério Público, a usina de violências e de criminalidade continuará aberta e em pleno funcionamento.

O debate público sobre o resgate do pacto federativo é, pois, imprescindível, para que os Estados e os Municípios voltem a atuar na linha de frente dos nossos problemas sociais, regionais e locais.

É indispensável rediscutirmos, então, os critérios de partilhamento do bolo tributário. Aliás, em artigo veiculado pela *internet*, Ricardo Luiz Alves, professor licenciado em História pela PUC/RJ e bacharel em Direito pelo Centro Integrado de Ensino Superior do Amazonas (CIESA), foi enfático ao dizer que a repactuação brasileira passa necessariamente (...) pelo urgente (re)ordenamento legal da (re)distribuição de competências jurídicas *stricto sensu* (fiscal-tributária, administrativa, políticas de desenvolvimento regional, etc.) dentre os entes federados relacionados na atual Carta Política, como também e, sobretudo, pela articulação de um novo projeto político-jurídico, em escala nacional, que re-arranje não só a representação popular no Congresso Nacional (Câmara dos Deputados e Senado Federal), em função das regiões e entes federados menos favorecidos em termos políticos e socioeconômicos, e, ainda, permita uma articulação de uma ampla revisão das políticas públicas e privadas de integração política, social e econômica dentre as diversas regiões brasileiras, respeitando, é claro, as peculiaridades étnico-culturais regionais atualmente existentes.

Em conclusão: é injusto pretender separar as pessoas em grupos distintos de boas e de más, sabendo-se que nem todas tem as mesmas oportunidades para o crescimento espiritual e profissional. A derrubada dos mitos passa pela recusa à manutenção da política de endurecimento criminal. O bom combate há de ser travado ao nível da política, predominantemente, para que, com justiça tributária e a equânime distribuição dos poderes e competências, possamos todos atuar com qualidade na órbita das causas da criminalidade e da violência.

A proposta aqui desenhada não é de fácil aceitação ou implementação, haja vista a compreensível resistência das pessoas que detém o controle do Estado em reduzir os próprios poderes. Na história há, todavia, exemplos extraordinários, sendo suficiente lembrar que foi graças às pressões dos barões ingleses que em 1215 o rei João Sem Terra aceitou as limitações sugeridas para garantir a sobrevivência política. Inspirados nesse feito histórico, cumpre-nos aceitar esse desafio, se quisermos, verdadeiramente, um dia, talvez ainda distante, ganhar a guerra contra o crime e a violência para podermos assegurar entre nós os avanços da civilização sobre o atual estado de barbárie. Na modernidade, é para os indivíduos que devem voltar-se as atenções do Estado e de seus governantes. Não o contrário!

— 3 —

Política Criminal e Legislação Penal no Brasil: histórico e Tendências Contemporâneas

RODRIGO GHIRINGHELLI DE AZEVEDO

Advogado, Doutor em Sociologia pela UFRGS e professor da Faculdade de
Direito e dos Programas de Pós-Graduação em Ciências Criminais
e em Ciências Sociais da PUCRS

TUPINAMBÁ PINTO DE AZEVEDO

Doutor em Direito pela UFRGS e Chefe do Depto. de Direito Penal
da Faculdade de Direito da UFRGS, ex-professor da PUCRS

A história do direito penal reflete os movimentos de política criminal dominantes em cada época. Das concepções de justiça e retribuição ao delito de uma dada sociedade, decorrem as formas como responde aos conflitos sociais. Conquanto as sanções criminais reflitam a necessidade de afirmar certos valores ou interesses, podem ser seguidos diferentes caminhos, tendo em vista a preocupação ético-jurídica de retribuição ao delito como pura exigência de justiça (teorias absolutas) ou a prevenção de futuras violações, com a intimidação da generalidade das pessoas (prevenção geral) ou a atuação sobre o agente, com intenções reeducativas, corretivas ou intimidativas (prevenção especial). O direito penal não se esgota na legislação, mas a partir desta é possível empreender o estudo dos discursos (saber penal) que lhe dão fundamentação.

Iniciamos o século XX sob vigência do Código Penal de 1890. Entre esse primeiro código republicano e o Código Penal de 1940, sucederam-se muitas alterações e leis esparsas. E foram de tal monta as novas leis penais, que se fez indispensável uma reunião de todas elas, no que se chamou *Consolidação das Leis Penais*, obra de Vicente Piragibe (uma versão nova do Código Penal, contendo acréscimos e alterações). A Consolidação substituiu o Código, a partir de 1932, e manteve, exatamente porque mera compilação, o caráter elitista de origem, debatendo-se entre as contradições da ordem escravocrata (a abolição não afastara a cultura das penas corporais e a discriminação) e da nascente ordem burguesa.

O Rio de Janeiro da primeira metade do século XX serve de parâmetro para a situação prefigurada na legislação penal da época: como disse Gizlene Neder (1997, p. 106), havia uma *cidade quilombada* e outra, *européia*, "separadas por um *paredão da ordem*". A legislação penal de então reprime os movimentos operários, criminaliza a greve, combate a vadiagem, a *capoeiragem* e a mendicância, confina a prostituição a determinadas *zonas*.

Originalmente, o Código Penal tinha feição liberal, frente ao inimputável, que seria entregue à própria família, ou, se houvesse risco à *segurança do público*, recolhido a hospital de alienados. Mas decreto de 1903 criou os *manicômios criminais para alienados delinqüentes*, assumindo o *tratamento* verdadeira feição de pena. É o advento de uma cultura institucionalizante, resultado do cruzamento entre o direito penal, as práticas policiais e o saber médico:

> (...) ao lado de uma penitenciária que pretende avocar-se na tarefa de adestrar para o trabalho, os asilos da mendicidade inválida, e as colônias correcionais para "vadios, capoeiras e desordeiros", os abrigos de "menores", os manicômios judiciários, tudo isso como que refletindo a "classificação" dos criminosos então em voga, ensinada aos policiais na sua escola numa disciplina intitulada História Natural dos Malfeitores. (ZAFFARONI, BATISTA *et al.*, 2003, p. 458)

O Código Penal de 1940 assinala o rompimento da aliança direito penal-medicina, por influência do tecnicismo jurídico que presidiu à feitura do Código Penal italiano (Código Rocco), desse modo afastando a criminologia positivista, afinal confinada aos manicômios (medidas de segurança) e penitenciárias. Fiel à época de sua emergência, o direito penal brasileiro traz como uma de suas inspirações a política criminal intervencionista. Mas esse ideário não transparece tanto no Código Penal de 40, e sim nas sucessivas leis de Economia Popular, criminalizando a usura, as taxas extorsivas, o desrespeito a tabelas de preços, o abuso do poder econômico, etc.

É certo que o Código de 40 surgiu em período ditatorial, de duríssima repressão, fechadas todas as casas legislativas do país, mas seus principais autores – Nelson Hungria e Roberto Lyra -, e o supervisor dos trabalhos – A. J. Costa e Silva -, são juristas de notório saber, vinculados a atividades acadêmicas, perfeitamente a par das grandes correntes político-criminais de então. O insuspeito Heleno Cláudio Fragoso chegou a dizer que esse Código Penal "incorpora fundamentalmente as bases de um direito punitivo democrático e liberal" (FRAGOSO, 2003, p. 78). Sob o aspecto mais amplo da política, os anos 30 demarcam a centralização do poder, sob Vargas, e seu reflexo na órbita penal é a expropriação gradativa do poder de punição dos coronéis, submetidos, agora, ao monopólio do poder punitivo do Estado.

Além do distanciamento do positivismo criminológico, que levou a afastar a proposta de *classificação* dos criminosos, o novo Código afastou a pena de morte, previu o duplo binário, incluindo a possibilidade de aplicação de medida de segurança para imputáveis (periculosidade presumida), e inverteu a ordem dos tipos penais, reservando para a última parte os crimes contra o Estado, dando prevalência à pessoa e à comunidade (*vide* Parte Especial).

A partir de 1930, o Brasil ingressa na época da industrialização e se dirige a um modelo social ou previdenciário de Estado. Resultado desse panorama é a previsão, no Código de 40, das penitenciárias agrícolas ou industriais. Em plena crença nas possibilidades de prevenção pela lei penal, está clara no Código a proposta de readaptação social.

Por isso, em 1984, a publicação da Lei 7.210, de execução penal (LEP), não rompe com o ideário de 1940, antes o reforça e continua: "Art. 1º. A execução penal tem por objetivo efetivar as disposições de sentença ou decisão criminal e proporcionar *condições para a harmônica integração social do condenado e do internado*". Não por acaso, o diploma em questão coincide com a reforma da Parte Geral do Código Penal de 1940, e completa o projeto iniciado com a Lei 6.416/77. A lacuna de uma lei de execução penal foi parcialmente suprida, pois a Lei 6.416/77 criava os regimes carcerários, institucionalizando a prisão-albergue como uma das modalidades do regime aberto, extinguia o pressuposto da reincidência, passados cinco anos do cumprimento da pena do crime anterior, aperfeiçoava o *sursis*, o livramento condicional e a prescrição retroativa.

Frustrada a vigência de novo Código Penal (em 1969 chegou-se até à promulgação, mas o novo texto foi revogado, durante a *vacatio legis*), a nova idéia consistiu em reformá-lo. Toda a Parte Geral, desse modo, foi reformulada, após amplo debate. Sob o aspecto técnico-jurídico, o texto não perde em qualidade para o Código Penal de 1940. O princípio da culpabilidade é um dos eixos da reforma, as medidas de segurança deixam de se somar à pena, adotado agora o sistema *vicariante* (pena *ou* medida de segurança), não há periculosidade presumida, e a teoria do erro é aperfeiçoada, substituídos o erro de direito e de fato pelo *erro de tipo* e *de proibição*. Um primeiro aceno à relevância da reparação do dano, em sede penal, aparece na minorante respectiva, desde que se trate de crime sem violência ou grave ameaça. Os regimes carcerários são aperfeiçoados e colocados em forma progressiva. Consagra-se o dia-multa e são introduzidas penas restritivas, com caráter substitutivo.

Há nessa reforma influência de idéias minimalistas, ao menos em relação à pena de prisão, submetida ao princípio de *ultima ratio*. A preocupação com a vítima transparece na sua consideração como circunstância de graduação da pena (art. 59 CP), além do instituto do *arrependimento posterior*, referido acima (reparação do dano como minorante). Talvez seja, todavia, o último esforço legislativo penal na direção do Estado de bem-estar – embora o paradoxo com a Constituição Federal que viria quatro anos depois da reforma, proclamando o Estado Social e

Democrático de Direito. É que a crença na ressocialização, pelo cumprimento de pena, se esvai, e as leis que se seguirão obedecem à frustração dos doutrinadores. René Dotti censura as Constituições italiana, espanhola e portuguesa, porque declaram formalmente que a execução da pena deve ter, como objetivo principal, a recuperação do infrator: "Os textos constitucionais e legais em tal sentido são muito criticados frente à constatação dos elevados índices de reincidência". (DOTTI, 2001, p. 434)

O panorama traçado até aqui ressalta apenas o Código. Não temos *reserva de Código*, ou sequer alguma *centralidade* do Código Penal, de modo que as leis que tratam de matéria criminal muitas vezes obedecem a outras matrizes político-criminais e, com sua especial dinâmica, expressam o pensamento mais atualizado do legislador.

O Código Penal de 1940 já está convivendo com a quinta Constituição, o que revela sua vitalidade. A crise do Estado social parece não abalar o texto, que se mantém coerente nas reformas, acréscimos e revogações. Mas não é possível esquecer que, surgindo no seio de uma ditadura feroz, e convivendo, depois, com vinte anos de regime militar, leis penais paralelas muito desfiguraram a implementação do projeto de criminalização do Código Penal de 1940.

As mais importantes questões penais do Estado Novo, entre as quais os crimes contra a economia popular, anteriormente referidos, estavam submetidas a um tribunal de exceção (o Tribunal de Segurança Nacional); Ato Institucional do período militar suspendeu o *Habeas Corpus* para crimes políticos, notando-se que os delitos enquadrados como contrários à *segurança nacional* eram da competência de tribunais militares. Para tais crimes, havia cominação de prisão perpétua e pena de morte (Decreto-Lei 510/69).

Com a redemocratização e o advento da Constituição de 1988, importantes garantias penais foram inseridas ou mantidas, como o princípio da legalidade dos crimes e penas, da culpabilidade (art. 5º, LVII, CF), da personalidade, da individualização da pena, do direito à não auto-incriminação, da proibição de penas perpétuas, cruéis e desumanas (reservada a pena de morte para o caso de guerra declarada).

Insere-se no direito penal brasileiro, pelo art. 98, I, CF, o novo modelo de justiça penal consensual, permitida a transação. Há quem veja aí uma adesão ao empreendimento neoliberal, pois o esvaziamento de prisões conseqüente à transação penal (ou mesmo a composições cíveis despenalizadoras), atenderia a um cálculo custo-benefício. Nessa linha, chega-se a sustentar que "esse novo sistema opera mediante uma dualidade discursiva que distingue os delitos dos consumidores ativos (aos quais correspondem medidas despenalizadoras em sentido amplo) dos delitos grosseiros dos consumidores falhos (aos quais corresponde uma privação de liberdade neutralizadora)" (Zaffaroni, Batista et al., 2003, p. 484-5).

Outros sustentam que se trata da revalorização da vítima, nos primórdios do direito penal inteiramente afastada do conflito penal, pois o monopólio da pretensão punitiva pelo Estado atenderia à erradicação da vingança privada. Agora, atendida à condição de *ultima ratio* da repressão penal, seria preferível a via reparatória, consentânea, inclusive, com o Estado social. Tal protagonismo da vítima não está presente apenas nos Juizados Especiais Criminais, mas é também ressaltado na legislação penal ambiental (Lei 9.605/98).

Sobre a legislação penal produzida a partir da Constituição de 88, reflete duas das tendências mais evidentes no tocante às normas penais nas sociedades contemporâneas, ou seja, a da utilização de mecanismos penais "de emergência" e a da hipertrofia ou inflação de normas penais, que invadem campos da vida social que anteriormente não estavam regulados por sanções penais, aprofundando o intervencionismo penal. O remédio penal é utilizado pelas instâncias de poder político como resposta para quase todos os tipos de conflitos e problemas sociais.

A resposta penal se converte em resposta simbólica oferecida pelo Estado frente as demandas de segurança e penalização da sociedade, expressas pela mídia, sem relação direta com a verificação de sua eficácia instrumental como meio de prevenção ao delito. O direito e o processo penal se convertem em recurso público de gestão de condutas utilizado contingencialmente, e não mais como instrumento subsidiário de proteção de interesses ou bens jurídicos (Azevedo, 2005, p. 236) .

Para caracterizar este momento de mudanças no âmbito da legislação e das práticas punitivas, tem sido utilizada a denominação *direito penal de emergência*, ou *processo penal de emergência* (Ferrajoli, 2002). No Brasil, a emergência penal pode ser constatada com a edição da lei 8.072/90, conhecida como Lei dos Crimes Hediondos, que regulamentou o que havia sido previsto na Constituição de 88, que no art. 5º, inciso XLIII, criou a figura dos crimes hediondos, nos seguintes termos: "A lei considerará crimes inafiançáveis e insuscetíveis de graça ou anistia a prática de tortura, o tráfico ilícito de entorpecentes e drogas afins, o terrorismo e os definidos como crimes hediondos, por eles respondendo os mandantes, os executores e os que, podendo evitá-los, se omitirem".

Em seu art. 1º, a Lei 8.072/90 definiu como hediondos os delitos de homicídio qualificado e homicídio praticado em atividade típica de grupo de extermínio, o latrocínio, a extorsão qualificada pela morte, a extorsão mediante seqüestro e na forma qualificada, o estupro e o atentado violento ao pudor, a epidemia com resultado morte, falsificação, corrupção, adulteração ou alteração de produto destinado a fins terapêuticos ou medicinais, consumados ou tentados. O parágrafo único do art. 1º da mesma lei rotulou também como hediondo o crime de genocídio previsto nos arts. 1º, 2º e 3º da Lei nº 2.889, de 1º de outubro de 1956, tentado ou consumado, com redação dada pela Lei nº 8.930/94.

Em seus arts. 2º e 3º, a Lei 8.072/90 estabeleceu as regras aplicáveis aos delitos hediondos e aos a eles equiparados, proibindo a anistia, graça, indulto, fiança e liberdade provisória, e determinando o cumprimento da pena integralmente em regime fechado.

O art. 5º acrescentou inciso ao art. 83 do Código Penal, determinando que, para que haja a concessão de livramento condicional ao condenado a pena privativa de liberdade, nos casos de condenação por crime hediondo, prática de tortura, tráfico ilícito de entorpecentes e drogas afins, e terrorismo, deverão ter sido cumpridos mais de dois terços da pena.

O art. 6º da mesma Lei aumentou a pena dos delitos rotulados como hediondos. Para exemplificar, o latrocínio, que tinha pena mínima de 15 anos de reclusão, passou ao mínimo de 20 anos; a extorsão mediante seqüestro, cuja pena mínima era de seis anos de reclusão, passou a ter o mínimo no patamar de oito anos. O mesmo crime se praticado contra menor de dezoito anos, ou por quadrilha ou se durar mais de 24 horas, que tinha pena mínima de 8 anos, passou para 12 anos de reclusão. Se do seqüestro resultar a morte, a pena mínima, que era de 20 anos, passou para 24 anos. O estupro, que tinha pena mínima de 3 anos de reclusão e 8 como máxima, passou ao mínimo de 6 anos e máximo de 10 anos. O atentado violento ao pudor passou de um apenamento mínimo de 2 anos e máximo de 7 anos para 6 e 10 anos, respectivamente.

Outro exemplo de legislação emergencial é a Lei 9.034/95, que dispõe sobre a utilização de meios operacionais (meios de prova e procedimentos investigatórios) para a prevenção e repressão de ações praticadas por organizações criminosas. De acordo com o art. 2º da referida Lei, em qualquer fase de persecução criminal são permitidos, sem prejuízo dos já previstos em lei, os seguintes procedimentos de investigação e formação de provas:

(...)
II – a ação controlada, que consiste em retardar a interdição policial do que se supõe ação praticada por organizações criminosas ou a ela vinculado, desde que mantida sob observação e acompanhamento para que a medida legal se concretize no momento mais eficaz do ponto de vista da formação de provas e fornecimento de informações;
III – o acesso a dados, documentos e informações fiscais, bancárias, financeiras e eleitorais.
IV – a captação e a interceptação ambiental de sinais eletromagnéticos, óticos ou acústicos, e o seu registro e análise, mediante circunstanciada autorização judicial;
V – infiltração por agentes de polícia ou de inteligência, em tarefas de investigação, constituída pelos órgãos especializados pertinentes, mediante circunstanciada autorização judicial.
Parágrafo único. A autorização judicial será estritamente sigilosa e permanecerá nesta condição enquanto perdurar a infiltração.

Uma das principais inovações previstas pela Lei 9.034/95, em seu art. 6º, é a que estabelece que, nos crimes praticados em organização criminosa, a pena será reduzida de um a dois terços, quando a colaboração espontânea do agente levar ao esclarecimento de infrações penais e sua autoria (delação premiada).

O art. 7º impede a concessão de liberdade provisória, com ou sem fiança, aos agentes que tenham tido intensa e efetiva participação na organização criminosa, estabelecendo o art. 8º que o prazo para encerramento da instrução criminal, nos processos por crime de que trata esta lei, será de 81 (oitenta e um) dias, quando o réu estiver preso, e de 120 (cento e vinte) dias, quando solto. Dispõe ainda o art. 9º que o réu não poderá apelar em liberdade, nos crimes previstos nesta Lei.

Entre as áreas novas ou ao menos distintas das tradicionalmente contidas no Código Penal, atingidas pela expansão do direito penal, cabe mencionar as disposições penais em matéria de delitos econômicos e financeiros – sonegação fiscal, lavagem de dinheiro, etc.; a criminalização das condutas contrárias às relações de consumo; a criminalização de delitos ambientais; a tipificação de delitos de discriminação racial ou de outro tipo e da chamada criminalidade organizada; e a criminalização do assédio sexual.

Os crimes contra a ordem tributária foram pela primeira vez tipificados de forma específica pela Lei 4.729, de julho de 1965. Em seu art. 1º, a referida lei definia como crime de sonegação fiscal o ato de prestar declaração falsa ou omitir informação, com intenção de eximir-se do pagamento de tributos e taxas, e inserir elementos inexatos ou omitir rendimentos em documentos ou livros exigidos pelas leis fiscais, com pena de seis meses a dois anos de prisão e multa.

A aplicabilidade do referido diploma legal ficou bastante comprometida, pela inclusão, no art. 2º, da previsão de extinção da punibilidade quando o agente responsável pela sonegação promovesse o recolhimento do tributo devido, antes de ter início a ação fiscal própria na esfera administrativa, e do conseqüente oferecimento da denúncia pelo Ministério Público, que foi revogado em 1991, e reintroduzido pela Lei 9.249/95, art. 34.

Em 1990, foi editada a Lei 8.137, que ampliou a previsão a respeito dos delitos contra a ordem tributária. A nova lei tipificou a supressão ou redução de tributo ou contribuição social mediante a omissão ou falsidade de informação, fraude à fiscalização, falsificação de nota fiscal, fatura, duplicata, nota de venda ou qualquer outro documento relativo a operação tributável. Nestes casos, as penas foram ampliadas para de dois a cinco anos de prisão e multa. Também foi previsto o delito de deixar de aplicar, ou aplicar em desacordo com o estatuído, incentivo fiscal ou parcelas de imposto liberadas por órgão ou entidade de desenvolvimento, com pena de detenção de seis meses a dois anos e multa.

A Lei 9.613/98 dispôs sobre os crimes de lavagem ou ocultação de bens, direitos e valores. Foram tipificados os delitos de ocultação ou dissimulação da natureza, origem, localização, disposição, movimentação ou propriedade de bens, direitos ou valores provenientes direta ou indiretamente de crime de tráfico ilícito de substâncias entorpecentes, de terrorismo, de contrabando ou tráfico de armas, munições ou material destinado à sua produção; de extorsão mediante seqüestro; contra a Administração Pública, inclusive a exigência, para si ou para outrem, direta ou indiretamente, de qualquer vantagem, como condição ou preço para a prática ou omissão de atos administrativos; contra o sistema financeiro nacional; praticado por organização criminosa. A pena cominada foi de reclusão de três a dez anos e multa.

Da mesma forma foram tipificadas as condutas de conversão dos bens, direitos e valores provenientes de atividades criminosas em ativos lícitos (lavagem), de utilização, na atividade econômica ou financeira, de bens, direitos ou valores que sabe serem provenientes de atividades ilícitas, a participação de grupo, associação ou escritório tendo conhecimento de que sua atividade principal ou secundária é dirigida à prática de crimes previstos nesta lei.

A mesma lei previu, no § 5º do art. 1º, que a redução da pena de um a dois terços e o seu cumprimento em regime aberto, podendo o juiz deixar de aplicá-la ou substituí-la por pena restritiva de direitos, caso o autor, co-autor ou partícipe colaborar espontaneamente com as autoridades, prestando esclarecimentos que conduzam à apuração das infrações penais e de sua autoria ou à localização dos bens, direitos ou valores objeto do crime.

O art. 3º estabelece que os crimes disciplinados nessa lei são insuscetíveis de fiança e liberdade provisória e, em caso de sentença condenatória, o juiz decidirá fundamentadamente se o réu poderá apelar em liberdade. A lei também ampliou os efeitos da condenação para além dos previstos no Código Penal (art. 7º), com a previsão de perda, em favor da União, dos bens, direitos e valores objeto de crime, ressalvado o direito do lesado ou de terceiro de boa-fé; a interdição do exercício de cargo ou função pública de qualquer natureza e de diretor, de membro de conselho de administração ou de gerência das pessoas jurídicas, pelo dobro do tempo da pena privativa de liberdade aplicada.

Outra área de neo-criminalização é a dos delitos de preconceito ou discriminação racial ou de outro tipo. A tipificação específica destas condutas ocorreu com a edição e promulgação da Lei 7.716/89, que definiu os crimes resultantes de preconceito de raça ou de cor, etnia, religião ou procedência nacional. De acordo com o art. 1º do diploma legal em tela, quem abertamente impeça, obstrua, restrinja ou de algum modo dificulta o pleno exercício sobre bases igualitárias dos direitos e garantias fundamentais reconhecidos na Constituição Nacional será obrigado, a pedido do prejudicado, a deixar sem efeito o ato discriminatório, cessar sua realização e reparar o dano moral e material ocasionado. A lei refere-se especificamente aos atos ou omissões discriminatórios determinados por motivos de raça, religião, nacionalidade, ideologia, opinião política, sexo, posição econômica, condição social ou características físicas (art. 1º).

É preciso ainda destacar a neo-criminalização das condutas atentatórias contra as relações de consumo e o meio ambiente, por meio das Leis 8.078/90 e 9.605/98. O Código de Defesa do Consumidor – CDC (Lei 8.078/90) trouxe, em seu Título II, o rol das infrações penais relacionadas com as relações de consumo (arts. 61 a 80). Foram tipificadas, entre outras condutas, a omissão de dizeres ou sinais ostentivos sobre a nocividade ou periculosidade de produtos ou serviços (detenção de seis meses a dois anos e multa); deixar de retirar do mercado e deixar de comunicar à autoridade competente e aos consumidores a nocividade ou periculosidade de produtos cujo conhecimento seja posterior à sua colocação no mercado (detenção de seis meses a dois anos e multa); executar serviço de alto grau de periculosidade, contrariando determinação de autoridade competente (detenção de seis meses a dois anos e multa); fazer afirmação falsa ou enganosa, ou omitir informação relevante sobre a natureza, característica, qualidade, quantidade, segurança, desempenho, durabilidade, preço ou garantia de produtos ou serviços (detenção de três meses a um ano e multa); fazer ou promover publicidade que sabe ou deveria saber ser enganosa ou abusiva (detenção de três meses a um ano e multa); etc.

O art. 75 do CDC estabelece a responsabilidade penal de quem, de qualquer forma, concorrer para os crimes referidos no Código, bem como do diretor, administrador ou gerente da pessoa jurídica que promover, permitir ou por qualquer modo aprovar o fornecimento, oferta, exposição à venda ou manutenção em depósito de produtos ou a oferta e prestação de serviços nas condições por ele proibidas.

Com relação às condutas lesivas ao meio ambiente, foram tipificadas pela Lei 9.605/98, que previu sanções penais e administrativas.Uma das mais importantes e polêmicas inovações desta lei em matéria penal foi a criminalização da pessoa jurídica, novidade no direito brasileiro, de acordo com o previsto no art. 3º:

> Art. 3º – As pessoas jurídicas serão responsabilizadas administrativa, civil e penalmente conforme o disposto nesta Lei, nos casos em que a infração seja cometida por decisão de seu representante legal ou contratual, ou de seu órgão colegiado, no interesse ou benefício da sua entidade.

A idéia de responsabilizar penalmente também a pessoa jurídica exige que se abandonem conceitos como o de conduta punível, dolo ou culpa, imputabilidade e imputabilidade, penas carcerárias – pois todos foram construídos em torno da pessoa humana. Para alguns, não é possível esse salto dogmático, pois só há crime quando há liberdade de escolha, consciência da ilicitude, ânimo de agir, etc. Outros assinalam que tais argumentos também afastariam a possibilidade da responsabilidade civil da pessoa jurídica. O certo é que vários países já adotam tal responsabilização.

O Capítulo V da Lei 9.605/98 tipifica, em um extenso rol de mais de trinta artigos, os delitos ambientais, que, a teor do art. 26, são de ação pública incondicionada. Entre as condutas tipificadas, estão os crimes contra a fauna (ex.: art. 29 – Matar, perseguir, caçar, apanhar, utilizar espécimes da fauna silvestre, nativos ou em rota migratória, sem a devida permissão, licença ou autorização da autoridade competente, ou em desacordo com a obtida: Pena: detenção de seis meses a um ano, e multa); os crimes contra a flora (Ex.: Art. 38 – Destruir ou danificar floresta considerada de preservação permanente, mesmo que em formação, ou utilizá-la com infringência das normas de proteção, pena – detenção, de um a três anos, ou multa, ou ambas as penas cumulativamente); os crimes de poluição e outros crimes ambientais (Ex.: Art. 54 – Causar poluição de qualquer natureza em níveis tais que resultem ou possam resultar em danos à saúde humana, ou que provoquem a mortandade de animais ou a destruição significativa da flora: Pena – reclusão, de um a quatro anos, e multa); os crimes contra o ordenamento urbano e o patrimônio cultural (ex.: Art. 62 – Destruir, inutilizar ou deteriorar: I – bem especialmente protegido por lei, ato administrativo ou decisão judicial; II – arquivo, registro, museu, biblioteca, pinacoteca, instalação científica ou similar protegido por lei, ato administrativo ou decisão judicial: Pena – reclusão, de um a três anos, e multa); e os crimes contra a Administração Ambiental (Ex.: Art. 66 – Fazer o funcionário público afirmação falsa ou enganosa, omitir a verdade, sonegar informações ou dados técnico-científicos em procedimentos de autorização ou de licenciamento ambiental: Pena – reclusão, de um a três anos, e multa).

Frente aos crimes inerentes à sociedade de massas (contra o consumidor, meio ambiente, trânsito), nota-se a opção por crimes de perigo abstrato, em que a norma incide antes que o bem jurídico sequer sofra efetiva ameaça. Essa antecipação da resposta penal é perigosíssima, pois desvincula a lei penal da proteção efetiva a bens jurídicos. Libera-se o legislador do princípio da lesividade social.

Fenômeno correlato ao da preventividade penal é o da chamada "administrativização" do direito penal, e que não se confunde com o denominado "direito penal administrativo". Ou seja: a desobediência a ordens ou regulamentos administrativos, por si só, já caracteriza crime (são os chamados "crimes-obstáculo").

Os exemplos acima demonstram que a utilização do direito penal como instrumento de combate à chamada "criminalidade dos poderosos", assim como para a defesa de bens jurídicos considerados relevantes por diversos movimentos sociais (feministas, ambientalistas, anti-discriminação), é amplamente aceita, tendo como resultado a inflação punitiva. No entanto, é difícil determinar se os interesses dos setores sociais dominantes deixaram de pautar o pensamento penal, por uma evolução natural da consciência social, ou se essa dissintonia advém do fato de que *a criminalidade dominante se torna também a das classes dominantes* (Maillard, 1995, p. 100).

É certo, porém, que a criminalidade de colarinho branco tem vários filtros, antes de chegar ao judiciário. As Bolsas de Valores têm órgãos de fiscalização e mesmo de aplicação de sanções; o Banco Central fiscaliza as instituições financeiras; os executivos estadual e federal submetem-se aos tribunais de contas, e só remotamente se há de convocar o poder judiciário. Assim, "os contenciosos econômicos e sociais, do topo ao fim da escala, se mantêm distanciados da justiça penal" (Maillard, 1995, p. 110).Ao mesmo tempo, a criminalidade convencional atinge, predominantemente, as classes pobres, mais expostas à violência urbana.

É evidente que por trás da adesão ao punitivismo está o fato de que o discurso do "eficientismo simbólico" se converteu em tecnologia de poder do sistema político, em que se barganha a ilusão de segurança em troca do voto. Fundado em uma falsa contraposição de dois interesses igualmente legítimos, a aplicação da lei penal e a proteção das garantias individuais, o discurso eficientista converte-se também em argumento legitimador de reformas legislativas e administrativas voltadas ao esvaziamento das garantias processuais do suspeito e do acusado e ao recrudescimento dos poderes investigatórios e punitivos do Estado. O Direito Penal se afasta de sua função de controle e limite do emprego da força pelo Estado, para converter-se em instrumento "simbólico" de combate à criminalidade (Dias Neto, 2005, p. 94).

Assiste-se então, em matéria de política criminal, à emergência do "gerencialismo", isto é, a visão do Direito Penal como um mecanismo de gestão eficiente de determinados problemas, sem conexão com os valores que estiveram na base do Direito Penal clássico (verdade, justiça), que passam a ser vistos muito mais como obstáculos, como problemas em si mesmos, que se opõem a uma gestão eficiente das questões de segurança. O elemento comum às propostas gerencialistas é a desconfiança frente ao *público* e ao *formalizado* e sua conseqüente deslegitimação, e o resultado é a expansão do Direito Penal por via de mecanismos que pretendem fazer frente ao colapso da justiça penal em sociedades sobrejuridificadas e sobrejudicializadas, reduzindo-o a uma simples manifestação administrativo-executiva.

Ao gerencialismo penal corresponde o novo discurso criminológico, chamado "atuarial". Atuarialismo e gerencialismo, embora não signifiquem exatamente o mesmo, respondem a uma mesma lógica tecnocrática, e foram assimilados como manifestações de uma mesma racionalidade que impregna as técnicas de controle do delito na atualidade. A criminologia atuarial propõe uma mudança de paradigma, com o abandono do discurso correcionalista, característico do *welfare state*, e do debate a respeito das causas do delito. No modelo atuarial, já não se pretende um projeto *disciplinar*, entendido no sentido foucaultiano como modalidade de poder que garante a docilidade e utilidade dos indivíduos. Nas palavras de Bergalli,

> El control punitivo del Estado neo-liberal ya no se descarga más, como antaño, sobre sujetos individuales, sino sobre sujetos colectivos, quienes son tratados institucionalmente como "grupos productores de riesgo". Estos sujetos no tienen nombre y apellido, sino que son considerados como categorías. El objetivo es el de redistribuir un riesgo de criminalidad que se considera socialmente inevitable. (BERGALLI, 2005, p. 205)

A aceitação da inevitabilidade da sociedade do risco, dominada pela racionalidade econômica, implica em combater a criminalidade com técnicas de gestão atuarial. No âmbito criminológico, se abandona a idéia de que a delinqüência existe como conseqüência de determinadas privações ou problemas sociais. No âmbito da política-criminal, o atuarialismo considera que os conceitos econômicos básicos, como racionalidade, maximização, custos e benefícios, etc., são fundamentais para entender, explicar e combater de maneira efetiva a atividade criminal (Rivera Beiras, 2005, p.234). As políticas neo-conservadoras de combate ao delito tem como principal objetivo a dissuasão do delinqüente, mediante a modificação do preço do delito, ou a sua pura e simples contenção. Se trata de encontrar políticas de otimização da relação custo benefício do combate ao crime, como o mínimo custo possível para o Estado.

A premissa desse enfoque é a idéia de delito como escolha racional, na qual o delinqüente é visto como uma "pessoa racional amoral", que escolhe o delito com base em uma análise prévia de custos e benefícios. É o *homo economicus* que habita o mundo dos seguros, cujas práticas de gestão são estendidas aos mecanismos de controle penal. A escolha dos instrumentos ótimos de castigo para aumentar os custos do delito e conseguir, assim, a dissuasão esperada, se constitui no único ponto de divergência entre os defensores do movimento *Law and Economics*, que se debatem entre a multa e o cárcere como melhores instrumentos para conseguir o pretendido efeito dissuasivo.

O Estado neo-liberal não pretende reeducar, ressocializar, corrigir ou prevenir, como pretendeu o Estado social. Os novos fins do sistema penal são os estritamente orientados à punição:

> Es decir que unicamente deve punir, pero no solo punir ejemplarmente cada violación del nuevo orden, sino que incluso ha de llegar hasta el punto de crear alarma social para convertirse en fuente de consenso en torno a las instituiciones, previniendo así cualquer eventual disentimiento político. (BERGALLI, 2005, p. 204)

No Brasil, para o bem e para o mal, continuamos ecléticos: (a) a Lei nº 8.072/90 (dos crimes hediondos) é claramente contrária ao Estado de Direito, violando princípios como da proporcionalidade, da igualdade, da individualização da pena. Sua filosofia é: para crimes graves, penas extremadas, regime carcerário fechado, restrição aos poderes do Juiz. Esta lei filia-se ao movimento "Law and Order". E temos (b) a Lei nº 9.099/95, que instituiu os Juizados Especiais, Cíveis e Criminais. O crime de menor gravidade submete o autor a simples audiência para composição (cível) do dano e/ou transação penal, em que a sanção é aplicada, sem condenação. Esta lei filia-se à corrente do direito penal consensual, mas é preciso consignar que o faz com sacrifício do direito de ampla defesa e da presunção de inocência.

O poder da mídia, sobretudo eletrônica, é nova variável, inexistente em outros tempos. Trata-se de um novo poder, capaz de manipular corações e mentes, a serviço de quem paga melhor (aspecto econômico) ou detém posição de poder (aspecto político). A experiência brasileira, em que testemunhamos crescente monopolização dos meios televisivos, com programas e mensagens elaborados a partir de pesquisas de opinião, tende a conduzir para a "direita penal", ou seja, adesão ao discurso e à prática da Lei e da Ordem. Por fim, a agudização da desigualdade social cava um fosso entre excluídos e as demais classes sociais, favorecendo a criminalização do *modus vivendi* dos mais pobres. Ademais, a retirada de benefícios sociais faz com que os recursos daí subtraídos sejam alocados em políticas de segurança. Se não há empregos a oferecer, mobilize-se repressão aos desempregados, para que deixem de ser ameaça.

Por fim, é preciso ter cautela com o uso simbólico do direito penal. Incriminar condutas pode oferecer à população uma inicial sensação de segurança; mas quando se percebe que a lei penal só pretendia oferecer tal conforto, sendo inaplicável ou inócua no cotidiano, gera-se a frustração com o sistema. A sensação que sobrevém é de impunidade – caldo de cultura de maior criminalidade. O sistema penal não é apto para a erradicação da criminalidade. É forma de controle social que incide sobre efeitos, sem combate às causas. Sua irresponsável utilização simbólica é também uma desesperada tentativa de aliviar as tensões presentes, sabendo-se que as causas da criminalidade exigem medidas sociais que demandarão vários anos para que sejam sentidos os primeiros resultados positivos. A impaciência leva à preocupação com a eficácia penal, pretendendo-se aferi-la onde não se encontra e no que jamais realizará.

No terreno estritamente jurídico-penal, insuperável anteparo a essa perspectiva sombria está na constitucionalidade material do Estado Democrático e Social de Direito. É de supor que o controle de constitucionalidade, nesse contexto, mesmo sem levar à população o "milagre penal" que ela anseia, impedirá a vitória de um direito penal discriminatório, autoritário e cruel.

Referência bibliográfica

AZEVEDO, Rodrigo Ghiringhelli de. *Crime e Justiça Criminal na América Latina*. Sociologias, Jan/Jun 2005, no.13, p.212-241.

BERGALLI, Roberto. *Relaciones entre control social y globalización: Fordismo y disciplina, Post-fordismo y control punitivo*. Revista Sociologías, Porto Alegre, ano 7, nº 13, jan/jun 2005, p. 180-211.

DIAS NETO, Theodomiro. *Segurança Urbana – O Modelo da Nova Prevenção*. São Paulo: Ed. Revista dos Tribunais, 2005.

DOTTI, René Ariel. *Curso de Direito Penal* – Parte Geral, Rio de Janeiro: Forense, 2001.

FERRAJOLI, Luigi. *Direito e Razão – Teoria do Garantismo Penal*. Tradução de Ana Paula Zomer *et al*. São Paulo: Ed. Revista dos Tribunais, 2002.

FRAGOSO, Heleno Cláudio. *Lições de Direito Penal*, Parte Geral, 16ª ed. Rio de Janeiro: Forense, 2003.

MAILLARD, Jean de. *Crimes e Leis*. Lisboa: Instituto Piaget, 1995.

NEDER, Gislene. *Cidade, identidade e exclusão social. Tempo*, v. 1, nº 2, Niterói, 1997, p. 104-136.

RIVERA BEIRAS, Iñaki (Coord.). *Política Criminal y Sistema Penal*. Barcelona: Anthropos, 2005.

ZAFFARONI, Raul, BATISTA, Nilo *et al*. *Direito Penal Brasileiro – I*. Rio de Janeiro: Revan, 2003.

— 4 —

Resistência, prática de transformação social e limitação do poder punitivo a partir do sistema de garantias: pela (re)afirmação do garantismo penal na contemporaneidade

ALEXANDRE WUNDERLICH
Advogado. Prof. Coord. do Departamento de Direito Penal e
Processual Penal e do PG em Direito Penal Empresarial da PUCRS

RODRIGO MORAES DE OLIVEIRA
Advogado. Prof. de Direito Penal na Faculdade e
no PG em Direito Penal Empresarial da PUCRS

Sumário: I. Contextualizando a discussão – II. O sistema de garantias na visão de Luigi Ferrajoli – III. O papel da resistência constitucional – IV. Em busca de uma resposta.

I. Contextualizando a discussão

O presente texto versa sobre alguns questionamentos inerentes ao discurso da sociedade do risco e do processo penal à luz do garantismo de Luigi Ferrajoli. É acertado questionar qual a real possibilidade de formação (e manutenção) de uma verdadeira *sociedade aberta, plural e multicultural* na contemporaneidade, pois apesar do Estado estar construído sob o primado da igualdade, a complexidade e a diferença são categorias formadoras da própria gênese humana. Será viável estruturar uma sociedade de matriz pluralista no paradigma da modernidade, construído, principalmente, sob o dogma da igualdade? A indagação é no sentido da possibilidade de convivência dos diferentes numa sociedade totalmente *aberta, plural* e *multiculturalista*(?). E, por último, será possível questionar a manutenção desse modelo de sociedade plural e com respeito às garantias diante da imposição da globalização neoliberal e pós-moderna?[1]

Não se desconhece a existência de inúmeras técnicas e práticas de transformação social que estão sendo utilizadas pelos pensadores comprometidos com a (re)afirmação dos direitos humanos na sociedade contemporânea. Em geral, diversos movimentos jurídicos e extrajurídicos querem dar novos contornos à realidade atual, diminuindo a diferença entre os segmentos sociais, terminando com os bolsões de miséria do mundo, enfim, minimizando as privações de direitos humanos.

De certa forma, todos esses movimentos ou técnicas de transformação[2] e regulação social trazem alguns pontos positivos que podem servir efetivamente na *praxis* social ou, se não houver a possibilidade de aplicação imediata, podem servir, ao menos, como uma "utopia orientadora", como no caso da proposta de adoção do modelo abolicionista, por exemplo.[3]

Na tentativa de formação de uma sociedade aberta, plural e multicultural, além das práticas existentes e justamente a partir da crise do processo penal e das novas formas de administração da justiça criminal, surge a necessidade da (re)discussão sobre a adoção do modelo jurídico garantista proposto por Luigi Ferrajoli que, sobretudo vem sendo desenvolvido no PPG Ciências Criminais da PUCRS, desde 1998 por Salo de Carvalho.

Nesse sentido, acreditamos que ainda há tempo para a realização – ao menos nos países periféricos da América Latina, países de modernidade incompleta como o Brasil – de um modelo jurídico estruturado no pensamento de Luigi Ferrajoli, não só, mas especialmente, em sua obra *Derecho y Razón: teoria del garantismo penal*: (i) o garantismo como Estado de Direito; níveis de normas e níveis de deslegitimação; (ii) o garantismo como teoria do direito e crítica do direito; (iii) o garantismo como filosofia do direito e como filosofia política.[4]

Trata-se, pois, de um modelo necessário e que ainda está em implantação nas Repúblicas democráticas de modernidade incompleta que viveram períodos ditatoriais. Visa-se, com ele, uma restruturação do próprio Estado que, a partir

---

[1] Com detalhes em "Sociedade de consumo e globalização: abordando a teoria garantista na (re)afirmação dos direitos humanos" de Alexandre Wunderlich, In: Alexandre Wunderlich e Salo de Carvalho (orgs), *Diálogos sobre a Justiça dialogal*, RJ: Lumen Juris, 2001.

[2] Entre os movimentos: *pluralismo (jurídico)* e a *hermenêutica do diálogo, movimento do uso alternativo do direito, filosofia da libertação, movimento abolicionista*, etc. Interessante conferir: Rodrigo Ghiringhelli de Azevedo e Salo de Carvalho (orgs), *A crise do processo penal e as novas formas de administração da justiça criminal*, Sapucaia do Sul: Notadez, 2006, 284p.

[3] Ver Salo de CARVALHO, Considerações sobre as incongruências sobra a justiça penal consensual, In: WUNDERLICH, Alexandre (Org.), *Escritos de Direito e processo penal em homenagem ao Prof. Paulo Cláudio Tovo*, p. 273-274).

[4] *Derecho y Razón: teoria del garantismo penal*, Trad. Perfecto Andrés Ibánez, Afonso Ruiz Miguel, Juan Carlos Bayón Mohino, Juan Terradillos Basoco e Rocio Cantanero Bandréset. Madrid: Trotta, 1997. p. 851. Com detalhes, FERRAJOLI, ob. cit., p. 893 e segs., *Derechos y garantias: la ley del más débil*, Trad. Perfecto Andrés Ibánez e Andrea Greppi. Madrid: Trotta, 1999 (especialmente o primeiro capítulo: *El derecho como sistema de garantias*, p. 15-36).

das constituições democráticas, passa a necessitar uma teoria do Estado como uma teoria do Estado Constitucional de Direito. Cabe lembrar, por oportuno, que a adoção da teoria do garantismo, principalmente na esfera penal – foco (ainda) muito vivo de violações dos direitos humanos, sobretudo pela repugnante ausência de técnica legislativa, e pela descodificação penal –, é imperiosa para que se possa construir uma sociedade (verdadeiramente) *aberta*, *plural* e *multicultural*, onde o controle da violência/criminalidade não seja marcado pela divisão entre os "cidadãos de bem" e os supostos "inimigos".

A teoria garantista – que não está isenta de críticas, pois não é, e nem há de ser uma teoria absolutamente perfeita – pode contribuir e cumprir o seu papel na (re)afirmação dos direitos fundamentais no palco do processo penal. Até mesmo diante do atual estágio civilizatório, no novo ideário da globalização como fenomenologia social, política, cultural com repercussão (também) na esfera jurídica, a proposta garantista pode servir como técnica para a reconstrução e regulação social. Para tanto, a teoria garantista deve ser contextualizada, deve ser inserida na história, e a historicidade se manifesta por ela ser (ainda) uma exigência das condições sociais e culturais desta época.

Desde a "Teoria Pura do Direito" de Hans Kelsen, de impressionante dimensão ética e política, tem-se bem presente que "a Constituição representa o escalão de Direito positivo mais elevado".[5] Não se trata de idolatria à estrutura *kelseniana* nem mesmo de aceitar a unidade isolada da Constituição pregando (autopoieticamente) a clausura de um sistema eminentemente jurídico. Realmente, o estudo científico mais perfeito na criação de um "sistema autônomo e auto-suficiente" em função de um "conceito autoreferente de validade normativa" redunda ao ideal *kelseniano* da pureza metódica, como intento de explicar o Direito sem importar modelos externos da política, da sociologia ou da ética, como lembra Antônio-Enrique Pérez Luño.[6] Seguindo o autor, convém relembrar como exemplo da superação do modelo autopoiético e da orientação com direção ao modelo heteropoiético de legitimação do direito, a citada obra de Luigi Ferrajoli. "Nela se estabelece como postulado nuclear de sua concepção filosófico-jurídica e política *garantista* ao Direito e ao Estado '*l'onere della giustificazione esterna*'. É dizer, a exigência de que o direito, e por isso também os direitos fundamentais, se justifiquem em função dos bens e interesses cuja constituam sua finalidade".[7]

Ferrajoli é, certamente, normativista. Porém, não um simples adepto de um normativismo em si mesmo, mas *realista* e *crítico* (direito como função *crítica* e *criativa*) e, capaz de dar conta da complexidade do direito atual. Ferrajoli "es un kelseniano que, a fuer de serlo, no há podido dejar de 'matar al padre'".[8]

---

[5] *Teoria pura do direito*, Trad. João Batista Machado, 6 ed., SP: Martins Fontes, 1999, p. 247.

[6] *Derechos humanos y constitucionalismo en la actualidad: ¿Continuidad o cambio de paradigma?*, in Monografias Jurídicas: derechos humanos y constitucionalismo ante el tercer milenio, Madrid: Marcial Pons, 1996, p. 22.

[7] *Derechos humanos y constitucionalismo en la actualidad: ¿Continuidad o cambio de paradigma?*, p. 22. Também em Luigi FERRAJOLI, ob. cit., *Derecho y Razón: teoria del garantismo penal*, p. 893 e segs.

[8] Prefácio de Perfecto Andrés IBÁÑEZ, ob. cit., *Derechos y garantias: la ley del más débil*, p. 8.

A proposta garantista que ora se advoga possui notória matriz iluminista e vem contextualizada eminentemente no pensamento de Ferrajoli e sua renovada visão do sistema jurídico como um *sistema de garantias*. Garantias, estas, que não tem rosto e que todos são portadores, inclusive, os supostos "inimigos".

II. O sistema de garantias na visão de Luigi Ferrajoli

Ferrajoli vê o sistema de garantias (SG) legitimador de um modelo de política criminal de mínima intervenção (direito penal mínimo *ex parte populi* – voltado aos governados), visando à *menor aflitividade possível à maioria dos desviados e máxima seguridade social possível à maioria dos não-desviados*.[9]

O *Garantismo* tem sido entendido como parâmetro de racionalidade, de justiça e de legitimidade da intervenção punitiva, apesar de se encontrar amplamente desatendido na prática. Podemos, no entanto, distinguir três acepções da palavra *garantismo*.

As acepções do *garantismo* permitem a elaboração de elementos para uma teoria geral do *garantismo*: (a) o caráter vinculado do poder público no Estado de Direito; (b) a divergência entre validade e vigência; (c) a distinção do ponto de vista externo (ético-político) do interno (jurídico) e a divergência ente justiça e validade.

O principal pressuposto metodológico de uma teoria geral do *garantismo* está na separação entre o Direito e a Moral e, mas geral, entre o *"ser"* e o *"dever ser"*.

Para Ferrajoli o sistema de garantias é estruturado numa *relação biunívoca*. São dois sistemas de garantias, entre os quais há uma íntima relação, tanto no plano *estrutural* como *funcional*, na medida em que as garantias penais só conseguem ser efetivas quando sejam objeto de um juízo (processo) no qual restem asseguradas "al máximo la imparcialidad, la veracidad y el control".[10] A relação entre as duas ordens de garantias é denominada *biunívoca*: uma é necessária à outra: "valen no sólo pro sí mismas, sino también unas y otras como garantía recíproca de su efectividad".[11]

Este duplo nexo, conforme Ferrajoli, faz remeter o modelo de legitimação interna dos pressupostos da pena ao modelo correlativo, de legitimação dos modos de determinação desta mesma pena, no processo penal. O inverso, por óbvio também ocorre, pois tanto do ponto de vista normativo como do ponto de vista da efetividade o processo penal remete ao correlativo modelo de direito substancial. Esta inafastável conexão, muito além de ser teórica, é histórica, o que é comprovado pelas trocas em direito penal e na teoria do delito modeladas diante das instituições judiciais, ocorrendo, também, o inverso, modelação das instituições

---
[9] Ob. cit., *Derecho y Razón: teoria del garantismo penal*, p. 851.
[10] Ob. cit., *Derecho y Razón: teoria del garantismo penal*, p. 537.
[11] Ob. cit., p. 537.

judiciais diante da teoria do delito e do direito penal. Nesse sentido, pode-se fazer a seguinte dissociação: Garantias penais (*substanciais*); Garantias processuais (*instrumentais*).

Dentre as garantias processuais penais pode-se apontar a *jurisdicionalidade* como a principal garantia, e que constitui o pressuposto de todas as demais (expressa no axioma: *nulla culpa sine iudicio*, possuindo uma garantia correlata, qual seja: a *legalidade*.

Há dois sentidos básicos em que a garantia da *jurisdicionalidade* pode ser entendida:

1º – EM *SENTIDO LATO*: quando acompanhada de uma série de garantias penais (*substanciais*). Pode vir expressa na seguinte tese: *nulla poena, nullum crimen, nulla lex poenalis, nulla necessitas, nulla iniuria, nulla actio, nulla culpa, sine iudicio*. Neste sentido, a Jurisdicionalidade possui um cunho *substancialista* (ou de mera jurisdicionalidade) que informa um modelo chamado de *decisionista*. Neste modelo, exatamente por importar em um *critério substancialista* de definição de delitos, abre vasta possibilidade da edição de tipos com as seguintes fórmulas: *é réu aquele que for inimigo do povo*; ou, é delito qualquer ato hostil contra o Estado; orientando o processo à averiguação de *verdades* éticas ou políticas que estão além do conjunto fático-probatório. Ainda, no modelo *decisionista* a obtenção da verdade, seja qual for, legitima toda a ordem de meios, qualquer procedimento, ou seja: *os fins justificam os meios*.

2º – EM *SENTIDO LIMITADO*: quando acompanhada de garantias processuais (*instrumentais*). Pode vir expressa na tese seguinte: *nullum iudicium sine accusatione, sine probatione et sine defensione*. Neste sentido, portanto, quando falamos na garantia da prova (*probatione*), a *jurisdicionalidade* está a exigir como condições da mesma, as garantias da materialidade, lesividade e culpabilidade. De outro lado, a *jurisdicionalidade* conduz ao modelo dito *cognoscitivo* (garantista), que exige como pressuposto necessário um *critério convencionalista* orientado pelo princípio da taxatividade, ao exigir a formulação unívoca e rigorosa de atos empíricos qualificados como delitos. No modelo cognoscitivo (por estar fundado pelos vínculos descritos) *o fim é que está legitimado pelos meios*: "*Se entende por isso que as garantias processuais se configuram não apenas como garantias de liberdade, senão, ademais, como garantias da verdade: de uma verdade mais reduzida, (...), mas certamente mais controlada que a verdade substancial, mais ou menos apriorísticamente instituída pelo Juiz*".[12]

Ferrajoli teve a oportunidade de afirmar: "Enfim, nada teria o direito a julgar, se por 'julgar' se entender o mero exercício de autoridade, e não atividade puramente cognoscitiva". Assim sendo, *o modelo cognoscitivo é obviamente garantista*, ensejador da construção de modelos de direito penal mínimo, ao passo que o modelo decisionista conduz a formação de modelos de direito penal máximo. Ferrajoli afirma que *será tanto mais garantista um sistema penal quanto*

---

[12] Ob. cit., p. 541.

maior for o número de vínculos normativos capazes de minimizar o espaço onde o juiz poderá ser agente de abusos – comum no modelo decisionista –, diminuição esta que depende, essencialmente, da semântica das linguagens legal e jurisdicional.

Desta forma, a *legalidade* e a *estrita jurisdicionalidade* (que são os vínculos normativos supra-referidos – e, ainda que não sejam plenamente realizáveis), são as atuais senhas identificadoras do sistema penal garantista.

Ferrajoli ensina que "la correlación biunívoca entre garantías penales y procesales es el reflejo del nexo específico entre ley y juicio en matéria penal".[13]

Complementando, refere que tal relação se dá em três planos: *lógico* (jurisdicionalidade e legalidade pressupondo-se reciprocamente para garantir o caráter cognoscitivo do sistema penal: enquanto aplicação ou afirmação da lei); *teórico* (a jurisdicionalidade estrita exige, como condições da prova, as garantias da materialidade, lesividade e culpabilidade, enquanto a jurisdicionalidade em sentido amplo está implícita nelas) e, *teleológico* (haja vista que jurisdicionalidade e legalidade são complementares quanto a função utilitária da prevenção geral, própria do direito penal).

Especificamente, enquanto o princípio da legalidade assegura a prevenção de lesões previstas como delitos, o *princípio da jurisdicionalidade previne as vinganças e as penas privadas*, investido que está no poder de decidir sobre as razões de partes contrapostas).

Segundo Ferrajoli, a primeira enunciação legal do princípio da jurisdicionalidade está na *Magna Charta* inglesa, de 1215: "Nenhum homem livre será detido nem preso, nem desapossado de seus direitos nem posses, nem declarado fora da lei, nem exilado, nem modificada a sua posição de qualquer outra forma, nem nós procederemos com força contra ele, nem mandaremos a outros fazê-lo, a não ser por um juízo legal de seus iguais ou pela lei do país".[14] Desta clássica formulação restaram três garantias fundamentais: o *habeas corpus* – quando é colocada a imunidade do sujeito frente às arbitrariedades; a *reserva de jurisdição em matéria penal* – quando se fala em "*juicio legal*"; e, a *presunção de inocência* – quando afirma que ninguém será tratado ou castigado como culpado sem antes passar por um juízo legal, e nunca antes que este seja concluído. Estas últimas três garantias são evidentemente processuais. Também são ditas *processuais* aquelas garantias de formação do juízo, da renovação das provas, do desempenho da defesa e, da convicção do órgão judicial, qual sejam: a formulação de uma acusação determinada; o ônus da prova; o princípio do contraditório; as formas dos interrogatórios e demais atos de instrução; a publicidade; a oralidade; os direitos da defesa; a fundamentação dos atos judiciais, etc. Em sentido lato, a jurisdicionalidade é uma exigência de qualquer tipo de processo, seja acusatório ou inquisitorial e, em sentido estrito, supõe a forma acusatória de processo.

---

[13] Ob. cit., p. 538.
[14] Ob. cit., p. 539.

Assim, a teoria garantista constitui-se num sistema filosófico de garantias, verdadeira filosofia, capaz de concretizar a defesa e a efetivação dos direitos fundamentais. No modelo garantista de democracia constitucional exsurge o *garantismo penal* – como sistema jurídico escorado em duas órbitas de sólidos princípios constitucionais substanciais (penais) e instrumentais (processuais) – há uma notória relação de reciprocidade (*biunívoca*) entre as duas órbitas de garantias, que valem não somente por si mesmas, isoladamente, mas também, conjuntamente, como garantia recíproca de sua efetividade.

As garantias, então, são imprescindíveis tanto no plano estrutural como no plano funcional, na medida em que as garantias substanciais só serão efetivas quando forem objeto de uma instrumentalidade em que sejam asseguradas ao máximo a *imparcialidade*, a *veracidade* e o *controle*.

Em seu sistema de garantias Ferrajoli dá destaque ao *princípio fundamental de civilidade* que, segundo explicita, "es el fruto de una opción garantista a favor de la tutela de la inmunidad de los inocentes, incluso al precio de la impunidad de algún culpable".[15]

Esta é, em síntese, uma das premissas fundamentais do pensamento de Ferrajoli. Jamais se pode permitir a punição de um inocente, mesmo que se tenha que absolver um culpado. Esta premissa é mais ideológica do que jurídica, mas permite a criação de um processo penal extremamente garantista.

No Brasil, dois autores realizaram relevantes contribuições para que a teoria garantista de Luigi Ferrajoli vingasse no plano acadêmico do país. Inicialmente, Sérgio Cadermatori e, depois, Salo de Carvalho, trouxeram estudos de suma relevância que ultrapassaram o plano teórico acadêmico e ganharam eco na jurisprudência. Salo de Carvalho, realizando sua importante leitura elementar da teoria garantista de Luigi Ferrajoli, leciona sobre a funcionalidade do sistema, asseverando que "o garantismo penal é um instrumento de salvaguarda de todos, desviantes ou não, visto que, em sendo estereótipo de racionalidade, tem o escopo de minimizar a violência social e garantir a paz".[16]

III. O papel da resistência constitucional

Contudo, não se pode deixar de reconhecer o fenômeno da rejeição das propostas humanistas por parte de certos setores da sociedade contemporânea.

As possibilidades de corromper os princípios fundamentais do direito penal e processual penal são prescritas, invariavelmente, pelos movimentos que tentam assegurar a Lei e a Ordem a qualquer custo.[17] Nesse ponto, o recurso ao sistema

---

[15] Ob. cit., *Derecho y Razón*, p. 549.

[16] *Pena e garantias*, 2 ed., RJ: Lumen Juris, 2006, p. 128.

[17] Importante, neste aspecto, destacar a função do Movimento Antiterror (com apoio dos prestigiados institutos IBCCRIM, ITEC/RS e ICC), sendo recomendável a leitura da Carta de Princípios do Movimento Antiterror: "O Movimento Antiterror pretende, com a sensibilidade e a consciência de cidadãos que há muitos anos se dedicam ao estudo dos problemas da violência e da criminalidade e também com o entusiasmo e o coração dos estudan-

penal como um instrumento de toda a coletividade contra um desviante possui um efeito de legitimação, assim como no estágio pré-civilizatório.

Por óbvio, o garantismo penal está estruturado em premissas fundamentes diversas e, por isso, ao negar o estado de barbárie, racionaliza os conflitos entre desviantes e não-desviantes, limitando as formas punitivas originárias desses conflitos entre os próprios atores sociais e entre eles e o poder sancionador/punitivo do Estado.

Marina Gascón Abellán analisa a expressão "garantir" (que significa afiançar, proteger, tutelar algo) para afirmar que no contexto jurídico se fala em *direito garantista* como instrumento para a defesa dos direitos dos indivíduos frente a sua eventual agressão por parte de outros indivíduos e sobretudo por parte do poder estatal.[18] Os instrumentos tratam-se, em verdade, das garantias que compõem o sistema pregado por Ferrajoli.

Logo, são instrumentos de natureza jurídica que, como bem lembra Gascón Abellán, funcionam como limites e vínculos ao poder estatal, a fim de *maximizar a realização dos direitos e minimizar suas ameaças.*[19]

Sem dúvidas, então, a base epistemológica da teoria garantista é fundada em premissas iluministas. Um retorno à razão, a partir da valiosa contribuição de Luigi Ferrajoli que, limita o poder punitivo estatal e cria um complexo sistema de garantias penais e processuais penais *a partir do* indivíduo e *em favor* dele, contra outros indivíduos e contra o Estado.

IV. Em busca de uma resposta

A verdade é que ainda não há como se desconsiderar a proposta garantista diante da crise do processo penal e das buscas de novas formas de administração da justiça criminal em países como Brasil. Inegável, portanto, que o direito penal contemporâneo passa por um necessário processo de reexame no que tange aos seus fundamentos filosóficos. Um repensar de suas finalidades. Um repensar sobre o processo e a pena criminal. Enfim, uma rediscussão da política criminal, da criminologia e do direito penal na busca de seus últimos fins.

Infelizmente, este processo de redescoberta das funções e finalidades do conjunto de ciências penais vem sendo desenvolvido ao mesmo tempo em que se instala outro processo, o de *expansão do direito penal*. O inchaço do direito

---

tes que sempre advogam a causa da dignidade do ser humano, proporcionar ao país e à nação um material de reflexão para a adoção de novos caminhos em favor da segurança popular e da eficiência na administração da justiça". ("Carta de princípios do Movimento Antiterror", *Revista de Estudos Criminais*, pub. ITEC/PUCRS, POA: Notadez, nº 10, 2003, pp. 07-19, ainda, em Dotti, René Ariel. *Movimento Antiterror e a Missão da Magistratura*, 2 ed., Curitiba: Juruá, 2005)

[18] "Garantismo y derechos humanos", In: SORIANO DÍAZ, Ramón, ALARCON CABRERA, Carlos e MORA MOLINA (Orgs.), Juan, *Diccionario crítico de los derechos humanos I*, publicação da Universidad Internacional de Andalucia, sede Iberoamericana de la Rabida, 2000, p. 223.

[19] Id. Ibid.

penal está em plena ascensão, fundamentalmente a partir da década de noventa. O recurso à criminalização inadequada, sem critérios científicos de ofensividade aos bens jurídicos e a ausência de técnica legislativa marcam o injustificável crescimento da legislação penal especial. Por isso, muito se tem discutido os modelos de justiça criminal e as alternativas a eles. Não há novidade em afirmar que muitos conflitos não deveriam receber tratamento penalístico, pois poderiam ser solucionados fora do âmbito da justiça criminal. Por qual razão? Porque a justiça criminal não deve e não pode resolver todos os conflitos sociais. Se assim não for, continuar-se-á produzindo na justiça, a injustiça.

Após um longo processo de (re)enquadramento da escala axiológica de bens jurídicos, que outrora foi ideologicamente invertida (veja a codificação patrimonialista), e do estabelecimento de rígidos critérios racionais de seleção destes bens, a justiça criminal ficará resguardada para o tratamento dos conflitos que realmente tenham "dignidade penal". Como, por exemplo, as condutas lesivas praticadas com violência e grave ameaça à pessoa.

É assim é que vimos o atual processo de buscas por alternativas. A busca por novos modelos não pode redundar num *processo vazio de adjetivação da justiça criminal*. Justiça disso ou justiça daquilo, representam signos que não têm significado algum. Os modelos não significam absolutamente nada se empregados isoladamente e fora do contexto do rígido sistema de garantias. O que importa é saber qual o nível de legitimidade que determinado modelo de justiça possui e qual a repercussão do modelo dentro do sistema de garantias constitucionais. Projetos bem alinhados, com bons propósitos e cheios de boas intenções devem, primeiro, antes de receberem nomes com alto apelo de *marketing*, ser testados diante do rígido sistema de garantias constitucionais. Um modelo alternativo de justiça, penal ou não-penal, não pode renegar a principiologia constitucional. Bem ao contrário, todos os modelos devem passar pelo filtro de constitucionalidade, pois se é verdade que existem vários modelos de justiça criminal possíveis, é também verdadeiro que não existe outro sistema além do constitucional.

Desta forma, qualquer modelo de justiça que se pretenda implantar – *justiça terapêutica* para repressão e tratamento do problema das drogas lícitas e ilícitas; *justiça instantânea* para condução e resolução imediata dos atos infracionais de crianças e adolescentes; *justiça restaurativa* com fito de recomposição do dano; *justiça penal consensual* para determinadas infrações de menos potencial ofensivo; ou até a mais nova *justiça criminal especializada* para o processamento e julgamento de delitos contra o sistema financeiro nacional e de lavagem ou ocultação de bens, direitos e valores – não pode suplantar o sistema, o único sistema insuperável, pois constitucionalmente assegurado. É, em síntese, saber que todos os modelos alternativos de justiça criminal ou à justiça criminal (tradicional), estão vinculados ao sistema de bases constitucionais. Eventual solução alternativa, sem amparo na principiologia constitucional, é solução, evidentemente, inconstitucional. Nenhum modelo de justiça criminal será digno se não estiver assentado sobre um *núcleo ético-jurídico mínimo de preservação dos direitos humanos constitucionalizados*.

Por isso, como diz Amilton Bueno de Carvalho em seu recente livro "garantismo aplicado à execução penal",[20] somos professores comprometidos com a teoria de Ferrajoli, descaradamente e despudoradamente garantistas, nem que isso custe vender menos "livros" para alguns desavisados ou acolher olhares indesejados de outros. Negar o garantismo, seria negar um instrumento de defesa (teórica e prática) em favor dos direitos fundamentais da pessoa humana – que compõem um catálogo democrático – que foram conquistados com alto custo para a humanidade no decorrer da evolução da ciência e da cultura. O pacto social contemporâneo ainda passa pela caracterização de um Estado de Direito formado por valores iluministas como a *racionalidade*, a *liberdade*, a *igualdade*, a *fraternidade universal*, sem dúvidas, um advento do paradigma da modernidade.

Cabe, assim, finalizar com a advertência de Pérez Luño, citando, entre outros, Habermas, ao afirmar que a modernidade constitui um projeto inacabado e que, em lugar de abandonar esse projeto como causa perdida, deveríamos aprender dos erros, ao revés de adotar novos programas extravagantes que trataram ou tratam de negar a própria modernidade.[21]

---

[20] Bueno de Carvalho, Marder da Rosa, Rodrigues da Silva Pinheiro Machado, Soares de Brito e Souto, *Garantismo aplicado à execução penal*, RJ: Lumen Juris, 2007, p. 1.

[21] *Derechos humanos y constitucionalismo en la actualidad: ¿Continuidad o cambio de paradigma?*, p. 22.

— 5 —

A evolução da legislação brasileira e a igualdade racial vinculada ao negro

FLÁVIO CRUZ PRATES

Professor de Direito Processual Penal e Prática Processual penal na PUCRS.
Pesquisador do NEPES. Mestre em Ciências Criminais e doutorando
em Serviço Social pela PUCRS.

> *Como é que pretos, pobres e mulatos / E quase brancos, quase pretos de tão pobres são tratados / e não importa se os olhos do mundo inteiro possam estar por um momento voltados para o largo / onde os escravos eram castigados (...) O Haiti é aqui (...) E ao ouvir o silêncio sorridente de São Paulo / Diante da chacina / 111 presos indefesos / mas presos são quase todos pretos/ ou quase pretos de tão pobres / e pobres são como podres (...)*
>
> Veloso e Gil, Haiti

A questão da legislação relativa à discriminação racial, em especial contra o negro brasileiro e o efetivo impacto que tal legislação tem ocasionado na questão racial decorrente de uma suposta "proteção legal", tem mobilizado a atenção de muitos setores sociais, particularmente em decorrência do desenvolvimento legislativo lento e gradual para a garantia de direitos, visando efetivar a isonomia entre cidadãos, prevista pela Carta Magna brasileira, mas que em realidade, tem sua aplicabilidade limitadas por uma estrutura social e uma realidade conjuntural adversa.

De outra banda, demonstra-se interessante a averiguação da possibilidade de tal legislação isonômica e, às vezes, protetiva, como por exemplo a polêmica legislação referente às cotas para afro-brasileiros, acirrar as dificuldades referentes à questão racial, visto que a legislação vinculada aos negros sempre trouxe consigo intermináveis discussões, desde os primórdios de nosso embasamento legal, como bem destaca Gauer,[1] onde traz apresenta a discussão sobre o tema

---
[1] GAUER. 2001, p. 274.

referente ao tema ocorrida em 1823 no Parlamento Brasileiro, local onde se realizavam sucessivas reuniões e inúmeros discursos que balizaram a construção da primeira Constituição brasileira, a de 1824.

Destaca a autora os dizeres do Deputado. Pedro J. da Costa, sobre a questão da cidadania dos negros:

> Eu nunca poderei conformar-me a que se dê o título de cidadão brasileiro indistintamente a todo escravo que alcançou carta de alforria. Negros boçais, sem ofício, nem benefício, não são, no meu entender, dignos desta honrosa prerrogativa; eu os encaro antes como membros danosos à sociedade à qual vêm servir de peso, quando não lhes causam males.

Como vimos a primeira assembléia constituinte e legislativa brasileira teve início em 1823, no Rio de Janeiro, capital do Império, e já tratava de questões relativas aos problemas raciais voltados aos direitos dos negros. O posicionamento do Deputado supramencionado dava contra a aprovação do § 6º do artigo 5º de projeto constitucional, apresentado pelo Deputado Antônio Carlos, o qual previa que os libertos que adquirissem sua liberdade por qualquer título legítimo seriam brasileiros. O § 6º do artigo 5º, do Projeto Constitucional, de 272 artigos, apresentado por Antônio Carlos, em 16 de agosto de 1823, foi aprovado juntamente com outros artigos após muitas discussões, que se estenderam até dezembro daquele ano.[2]

Após cento e oitenta anos, com o advento de novas constituições e legislações infra-constitucionais que privilegiam a igualdade entre os cidadãos, ainda a questão racial e sua legalização apresentam-se como campo de estudo extremamente fértil. Atualmente nos deparamos com a questão das cotas para negros nas Universidades, o Rio de Janeiro já está aplicando as cotas através da Lei nº 3.708, de 09 de novembro de 2001, que reza em seu preâmbulo: "institui cota de até 40% (quarenta por cento) para as populações negra e parda no acesso à universidade do Estado do Rio de Janeiro e à universidade estadual do norte fluminense, e dá outras providências".

Novamente vem à tona a discussão, é justo este posicionamento? É correto? As indagações se proliferam no concernente à aceitação das novidades referentes ao assunto. Qual será o posicionamento do movimento negro? Aceitam o teórico benefício em nome de uma igualdade aparente, o justificam como política afirmativa da gestão pública, ou sentem-se novamente discriminados por terem legislação própria, quando constitucionalmente são iguais e com os mesmos direitos a qualquer cidadão brasileiro?

A Constituição brasileira,[3] de cunho eminentemente garantista, em seu preâmbulo determina:

> Nós, representantes do povo brasileiro, reunidos em Assembléia Nacional Constituinte para instituir um Estado Democrático, destinado a assegurar o exercício dos direitos sociais e individuais, a liberdade, a segurança, o bem-estar, o desenvolvimento, a igualdade e a justiça como valores supremos de

---

[2] Anais do Parlamento Brasileiro.
[3] Constituição Federal. 1988.

uma sociedade fraterna, pluralista e sem preconceitos, fundada na harmonia social e comprometida, na ordem interna e internacional, com a solução pacífica das controvérsias, promulgamos, sob a proteção de Deus, a seguinte CONSTITUIÇÃO DA REPÚBLICA FEDERATIVA DO BRASIL

Em seu artigo 3º, que trata de objetivos fundamentais do país, lê-se:

Art. 3º Constituem objetivos fundamentais da República Federativa do Brasil:

I – construir uma sociedade livre, justa e solidária;

II – garantir o desenvolvimento nacional;

III – erradicar a pobreza e a marginalização e reduzir as desigualdades sociais e regionais;

IV – promover o bem de todos, sem preconceitos de origem, raça, sexo, cor, idade e quaisquer outras formas de discriminação.

I – construir uma sociedade livre, justa e solidária;

II – garantir o desenvolvimento nacional;

III – erradicar a pobreza e a marginalização e reduzir as desigualdades sociais e regionais;

IV – promover o bem de todos, sem preconceitos de origem, raça, sexo, cor, idade e quaisquer outras formas de discriminação.

E em seu artigo 5º reza como direito fundamental de todo cidadão, no inciso XLII, que a prática do racismo constitui crime inafiançável e imprescritível, sujeito à pena de reclusão, nos termos da lei.

A legislação pátria prevê a igualdade de todos, mas o plano do ser não corresponde ao plano do dever ser, e constantemente nos vemos diante de novas diretrizes legais que nos levam a estudar por que da necessidade destas previsões e a sua real repercussão e resultado concretos.

A preocupação social com o problema racial vem de longa data. O Estado como gestor público, através do direito, da normatização legal das relações entre os indivíduos, de forma abstrata, procura manter a paz social. Neste intento as Leis são, ou deveriam ser elaboradas.

Críticas existem ao sistema legislativo e na sua interpretação jurídica, não raramente encontramos posicionamentos afirmando a necessidade da publicação de leis rigorosas visando a uma prevenção geral. Do mesmo modo nos deparamos com ferrenhos defensores de que a lei é discriminatória, seletiva e em realidade uma forma de dominação social de classes privilegiadas em detrimento dos menos favorecidos.

A legislação por si só já é causa de grande controvérsia. O que dizer então sobre a legislação dirigida diretamente a um determinado segmento social, a chamada legislação anti-racismo. Para que se possa abordar este interessante e conflituoso tema, faz-se necessário verificar historicamente a legislação sobre os negros no Brasil, contemplando o seu desenvolvimento, a sua forma de aplicação e a sua efetividade.

Faz-se imperioso a comparação entre legislações antigas e atuais, o seu desenvolvimento gradual e o destaque frente às leis de maior repercussão social no Brasil. Importante observar que não estamos tratando escravidão como conseqüência de racismo e sim procurando verificar como se deu o processo legislativo, relativo ao negro, no decorrer dos anos, em nosso país.

Como salientamos no intróito do presente estudo, anteriormente à primeira Assembléia constituinte e legislativa brasileira teve início em 1823, no Rio de Janeiro, capital do Império, e já tratava de questões vinculadas às raças, de direitos dos negros.

Perante a legislação civil o escravo era considerado como rês, sendo coisa, por óbvio, não lhe era reconhecida capacidade, ou seja, estava alijado de seus direitos,[4] como exemplo a doutrina cita os bens do escravo, ele não adquiria nada para si, mas sim para o seu Senhor.

Interessante ressaltar que, em termos penais, a recíproca não era verdadeira. Na seara criminal, o escravo era considerado pessoa e capaz, portanto poderia e deveria sofrer a sanção penal prevista pela legislação da época. Cabe aqui ressaltar que o Código Criminal do Império,[5] em seu artigo 60, determinava a pena de açoites, pena constitucionalmente legalizada pela Carta de 1824, que rezava em seu artigo 179, § 19, a abolição da pena de açoites, exceto para escravos.

O nosso código criminal embasado no código Napoleônico trazia evoluções, como o discernimento, art. 13°, em que se previa imputação especial de pena aos menores de idade,[6] o que se salienta a jurisprudência da época estendia a negros e mulheres.[7] Mas também elencava penalizações severas, como a prevista em seu art. 113, para o crime de insurreição que rezava:

> Julgar-se-á cometido este crime, reunindo-se vinte ou mais escravos para haverem a liberdade por meio da força. Penas: aos cabeças, de morte no grau máximo, galés perpétuas no médio e por 15 no mínimo; aos mais açoites.

Mesmo assim, não há como se negar a evolução, ademais se verificarmos a Lei de 11 de setembro de 1826, referente às manifestações oficiais do Império, a qual determinava que a pena de morte por enforcamento só seria executada com prévia comunicação ao Imperador, cabendo a este, se assim o entendesse, moderar a pena ou comutá-la por outra sentença. Esta participação do Imperador foi curta, durou até 11 de abril de 1829, quando por decreto se determinou, nas palavras do o Imperador que: "todas as sentenças proferidas contra escravos por morte feita a seus senhores sejam logo executadas independentemente de subirem à Minha Real Presença".[8]

A legislação dirigida especificamente ao negro continuou a se desenvolver, e em data de 7 de novembro de 1831 surgiu Lei, regulamentada por Decreto de 12 de abril de 1832, proibindo o tráfico de escravos para o Brasil.

---

[4] GAUER. Op Cit p. 5 (p375).
[5] Código Penal do Império do Brasil; 1830, art 60.
[6] PRATES. 2001, p. 52.
[7] MALHEIRO, 1976, p. 42.
[8] LIMA, 1994. p.110

Em 1835, no dia 10 de junho, por meio de Lei Imperial, foi oficializada a pena de morte para o escravo. Posteriormente, com o decreto de 9 de março de 1837, passou a se conceder o recurso de graça ao escravo condenado a pena capital, desde de que o crime não fosse de assassinato de seu Senhor. E em 1857, por meio de Aviso, datado de 27 de outubro, as penas capitais passaram a ser substituídas pelas penas de galés perpétuas.[9]

As atrocidades sofridas pelos negros e a discordância de diversos abolicionistas faziam com que a discussão sobre a questão servil tomasse corpo, o país necessitava de um Código Civil, ou um regulador social, chegara a época da necessidade de mudanças.

Bobbio,[10] referindo-se a esta necessidade, comenta:

> No Brasil apesar de ter havido grande pressão por parte do instituto para a elaboração de um Código Civil, o Estado Imperial não o efetivou. Em relação especificamente à escravidão, a positivação da lei civil ocorreu primeiramente com a lei de 1871..

Os anos se passavam, e a necessidade de regulação social aumentava, principalmente no concernente ao negro. Coube então ao Governo Imperial, em 1855,[11] contratar um grande jurista da época, Augusto Teixeira de Freitas, visando à elaboração de um projeto preliminar de Código Civil. Após três anos de labor, o jurista, habilidosamente, procurando abster-se de incluir em seu trabalho a polêmica questão vinculada ao negro, fez a seguinte consideração:[12]

> Cumpre advertir, que não há um só lugar do nosso texto, onde se trate de escravos. Temos, é verdade, a escravidão entre nós; mas, se esse mal é uma exceção, que lamentamos, condenado a extinguir-se em época mais ou menos remota; façamos também uma exceção, um capítulo avulso, na reforma das nossas Leis Civis; não as maculemos com disposições vergonhosas, que não podem servir para a posteridade: fique o estado de liberdade sem o seu correlativo odioso. As leis concernentes à escravidão (que não são muitas) serão pois classificadas à parte e formarão o nosso Código Negro.

A Constituição omitia questões vinculadas aos direitos dos negros, todavia a legislação criminal e repressiva os abrangia tanto nos códigos das províncias, como nas posturas municipais. Inobstante às formas veladas utilizadas por Teixeira de Freitas, com o apoio do Ministro Rio Branco, visando a não tratar do constrangedor assunto escravidão, as pressões políticas e as críticas à questão do ser humano como elemento servil, fizeram com que ambos fossem designados para trabalhar na concepção de uma Lei especial sobre o assunto, que acabaria por criar a importante Lei de 1871, a Lei do Ventre Livre.

A idéia de Freitas era no sentido de separar as leis escravistas das demais, postulava que seria plausível a utilização de notas de roda-pé, onde a leitura das mesmas não estariam tão visíveis. Estas notas formariam o que ele chamava de código negro.

---

[9] Idem ibidem
[10] *BOBBIO*, 1995. p. 26
[11] PENA, 2001. p.71
[12] FREITAS, s.d., p xxxii.

Apesar de descontente o político defensor da abolição e também advogado, Joaquim Nabuco, deixou de tratar diretamente deste assunto nas reuniões do Instituto dos Advogados do Brasil. Mesmo estrategicamente calando, Joaquim Nabuco continuou a difundir a necessidade da aprovação de lei abolicionista, as pressões crescentes referentes ao problema servil acabaram coagindo o Governo à prática da reforma.

Mesmo diante das infrutíferas tentativas de minimização da importância do projeto da lei de 1871, principalmente por José de Alencar, este foi aprovado na Câmara por maioria de 61 votos a favor, contra 35, sendo ratificado no Senado por 33 a 4.

Em 28 de setembro de 1871, definitivamente aprovada após inúmeras discussões e emendas, às 2 horas menos cinco minutos,[13] sob o nº 2.040, passou a vigorar no Brasil a Lei do Ventre Livre.

Esta Lei, de inquestionável importância evolutiva em termos de direitos do povo negro, trouxe em seu bojo importantes inovações, das quais cabe-se salientar, a título de exemplificação, algumas:

a) O artigo 1º concedia a liberdade aos filhos da mulher escrava a partir do ingresso da lei.

b) O artigo 2º permitia ao Governo entregar a associações por ele autorizadas os filhos das escravas, nascidos desde de a data da Lei, que fossem cedidos ou abandonados pelos senhores delas, ou tirados deles em virtude de mau tratamento ou castigos excessivos.

c) O artigo 4º previa a possibilidade aos negros de pecúlio, proveniente de doações, legados e heranças. Sendo que no caso de morte a esposa teria direito à sucessão.

d) Já o artigo 6º determinava a liberdade para os escravos pertencentes à nação, para os dados em usufruto à Coroa, para os das heranças vagas e aos abandonados por seus senhores.

e) No artigo 10º, revogaram-se todas as disposições anteriores em contrário ao posicionamento legal então vigente.

Desta feita, a Lei foi encaminhada à Princesa Imperial e publicada, passando a vigorar imediatamente.

Após este marco histórico extraordinário na luta racial negra, por óbvio que as pressões cresciam e as relações parlamentares permaneciam conflituosas no Império. A Legislação publicada nem sempre é sinônimo de legislação aplicada e a luta pelo direito dos negros continuava, tendo ao seu lado a manifestação de figuras de prestígio como Rui Barbosa, que em discurso proferido no teatro Politeama, em 1885, afirmou:[14]

> A escravidão gera a escravidão, não só nos fatos sociais, como nos espíritos. O cativeiro vinga-se da tirania que o explora, afeiçoando-lhe a consciência a sua imagem. O grande proprietário de escravos

---

[13] RIO-BRANCO, 1976. p.24
[14] BARBOSA, 1933, p. 89.

é principalmente um produto moral de trabalho servil. Pode compreender a benevolência, a caridade, a filantropia individual para com os oprimidos. Mas não lhe é possível a iniciativa heróica de uma reforma que revolva pelos fundamentos a massa servil.

Fazia Rui Barbosa alusão à não-aplicação correta da Lei do ventre livre, ademais apoiava incondicionalmente o ilustre jurista a emancipação dos escravos. A agitação abolicionista era intensa, pouco tempo antes do discurso supramencionado, mais precisamente em 09 de julho de 1884, Souza Dantas apresentava à Câmara dos Deputados, projeto de governo visando à emancipação dos escravos, asseverando:[15]

> Chegamos Sr. Presidente, a uma quadra em que o governo carece intervir com maior seriedade na solução progressista deste problema, trazendo-o francamente para o seio do parlamento, a quem compete dirigir-lhe a solução. Neste assunto nem retroceder, nem parar, nem precipitar.

O projeto Dantas, de nº 48, redigido por Rui Barbosa,[16] trazia 13 artigos, o 1º e o principal deles tratando da emancipação dos escravos pela idade, por omissão de matrícula, pelo fundo de participação, por transgressão do domicílio legal do escravo e outras disposições mais gerais.

Em relação à idade, aspecto mais interessante do projeto, o escravo que atingisse 60 anos estaria livre. O projeto não passou, mas colaborou para a criação da Lei nº 3.270, de 28 de setembro de 1885, que regulou a Extinção Gradual do Elemento Servil e que trouxe em seu artigo 10º o seguinte teor:[17]

> São libertos os escravos de 60 anos, completos antes e depois desta da data em que entrar em execução esta Lei; ficando, porém, obrigados, a título de indenização pela sua alforria, a prestar serviços a seus ex-senhores pelo espaço de três anos.

Após toda a pressão social voltada à crítica da existência no país do elemento servil, finalmente ocorreu a abolição da escravatura no Brasil. Em 3 de maio, a Princesa Isabel, em sua fala na abertura da Terceira Sessão da 20ª Legislatura da Assembléia Geral diz que o término do elemento servil é uma aspiração nacional. Na data de 7 de maio, Joaquim Nabuco proferiu importante discurso sobre a mudança que os brasileiros estavam vivendo. Salientou Nabuco,[18] dentre outros importantes dizeres: " Hoje Sr. Presidente, a situação é uma, no dia em que se fizer a abolição será outra: – uma raça nova vai entrar para a comunhão brasileira".

Em 08 de maio de 1888, o Deputado e Ministro da Agricultura, Rodrigo Augusto apresentou projeto de Lei de sua autoria e que posteriormente veio a transformar-se na Lei Áurea. Este projeto, de 08 de maio de 1888, de apenas dois artigos, teve a seguinte redação:[19]

> O Sr. Ministro da Agricultura, Deputado Rodrigo Augusto da Silva, de ordem de sua Alteza a Princesa Imperial Regente, em nome de sua Majestade o Imperador", lê a seguinte proposta:

---

[15] Organizações e Programas Ministeriais desde 1822 a 1889, 1889, p. 212/13.
[16] BARBOSA. 1945. p. XIII
[17] MENDONÇA, 1999, p. 389 e 413.
[18] SENADO FEDERAL. Abolição no Parlamento: 65 anos de lutas 1823-1888. 1988, p. 1040
[19] Idem, ibidem.

> Art. 1º É declarada extinta a escravidão no Brasil.
> Art. 2º Revogam-se as disposições em contrário.
> Palácio do Rio de Janeiro, em 8 de maio de 1888.

E, finalmente, em 13 de maio de 1888, por meio da Lei nº 3.353, se declarou extinta a escravidão no Brasil da seguinte forma:[20]

> A Princesa Imperial do Império, em nome de Sua Majestade o Imperador o Senhor D. Pedro II, Faz saber a todos os subditos do Império que a Assembléia Geral Decretou e Ella Sanccionou a Lei seguinte:
> Art. 1º É declarada extinta a escravidão no Brasil.
> Art. 2º Revogam-se as disposições em contrário.
> Palácio do Rio de Janeiro, 13 de maio de 1888.

A questão legislativa dirigida ao negro continuou em evolução, a sua efetividade, no entanto até hoje é discutida. Ponto importante de destaque se deu com a edição da lei chamada Lei Afonso Arinos, sancionada em três de julho de 1951, resultante de projeto apresentado por deputado conservador, representante da União Democrática Nacional por Minas Gerais, o Deputado Afonso Arinos de Mello Franco.[21] Esta Lei sancionada sob o nº 1390 – incluiu entre as contravenções penais a prática de atos resultantes de preconceitos de raça ou de cor. Foi passo importante na legislação anti-racista, uma vez que previu, enfim, algum tipo de penalização para quem cometesse atos de preconceito.

Cabe aqui transcrever, por sua importância alguns de seus artigos:

> Art. 1º Constitui contravenção penal, punida nos termos desta Lei, a recusa, por parte de estabelecimento comercial ou de ensino de qualquer natureza, de hospedar, servir, atender ou receber cliente, comprador ou aluno, por preconceito de raça ou de cor.
> Parágrafo único. Será considerado agente da contravenção o diretor, gerente ou responsável pelo estabelecimento.
> Art. 5º Recusar inscrição de aluno em estabelecimentos de ensino de qualquer curso ou grau, por preconceito de raça ou de cor. Pena: prisão simples de três meses a um ano ou multa de Cr$ 500,00 (quinhentos cruzeiros) a Cr$ 5.000,00 (cinco mil cruzeiros).
> Parágrafo único. Se se tratar de estabelecimento oficial de ensino, a pena será a perda do cargo para o agente, desde que apurada em inquérito regular.
> Art. 6º Obstar o acesso de alguém a qualquer cargo do funcionalismo público ou ao serviço em qualquer ramo das forças armadas, por preconceito de raça ou de cor. Pena: perda do cargo, depois de apurada a responsabilidade em inquérito regular, para o funcionário dirigente de repartição de que dependa a inscrição no concurso de habilitação dos candidatos.
> Art. 7º Negar emprego ou trabalho a alguém em autarquia, sociedade de economia mista, empresa concessionária de serviço público ou empresa privada, por preconceito de raça ou de cor. Pena: prisão simples de três meses a um ano e multa de Cr$ 500,00 (quinhentos cruzeiros) a Cr$ 5.000,00 (cinco mil cruzeiros), no caso de empresa privada; perda do cargo para o responsável pela recusa, no caso de autarquia, sociedade de economia mista e empresa concessionária de serviço público.

Como se pode verificar, a Lei Afonso Arinos trouxe importante contribuição no desenvolvimento legislativo referente ao negro, foi o primeiro passo na

---
[20] MENDONÇA Op. cit p. 20
[21] BASTIDE. 1955, p. 22

direção da penalização por condutas preconceituosas. Posteriormente, em 1985, entrou em vigor a nº 7.437, de 20 de dezembro, que inclui, entre as contravenções penais a prática de atos resultantes de preconceito de raça, de cor, de sexo ou de estado civil, dando nova redação à Lei nº 1.390, de 3 de julho de 1951.

A legislação "negra" finalmente tomava forma de punição àqueles que atentassem contra pessoas em decorrência de sua cor. Mas faltava-lhe conteúdo e responsabilidade penal mais severa, o que veio a ocorrer com a Lei nº 7.716, de 5 de janeiro de 1989.

Esta Lei definiu os crimes resultantes de preconceito de raça ou de cor com reclusão de até cinco anos. Lei polêmica que causou intensos debates, na maioria das vezes velados, disfarçados por supostas preocupações, como se diga vem ocorrendo ao longo da História.

A Lei de justiça ao negro foi aprovada. A partir de então se determinou uma punição grave para o desrespeito. Quanto à efetividade aplicativa desta Lei ainda deixa a desejar, apesar de termos judicialmente decisões destacadas sobre o racismo, como é o exemplo do Tribunal de Justiça do Rio Grande do Sul, em processo de nº 695 130 484, que ao tratar do crime de racismo interpreta:[22]

> É que o crime não exige a produção de resultado material. Consuma-se com a simples realização da conduta típica. Irrelevante tenham sido ou não aflorados nos leitores os sentimentos discriminatórios ou preconceituosos a que se refere. A Lei nº 8.081, de 21 de setembro de 1990, foi editada com a finalidade de estabelecer os crimes e fixar as penas aplicáveis aos atos discriminatórios ou de preconceitos de raça, cor, religião, etnia ou procedência nacional, praticados por meio de comunicação social ou por publicação de qualquer natureza, buscando preservar o tratamento igualitário que a ordem jurídica se propõe a assegurar. Tratamento igualitário que é princípio estrutural das democracias modernas, no sentido de que *"todos são iguais perante a lei, sem distinção de qualquer natureza"* (art. 5º, caput, da CF). Para assegurá-lo, a própria Carta estabeleceu que *"a lei punirá qualquer discriminação atentatória dos direitos e liberdades funda-mentais"* (art. 5º, inc. XLI). Nesse vinculante contexto constitucional é que surgiu a Lei, com a nítida e necessária tendência de punir as práticas discriminatórias de qualquer natureza, como meio asseguratório e protetivo do princípio da igualdade e de maneira mais ampla do que originariamente feito pela Lei nº 7.716/89 (grifos nossos).

Enfim, chegou-se a nossa Carta Maior, a Constituição Federal e garantista de 1988, esta previu em seu texto legal, nas garantias fundamentais do cidadão a proteção específica contra atos de racismo, de preconceito. Já reportado tais preceitos na introdução deste trabalho, importante ressaltar o art. 5º da Carta Maior, que em seu inciso XLII reza que a prática do racismo constitui crime inafiançável e imprescritível, sujeito à pena de reclusão, nos termos da lei.

O nosso Código Penal,[23] com parágrafo acrescentado pela Lei nº 9.459, de 13 de maio de 1997, também previu como crime de injúria a discriminação, determinando no seu artigo 140, que:

> Injuriar alguém, ofendendo-lhe a dignidade ou o decoro:
> Pena – detenção, de 1 (um) a 6 (seis) meses, ou multa.

---

[22] Acórdão nº 695 130 484, proferido pelo Tribunal de Justiça do Rio Grande do Sul
[23] Código Penal Braileiro, 1940. art 140

§ 3º - Se a injúria consiste na utilização de elementos referentes a raça, cor, etnia, religião ou origem:
Pena - reclusão de um a três anos e multa.

Com a proteção constitucional contra a discriminação e sua natural regulamentação infraconstitucional, a Legislação tomou novo impulso histórico.

A complexidade do tema é por demais motivadora, seu impacto social sempre presente traz constantemente debates acadêmicos, parlamentares, nos meios de comunicação de massa, nas organizações não-governamentais, em suma, é matéria amplamente discutida. Apenas como exemplo, citamos o caso das cotas, polêmico, tido por alguns como benefício absurdo, por outros como política afirmativa e fundamental. Na verdade, nosso entendimento é de que questões dessa ordem devem ser aprofundadas a partir de uma leitura que contemple a sua historicidade. Nosso intuito, ao procurar averiguar a evolução histórica da legislação referente ao negro no Brasil, é poder desvendar não só a sua evolução gradual, mas como se conformou esse tortuoso e lento caminho e qual a sua repercussão atual.

A própria questão das cotas traz consigo o entendimento de que a ação afirmativa é voltada à concretização do princípio constitucional da igualdade. A igualdade deixa de ser simplesmente um princípio jurídico a ser respeitado por todos e passa a ser um objetivo constitucional a ser alcançado. Seu pressuposto é o reconhecimento de que para atingir a justiça social deve-se tratar desigualmente os desiguais.

O Governo Federal, em 13 de maio de 2003, editou o Decreto nº 4.229, publicado no Diário Oficial da União - DOU de 14 de maio de 2002, que dispõe sobre o Programa Nacional de Direitos Humanos - PNDH, arrolando, em seu Anexo I, as Propostas de Ações Governamentais, sendo que o artigo 191, traz em seu bojo os dizeres:[24]

> Adotar, no âmbito da União, e estimular a adoção, pelos estados e municípios, de medidas de caráter compensatório que visem à eliminação da discriminação racial e à promoção da igualdade de oportunidades, tais como: ampliação do acesso dos afrodescendentes às universidades públicas, aos cursos profissionalizantes, às áreas de tecnologia de ponta, aos cargos e empregos públicos, inclusive cargos em comissão, de forma proporcional a sua representação no conjunto da sociedade brasileira.

Importante destacar sobre o assunto pesquisa realizada pela PENAD[25] em 1990. Neste estudo, apresentou-se que 78,9% das vagas no ensino superior eram ocupadas por brancos, sendo o restante ocupado por pardos, que representavam 17,4% das vagas e por negros, que atingiam o índice de apenas 1,4%.

Treze anos após a pesquisa tramita tanto na Câmara quanto no Senado Federal projeto de lei que institui o Estatuto da Igualdade Racial, Capítulo VII, onde reserva-se uma cota de 20% para afro-brasileiros em cursos de graduação

---

[24] Diário Oficial da União - DOU: CORAG - publicado em 14 de maio de 2002.
[25] AMARO, 1997. 80 p.

em todas as instituições de educação superior do território nacional. No Capítulo IV, que trata da criação do Fundo de Promoção da Igualdade Racial, está prevista a concessão de bolsas de estudo a afro-brasileiros para a educação fundamental, média, técnica e superior. Não existe norma legal ainda, mas as universidades já têm autonomia, garantida na Constituição, e podem tomar suas próprias decisões a respeito de concessões de benefícios a estudantes afro-brasileiros.

Inegável a evolução legislativa neste campo, inegável da mesma forma o seu enorme impacto social. Farto e extremamente atraente o seu campo de estudo.

O objetivo deste trabalho foi trazer a tona os aspectos históricos de uma luta incessante por uma igualdade substancial, muitas vezes criticada superficialmente e adjetivada como um privilégio desnecessário para àqueles que não sofrem na carne o preconceito. As discussões sobre o tema são de grande importância; as opiniões, por mais variadas que sejam, devem ser ouvidas e respeitadas, mas sempre com conhecimento de causa e jamais banalizando a questão social, Nos dizeres de Iamamoto: "Questão social que, sendo desigualdade é também rebeldia, por envolver sujeitos que vivenciam as desigualdades e a ela resistem e se opõem(...)".[26]

Referências bibliográficas

AMARO, Sarita. *Negros: identidade, exclusão e direitos no Brasil*. Porto Alegre: Tchê, 1997.

ANAIS DO PARLAMENTO BRASILEIRO. *Assembléia Constituinte de 1823*. Rio de Janeiro 1876-1884,v.I,II.

BARBOSA, Eni. coord. *O processo legislativo e a escravidão negra na província de São Pedro do Rio Grande do Sul: fontes* Porto Alegre: Assembléia Legislativa, 1987.

BARBOSA, Rui. *Novos Discursos e Conferências, coligidos e revistos por Homero Pires*. São Paulo, 1933.

——. Obras Completas. vol.XI. 1884, Tomo I – *Discursos Parlamentares Emancipação Escravos*. Rio de Janeiro: Ministério da Educação e Saúde, 1945.

BASTIDE. Roger. *Relações raciais entre negros e brancos em São Paulo*. São Paulo: Anhembi, 1955.

BOBBIO, Norberto. *O Positivismo jurídico*. Lições de filosofia do direito. São Paulo: Ícone, 1995.

BRASIL. *Código Criminal do Império do Brasil*; 1830. Rio de Janeiro: Eduardo e Henrique Laemmert, 1859.

——. *Código Penal* / obra coletiva da editora Saraiva, 16 ed. São Paulo: Saraiva, 2001.

——. *Constituição Federal, Código Civil, Código de Processo Civil* / Org. Yussef Said Cahali – 4ed. Rev. Atual. e ampl. São Paulo: Revista dos Tribunais, 2002.

——. *Diário Oficial da União* – DOU: CORAG – publicado em 14 de maio de 2002.

——. Senado Federal. Subsecretaria de Arquivo. *A abolição no Parlamento: 65 anos de luta (1823-1888)*. Senado Federal. Brasília, 1988. 2 v.

——. Senado Federal. *Abolição no Parlamento: 65 anos de lutas 1823-2888/* apresentação Sen. Humberto Lucena. Brasilia: Sen. Federal, Subsecretaria de arquivo, 1988.

CHITTÓ, Ruth Gauer. *A Construção do Estado-Nação no Brasil – a contribuição dos egressos de Coimbra*. Curitiba: Juruá, 2001.

FREITAS, Augusto Teixeira, *Consolidadação das Leis Civis*, 4ª ed. (1ª ed. 1847). RJ: Livraria Garnier, s.d.

FREITAS, Décio Palmares: *A guerra dos escravos Décio Freitas*. 5. ed.reescr.rev.ampl. Porto Alegre: Mercado Aberto, 1984.

——. *Insurreição escrava*. Porto Alegre: Movimento, 1976.

---

[26]IAMAMOTO:1999, p. 28

IAMAMOTO, Marilda V. *O Serviço Social na Contemporaneidade: trabalho e formação profissional.* São Paulo: Cortez, 1999.

LIMA, Solimar Oliveira. *Resistência e punição de escravos em fontes judiciais no Rio Grande do Sul: 1818-1833.* Porto Alegre, 1994. 210 f. Diss. (Mestrado em História) – PUCRS, Inst. de Filosofia e Ciências Humanas.

MALHEIRO, A M. Perdigão. *A escravidão no Brasil: ensaio jurídico, histórico, social.* Petrópolis: Vozes, 1976.

MENDONÇA, Joseli Maria Nunes. *Entre a mão e os anéis: a lei dos sexagenários e os caminhos da abolição no Brasil.* Campinas: UNICAMP, 1999. (Coleção Várias Histórias).

ORGANIZAÇÕES E PROGRAMAS MINISTERIAIS desde 1822 a 1889. Rio de Janeiro, Imprensa Nacional, 1889.

PENA, Eduardo Spiller. *Pajens da casa imperial: jurisconsultos, escravidão e a lei de 1871.* Campinas: UNICAMP, 2001 (Coleção Várias Histórias).

PRATES. Flávio Cruz. *Adolescente Infrator e a Prestação de Serviços à Comunidade.* Curitiba: Juruá. 2001.

RIO-BRANCO, Miguel P. do. *Centenário da Lei do Ventre Livre.* Rio de Janeiro: Conselho Federal de Cultura, 1976.

ROSSINI, Miriam de Souza. *Xica da Silva e a luta simbólica contra a ditadura.* Artigo. Revista O Olho da História. Vol I nº4, Salvador, UFBA, 1997.

TRIBUNAL DE JUSTIÇA DO RIO GRANDE DO SUL – Acórdão nº 695 130 484.

Parte II
TEMAS DE DIREITO PENAL

— 6 —

Considerações sobre um modelo teleológico-garantista a partir do viés funcional-normativista

ANDREI ZENKNER SCHMIDT

Advogado, Mestre em Ciências Penais pela PUC/RS, Professor de Direito penal na PUC/RS, Conselheiro Penitenciário no Estado do Rio Grande do Sul, Conselheiro do Instituto Transdisciplinar de Estudos Criminais

Sumário: 1. Introdução – 2. Funcionalismo: noção geral – 3. Funcionalismo monista-normativista: 3.1. Evolução; 3.2. O método: 3.2.1. Autopoiese; 3.2.2. A teoria dos sistemas sociais; 3.2.3. O funcionalismo normativista de Jakobs; 3.3. Funcionalismo monista x funcionalismo dualista – 4. Apreciação crítica do funcionalismo normativista: 4.1. A relação entre indivíduo e sociedade no Direito penal contemporâneo; 4.2. A sujeição do Direito penal a um substrato cultural; 4.3. Os limites axiológicos do Direito penal – 5. Em busca de um sistema teleológico-garantista – 6. Considerações finais – Referências bibliográficas.

1. Introdução

Vivemos uma época de expansão do Direito penal, onde os anseios sociais por punição crescem vertiginosamente a ponto de ocuparem boa parte dos espaços de liberdade disponíveis ao cidadão. Na era da *sociedade de risco*, apresentam-se duas tendências penais relativamente delimitadas: uma primeira, que se curva às expectativas punitivas de origem empírica e admite um incremento da intervenção penal, mesmo que em detrimento de garantias penais e dos limites consolidados pela teoria geral do crime; e uma segunda que, partindo de uma crítica a esta expansão, reconhece a incapacidade, do Direito penal, de prevenir os novos focos de violência (real ou simbólica). É claro que esta divisão é bastante precária para abranger as mais diversas correntes de política criminal contemporâneas, mas, de uma maneira geral, qualquer uma delas irá encontrar abrigo preponderante num ou noutro pólo da discussão.

Deixando de lado toda espécie de hipocrisia ou ranço acadêmicos, podemos extrair destas premissas duas conclusões possíveis: uma primeira, no sentido de que o Direito penal não tem demonstrado qualquer indício de aptidão para combater a criminalidade, em qualquer uma de suas formas; uma segunda, relacionada ao fato de o mundo atual, mesmo reconhecendo a impotência do Direito penal, não estar disposto a renunciar a esta modalidade de intervenção estatal em busca de novos mecanismos formais ou informais de prevenção da criminalidade. Nesta constante tensão entre *validade* e *eficácia* é que o cientista penal é, contemporaneamente, obrigado a laborar. Há um verdadeiro abismo entre o *ser* e o *dever ser* do Direito penal, não sendo raro depararmo-nos com teorias ortodoxas voltadas ou para uma renúncia completa do Direito penal, ou para uma intervenção máxima capaz de gerar uma verdadeira sociedade de criminosos, onde os valores morais não são mais suficientes para a determinação do limite da ilicitude penal.

Por mais paradoxal que isso possa parecer, há uma profunda dependência entre modelos de intervenção penal mínima e intervenção penal máxima, que vivem numa constante *antítese necessária*: ninguém está disposto a viver num Estado onde 80% dos delitos desapareçam e as penas sejam as mais brandas possíveis, assim como também ninguém está disposto a viver constantemente ameaçado pelo Direito penal. O resultado é um só: uma política de intervenção penal máxima necessita da crítica de uma intervenção mínima a fim de minimizar os excessos de sua incidência, assim como uma política de Direito penal mínimo necessita de uma intervenção repressora para poder manter coerente seu discurso num meio social concreto. Nenhuma delas subsistiria sozinha.

O presente estudo tem por objetivo restabelecer uma discussão séria e realista do problema atual que envolve a política criminal na sociedade contemporânea. Não podemos desprezar a difusão dos meios de *comunicação de massa* e a complexidade da sociedade pós-moderna, que, somadas à inoperância do Estado-prestativo, vêm produzindo um incremento na violência real e simbólica a que estamos sujeitos. Conseqüentemente, o crime tem encontrado, nos dias de hoje, um terreno fértil para o seu desenvolvimento. Mas não podemos esquecer, também, que o combate desenfreado a esta criminalidade vem legitimando um arbítrio estatal capaz de atingir até mesmo quem não tem relação funcional alguma com este incremento da violência. No Direito penal contemporâneo, a maioria das pessoas admite que os fins justificam os meios, pelo menos até o instante em que o este mesmo Direito penal bata à sua própria porta.

Adotaremos, como referencial teórico, o *funcionalismo normativista* elaborado, principalmente, por Günther Jakobs, e isso por uma singela razão: trata-se de um modelo penal fundamentado numa estrutura sólida capaz de oferecer uma crítica epistemológica séria aos modelos penais até então dominantes. Tem sido Jakobs, atualmente, o responsável pela revisão de conceitos que, até hoje, eram tidos como inabaláveis. Considerando-se, contudo, que uma abordagem dialética é necessária para o desenvolvimento de qualquer ciência (principalmente, as sociais), não nos furtaremos a um enfoque crítico desta nova tendência penalizadora.

A questão a ser posta, diante disso, é a seguinte: é possível construir um fundamento para o Direito penal que, sem dar às costas à realidade complexa do mundo globalizado, previna, na medida do possível, uma intervenção excessiva?

2. Funcionalismo: noção geral

É muito difícil agruparem-se todas as correntes funcionalistas a partir de um conceito comum. De uma maneira geral e precária, podem-se reconhecer funcionalistas todas as concepções que fundamentem o sistema penal, bem como o conteúdo dos institutos dogmáticos, a partir de considerações de política criminal. Uma das diferenças fundamentais destas concepções, em relação às anteriores, é o relacionamento do conteúdo da prevenção com os limites da teoria geral do crime[1] ou, mais recentemente, da imputação jurídico-penal.

Uma classificação possível do funcionalismo (que denominaremos *metodológica*) diz respeito ao objeto da política criminal perseguida pelo sistema. Subdividem-se em dois grandes grupos: o funcionalismo *empírico* e o funcionalismo *normativo*. O primeiro impõe ao sistema penal a tarefa de obter finalidades *concretas* no que tange à persecução da criminalidade, ou seja, tem-se a orientação do sistema penal a partir das *conseqüências práticas* de sua aplicação (*Folgenorientierung*) e das demandas sociais por eficácia no combate à criminalidade.[2] No plano judicial, tal orientação leva a jurisprudência a justificar a mitigação de determinados institutos penais em nome de um anseio social concreto pela repressão de determinados crimes. Esta orientação vem sendo adotada, de uma maneira geral, por exemplo, pelo TRF da 4ª Região, principalmente em acórdãos que conferem uma interpretação peculiar das normas penais relacionadas à "criminalidade organizada"[3] ou quando, *v. g.*, exigem que o dolo abranja também as causas de exclusão da punibilidade.[4]

---

[1] Foi Roxin quem afirmou, originalmente, que os problemas político-criminais fazem parte do conteúdo próprio da teoria geral do delito (ROXIN, Claus. Kriminalpolitik und Satrafrechtssystem. 2 ed. München, 1973). Em tradução espanhola: ROXIN, Claus. Política Criminal y Sistema Del Derecho Penal. Trad. por Francisco Muñoz Conde. Barcelona: Bosch, 1972.

[2] Sobre o assunto, v. a crítica de HASSEMER, Winfried. 'Das Schicksal der Bürgerrechte im effizienten Strafrecht. In: Der Strafverteidiger, 7/1990, p. 328-346. Na tradução para o espanhol: HASSEMER, Winfried. Crítica al derecho penal de hoy. Trad. Por Patricia Ziffer. Bogotá: Universidad Externado de Colômbia, 1998, p. 45-62. V., também, do mesmo autor: Teoria do Direito penal voltado para as conseqüências. In: Três temas de Direito penal. Porto Alegre: Escola Superior do Ministério Público, 1993, p. 26-44.

[3] "A denúncia atribui aos réus os crimes contra a ordem tributária, a saúde pública, o sistema financeiro nacional, agiotagem, lavagem de dinheiro e formação de quadrilha, fatos estes que se situam na chamada macrocriminalidade, cuja investigação passou a ser uma exigência da comunidade internacional e cuja interpretação das normas deve ser feita atentando-se para esta nova e preocupante realidade. (...)" (TRF da 4ª Região, 7ª Turma, HC n° 20020401007778-6/RS, rel. Des. Federal Vladimir Freitas, DJ de 19/06/2002).

[4] "(...) O parcelamento do débito nos crimes contra a ordem tributária exige, para gerar a extinção da punibilidade na forma do art. 34 da Lei n° 9.249/95, real intenção de pagar a dívida. Todavia, se o devedor limita-se a recolher uma ou duas prestações ou se somente quita essas três vezes prestações com atraso depois de citados, não pode se beneficiar do favor legal, porque, à toda evidência, não existe sinceridade na sua manifestação de vontade" (TRF da 4ª Região, 7ª Turma, HC 2003.04.01.007172-7, rel. Des. Federal Vladimir Freitas, j. em 25/03/2003, pendente de publicação).

Já o segundo grupo (funcionalismo normativo) estabelece os limites e o conteúdo do sistema penal não a partir de dados empíricos, mas sim de valores que devem ser buscados pelo sistema.

É necessário fazer o alerta de que concepções penais de base *normativa* (*teleológicas*) nem sempre podem ser consideradas funcionalistas. Assim, os adeptos da Escola de Frankfourt (principalmente Hassemer) conferem conteúdo e limites à dogmática penal a partir de princípios *individualistas* de fundamentação antropológica, ou seja, valores obtidos fora do Direito penal (metapenais) – *principialismo*. Diferente é a situação das doutrinas funcionalistas que obtêm estes valores dentro do próprio Direito penal, ou seja, os valores surgem como produto da própria lógica em renúncia a qualquer substrato de ordem antropológica do sistema. A diferença entre ambos é que o *funcionalismo* parte de uma lógica objetiva na fundamentação dos valores que justificam a manutenção do sistema penal, ao passo que o *principialismo* encontra estes mesmos valores a partir de uma lógica intersubjetiva resultante da relação entre os indivíduos que são objeto de um determinado sistema penal.[5] Assim, a diferença metodológica entre os principialistas-individualistas de Frankfourt e os funcionalistas-normativistas reside na fonte de onde são obtidos os valores que irão nortear a teleologia do Direito penal, sendo que as resposta obtidas irão repercutir, por exemplo, no debate contemporâneo acerca da noção *personalista* do conceito de bem jurídico.[6]

Uma vez isolado o fundamento teleológico verificado nas concepções principialista e funcional, pode-se formular uma nova subdivisão desta última variante: o funcionalismo *normativo* e o funcionalismo *normativista*. Em comum, ambas as correntes têm o fato de buscarem fundamentar os limites do sistema penal – e, em especial, da teoria geral do delito – a partir de uma determinada política criminal. A questão, contudo, passa a ser a seguinte: estes valores orientadores do Direito penal serão obtidos a partir de uma lógica interna necessária à manutenção do próprio sistema ou, ao contrário, submetem-se a limites sóciomateriais que lhes são externos?

3. Funcionalismo monista-normativista

3.1. Evolução

A idéia de prevenção-geral-positiva como fundamento do Direito penal não é recente. Carrara[7] já ressaltava, em seu *Programa*, que a função principal da pena era o *restabelecimento da ordem externa da sociedade*, sendo que a emenda

---

[5] Cf. SILVA-SÁNCHES, Jesús María. Perspectivas sobre la política criminal moderna. Buenos Aires: Depalma, 1998, p. 35.

[6] Sobre o assunto, v. HASSEMER, Winfried, MUÑOZ CONDE, Francisco. Introducción a la criminología y al Derecho Penal. Valencia: Tirando lo Blanch, 1989, p. 99-121; MALAREÉ, Hermán Hormazábal. Bien Jurídico y Estado Social y Democrático de Derecho. Barcelona: PPU, 1991.

[7] CARRARA, Francesco. Programa de Derecho Criminal. Parte General. Trad. por Ortega Torres. Bogotá: Temis, 1956, vol. I, §§ 615-616.

do delinqüente, ou a expiação da culpa, não passavam de efeitos acessórios da reprimenda. Em termos mais recentes, Hans Welzel também ressaltou, na primeira metade do século XX, que a função do Direito penal é muito menos proteger bens jurídicos do que, propriamente, reforçar uma ética-social de confiança no sistema. Com efeito, afirmava Welzel[8] que *a missão do Direito penal consiste na proteção dos valores elementares de consciência, de caráter ético-social e, só por inclusão, a proteção de bens jurídicos particulares.* Nesse sentido, Welzel concebia a noção de bem jurídico como um *estado social desejável que o Direito penal deveria resguardar contra lesões,* ou seja, as proibições penais instituiriam deveres ético-sociais cujo objetivo principal seria o de reforçar uma consciência jurídica dos cidadãos na confiabilidade do ordenamento jurídico. Enquanto a função de proteção de bens jurídicos teria uma função negativa, a missão mais importante do Direito penal possuiria uma natureza ético-social positiva: garantir a fidelidade ao sistema por meio da proibição e do castigo às lesões a estes valores positivos de ação. Nesta concepção, como bem destaca Mir Puig,[9] o Direito penal não se deve restringir a evitar determinadas condutas danosas ou perigosas, mas sim há de perseguir, antes de mais nada, uma consciência ético-social do cidadão em sua atitude interna frente ao Direito. Isso supõe uma missão que *amplia* o âmbito de incidência do Direito penal.

Consoante Kaufmann,[10] a função ético-social que Welzel atribuía ao Direito penal era o *aspecto positivo de prevenção geral,* caracterizada na *socialização dirigida a uma atitude fiel ao Direito.* Nela existiriam três componentes: um primeiro, de natureza *informativo* daquilo que está proibido; um segundo, de *manutenção da confiança* na capacidade do ordenamento jurídico de permanecer e impor-se; e um terceiro, de criação e fortalecimento de uma permanente *atitude interna de fidelidade ao Direito.*

A prevenção geral positiva foi reformulada, contemporaneamente, por Günther Jakobs. A complexidade de seu sistema, entretanto, obriga-nos a uma abordagem metodológica detalhada de seus fundamentos.

3.2. O método

3.2.1. Autopoiese

É impossível uma clara noção das correntes funcionais-normativistas – principalmente as defendidas por Jakobs e Kindhäuser – sem o domínio da metodologia de que se valem estes autores. Este método é construído a partir das seguintes indagações: qual a relação entre indivíduo e sociedade moderna? E qual a relação entre o Direito penal e a sociedade?

---

[8] WELZEL, Hans. Derecho Penal Aleman. Trad. por Juan Busto Ramírez y Sergio Yánez Pérez. 4 ed. Santiago: Juridica de Chile, 1997, p. 5.

[9] MIR PUIG, Santiago. El Derecho penal en el Estado social y democrático de Derecho. Barcelona: Ariel, 1994, 132.

[10] KAUFMANN, Armin. La misión del Derecho penal. In: MIR PUIG, Santiago. Política criminal y Reforma del Derecho Penal. Bogotá: Universidad Externado de Colombia, 1982, p. 127.

O primeiro problema leva-nos à *biologia do fenômeno social*, desenvolvida pelo neurobiólogo chileno Humberto Maturana, em 1984,[11] mas cujas origens remontam a seus estudos conjuntos com Francisco Varela, principalmente no livro *De máquinas e seres vivos* (1974),[12] onde a relação travada entre indivíduo e sociedade não é enfrentada a partir de uma perspectiva filosófica, sociológica ou psicológica, mas sim *biológica*. Maturana e Varela concebem os seres vivos como *sistemas determinados estruturalmente* (*sistemas autopoiéticos*), ou seja, sistemas que produzem continuamente a si mesmos (*máquinas que produzem a si próprias*). Trata-se de organismos que evoluem de acordo com as dinâmicas das mudanças estruturais internas e das mudanças oriundas do seu contato com o meio social, *mas não determinadas por este meio*. Este contato entre estrutura interna e meio social só pode continuar ocorrendo se a estrutura interna permanecer congruente com este meio durante o processo contínuo de contato, isto é, os seres vivos estão vivos somente quando conservarem a sua *autopoiese*.[13] Esta *autopoiese* pressupõe *conservação da organização*: manutenção da identidade estrutural de classe apesar das mudanças estruturais. Os seres vivos sempre estão imersos em um meio no qual interagem, apesar de constituídos como redes fechadas de produção de seus componentes a partir de seus próprios componentes e de substâncias que retiram do meio. Assim, o ser humano mantém sua identidade, apesar das mudanças estruturais a que está sujeito em contato com o meio, enquanto a organização que define sua identidade não mudar.

Maturana e Varela, com seu conceito de *autopoiese*, crêem que o ser humano necessita do contato com o meio ambiente para o seu desenvolvimento estrutural, apesar de as suas mudanças estruturais ocorrerem internamente. O homem é, ao mesmo tempo, autônomo e dependente do meio onde vive; desenvolve-se estruturalmente, mas em relação circular constante com o meio onde vive. Esta conclusão supera o pensamento linear, onde as partes são estudadas isoladamente, gerando o *pensamento complexo* (Morin), onde o inter-relacionamento dinâmico das partes pode nos proporcionar uma visão mais adequada do sistema em que estas partes estão inseridas. Por outro lado, também supera o *objetivismo hermenêutico*, pois a realidade que percebemos depende de nossa estrutura organizacional no instante da percepção (*tudo o que é dito, é dito por um observador*), caso em que existirão tantas realidades quantas forem as pessoas que as percebem. Sob o ponto de vista biológico, pois, não existe a *verdade*, por mais objetiva que seja, senão *uma* verdade, constituída por quem a observa e coerente com o meio onde é formulada.

---

[11] MATURANA, Humberto. 'Biologie der Sozialitat'. In: Delfin. Stuttgart: Siegen, vol. V, 1985, p. 6-14. O estudo mencionado está disponível em tradução nacional em: MATURANA, Humberto. A Ontologia da Realidade. Trad. por Cristina Magro, Miriam Graciano e Nelson Vaz. Belho Horizonte: UFMG, 1999, p. 195-209.

[12] Disponível em português: MATURANA ROMESIN, Humberto, VARELA, Francisco. De máquinas e seres vivos: autopoiese, a organização do vivo. Porto Alegre: Artes Médicas, 1997.

[13] Para uma visão mais detalhada, v.: MATURANA ROMESIN, Humberto, VARELA, Francisco J. Autopoiesis and cognition:the realization of the living. Boston: Dordrecht, 1980; MATURANA ROMESIN, Humberto, VARELA, Francisco. El arbol del conocimiento: las bases biologicas del conocimiento humano. Madrid: Debate, 1996.

Outro aspecto relevante da *autopoiese* é a relação entre os diversos sistemas. O meio social, assim como o ser humano, são sistemas autopoiéticos fechados que mudam de acordo com os contatos recíprocos. Maturana e Varela denominam tal circunstância de *acoplamento estrutural*, ou seja, o meio produz mudanças na estrutura dos sistemas que, por sua vez, agem sobre ele, alterando-o, numa relação circular. As células do corpo humano fazem parte de um sistema que, por sua vez, está inserido noutro sistema mais amplo (as células do coração e o próprio coração, por exemplo). Este sistema, por sua vez, também está inserido noutro maior (o corpo humano), e assim por diante. A questão, entretanto, passa a ser a seguinte: até que ponto esta visão biológica dos sistemas vivos pode ser transposta para determinados sistemas sociais? A *autopoiese* poderia ser útil para explicar a complexidade de uma sociedade, de uma cultura ou, indo mais longe, do próprio mundo?

Uma vez entendido que o ser humano é um sistema que está inserido noutro sistema mais abrangente (o meio social), poderíamos concluir no sentido de que a *autopoiese* das pessoas permaneceria subordinada, no final das contas, à *autopoiese* da sociedade, caso em que, sob o ponto de vista ético, seria justificável o sacrifício dos indivíduos em favor da sociedade. Entretanto, argumentam Maturana e Varela, esta conclusão tornaria muito difícil, para os seres humanos, atuarem sobre a dinâmica autopoiética da sociedade da qual fazem parte: um ser humano não é um indivíduo senão no contexto de sistemas sociais onde ele se integra, e sem seres humanos individuais não haveria fenômenos sociais humanos. Assim como o ser humano, em sua renovação estrutural, descarta as células mortas de seu organismo, não poderíamos dizer que sua identidade seria mantida no caso de, ainda vivo, descartar células vivas em sua *autopoiese*. Da mesma forma, a *autopoiese* de uma sociedade também depende da *autopoiese* dos seus indivíduos. Se todos os indivíduos fossem iguais, os problemas não ocorreriam, já que as *autopoiese*s seriam idênticas. Contudo, o meio cultural onde estão inseridos estes indivíduos fazem com que os contatos recíprocos produzam diferentes alterações estruturais. A cultura condiciona o indivíduo, que, por sua vez, também condiciona esta mesma cultura.[14]

Em relação ao objeto de nosso estudo, a *autopoiese* de Maturana e Varela assume especial relevância ao abordar o ser humano, bem como qualquer outro sistema vivo (o sistema social, por exemplo), sob a perspectiva biológica da manutenção de sua identidade organizacional. Enquanto a estrutura do ser humano e da sociedade podem mudar a partir dos contatos recíprocos com outros seres humanos ou outros sistemas sociais, a identidade organizacional é estável e conservadora: a morte do indivíduo faz desaparecer as características estruturais necessárias à conservação da organização *ser humano*. Em relação aos sistemas sociais, uma interessante analogia (denominada de *isóforo*) é feita por Maturana:[15] o jogo de rugby surgiu em 1823, quando diversas pessoas jogavam

---
[14] Cf. MARIOTTI, Humberto. Autopoiese, cultura e sociedade. Disponível em www.lcc.ufmg.br/autopoiese, acesso em 13/04/2001.

[15] V. 'Seres Humanos Individuais e Fenômenos Sociais Humanos'. In: Ontologia da Realidade, cit., p. 189-190.

futebol. Num determinado momento, um dos jogadores, impulsionado pela raiva oriunda de o seu time estar perdendo, pegou a bola com as mãos e correu em direção ao gol, quando, então, foi perseguido pelos jogadores do time adversário. A partir do instante em que os jogadores sentiram prazer em conduzir a bola com as mãos, em vez de usar os pés, houve a ruptura organizacional do jogo de futebol, dando origem a uma nova organização: o jogo de rugby. O exemplo é interessante porque as regras do jogo de futebol podem variar, desde que a sua estrutura organizacional seja mantida: a identidade estará preservada. A partir do momento em que um dos jogadores, acompanhado pelos demais, produz uma variação estrutural tão grande a ponto de suprimir, quase completamente, a organização desta estrutura, então um novo sistema tem origem. O mesmo poderia ser dito em relação aos sistemas sociais: se os sistemas vivos que compõem um sistema social não mudam, o sistema social não muda. Mas se o comportamento de um sistema vivo individual, que compõe um sistema social, muda de tal maneira que a configuração das ações coordenadas com os outros componentes muda também, então todo o sistema se transforma e se torna um sistema social de tipo diferente. Portanto, a *autopoiese* seria a condição necessária a manutenção organizacional de um determinado sistema.

3.2.2. A Teoria dos Sistemas Sociais

A *biologia do fenômeno social*, de Maturana e Varela, foi revista, a partir de um paradigma eminentemente sociológico, por Niklas Luhmann. Este sociólogo alemão encontrou, na *teoria dos sistemas*, um meio de buscar uma *teoria geral da sociedade*, ou seja, uma concepção capaz de explicar a imensidão de sistemas sociais encontrados no mundo inteiro. Sua visão, portanto, prescindia de perspectivas culturais, até mesmo porque não era uma preocupação sua entender uma ou outra sociedade determinada, mas sim a sociedade mundial contemporânea.

Embora já estudasse a sociologia desde 1960, foi em 1984 que Luhmann, valendo-se da teoria dos sistemas de Maturana e Varela, lançou o seu *Sistema Social*,[16] onde o sistema autopoiético, necessariamente fechado e auto-referente, substituiu a dicotomia aberta travada entre o sistema e o ambiente. Esta medida era necessária, segundo Luhmann, porque as teorias sociais já haviam esgotado as possibilidades de entender o meio social a partir de fronteiras geográficas e de um substrato antropológico pouco preciso. A Teoria dos Sistemas, buscando explicar qualquer tipo de sociedade, parte da superação do "preconceito" humanista, da objetivização social e da culturalização teórica segundo os limites territoriais do objeto de estudo. Nesse rumo, somente a percepção da complexidade do sistema social mundial poderia reduzir a complexidade dos sub-sistemas da sociedade moderna.[17] Ao contrário de sociedades divididas por classes ou hierarquias, as

---

[16] LUHMANN, Niklas. Soziale Systeme. 4 ed. Frankfurt: Suhrkamp, 1991.

[17] Para uma visão mais sintética, v.: LUHMANN, Niklas. Introducción a la Teoría de Sistemas. Trad. por Javier Torres Nafarrete. Barcelona: Anthropos, 1996.

sociedades contemporâneas estão compostas de subsistemas *autopoiéticos*, ou seja, auto-referentes e operacionalmente fechados. Um determinado sistema só mantém a sua identidade quando sua estrutura interna é capaz de comportar as diferenças travadas em seu contato com outros sistemas. Assim, o dissenso estrutural no bojo de um sistema não elimina a sua existência, mas, ao contrário, estabiliza a sua identidade.

O peculiar, em Luhmann, é que a *autopoiese* não é um meio de serem explicados somente os sistemas vivos (perspectiva biológica), senão também sistemas psíquicos (consciência) e sociais. É destes últimos, entretanto, que o sociólogo alemão irá se ocupar.

Luhmann entende os sistemas sociais como *autopoiéticos*, cuja estrutura fundamental decorre das possibilidades de comunicação, ou seja, um processo de seleção que sintetiza informação, comunicação e compreensão. Neste aspecto é que a teoria de Luhmann se divorcia da de Maturana e Varela. A conservação da *autopoiese social* dá-se pela comunicação, e não pelos seres vivos. O indivíduo, enquanto pessoa, não é componente estrutural da sociedade, mas sim meio psíquico de produção comunicacional (sociedade sem indivíduos, pois). Não são as pessoas que justificariam a existência dos sistemas sociais, mas sim as possibilidades comunicacionais que, em sua complexidade, possibilitam-nos abranger todos os contatos sociais individualizados. Embora sem prescindir do ser humano, Luhmann entende-o não como um mero componente da sociedade – segundo as teorias sociológicas clássicas –, mas sim como um instrumento funcional de manutenção da identidade social. A relação entre o homem e a sociedade é a relação entre o sistema e o meio. O sistema social não se sujeita ao meio para a constituição de sua estrutura, mas sim depende desta relação para a continuidade de sua *autopoiese*. A comunicação social ocorre também por meio de indivíduos, mas independentemente destes e de suas ações ou intenções, caso em que se pode notar, em Luhmann, uma superações dos modelos sociocomunicacionais baseados nas implicações normativas da comunicação a partir de ações individuais (Habermas, principalmente). A sociedade seria, assim, um sistema abrangente de todas as comunicações, que se produz autopoieticamente, na medida em que produz, na rede de conexão recursiva de comunicações, sempre novas (e sempre outras) comunicações.[18]

Estes contornos metodológicos também foram utilizados por Luhmann para explicar o Direito como um fenômeno social funcionalmente distinto de outros subsistemas sociais (economia, política etc.).[19] Assim como a teoria social, o Direito também deve alcançar um nível de abstração suficiente para explicar a

---

[18] Cf. Apresentação e Prefácio de LUHMANN, Niklas. A Nova Teoria dos Sistemas. Porto Alegre: UFRGS/ Instituto Goethe, 1997.

[19] V., especialmente: LUHMANN, Niklas. Das Recht der Gesellschaft. Frankfurt am Main: Suhrkamp, 1995. No Brasil, há a tradução de Gustavo Bayer do livro *Rechtssoziologie* (Sociologia do Direito. Rio: Tempo Brasileiro, 1983-1985), de Niklas Luhmann. Há que se atentar para o fato, contudo, de esta obra ser anterior à Teoria dos Sistemas, proposta em 1984.

complexidade dos contatos sociais modernos e, até mesmo, a sua relevância no meio social.

O Direito seria um macrossistema componente do sistema social. Com efeito, a estrutura de um sistema social tem por função regular a complexidade do sistema, caso em que o Direito teria de abstrair-se crescentemente ao ponto de adquirir uma elasticidade conceitual capaz de abranger situações heterogêneas, modificáveis por meio de decisões concretas. O Direito seria, dessarte, um dos componentes da estrutura do sistema social, necessariamente fechado, auto-referencial e, por meio do acoplamento estrutural, capaz de preservar uma determinada identidade social. Ao contrário da sociologia, o Direito seria uma *ciência da decisão contingente, mas significativa*. Assim, a função do Direito seria preservar a identidade de um determinado sistema social, função esta que não seria suprimida sequer nos casos em que uma determinada norma legal fosse desrespeitada. Aqui revela-se, de forma clara, a influência de Maturana na teoria de Luhmann: a identidade organizacional permanece mesmo no caso de ser lesada, salvo quando esta lesão é profunda ao ponto de modificar não só a estrutura do sistema como, ademais, a sua própria organização.

3.2.3. O Funcionalismo Normativista de Jakobs

Os limites metodológicos da *teoria dos sistemas* de Luhmann foram relativamente apropriados por Jakobs na formulação de seu *sistema funcional-normativista de Direito penal*. Por fins didáticos, reduziremos a metodologia proposta por Jakobs a três diretrizes fundamentais: a) o Direito penal e a sociedade estão numa dependência recíproca; b) o Direito penal é um instrumento de preservação da identidade social, e não um meio de controle social; c) a função do Direito penal é corresponder às expectativas normativas da sociedade, protegendo a violação da norma.

a) A primeira diretriz metodológica parte da crítica formulada por Luhmann às teorias sociológicas de fundamentação antropológica ou objetivista: considerando-se que a complexidade das sociedades modernas é incapaz de fornecer uma fundamentação única que vá além das fronteiras de um determinado país, estado ou, até mesmo, de uma cidade, somente o aumento da complexidade do Direito penal poderia reduzir a complexidade de sua fundamentação em relação a sociedades de qualquer tipo. Jakobs busca a propositura de um modelo penal capaz de justificar a sua existência independentemente de um determinado país ou de uma determinada cultura, sendo que, para tanto, obriga-se a atingir níveis de abstrações até então impensados. Assim como Luhmann, concebe a sociedade a partir de sua estrutura comunicacional, e não humana: a identidade social é produzida independentemente de ações humanas concretas, além do que não se pode apreender o sentido objetivo dos fatos sociais para o fim de controlá-los (exemplo disso é que, não raro, uma propaganda comercial não produz o efeito esperado). O sistema de Jakobs confere relevância cada vez menor à relação interna entre o autor do fato e a norma (questão esta central ao finalismo welzeniano), destacando-se a significação social da vigência (*rectius:* reconhecimento) das normas por uma comunidade concreta.[20]

O Direito é um macrossistema de manutenção de uma identidade social determinada, sendo que o Direito penal é um subsistema nele contido. A *autopoiese* do Direito penal verifica-se a partir das evoluções estruturais que lhe são internas, mas sempre em contato com o meio onde ele se desenvolve, que, por sua vez, também desenvolve a sua *autopoiese*, e assim por diante. Este *acoplamento estrutural gera uma dependência recíproca entre o Direito penal e a sociedade*, na medida em que os contatos verificados entre a pluralidade de sistemas faz com que estes sejam produtos e produtores de significação social voltada à sua autoconservação.[21] Daí a conclusão necessária no sentido do *funcionalismo* do Direito penal: são funções somente aquelas prestações que, juntamente com outras, mantêm um sistema. Esta função *reintegradora social* só pode ser obtida, no sistema de Jakobs, a partir de uma compreensão comunicativa do próprio Direito penal, cujo objetivo é, pois, *confirmar uma identidade social*.

O dado peculiar da concepção de Jakobs, que a faz diferente das concepções funcionais-empíricas, é que a prevenção geral positiva seria não a conseqüência psicológica ou social da intervenção penal, senão o próprio núcleo de seu fundamento. Ao tomar a pena como *autocomprovação*, Jakobs propõe um sistema eminentemente normativista e fechado (*autopoiético*) que resta ileso a críticas de natureza empírica. O Direito penal restabelece, por meio da comunicação, a vigência perturbada da norma e, como tal, restabelece a identidade normativa não modificada da sociedade. Assim, a confirmação empírica da identidade não é uma conseqüência do Direito penal, senão o seu próprio significado. Portanto, ainda que uma determinada norma penal seja considerada ineficaz diante do incremento da criminalidade, não perde ela o seu fundamento comunicacional: a punição de tráficos de entorpecentes, por exemplo, não tem por objetivo atenuar a prática destes delitos, senão confirmar semioticamente que esta prática é contra uma determinada identidade social. No fim das contas, o Direito penal, no modelo de Jakobs, não funcionaria como um instrumento de proteção ou controle social, mas sim de reintegração comunicativa de normas sociais; o controle da criminalidade restaria nas mãos de outros sub-sistemas sociais (sistema policial etc.).

Conseqüentemente, a perspectiva interna do ordenamento jurídico (dogmática) deve ser pressuposta por uma perspectiva externa a ele (a função da normatividade jurídica produzida no meio social). Jakobs busca, assim, um nível de

---

[20] Cf. RAMOS, Enrique Peñaranda, GONZÁLEZ, Carlos Suárez, MELIÁ, Manuel Cancio. Un nuevo sistema del Derecho penal. Consideraciones sobre la teoria de la imputación de Günther Jakobs. Buenos Aires: Ad-Hoc, 1999, p. 24.

[21] V. JAKOBS, Günther. Das Satrafrecht zwischen Fnktionalismus und 'alteuropäischem' Prinzipiendenken. In: ZStW 107, 1995, p. 843-876. Disponível em tradução espanhola: JAKOBS, Günther. Sociedad, norma, persona en una teoría de un Derecho Penal funcional. Trad. por Manuel Cancio Meliá y Bernardo Feijóo. Bogotá: Universidad Externado de Colômbia, 1998.

abstração suficiente para o Direito penal como forma de aproximar a sua complexidade da complexidade dos sistemas sociais contemporâneos. Vejamos um exemplo: o livre-arbítrio não poderia ser tomado como fundamento da culpabilidade, já que a complexidade do sistema social impedir-nos-ia de apurarmos, concretamente, a existência, ou não, de uma atuação deliberada em desconformidade com o Direito: quando poderíamos afirmar que um furto praticado por uma pessoa pobre poderia ter sido "livre"?

Noutra conseqüência dogmática desta dependência recíproca, mas *autopoiética*, entre Direito penal e sociedade, Jakobs ressalta que o conceito de ação, para fins penais, não se constrói *antes* da sociedade, mas sim *dentro* dela.[22] Supera-se, nesse rumo, o conceito causal de ação proposto por Liszt, assim como o ontológico, de Welzel.

Assim, a solução de um problema social por meio do Direito penal dá-se pelo sistema jurídico enquanto sistema social parcial, e isto significa que a intervenção penal se verifica *dentro da sociedade*. Por isso, é impossível divorciar o Direito penal do sistema social, até mesmo porque *o Direito penal é o cartão de apresentação de uma sociedade expressiva; nem o Direito penal, nem o sistema social, saltam por cima de sua própria sombra.*[23]

b) A segunda diretriz metodológica faz recair sobre outros sistemas, que não o Direito penal, a função de controle social da violência e, ademais, de proteção de bens jurídicos.[24] Toda sociedade possui valores estruturantes que, em seu conjunto, preservam a identidade social de sua organização. O conceito de *autopoiese*, uma vez aplicado aos sistemas sociais, faz com que a necessidade de auto-conservação organizacional de uma determinada sociedade contamine os sub-sistemas dela oriundos também com a necessidade de sua preservação.

O modelo de Jakobs, conseqüentemente, não se propõe à formulação de uma *teoria de justiça material*, sendo fundamentalmente *neutro*. Seria função, por exemplo, do sistema político a correção de distorções arbitrárias ocorridas num sistema penal concreto, e esta tem sido, talvez, a conclusão mais criticada do professor da Universidade de Bonn. Justamente por não vislumbrar, no Direito penal, um instrumento de controle social, Jakobs não se propõe a desenvolver limites à intervenção penal, até mesmo porque estes limites são externos ao sistema penal, que é fechado e autopoiético.[25] Assim, em países muçulmanos, por

---

[22] Sobre o assunto, v.: JAKOBS, Günther. Fundamentos do Direito penal. Trad. por André Luís Callegari. São Paulo: RT, 2003, p. 44-71.

[23] Sociedad, cit., p. 14-15.

[24] Segundo Jakobs, o Direito penal não protege bens jurídicos, visto que a) a teoria do bem jurídico pode conceber o bem em relação ao seu titular, mas não pode demonstrar a necessidade de se assegurar, este bem, sob o ponto-de-vista jurídico-penal. Só o interesse público é que pode recomendar a proteção jurídico-penal de um bem, e não também a simples relação deste com o seu titular; b) os bens jurídicos não desfrutam de proteção absoluta no Direito penal, já que uma norma não pode proteger um bem contra todos os riscos, mas sim, somente, contra aqueles que não seja conseqüência necessária do contato social permitido (Cf. JAKOBS, Günther. Derecho Penal. Parte General. Trad. por Joaquin Cuello Contreras e José Luis Serrano Gonzales de Murillo. 2 ed. Madrid: Marcial Pons, 1997, p. 55-57).

[25] Nas palavras de Jakobs, o Direito penal estará presente exatamente naquela medida transmitida pela comunicação, ou seja, na medida em que seja determinante da autodescrição da sociedade. Certamente, se o sujeito

exemplo, a pena de açoite em praça pública pode ser um traço da identidade social daquela sociedade, que será confirmada com a regulação penal desta sanção.

O *acoplamento estrutural* de Maturana é de grande utilidade para o funcionalismo normativista, já que o Direito penal é um sistema fechado de normas que comunica os limites da identidade de um sistema social onde está inserido. Caso este sistema social venha a perder a sua estrutura organizacional básica, então outro sistema social surge e, diante disso, outra será a identidade social a ser *recordada* pelo Direito penal (*toda sociedade escravagista protege as normas de escravidão; não fosse assim, não seria esta sociedade, mas sim, outra*). Vejamos outro exemplo, bem recente: o regime político iraquiano de Saddam Hussein era notadamente arbitrário; a estabilidade deste sistema político fez surgir, para a sociedade iraquiana, a identidade correspondente a este sistema político, caso em que o Direito penal, naquele país, não poderia ser evidentemente democrático. A queda do regime iraquiano então vigente, com a invasão americana verificada em 2003, poderá fazer com que a própria *organização social* iraquiana seja modificada, surgindo um novo sistema social. Este novo sistema social, após estabilizado, produzirá uma nova identidade estrutural a ser mantida, função esta que recairá sobre diversos sub-sistemas, dentre eles, um *outro* sistema penal.

É claro que Jakobs não é favorável a uma intervenção penal arbitrária e excessiva.[26] e o seu sistema não se propõe, necessariamente, a um incremento do Direito penal.[27] Sua metodologia procura, ao contrário, atingir um nível de abstração suficiente para justificar a existência de um Direito penal em qualquer sociedade concreta. Seria um problema político, e não penal, o aumento ou a redução da intervenção formalizada. Daí a sua afirmação no sentido de que *o Direito penal não se pode constituir como base de uma revolução social, pois enquanto não contribuir à manutenção da configuração desta sociedade (ainda que, desde logo, trate-se de uma configuração suscetível de evolução), faltará, para ele, a base sobre a qual poderia iniciar-se com êxito uma revolução.*[28]

O funcionalismo jakobino, pois, justifica as sociedades como elas são, e não como elas deveriam ser. A questão relativa a um Direito penal justo ou injusto não poderia ser resolvida no plano interno do Direito penal e, muito menos, de acordo com um modelo social que o intérprete estima como ideal: não se trata do Direito penal de uma sociedade desejável, mas sim do Direito penal daquela sociedade que gerou o sistema jurídico. Se realmente a sociedade está imersa

---

livre não aparece na comunicação, efetivamente, carecerá de toda importância, mas também pode ocorrer que este indivíduo livre se converta no objeto central da comunicação, e então será o elemento dominante, acima de todos os demais. Portanto, o ponto de partida funcional não estabelece nada, sendo nteuro (Sociedad, cit., p. 20).

[26] Isso fora reconhecido por ele, expressamente, em entrevista ao jornal Zero Hora, edição de 25/03/2003.

[27] Basta lembrar, por exemplo, que a proibição de regresso, por ele proposta, normalmente reduz a intervenção penal, em vez de ampliá-la. Sobre o assunto, v.: NAUCKE, Wolfgang, OTTO, Harro, JAKOBS, Günther, ROXIN, Claus. La prohibición de regreso em derecho penal. Trad. por Manuel Cancio Meliá y Marcelo Sancinetti. Bogotá: Universidad Externado de Colombia, 1998.

[28] Sociedad, cit., p. 16.

numa tendência à diminuição dos direitos de liberdade, esta tendência não se dará exclusivamente no Direito penal e, de fato, devem-se imaginar algumas crises relacionadas a um sistema de *ultima ratio*. Assim, ressalta Jakobs, *a decisão acerca de estarmos diante de um processo de criminalização excessivo ou desnecessário ou, pelo contrário, da necessária defesa do nuclear é puramente política, mas não jurídico-penal. Certamente, a ciência do Direito penal pode evidenciar a que se destinam as novas regulações legais e quais os destinos que deveriam ter, conforme a valoração estabelecida, como algo positivo ou como prejudicial. Mas é impotente frente às mudanças políticas de valores, e não pode optar em favor destas mudanças*.[29]

c) Neste contexto, o delito passa a ser considerado como uma lesão à norma jurídica, sendo que o significado dele oriundo não é extraído a partir de dados fáticos, mas sim do sentido produzido com a infração jurídica. O fato é entendido, a partir de uma compreensão comunicativa, como afirmação que contradiz a norma, assim como a pena, uma resposta que confirma a vigência desta norma. Parte-se do pressuposto luhmanniano de que *a constituição de uma sociedade só se verifica por meio de normas* (não necessariamente jurídicas). Assim, a identidade da sociedade determina-se por meio das regras da configuração, ou seja, por meio de normas, e não por determinados estados ou bens. O contexto da comunicação deve ser capaz de manter sua configuração frente a modelos divergentes, já que a *autopoiese* das normas verifica-se ainda que estas sejam desrespeitadas. Se a pena resta justificada a partir do momento em que o delinqüente quebra o mandamento (de fazer ou não-fazer) insculpido na norma, deverá a sanção penal ser aplicada como forma de restabelecer socialmente, de forma simbólica, a confiança no Direito.[30]

Estas regras podem ser de duas espécies: as normas naturais e as normas sociais. As *leis naturais* são dadas por um mundo racional, dentro do qual se produz, na era moderna da comunicação, um entendimento comum e que não necessita de estabilização especial. Estas normas auto-estabilizáveis são acessíveis por vias cognitivas: quem não as aceite, até poderá ser compreendido em algumas sociedades parciais, mas somente nelas. Exemplo: ninguém poderá iniciar a construção de uma casa a partir do segundo piso, assim como ninguém poderá sobreviver dentro de um incêndio. Quem desrespeitar esta regra não estará lesando expectativas sociais, na medida em que a própria natureza se encarregará de restabelecer a ordem com base numa *poena naturalis*.

Já as *leis sociais* não possuem esta força genuína de auto-estabilização, até mesmo porque não são dadas previamente e não são *reveladas*, senão que constituem *normas constituídas* por um determinado sistema social. Estas normas, mesmo acessíveis e conhecidas por boa parte dos integrantes da sociedade, não geram uma obrigação de observância já dotada de sanção. *Ninguém pode come-*

---

[29] Sociedad, cit., p. 29.
[30] Sobre o assunto, v. TAVARES, Juarez. Teoria do Injusto Penal. Belo Horizonte: Del Rey, 2000, p. 61-75.

çar a construção de uma casa pelo segundo piso, apesar de ser possível realizar uma construção num lugar proibido pelo Direito urbanístico.[31]

Precisamente porque estas normas necessitam de uma confirmação para que se tornem estáveis, sua vigência deve ser garantida através de uma sanção jurídica (não necessariamente penal, frise-se). Assim, *a sanção contradiz o projeto de mundo do infrator da norma, na medida em que sua atuação simboliza a não-vigência da norma no caso concreto. A imposição da sanção confirma que esta discordância é irrelevante para a manutenção do sistema.*

É notória, neste aspecto, a influência de Hegel no modelo proposto por Jakobs. Com efeito, Hegel também vislumbra, no delito, um *fato negativo*, ou seja, a vulneração do Direito no sentido de sua negação. Nesse rumo, a pena seria a *negação da negação*, onde a pretensão de vulneração do Direito seria restabelecida pela *negação do fato* e, conseqüentemente, pelo *restabelecimento do Direito*.[32] A única diferença para o fundamento de Jakobs residira no fato de Hegel vislumbrar a fundamentação da pena num conceito abstrato e absoluto de Direito – daí a *retribuição* jurídica – ao passo que Jakobs fundamentaria a mesma sanção nas condições de subsistência de identidade social.[33]

Por outro lado, assim como Welzel, Jakobs também vislumbra, como função do Direito penal, a manutenção da fidelidade coletiva ao Direito. O proposto por Jakobs, entretanto, divorcia-se do anterior por rechaçar a possibilidade de que essa confiança volte-se para a proteção de determinados valores de ação ou bens jurídicos ou de uma atitude interna de futuros autores de crimes.[34] O fundamento da pena não se dá em atenção aos potenciais autores de futuros delitos (ressocialização), mas sim a todos os membros da sociedade, enquanto potenciais vítimas destes delitos, para garantir a confiança no sistema durante os *contatos sociais*. A única meta que corresponde ao Direito penal, segundo Jakobs, é garantir a função *orientadora* das normas jurídicas, sendo isso possível mesmo nos casos de a pena não se mostrar necessária no caso concreto, seja porque é desnecessária uma eventual intimidação, seja porque inexiste carência de prevenção especial.

3.3. Funcionalismo monista X funcionalismo dualista

Por funcionalismo *normativo* entende-se o sistema penal teleologicamente orientado por valores limitados segundo aspectos materiais da vida social, ou seja, o Direito penal, ao elaborar conceitos jurídico-penais, está sujeito a alguns

---
[31] Sociedad, cit., p. 19.

[32] HEGEL, Georg Wilhelm Friedrich. Grundlinien der philosophie des rechts. Urrecht und staatswissenschaft im grundrisse. Frankfurt: Suhrkamp, 1976.

[33] V. JAKOBS, Günther. Derecho Penal, cit., p. 23.

[34] Nas palavras de Jakobs, "relativamente à relação da infração da norma e da pena na esfera do significado, e não na esfera das conseqüências externas da conduta, não se pode considerar missão da pena evitar lesões a bens jurídicos. Sua missão é, na verdade, reafirmar a vigência da norma, devendo equiparar-se, a tal efeito, vigência e reconhecimento" (JAKOBS, Günther. Derecho Penal. Parte General. Trad. por Joaquin Cuello Contreras e José Luis Serrano Gonzales de Murillo. 2 ed. Madrid: Marcial Pons, 1997, p. 13-14).

limites materiais externos ao sistema. Ao contrário, no funcionalismo *normativista*, a construção de regras de imputação penal não se sujeita a limites que não os estabelecidos pelos próprios fins do sistema penal, em atenção àquilo que se considere fundamental na constituição social. Em suma: o primeiro admite limitação material externa ao sistema; o segundo, não.

Na primeira categoria, insere-se a concepção funcional de Roxin, denominada de *sistema teleológico-político-criminal*, na medida em que, segundo ele, *deve-se partir da tese de que um moderno sistema de Direito penal deve estar estruturado teleologicamente, ou seja, construído a partir de finalidades valorativas*[35] – o que não o distancia, metodologicamente, do *neokantismo*. Porém, esses valores podem sofrer a influência de um substrato material alheio ao Direito penal (as condições sociais concretas por onde deve nortear-se a política criminal), ainda que, sobre ele, possa o jurista modificar-lhe, em certa medida, a sua significação.[36] Tal concepção, nesses termos, afasta-se do *principialismo* de Hassemer, pois concebe a construção dos valores do sistema penal e de institutos da dogmática a partir do *thelos* político-criminal eleito, e não em atenção a valores intersubjetivos (*cultura*, p. ex.) externos a ele (*direitos fundamentais individuais*). Vejamos uma decorrência fática dessa afirmação: o § 211 do StGB estipula que o delito de *assassinato* é punido com a pena de reclusão perpétua. Qual a postura da dogmática penal (e aqui podemos abranger não só a doutrina como, também, o juiz, ao apreciar um caso concreto) frente a casos em que tal punição é excessivamente dura e político-criminalmente equivocada? Uma solução satisfatória, aponta Roxin, seria obtida com a consideração da conduta como sendo uma mera cumplicidade (em que restaria afastada a prisão perpétua), embora o fato tenha sido praticado pela própria mão do autor. Contudo, esse resultado desejável é dogmaticamente incorreto perante o teor literal da lei (§ 25 I), caso em que estaríamos diante de um divórcio entre a política criminal e a norma a serem adotadas na situação concreta. Nesses casos em que a lei passa a ser um elemento de ruptura entre a dogmática e a política criminal, a única saída que restaria seria a recomendação, ao legislador, para que flexibilizasse a prisão perpétua para alguns casos de assassinato, *pois, ainda no hipotético caso de que fosse inconstitucional a pena de prisão perpétua* [por ferir o princípio da culpabilidade], *o juiz não poderia usurpar o lugar do legislador fixando autonomamente novos marcos penais.*[37] Assim, para Roxin, a política criminal forneceria um substrato material aos institutos dogmático-penais sempre que o *teor literal possível* de dispositivos

---

[35] ROXIN, Claus. Derecho Penal. Parte General. Trad. por Diego-Manuel Luzón Peña, Miguel Díaz y García Conlledo e Javier de Vicente Remesal. 2 ed. Madrid: Civitas, 1997, p. 217.

[36] Isso é notado em Roxin, por exemplo, quando, ao criticar o finalismo de Welzel, afirma que o dolo não é um dado natural prévio ao Direito penal, tendo, o legislador, a liberdade de ampliar ou reduzir os requisitos do dolo (p. ex., exigir o dolus malus para a tipificação da conduta) – V. ROXIN, Claus. Contribuição para a crítica da teoria finalista da ação. In: Problemas Fundamentais de Direito penal. 3 ed. Lisboa: Vega, 1998, p. 92-93. O que norteia essa opção do legislador são, justamente, os valores estabelecidos pela política criminal. Seja como for, deverá esta valoração recair sobre um substrato material prévio, qual seja, um fato considerado humano.

[37] ROXIN, Claus. Derecho Penal, cit., p. 226

da Parte Especial não impedissem que tal se verificasse, ou seja, sempre que a política criminal adotada pelo legislador em relação aos delitos pudesse ser completada e adaptada legalmente pelo juiz. Essa postura de Roxin deve-se ao fato de ele não poder admitir que a prisão perpétua seria inconstitucional, já que, para tanto, teria de admitir a existência de valores limitativos externos ao próprio sistema positivo de Direito penal. Em outras palavras: para Roxin, a aplicação justa do Direito penal seria limitada por sua própria dogmática.

Por outro lado, o funcionalismo de Roxin também não se confunde com o *normativismo* de Jakobs, pois, apesar de ambos admitirem uma estrutura teleológica, Roxin não contempla a possibilidade de os valores jurídicos serem obtidos dos seus próprios pontos-de-vista normativos, ou seja, vislumbra a possibilidade de horizontes *ontológicos* (não no sentido welzeniano, mas sim os *supostos fáticos da vida*) à política criminal.[38] A vida social real não produz valores por si só, mas é sobre essas condições reais da vida social que o Direito penal deve aprimorar e desenvolver o seu sistema de valores. Daí o porquê de o sistema denominar-se dualista, ou seja, o funcionalismo de Roxin leva em consideração uma *lógica objetiva* do sistema norteada por uma *razão prática*.

Isso pode ser notado, no sistema de Roxin, na dicotomia estabelecida a respeito dos limites da política criminal em relação à Parte Geral e à Parte Especial do Direito penal. No exemplo visto há pouco, referente ao § 211 do StGB, a pena estabelecida para um crime específico (Parte Especial, portanto) vai de encontro, pelo menos se aplicada em todos os casos, a alguns ditames de política criminal. Contudo, esses mesmos parâmetros valorativos podem ditar imediatamente o conteúdo dos institutos penais gerais que incidirão nos crimes em espécie, haja vista que os crimes em espécie são definições legislativas conceituais subsumíveis, ao passo que conceitos como o de injusto penal e de culpabilidade seriam critérios axiológicos impossíveis de serem delimitados aprioristicamente pelo legislador. Disso decorre a possibilidade de o princípio da insignificância (criado, originariamente, pelo próprio Roxin) excluir a incidência de um tipo penal incriminador diante da bagatela da lesão produzida, pois os critérios de política criminal estariam completando a *Parte Geral* do Direito penal, em nada alterando, pois, as *definições conceituais* da Parte Especial. Em suma: a política criminal não se poderia afastar do teor literal possível de normas incriminadoras (parte especial), mas poderia integrar o conteúdo dos institutos da Parte Geral do Direito penal.[39] Dessa diferença é que surgiria o substrato material fático da política criminal, já que *esse procedimento obriga* [o Direito penal] *a entrar nos supostos fáticos da vida e a elaborar, com a maior exatidão possível, o modo com que as finalidades jurídicas, à vista da multiplicidade de dados reais, possam aceitar resultados variados e ajustados às respectivas circunstâncias.*[40] De forma conclusiva (e aqui resta nítida a sua crítica a Jakobs), afirma Roxin: *portanto, não é certo que um*

---

[38] Cf. SILVA-SÁNCHEZ, Jesús María. Perspectivas, cit., p. 39.
[39] Cf. ROXIN, Claus. Derecho Penal, cit., § 7, n. 81, p. 229.
[40] Id., ibid., p. 229-230.

sistema racional-final, como o aqui defendido, estabeleça suas soluções sem levar em consideração as circunstâncias reais. É certo que uma "lógica real" ou uma "natureza das coisas" não podem proporcionar um critério de valoração jurídica, mas o resultado concreto não surge nunca dos pontos de vista normativos reitores como tais, mas sim, e sempre, de sua aplicação às peculiaridades dos diferentes supostos de fato.[41]

4. Apreciação crítica do funcionalismo normativista

4.1. A relação entre indivíduo e sociedade no direito penal contemporâneo

Um dos grandes méritos da concepção de Jakobs diz respeito à reconciliação proposta entre o Direito penal e as teorias sociais. É certo afirmar que o Direito penal é uma conseqüência necessária dos padrões de normatividade a que estão sujeitas todas as sociedades modernas, caso em que uma análise fundamentadora exclusivamente interna do sistema penal conduzir-nos-ia a uma justificativa metafísica divorciada da realidade complexa em que vive a sociedade pós-moderna. No entanto, se é correto pensar que o Direito penal não pode pular sobre a própria sombra, não menos certo será lembrar que existem locais, no mundo, onde a noite dura seis meses. Deparamo-nos, então, com a seguinte questão: seria possível o desenvolvimento de uma fundamentação penal válida para todas as sociedades, em todos os locais do mundo?

Vimos que Jakobs responde afirmativamente a esta questão, obrigando-se a atingir níveis de abstração capazes de oferecer uma justificativa comum a todos os sistemas sociais. Para tanto, vale-se do conceito luhmanniano de *comunicação* como componente da sociedade, relegando o ser humano a uma posição secundária nesta relação. Todas as sociedades teriam, em comum, o seu desenvolvimento estrutural a partir de padrões de normatividade, cuja preservação de expectativas seria a *conditio sine qua non* à manutenção de uma identidade. Em outras palavras, a comunicação seria o elo de ligação funcional dos sistemas sociais em busca da preservação de sua estrutura organizacional. A *autopoiese* social tende a ser conservadora, caso em que a reintegração simbólica das expectativas deve ser instrumentalizada pelos sub-sistemas sociais vigorantes, dentre eles, o Direito penal.

Não se pode retirar o mérito dessa concepção, principalmente por oferecer um fundamento apto para a superação de modelos positivistas que ainda laboram com base na separação entre *sujeito* e *objeto*: o significado dos fatos não são *captáveis* pelos indivíduos, mas sim *criados* pelo observador. Por outro lado, o observador também submete-se à realidade social quando cria, arbitrariamente, o sentido atribuível aos fatos. Há, portanto, uma constante relação comunicacional entre indivíduo e sociedade, capaz de garantir a manutenção da *autopoiese* de ambos por meio de *acoplamentos estruturais*.

[41] Id., ibid., p. 231.

O nó fundamental a ser desfeito, então, desloca-se para a divergência travada entre Maturana e Luhmann acerca da posição do indivíduo na *autopoiese* social: é possível concebermos uma sociedade estruturalmente formada e mantida independentemente dos indivíduos que a compõem? Luhmann respondia afirmativamente a esta questão, não ao ponto de desprezar o indivíduo em sua relação, mas sim relegando-o a um aspecto secundário: é a comunicação que une a sociedade, e não os indivíduos que a compõem. Já Maturana responde negativamente, principalmente quando ressalta que *um ser humano não é um indivíduo senão no contexto de sistemas sociais onde ele se integra, e sem seres humanos individuais não haveria fenômenos sociais humanos*.[42]

Os limites do presente estudo não nos permitem ir muito além do já conhecido debate sociológico acerca da relação entre indivíduo e sociedade, mas, não obstante, pode-se sintetizar a crítica de Elias[43] sobre as concepções que conferem primazia ao indivíduo como *fim*, e a sociedade como *meio*, ou vice-versa, para o fim de ressaltarem que um ou outro é mais importante em sua relação recíproca.[44] Esta visão atomista das unidades, entretanto, não chega a lugar algum. Conceber-se, com base na analogia Aristotélica, os tijolos ou a casa como mais importante, não explica as relações sociais, na medida em que o que une as pessoas em sociedade não é o cimento: nas ruas, as pessoas vão e vem sem que se conheçam ou, sequer, estejam unidas sentimentalmente. Não se pode mais conceber uma sociedade como base naquilo que ela *deveria ser* (um contrato social, por exemplo), mas sim naquilo que ela constitui realmente: relações sociais não são travadas voluntariamente, mas sim a partir de *funções* que, nos limites *culturais* proporcionados pelo meio, oferecem modos possíveis de comportamento (um pedreiro não se transforma, só por sua vontade, num médico). Esta *rede de funções* não foi criada por uma decisão comum entre diversas pessoas, na medida em que estas pessoas foram "despejadas" num meio social que lhes proporciona uma ou outra opção, mas não muitas. Há, entre as pessoas, uma ligação *funcional*, onde a função de um depende da função de outro, ainda que estas relações não sejam desejadas. Esta relação *funcional* segue leis autônomas, ou seja, rumos complexos e involuntários para os indivíduos e para o seu meio, cuja persistência verifica-se apesar da morte das células. Não podemos ir além na análise do conteúdo destas relações (ao ponto, inclusive, de superar o modelo de Elias), mas uma coisa é certa: a *comunicação* é ponto-chave nesta relação; mas a *cultura* não pode ser desprezada.

---

[42] Ontologia, cit., p. 193.

[43] V. ELIAS, Norbert. A Sociedade dos Indivíduos. Trad. por Vera Ribeiro. Rio: Jorge Zahar, 1994.

[44] Em suas palavras: "Uma das grandes controvérsias de nossa época desenrola-se entre os que afirmam que a sociedade, em suas diferentes manifestações – a divisão do trabalho, a organização do Estado ou seja lá o que for –, é apenas um 'meio', consistindo o 'fim' no bem-estar dos indivíduos, e os que asseveram que o bem-estar dos indivíduos é menos importante que a manutenção da unidade social de que o indivíduo faz parte, constituindo esta o 'fim' propriamente dito da vida individual. Acaso já não equivaleria a tomarmos partido nesse debate o fato de começarmos a procurar modelos para compreender a relação entre indivíduo e sociedade nas relações entre os tijolos e a casa, as notas e a melodia, a parte e o todo?" (A Sociedade, cit., p. 17).

Uma das vantagens do modelo de Jakobs é a supressão da visão atomista da sociedade, onde a prevalência de direitos individuais ou de direitos sociais era resolvida com base na precária prevalência do indivíduo ou da sociedade em sua relação recíproca. Qualquer teoria de Direito penal que se sustente a partir de uma simples proteção de garantias fundamentais (seja com relevância maior aos direitos individuais, seja aos direitos sociais) não é capaz de enxergar a floresta por causa das árvores – *Fail* (ou *not to be able*) *to see the woods for the trees*. Temos de fundamentar o Direito penal a partir da estrutura *funcional* da sociedade, e não dos detalhes que a compõem, e isso Jakobs fez. Nossa discordância, apenas, refere-se ao seu desprezo luhmanniano pela *cultura* onde as relações sociais se desenvolvem. Se, por um lado, valemo-nos da *comunicação* para atingir um nível de *abstração* suficiente para encontrar um ponto em comum a todos os sistema sociais, não podemos, por outro, esquecer um mínimo de *concreção* onde os subsistemas sociais (dentre eles, o Direito penal) irão incidir, sob pena de não encontrarmos uma justificativa plausível para a necessidade de observância de *regras* durante os contatos sociais. Esta concreção não pode ser obtida mediante o desprezo do *ambiente cultural* onde o Direito penal irá se desenvolver: as expectativas sociais verificadas na Dinamarca, país reconhecido pelo baixo índice de violência, são diferentes das expectativas sociais verificadas no Brasil. Se Jakobs pretende justificar o Direito penal perante a sociedade como ela *é*, não pode valer-se de conceitos normativos que ignorem esta *realidade*: é preciso dar um conteúdo concreto (cultural), também, às *expectativas normativas*. Embora os limites das *expectativas sociais* não nos forneçam um conteúdo seguro, disso não resultar que elas, *realmente*, não existam ou possam significar qualquer coisa

No Direito (assim como nas demais "ciências" sociais), o objeto da investigação é, ele mesmo, um território pré-interpretado, ao contrário do que ocorre nas "ciências" naturais. Como bem pondera Thompson[45] – amparado nas lições de Heidegger e Gadamer – o mundo sócio-histórico não é apenas um campo-objeto que está ali para ser observado; ele é, também, um *campo-sujeito* que é construído, em parte, por sujeitos que, no curso rotineiro de suas vidas cotidianas, estão constantemente preocupados em compreender a si mesmos e aos outros, e em interpretar as ações faladas e acontecimentos que se dão ao seu redor. Por outro lado, os sujeitos que constituem parte do mundo social estão sempre inseridos em tradições históricas, atuando não apenas como seus observadores ou expectadores, mas sim construindo a sua significação a partir de uma gama complexa de significado e valores que são passados de geração em geração.[46] Conseqüentemente, todo ato de desenvolvimento estrutural do Direito penal é metodologicamente complexo, não podendo permanecer alheio ao mundo sociocultural onde está

---

[45] Cf. THOMPSON, John B. Ideologia e Cultura Moderna. 5 ed. Trad. por Carmen Grisci *et al*. Petrópolis: Vozes, 2000, p. 358.

[46] Id., ibid., p. 360.

inserido.⁴⁷ O Direito penal, por exemplo, reconhece como excludente da culpabilidade a hipótese de um crime ter sido praticado numa situação em que era inexigível, do agente, não o ter realizado. A tese da *inexigibilidade de conduta diversa*, entretanto, pode variar segundo as condições materiais do fato praticado, como seria o exemplo de uma sonegação fiscal praticada num país desenvolvido e outra sonegação praticada num país que atravessa uma grave crise econômica: por certo que o grau de exigibilidade irá variar nos dois ambientes econômicos.

O assunto, com certeza, vai muito além destas poucas linhas, mas estas considerações prévias já são suficientes para introduzirmos a noção de que é impossível uma fundamentação válida para de um Direito penal que não leve em consideração os limites socioculturais onde terá incidência. Seria ganância em excesso. Não podemos trabalhar com categorias abstratas que, em nosso país, estão fora da nossa realidade multicultural e socialmente desigual. Um país que não convive com constantes danos ambientais significativos não necessita de proteção jurídica para possíveis danos; um país que não possui uma *cultura* de corrupção até pode preocupar-se, somente, com homicídios e furtos. Ou será que se pretende afirmar possível que expectativas sociais de conduta recomendem a tipificação de crimes contra o sistema financeiro em Angola ou no Afeganistão?

É inquestionável a antiga experiência de sentido comum de que só é possível comunicar-se sobre a vida humana, a integridade corporal etc., se estas existem previamente.⁴⁸ Mesmo Maturana, ao transportar a *autopoiese* para o paradigma dos sistemas sociais, ressaltou que todo sistema vivo existe somente com a conservação de sua adaptação e de sua organização, em circunstâncias em que a conservação de uma envolve a conservação de outra. Nesse rumo, a conservação organizacional do sistema social não pode menosprezar a conservação dos subsistemas que o compõem, dentre eles, a própria estrutura *autopoiética* do ser humano.⁴⁹ Na medida em que um sistema social está constituído por seres vivos, são todos e cada um dos seres vivos que o integram, os que de fato o constituem com o operar de suas propriedades. Portanto, e constitutivamente, não há componentes supérfluos em um sistema social, já que, se um componente se perde,

---

⁴⁷ Há uma relação dialógica travada entre o sujeito e o mundo, consoante Morin (MORIN, Edgar. O Método. 3. O conhecimento do conhecimento. Trad. por Juremir Machado da Silva. Porto Alegre: Sulina, 1999, p. 247-287), que supera o modelo do racionalismo cartesiano na medida em que qualquer pretensão de racionalidade não pode prescindir da indissolúvel conjunção entre sujeito e mundo objetivo (e não de separação entre eles, como pensava Descartes). Por outro lado, também supera o modelo kantiano, já que qualquer conhecimento a priori não se pode isolar de um conhecimento a posteriori evolutivo: o nosso mundo é produzido pelo nosso espírito, mas o nosso espírito também é co-produzido pelo nosso mundo (id., ibid., p. 258). Uma teoria do conhecimento do conhecimento, na estrita acepção de Morin, pressupõe uma relação dialógica entre o sujeito e o mundo objetivo de permanente construção recíproca: o conhecimento humano é prisioneiro não somente de suas condições biocerebrais de formação, mas também do mundo fenomenal. Mas isso significa também que essa prisão é o seu berço, pois, sem ela, não haveria nem mundo, nem conhecimento, ao menos conhecimento e mundo concebíveis segundo o nosso conhecimento (id., ibid., p. 267-268).

⁴⁸ Cf. SCHÜNEMANN, Bernd. La Culpabilidad: Estado de la Questión. In: ROXIN, Claus, JAKOBS, Günther, SCHÜNEMANN, Bernd, FRISCH, Wolfgang, KÖHLER, Michael. Sobre el estado de la teoría del delito. Madrid: Civitas, 2000, p. 102-103.

⁴⁹ Ontologia, cit., p. 198.

o sistema social muda.⁵⁰ Seria impensável um ambiente desprovido de seres humanos que, apesar disso, produzisse comunicação. Sob o ponto de vista penal, não se pode apreciar um comportamento humano exclusivamente a partir de seu contexto social comunicativo, segundo pretende Jakobs,⁵¹ mas, *também*, em sua expressão individualmente comunicacional.

A bem da verdade, não se trata de uma crítica às conclusões de Jakobs, mas sim ao seu viés epistemológico. Todo o seu sistema penal está rigorosamente coerente com o seu ponto de partida fundamentador, qual seja, justificar o Direito penal independentemente das relações complexas particulares de uma ou outra sociedade. Para tanto, obriga-se a voar normativamente alto demais, ignorando o chão onde pisa.

Conclui-se, dessarte, que a relação entre indivíduo e sociedade há de ser apreciada, no Direito penal, a partir de uma realidade funcional complexa *e cultural*, onde os conflitos travados entre indivíduo e sociedade não sejam solucionados em termos abstratos, mas sim, *concretos*. Conseqüentemente, uma dogmática penal que pretenda ser supranacional⁵² não pode renunciar à interpretação de seus institutos a partir de contextos culturais determinados. Este é, inclusive, o segundo pressuposto metodológico de nosso estudo.

4.2. A sujeição do direito penal a um substrato cultural

A coerência da posição de Jakobs obriga-o a estruturar todo o Direito penal – e, em especial, a culpabilidade – não a partir de uma base empírica, mas sim da comunicabilidade a ela sobreposta. O crime deixa de ser um fato humano para transformar-se numa lesão comunicacional do Direito, ou seja, na *negação simbólica da norma*. Restaria ao sistema penal, conseqüentemente, restabelecer a significação no sentido da vigência da norma (a hegeliana *negação da negação*). Jakobs⁵³ e Kindhäuser⁵⁴ buscam um modelo de culpabilidade que leve em consideração a sociedade como ela é, e não como deveria ser, estabelecendo, para tanto, que o seu objeto não é a postura individual do autor frente a norma, senão a comunicação produzida diante do fato praticado: a reprovação não recai sobre um acontecimento real, mas sim sobre um ato comunicativo de negação da norma proibitiva que se supõe de um acontecimento real. Isso porque, segundo Jakobs e Kindhäuser, o Direito penal não tem como demonstrar a sua correção diante de um substrato material fático, principalmente pelo caos axiológico oriundo desta realidade.

---

⁵⁰ Id., p. 200.

⁵¹ Sociedad, cit., p. 37.

⁵² Sobre o assunto, v.: SILVA SÁNCHEZ, José Maria. Sobre las Posibilidades y Límites de una Dogmática Supranacional del Derecho Penal. In: SCHÜNEMANN, Bernd, FIGUEIREDO DIAS, Jorge de. Fundamentos de un Sistema Europeo del Derecho Penal. Barcelona: Bosch, 1995, p. 11-16.

⁵³ V. Sociedad, cit., p. 35-49; Derecho Penal, cit., p. 575-591.

⁵⁴ KINDHÄUSER, Urs. Derecho penal de la culpabilidad y conducta peligrosa. Trad. por Claudia López Díaz. Bogotá: Universidad Externado de Colombia, 1996.

No entanto, observa Schünemann,[55] esta impossibilidade de justificativa fática é irrelevante numa argumentação dogmática imanente ao Direito penal, principalmente por confundir níveis completamente distintos: a vigência da norma jurídica demonstra *eo ipso* sua correção para o discurso dogmático, enquanto o discurso democrático sobre uma eventual reforma da norma não se desenvolve na dogmática jurídica, mas sim na política. Esta confusão de níveis na proposta normativista acabaria substituindo o nível do Direito penal (o autêntico comportamento lesivo para o bem jurídico e o castigo real do autor) por um *metanível*.

Por outro lado, também é pertinente a crítica de Roxin ao modelo normativista, pois a consideração do ser humano como instrumento de estabilização de interesses sociais esbarraria na objeção kantiana no sentido de que o homem não pode ser um meio para propósitos alheios a ele.[56] Assim, é *certo que uma "lógica real" ou uma "natureza das coisas" não podem proporcionar um critério de valoração jurídica, mas o resultado concreto não surge nunca dos pontos de vista normativos reitores como tais, mas sim, e sempre, de sua aplicação às peculiaridades dos diferentes supostos de fato.*[57]

Embora o Direito penal constitua uma regulação de relações humanas significativamente constituídas pela linguagem, não se pode esquecer da realidade que o origina. As estruturas elementares de uma sociedade, que constituem o horizonte significativo e que, por isso, são prévias também a toda regulação jurídica, não podem ser reguladas ou modificadas validamente pelo Direito, já que, ao contrário, definem o possível marco em que este pode mover-se. Um exemplo dessa conclusão pode ser notado no fundamento do dolo: caso entendamos um crime doloso a partir de uma postura do agente frente à possibilidade de um resultado oriundo de um risco não permitido, não teremos mais uma distinção empírica entre crime doloso e crime culposo. O fato de uma atitude consciente ou inconsciente diante da possibilidade de um resultado ser de difícil demonstração não pode liberar o juiz, ao subsumir a conduta à norma, de analisar os contornos fáticos peculiares do caso concreto para o fim de, se possível, concluir acerca da existência do dolo. O crime deixaria, nesse caso, de ser um fato humano.

Um primeiro limite *ontológico* ao Direito penal, capaz de agregar uma *razão prática* às estruturas *lógico-objetivas* das regras de imputação é, como visto, o limite *cultural* (*Zeitgeist*), que demonstra o relativismo espacial e temporal que ditam a intensidade e permanência das regras de imputação. Seriam os casos, por exemplo, dos limites possíveis da linguagem capazes de vincular a atividade hermenêutica, além dos conhecimentos empíricos das ciências sociais e naturais.[58]

Outra base ontológica seria, nas palavras de Roxin,[59] os *supostos fáticos da vida*, cuja significação social, embora precária, pode fornecer alguns parâmetros

---

[55] Culpabilidad, cit., p. 101-102.
[56] Derecho Penal, cit., p. 806.
[57] Id., ibid., p. 231.
[58] Nesse sentido: SILVA SÁNCHEZ, Jesús-María. Perspectivas, cit., p. 40.
[59] Derecho Penal, cit., p. 230.

não só para a construção normativa como, ademais, para a análise das regras de imputação jurídico-penais. Assim, não se poderia reconhecer válida, *em nosso país*, um regra penal que cominasse a pena de reclusão de 15 a 30 anos para um motorista que estacionasse o veículo em local proibido, assim como um fato não pode ser considerado doloso quando existente um suporte probatório satisfatório indicando que o agente não teve previsão do resultado produzido.

Importante, contudo, a observação de Silva Sánchez[60] no sentido de que o Direito penal, embora não possa contradizer a relativa estrutura simbólica do *ser*, não pode nos levar a um retrocesso positivista-objetificante da ciência penal. Com efeito, o acesso a estas estruturas do *ser* nunca é objetivo e esclarecedor, mas sim subjetivo e constitutivo, ou seja, nada pode garantir que a representação da realidade não esteja contaminada por nossas percepções pessoais acerca da necessidade da imputação. Ao contrário, é mais do que provável que se produza, com isso, um fenômeno de circularidade: a) o juízo social de imputação se baseia na forma como se devem distribuir os encargos na relação entre indivíduo, sociedade e Estado; b) este juízo é limitado pela realidade; c) a realidade só é acessível por meio de uma representação subjetiva; d) esta impressão subjetiva não pode, com precisão, estabelecer o exato alcance da realidade. Chegaríamos, com isso, a um *ontologismo débil* que, no final das contas, não seria muito diferente da *constituição social* proposta pelo *normativismo relativista* de Jakobs.

Contudo, como bem pondera Silva Sánchez,[61] a realidade somente é acessível por meio de uma representação subjetiva que cria (ou adere a) um consenso, *mas disso não resulta que esta representação possa criar qualquer coisa*. Os *signos* possuem um limite semiótico que, uma vez extrapolado, impede eventual comunicação. Como bem assevera Umberto Eco ao referir-se à linguagem,[62] uma mensagem pode ter diversos sentidos, mas seria um erro pensar que poderia significar *qualquer coisa: dentro dos confis de uma língua determinada, existe um sentido literal das formas lexicais, que é o que vem arrolado em primeiro lugar no dicionário, ou então aquele que todo cidadão comum elegeria em primeiro lugar quando lhe fosse perguntado o que significa determinada palavra*. Assim como a linguagem expressa-se por meio de signos, também a *realidade* possui alguma significação, ainda que relativa, circunstância esta que não afasta a sua possibilidade de *aproximação*.[63]

Além disso, também existem limites impostos pelo *dever ser* (em que pese a distinção entre *ser* e *dever ser* estar bastante prejudicada a partir da filosofia da linguagem) que nossa cultura, por enquanto, não parece estar disposta a renunciar. As trágicas experiências da Segunda Guerra levaram Radbruch[64] a re-

---

[60] Perspectivas, cit., p. 42-43.

[61] Id., ibid., p. 43-44.

[62] ECO, Umberto. Os Limites da Interpretação. Trad. por Pérola de Carvalho. São Paulo: Perspectiva, p. 17-18.

[63] Nesse sentido, v. FERRAJOLI, Luigi. Derecho y Razón. Teoría del Garantismo Penal. Trad. por Andrés Ibáñez, Alfonso Ruiz Miguel, Juan Carlos Bayón Mohino *et al*. 3 ed. Madrid: Trotta, 1998, p. 66-67.

[64] RADBRUCH, Gustav. Filosofia do Direito. 6 ed. Trad. por L. Cabral de Moncada. Coimbra: Armenio Amado, 1997, p. 415. V., neste livro, o texto 'Cinco Minutos de Filosofia'.

conhecer a força vinculante destes valores culturais, que já possuem um núcleo relativamente seguro. Seria o caso, por exemplo, do princípio da legalidade, cuja *existência cultural* não parece estar na esfera de disponibilidade do sistema penal brasileiro. Este tema, contudo, remete-nos ao derradeiro aspecto metodológico de um sistema penal funcional-garantidor.

4.3. Os limites axiológicos do direito penal

O reconhecimento, por parte de Jakobs, da ausência de limites externos ao Direito penal obriga-o a reconhecer que *não existe nenhum conteúdo genuíno das normas penais, senão que os conteúdos possíveis se regem pelo respectivo contexto da regulação. Ao contexto da regulação pertencem as realidades da vida social, assim como as normas – especialmente as jurídico-constitucionais.*[65]

Contudo, a teoria geral do Direito, no *nosso* modelo constitucional, impede que o legislador e o juiz reinem soberanos no conteúdo de suas decisões, ou seja, existe um espaço relativo ao não-decidível que impede eventual excesso na atuação do Estado em matéria penal. Este limite axiológico é dado pelo Estado Democrático de Direito e, em específico, pelos princípios constitucionais penais, cuja relatividade, embora já reconhecida pela *teoria dos direitos fundamentais*,[66] não nos isenta de reconhecer a sua *existência cultural*. Assim, garantias como o princípio da culpabilidade, lesividade, subsidiariedade etc., embora não sejam absolutas, sujeitam-se ao *mandado de otimização*[67] como postura necessária ao seu reconhecimento. Tudo se resolve, novamente, na questão relativa à força vinculativa de princípios políticos de nosso regime constitucional, isto é, o Direito penal está sujeito a um controle de *validade* que não se confunde com a sua *vigência.*[68]

A necessária renúncia, do modelo normativista de Jakobs (que o aproxima, neste aspecto, da *teoria pura do Direito*, de Kelsen), a limites políticos relacionados à validade da imputação jurídico-penal (do contrário, o Direito penal não seria um sistema *autopoiético*) tem levado a doutrina, de um modo geral, a desenvolver críticas contundentes ao modelo de Jakobs. Nesse sentido, assevera Schünemann,[69] amparado em Hörnle e von Hirsch, que a função integradora do sistema penal, nos moldes propostos por Jakobs, não consegue explicar a ne-

---

[65] Derecho Penal, cit., p. 44-45.
[66] Sobre o assunto, v.: DWORKIN, Ronald. Taking Rights Seriously. Harvard: Harvard University Press, 1978. Há tradução espanhola desta obra: DWORKIN, Ronald. Los derechos en serio. Trad. por Marta Guastavino. Barcelona: Ariel, 1999 (4ª reimpressão).
[67] Sobre o assunto, v.: ALEXY, Robert. El Concepto y la Validez del Derecho. Trad. por Jorge M. Seña. Barcelona: Gedida, 1997, p. 207.
[68] Sobre o assunto, v.: FERRAJOLI, Luigi. O Direito como Sistema de Garantias. In: OLIVEIRA JÚNIOR, José Alcebíades de [org.].O novo em Direito e Política. Porto Alegre: Livraria do Advogado, 1997, p. 89-109.
[69] SCHÜNEMANN, Bernd. Sobre la crítica de la Teoría de la Prevención General Positiva. In: SILVA SÁNCHEZ, Jesús Maria [org.] Política Criminal y nuevo Derecho Penal. Libro Homenaje a Claus Roxin. Barcelona: Bosch, 1997, p. 92.

cessidade da pena – e, aqui, acrescentamos, a necessidade do próprio Direito penal –, na medida em que seriam perfeitamente imagináveis outras formas de reação não-penais capazes de restabelecer a confiança no sistema. Tais medidas extrapenais poderiam reduzir, consideravelmente, os custos do Direito penal. Ao não fazer esse balanceamento entre custo e benefício da intervenção, acaba a teoria relegando-se à noção retribucionista da pena e do Direito penal. Vimos que esta não é uma preocupação de Jakobs, já que, em sua visão, *a prestação que o Direito penal realiza para a manutenção do sistema social consiste em reafirmar que, apesar da infração produzida, a sociedade se mantém firme na vigência de suas normas essenciais e se nega a conceber-se a si mesma de outra maneira.*[70] Os custos do Direito penal seriam, para Jakobs, bem menos relevantes do que a necessidade de reafirmar a existência do sistema social e da própria regra a ser observada nos futuros *contatos sociais*. Este *formalismo* penal, entretanto, não é negado pelo próprio Jakobs, que o reconhece *neutro*.[71]

A questão, portanto, é a seguinte: seria função do Direito penal prevenir uma intervenção arbitrária? A resposta negativa despejaria, o indivíduo, do epicentro do sistema jurídico-penal, ou seja, abriríamos mão de qualquer delimitação descritiva de conceitos dogmáticos, o que, no final das contas, nos coloca, novamente, diante da questão sociológica acerca da relação entre indivíduo e sociedade. Destaca Schünemann[72] que esse exagerado normativismo constrói e legitima o sistema a partir do próprio sistema, em forma de decisões circulares, sem que um parâmetro operativo possa limitar-lhe as conseqüências. Por isso é que Jakobs refuta a idéia de bem jurídico como finalidade protetiva da norma penal, buscando, em detrimento disso, a finalidade de estabilidade do próprio sistema. O limite imposto ao sistema é o limite necessário para que ele se torne estável, e, aqui, chegaremos à perigosa conclusão de que, em relação à validade do Direito penal, os fins poderiam justificar os meios. Conseqüentemente, um Direito penal cujas finalidades sejam buscadas, exclusivamente, em atenção à prevenção-geral-positiva (reintegração do ordenamento jurídico), poderá legitimar um sistema de máxima intervenção ilimitada e, ao mesmo tempo em que possui condições de se acomodar bem às novas demandas impostas pela pós-modernidade ao Direito penal, possuiria o risco de abrir completamente as comportas para qualquer sistema político buscar a sua legitimação.[73]

Por outro lado, Muñoz Conde[74] ressalta que o Direito penal está longe de enquadrar-se no mito de um direito igualitário, na medida em que não protege, de forma igualitária, todos os bens sobre os quais recaem os interesses dos cida-

---

[70] RAMOS, Enrique Peñaranda, GONZÁLEZ, Carlos Suárez, MELIÁ, Manuel Cancio. Un nuevo sistema del Derecho penal, cit., p. 25.

[71] Sociedad, cit., p. 20.

[72] SCHÜNEMANN, Bernd. Consideraciones críticas sobre la situación espiritual de la ciencia jurídico-penal alemana. Trad. por Manuel Cancio Meliá. Bogotá: Universidad Externado de Colombia, 1996, p. 44.

[73] Para uma análise crítica mais detalhada, v. SCHÜNEMANN, Bernd. Consideraciones críticas, cit., p. 42-48.

[74] MUÑOZ CONDE, Francisco. Derecho Penal y Control Social. Jerez: Fundación Universitaria de Jerez, 1985, p. 45.

dãos. Nem mesmo a lei é igual para todos, bastando, para confirmar a asserção, lembrarmos o tratamento penal conferido aos criminosos contra o patrimônio e os criminosos econômicos.[75] Daí que *a tese do Direito penal como direito igualitário e da pena como prevenção integradora do consenso é insustentável perante um modelo de sociedade baseado na desigualdade e na exploração do homem pelo homem*. Assim, por mais paradoxal que isso possa parecer, o progresso do conhecimento humano tornou o problema do tratamento penal mais compreensível e mais perto de uma solução, ao mesmo tempo em que uma revisão fundamental na política penal parece estar mais longe do que nunca, por causa de sua dependência funcional a uma dada ordem social.[76] Seria impossível fundamentarmos o Direito penal *somente* a partir de expectativas sociais ao mesmo tempo em que estas, por um lado, fazem crescer vertiginosamente a necessidade pelo Direito penal e, por outro, as estatísticas demonstram que o crescimento da intervenção penal *simbólica* não constitui um instrumento eficaz de controle da criminalidade. Ao contrário, o sistema penal atual apenas contribui para o aumento de desigualdades sociais. Este também é o parâmetro operativo da crítica de Mir Puig,[77] no sentido de que, *ao atender só às necessidades de funcionamento do sistema e negar a função limitadora de referências materiais, como o bem jurídico e o princípio da proporcionalidade, a teoria sistemática da prevenção geral positiva aparece como mais perigosa que as teorias retributivas liberais.*

Parece evidente, portanto, que uma noção funcional de sociedade (e, conseqüentemente, do Direito penal), embora possa ser aceita, não faz com que o restabelecimento das expectativas normativas não esteja sujeito a limites axiomáticos incidentes sobre a validade da intervenção penal. *Estes limites é que acabam por resgatar o homem do turbilhão de funções sociais onde está inserido.*

5. Em busca de um sistema teleológico-garantista

Todas as considerações prévias nos possibilitam propor, agora, um novo modelo fundamentador do sistema penal que, sem esquecer a realidade complexa onde incide, esteja sujeito a limites externos à sua normatividade.

Parece irrenunciável a superação dos modelos atomistas de explicação da relação travada entre o indivíduo, a sociedade e o Estado. Somente uma abordagem que abstraia conceitos superficiais individualizadores de primazia de um dos elementos sobre o outro é que pode nos colocar frente a uma correta compreensão da sociedade pós-moderna. Nesse sentido, a abordagem da sociedade a partir das *funções comunicacionais* nela verificadas (ainda que esta afirmação necessite de

---

[75] Não é necessário muito esforço para encontrarmos, em nossa legislação, traços marcantes dessa diferença. Seria o caso, p. ex., do art. 34 da Lei nº 9.249/95, que assegura a extinção da punibilidade quando o autor de uma sonegação fiscal paga o tributo, e seus acessórios, antes do recebimento da denúncia. Em relação a crimes patrimoniais não existe norma semelhante.

[76] Cf. RUSCHE, Georg, KIRCHHEIMER, Otto. Punição e Estrutura Social. Trad. por Gizlene Neder. Rio: ICC – Freitas Bastos, 1999, p. 274.

[77] El Derecho penal, cit., p. 138-139.

uma complementação incompatível com os limites deste estudo), bem como dos aspectos *culturais* deste ambiente comunicacional, leva-nos, necessariamente, a uma perspectiva *sistêmica-material* do Direito penal como subsistema formal de preservação de uma determinada ordem política. Esta perspectiva, que supera o *principialismo* de Hassemer e Ferrajoli, é capaz de justificar a *existência* do Direito penal, mas não os seus *limites*. Não parece possível, por exemplo, renunciarmos à criminalização de delitos fiscais e financeiros numa sociedade cuja difusão dos meios de *comunicação de massa*, somada à incapacidade estatal de prover um mínimo de satisfação de interesses sociais, proporcionou um ambiente fértil para a difusão desta forma de violência *simbólica*.[78]

Disso não resulta, entretanto, que o Direito penal não esteja sujeito a limites políticos que lhe são externos *e que interferem em sua validade*. Se, por um lado, a existência de crimes contra o sistema financeiro, por exemplo, é uma *realidade* indisponível (ao menos em nosso contexto social atual), também é uma *realidade* indisponível, por outro lado, que esta intervenção penal está sujeita a limites formais e materiais tendentes a uma ponderação travada entre o custo e o benefício da sua incidência (aqui, o resgate do *principialismo*). A isso damos o nome de sistema penal *teleológico-garantista*, isto é, um sistema em que as *expectativas culturais* representam os limites mínimos do Direito penal, mas cujos limites máximos estão sujeitos a vínculos *materiais* externos de validade tendentes à prevenção de arbitrariedades na tutela penal formalizada.[79] Seria a reconciliação entre o *ser* e o *dever ser*.

O sistema proposto por Liszt, de total separação entre a dogmática e a política criminal,[80] já se encontra suficientemente superado pelo sistema funcional (principalmente a partir da obra de Roxin), que evidencia a necessidade de aproximação entre a teoria geral do delito e a política criminal como forma de *realização* do Direito penal. Aplicando-se a isso nossas conclusões extraídas nesta

---

[78] Nesse aspecto, portanto, é irrefutável a conclusão de Jakobs ao afirmar que a sociedade atual não está disposta a renunciar a medidas jurídico-penais em detrimento de opções extra-penais de solução de litígios (Sociedad, cit., p. 26). No mesmo sentido: SILVA SÁNCHEZ, Jesús Maria. La Expansión Del Derecho Penal. Aspectos de la política criminal en las sociedades postindustriales. Madrid: Civitas, 1999, p. 125.

[79] Para uma visão deste sistema em relação aos crimes de sonegação fiscal, v.: SCHMIDT, Andrei Zenkner. A Exclusão da Punibilidade nos Crimes de Sonegação Fiscal. Rio: Lumen Juris, 2003. Importante ressaltar que, embora sem admitir esta fundamentação funcional para os limites mínimos da intervenção penal, Luigi Ferrajoli, com base nos escritos filosóficos de Locke e Wolf, foi o responsável pelo resgate da prevenção geral de arbitrariedades, com aquilo que denominou utilitarismo reformado. V. FERRAJOLI, Luigi. Derecho y Razón, cit., p. 321-344.

[80] Franz von Liszt admitia um conceito de Direito penal como "ciência penal conjunta", ou seja, um sistema integrado e uniforme entre dogmática, criminologia e política criminal. No entanto, ao estabelecer os limites e a hierarquia entre estas vertentes, acabava vislumbrando a política criminal como um mero fator de legitimação externa do sistema, ou seja, a dogmática jurídica não se poderia ocupar da política criminal para o seu desenvolvimento, tendo aquela importância apenas para as alterações legislativas que deveriam ocorrer num dado sistema jurídico (v. LISZT, Franz Von. la Idea de Fin en el Derecho Penal. [s.t.] Ciudad de México: Universidad Nacional Autónoma de México y Universidad de Valparaíso de Chile, 1994). Daí a sua célebre frase: O Direito penal é a barreira intransponível da política criminal (LISZT, Franz von. Tratado de Derecho Penal. Trad. por Luis Jimenez de Asua. 4 ed. Madrid: Reus, 1999, t. II, p. 63). Sobre o assunto, v. FIGUEIREDO DIAS, Jorge de. Questões Fundamentais do Direito penal Revisitadas. São Paulo: RT, 1999, p. 21-49.

pesquisa, poderemos reconhecer que todas as regras de imputação penal devem ser interpretadas não só de acordo com a preservação de uma determinada identidade social *concreta* como, ademais, em conformidade à prevenção de excessos em matéria penal. Teremos, portanto, uma política criminal de *prevenção geral dupla: prevenção geral positiva (reintegração cultural) e prevenção geral negativa (refutação do arbítrio punitivo)*. Somente assim poderemos continuar concebendo o crime como um fato humano praticado numa sociedade complexa.

6. Considerações finais

A fim de ilustramos, de maneira simplificada, uma síntese de toda a digressão teórica realizada na presente pesquisa, extrairemos dez conclusões oriundas do modelo aqui proposto:

1) o *funcionalismo* é um modelo necessário de aproximação da dogmática penal aos parâmetros operativos de política criminal estabelecida na ciência penal contemporânea;

2) o *funcionalismo* distancia-se do *principialismo* a partir da lógica de onde são obtidos os valores reitores do sistema penal: no primeiro, estes decorrem de uma lógica objetiva inerente ao próprio sistema, ao passo que, no segundo, são obtidos a partir de uma lógica intersubjetiva resultante da relação entre os indivíduos que são objeto de um determinado sistema penal;

3) o *funcionalismo* comporta, dentre outras, duas variações fundamentais: o *normativo* (dualista) e o *normativista* (monista). O primeiro, seguido por Roxin, Schünemann etc., admite que a esta lógica objetiva seja agregada uma razão prática, onde os valores perseguidos pelo sistema penal encontram-se limitados por um substrato material fático externo ao sistema. O segundo, adotado por Jakobs, Kindhäuser etc., encontra só dentro do próprio sistema penal os parâmetros necessários para o seu desenvolvimento estrutural, não se sujeitando a limites externos;

4) o *funcionalismo normativista* foi o responsável por uma aproximação do Direito penal contemporâneo à complexidade social em que vivemos, principalmente porque, valendo-se do conceito de *autopoiese* formulado por Maturana e Varela, devidamente adaptado aos sistemas sociais por Luhmann, conseguiu buscar, na *comunicação*, o fator comum que leva toda e qualquer sociedade à manutenção da própria identidade;

5) o *funcionalismo normativista* consegue uma justificativa para a *existência* do Direito penal, mas mostra-se incompleto quando, renunciando às peculiaridades *culturais* de cada meio social onde o Direito penal incidirá, não oferece um sistema adequado para o estabelecimento de *limites* à intervenção penal;

6) não é possível buscarmos uma fundamentação para o sistema penal que seja válida em qualquer ambiente social, já que as *expectativas sociais* tendentes

à manutenção de uma identidade cultural determinada variam de acordo com a complexidade de cada meio onde este Direito penal terá incidência;

7) o Direito penal, como sub-sistema de conservação normativa de uma identidade *cultural*, sujeita-se a limites externos à sua estrutura organizacional, consubstanciados num substrato material fático e axiomático que, apesar de relativo, fornece alguns limites às decisões relacionadas à intervenção penal;

8) as críticas dirigidas ao modelo proposto por Jakobs devem direcionar-se ao método de sua teoria, e não às suas conclusões, que podem ser consideradas absolutamente coerentes com o modelo *normativista* proposto;

9) embora a *existência* do Direito penal necessite de concepções funcionais da sociedade como instrumento de redução da complexidade nas relações travadas entre indivíduo, sociedade e Estado no mundo globalizado, a *validade* do sistema penal também há de restar justificada perante limites externos ao sistema, como meio de redução das arbitrariedades punitivas oriundas da intervenção penal;

10) é possível a construção de um sistema penal funcional-garantista de *prevenção geral dupla*, onde a necessidade de *reintegração cultural* (prevenção geral *positiva*) estabelece os limites *mínimos* da intervenção penal, ao passo que a *refutação do arbítrio punitivo* (prevenção geral *negativa*), os limites *máximos* desta mesma intervenção. Somente assim poderemos promover uma reconciliação entre o caráter humanitário do Direito penal e a complexidade social do mundo pós-moderno.

Referências bibliográficas

ALEXY, Robert. *El Concepto y la Validez del Derecho*. Trad. por Jorge M. Seña. Barcelona: Gedida, 1997.

CARRARA, Francesco. *Programa de Derecho Criminal. Parte General*. Trad. por Ortega Torres. Bogotá: Temis, 1956, vol. I.

DWORKIN, Ronald. *Taking Rights Seriously*. Harvard: Harvard University Press, 1978. Trad. para o espanhol: *Los derechos en serio*. Trad. por Marta Guastavino. Barcelona: Ariel, 1999 (4ª reimpressão).

ECO, Umberto. *Os Limites da Interpretação*. Trad. por Pérola de Carvalho. São Paulo: Perspectiva, 1998.

ELIAS, Norbert. *A Sociedade dos Indivíduos*. Trad. por Vera Ribeiro. Rio de Janeiro: Jorge Zahar, 1994.

FERRAJOLI, Luigi. *Derecho y Razón. Teoría del Garantismo Penal*. Trad. por Andrés Ibánez, Alfonso Ruiz Miguel, Juan Carlos Bayón Mohino et al. 3 ed. Madrid: Trotta, 1998.

——. O Direito como Sistema de Garantias. In: OLIVEIRA JÚNIOR, José Alcebíades de [org.].*O novo em Direito e Política*. Porto Alegre: Livraria do Advogado, 1997, p. 89-109.

FIGUEIREDO DIAS, Jorge de. *Questões Fundamentais do Direito penal Revisitadas*. São Paulo: RT, 1999.

HASSEMER, Winfried. 'Das Schicksal der Bürgerrechte im effizienten Strafrecht. In: *Der Strafverteidiger*, 7/1990, p. 328-346. Tradução espanhola: *Crítica al derecho penal de hoy*. Trad. Por Patricia Ziffer. Bogotá: Universidad Externado de Colômbia, 1998.

——. Teoria do Direito penal voltado para as conseqüências. In: *Três temas de Direito penal*. Porto Alegre: Escola Superior do Ministério Público, 1993, p. 26-44.

——. MUÑOZ CONDE, Francisco. *Introducción a la criminología y al Derecho Penal*. Valencia: Tirando lo Blanch, 1989.

HEGEL, Georg Wilhelm Friedrich. *Grundlinien der philosophie des rechts. Urrecht und staatswissenschaft im grundrisse*. Frankfurt: Suhrkamp, 1976.

JAKOBS, Günther. *Das Satrafrecht zwischen Fnktionalismus und 'alteuropäischem' Prinzipiendenken*. In: ZStW 107, 1995, p. 843-876. Trad. para o espanhol: *Sociedad, norma, persona en una teoría de un Derecho Penal funcional*. Trad. por Manuel Cancio Meliá y Bernardo Feijóo. Bogotá: Universidad Externado de Colômbia, 1998.

———. *Fundamentos do Direito penal*. Trad. por André Luís Callegari. São Paulo: RT, 2003.

———. *Derecho Penal. Parte General*. Trad. por Joaquin Cuello Contreras e José Luis Serrano Gonzales de Murillo. 2 ed. Madrid: Marcial Pons, 1997.

KINDHÄUSER, Urs. *Derecho penal de la culpabilidad y conduta peligrosa*. Trad. por Claudia López Díaz. Bogotá: Universidad Externado de Colombia, 1996.

LISZT, Franz von. *la Idea de Fin en el Derecho Penal*. [s.t.] Ciudad de México: Universidad Nacional Autónoma de México y Universidad de Valparaíso de Chile, 1994.

———. *Tratado de Derecho Penal*. Trad. por Luis Jimenez de Asua. 4 ed. Madrid: Reus, 1999, t. II.

LUHMANN, Niklas. *Soziale Systeme*. 4 ed. Frankfurt: Suhrkamp, 1991.

———. *Introducción a la Teoría de Sistemas*. Trad. por Javier Torres Nafarrete. Barcelona: Anthropos, 1996.

———. *Das Recht der Gesellschaft*. Frankfurt am Main: Suhrkamp, 1995.

———. *Sociologia do Direito*. Trad. por Gustavo Bayer. Rio: Tempo Brasileiro, vol. I (1983), vol. II (1985).

———. *A Nova Teoria dos Sistemas*. Porto Alegre: UFRGS/Instituto Goethe, 1997.

MALAREÉ, Hermán Hormazábal. *Bien Jurídico y Estado Social y Democrático de Derecho*. Barcelona: PPU, 1991.

MARIOTTI, Humberto. *Autopoiese, cultura e sociedade*. Disponível em www.lcc.ufmg.br/autopoiese, acesso em 13/04/2001.

MATURANA, Humberto. 'Biologie der Sozialitat'. In: *Delfin*. Stuttgart: Siegen, vol. V, 1985, p. 6-14. Trad. para o português: *A Ontologia da Realidade*. Trad. por Cristina Magro, Miriam Graciano e Nelson Vaz. Belho Horizonte: UFMG, 1999, p. 195-209.

———; VARELA, Francisco. *De máquinas e seres vivos: autopoiese, a organização do vivo*. Porto Alegre: Artes Médicas, 1997.

———; ———. *Autopoiesis and cognition:the realization of the living*. Boston: Dordrecht, 1980.

———; ———. *El arbol del conocimiento: las bases biologicas del conocimiento humano*. Madrid: Debate, 1996.

MIR PUIG, Santiago. *El Derecho penal en el Estado social y democrático de Derecho*. Barcelona: Ariel, 1994.

———. *Política criminal y Reforma del Derecho Penal*. Bogotá: Universidad Externado de Colombia, 1982.

MORIN, Edgar. *O Método. 3. O conhecimento do conhecimento*. Trad. por Juremir Machado da Silva. Porto Alegre: Sulina, 1999.

MUÑOZ CONDE, Francisco. *Derecho Penal y Control Social*. Jerez: Fundación Universitaria de Jerez, 1985.

NAUCKE, Wolfgang, OTTO, Harro, JAKOBS, Günther, ROXIN, Claus. *La prohibición de regreso em derecho penal*. Trad. por Manuel Cancio Meliá y Marcelo Sancinetti. Bogotá: Universidad Externado de Colombia, 1998.

RADBRUCH, Gustav. *Filosofia do Direito*. 6 ed. Trad. por L. Cabral de Moncada. Coimbra: Armenio Amado, 1997.

RAMOS, Enrique Peñaranda, GONZÁLEZ, Carlos Suárez, MELIÁ, Manuel Cancio. *Un nuevo sistema del Derecho penal. Consideraciones sobre la teoria de la imputación de Günther Jakobs*. Buenos Aires: Ad-Hoc, 1999.

ROXIN, Claus. *Kriminalpolitik und Satrafrechtssystem*. 2 ed. München, 1973. Trad. para o espanhol: *Política Criminal y Sistema Del Derecho Penal*. Trad. por Francisco Muñoz Conde. Barcelona: Bosch, 1972.

———. *Derecho Penal. Parte General*. Trad. por Diego-Manuel Luzón Peña, Miguel Díaz y García Conlledo e Javier de Vicente Remesal. 2 ed. Madrid: Civitas, 1997.

———. *Problemas Fundamentais de Direito penal*. 3 ed. Lisboa: Vega, 1998.

RUSCHE, Georg, KIRCHHEIMER, Otto. *Punição e Estrutura Social*. Trad. por Gizlene Neder. Rio de Janeiro: ICC – Freitas Bastos, 1999.

SCHMIDT, Andrei Zenkner. *A Exclusão da Punibilidade nos Crimes de Sonegação Fiscal*. Rio de Janeiro: Lumen Juris, 2003.

SCHÜNEMANN, Bernd. *Consideraciones críticas sobre la situación espiritual de la ciencia juridico-penal alemana*. Trad. por Manuel Cancio Meliá. Bogotá: Universidad Externado de Colombia, 1996.

———. Sobre la crítica de la Teoría de la Prevención General Positiva. In: SILVA SÁNCHEZ, Jesús Maria [org.] *Política Criminal y nuevo Derecho Penal. Libro Homenaje a Claus Roxin*. Barcelona: Bosch, 1997, p. 89-100.

———. La culpabilidad: estado de la questión. In: ROXIN, Claus, JAKOBS, Günther, SCHÜNEMANN, Bernd, FRISCH, Wolfgang, KÖHLER, Michael. *Sobre el estado de la teoría del delito*. Madrid: Civitas, 2000, p. 91-128.

SILVA SÁNCHES, Jesús María. *Perspectivas sobre la política criminal moderna*. Buenos Aires: Depalma, 1998.

——. Sobre las Posibilidades y Límites de una Dogmática Supranacional del Derecho Penal. In: SCHÜNEMANN, Bernd, FIGUEIREDO DIAS, Jorge de. *Fundamentos de un Sistema Europeo del Derecho Penal*. Barcelona: Bosch, 1995, p. 11-16.

——. *La Expansión Del Derecho Penal. Aspectos de la política criminal en las sociedades postindustriales*. Madrid: Civitas, 1999.

TAVARES, Juarez. *Teoria do Injusto Penal*. Belo Horizonte: Del Rey, 2000.

THOMPSON, John B. *Ideologia e Cultura Moderna*. 5 ed. Trad. por Carmen Grisci *et al*. Petrópolis: Vozes, 2000.

WELZEL, Hans. *Derecho Penal Aleman*. Trad. por Juan Busto Ramírez y Sergio Yánez Pérez. 4 ed. Santiago: Juridica de Chile, 1997.

— 7 —

Direito penal e direito sancionador: sobre a identidade do direito penal em tempos de indiferença[1]

FÁBIO ROBERTO D'AVILA

Advogado. Professor do Programa de Pós-Graduação em Ciências Criminais da PUCRS, Doutor em Ciências Jurídico-Criminais pela Universidade de Coimbra (Portugal), Pós-Doutor pela Johann Wolfgang Goethe Universität (Frankfurt am Main – Alemanha), Bolsista da Fundação Alexander von Humboldt (AvH Stiftung/Ano 2006).

Sumário: 1. Considerações iniciais. (In)diferença e identidade – 2. Goldschmitd e o *dano emergens* – 3. Do qualitativo ao quantitativo, e de volta. Elementos para uma distinção material entre os ilícitos penal e administrativo – 4. Resultado e ilícito penal. A possibilidade de adensamento do critério material através da noção de *ofensa a bens jurídico-penais.* 4.1. Bem jurídico-penal, 4.2. Ofensividade – 5. Considerações finais

1. Considerações iniciais. (In)diferença e identidade

As profundas transformações sofridas pelo direito penal no final do século XX, por tantos e a tantos títulos já relatadas, têm encontrado em um muitas vezes descurado aspecto a sua mais marcada feição, a indiferença. Indiferença que se torna invisível quando tomada no descuido da análise exageradamente fragmentada da juridicidade e, exatamente por isso, incapaz de esboçar, mesmo que em linhas muito distantes, os contornos da sua própria complexidade, a complexidade do fragmento que, embora assumidamente parte, não deixa, em momento algum, aos olhos do investigador, uma curiosa pretensão de totalidade. Contudo, mesmo entre as mais estreitas leituras do real que o jurídico representa, mesmo

---

[1] Este artigo corresponde, no essencial, ao painel por nós apresentado em 07.10.2005, por ocasião do 11º Seminário Internacional do Instituto Brasileiro de Ciências Criminais, São Paulo.

sem pretender alcançar os traços grossos através dos quais a contemporaneidade apresenta-nos o seu direito penal, já não há como negar a força atrativa exercida pela noção de indiferença que, com a intensidade de uma quase-evidência, lança-se aos olhos de todos e se explicita na recorrente pergunta sobre a identidade do direito penal contemporâneo. Indiferença e identidade são, pois, a muitas luzes, e o dizemos sem acreditar haver aqui qualquer exagero, verdadeiros gênios de um direito penal a cuja afirmação assiste impassível o nosso tempo.

É claro que períodos históricos de liminaridade,[2] sobre os quais temos falado em outras oportunidades,[3] são caracterizados por grandes espaços de indiferença. Não é aqui que está a questão. O problema encontra-se na tensão (in)compreendida entre a indiferença e a identidade, normalmente recepcionada na forma de critérios de exceção, de áreas de exceção, de fundamentos de exceção, não raramente incapazes de serem absorvidos pelo conjunto de direitos e garantias fundamentais sobre os quais se pretende assentar o direito penal nos Estados democráticos e sociais de Direito, mas que, nem por isso, deixam de conviver sobreposta e longamente, nos moldes nem sempre assumidos de um direito penal de exceção. E nem sequer estamos falando aqui de propostas abertas, e por isso mais honestas, como a do *Feindstrafrecht* de Günther Jakobs,[4] cuja pronta e incisiva repulsa por parte de um sem-número de juristas brasileiros e estrangeiros permite-nos, ao menos, afirmar com convicção aquilo que, definitivamente, não desejamos para o direito penal deste milênio. Falamos, isto sim, de pequenas – para muitos, até mesmo, imperceptíveis – fraturas sofridas por princípios fundamentais de direito penal e constitucional em prol do bem-estar dos mais variados programas de política criminal, o que, muito embora não seja em si uma novidade, diga-se desde já, por sua particular incidência e significativa abrangência, faz-se hoje especialmente preocupante no âmbito do direito penal secundário (*Nebenstrafrecht*).

A falta de cuidado com que avançou, e ainda avança, o legislador ordinário nos novos espaços de intervenção jurídico-penal, especialmente, embora não só, o legislador brasileiro, reflete uma afoiteza que se traduz, em muitos momentos e de forma até mesmo irremediável, em profunda irresponsabilidade não só para com garantias fundamentais, mas, inclusive, para com o próprio objeto a que se destina a tutela penal. Que o âmbito de regulamentação do direito penal secundário, quer em suas relações, quer em seu objeto, é, por si só, significativamente mais complexo que o tradicional e, por isso, mais suscetível a desvios

---

[2] Sobre a noção de liminaridade na antropologia, ver GENNEP, Arnold van, *Os ritos de passagem*, tradução de Mariano Ferreira e apresentação de Roberto da Matta, Petrópolis: Vozes, 1978, p. 34 ss.; TURNER, Victor W., *O processo ritual. Estrutura e antiestrutura*, tradução de Nancy Campi de Castro, Petrópolis: Vozes, 1974, p. 201 ss.

[3] D'AVILA, Fabio Roberto, *Ofensividade e crimes omissivos próprios. Contributo à compreensão do crime com ofensa ao bem jurídico*, Coimbra: Coimbra Editora, 2005, p. 35, nota 52.

[4] Sobre o direito penal do inimigo, ver JAKOBS, Günther; CANCIO MELIÁ, Manuel, *Derecho penal del enemigo*, Madrid: Civitas, 2003; criticamente, PRITTWITZ, Cornelius, "O direito penal entre direito penal do risco e direito penal do inimigo. Tendências atuais em direito penal e política criminal", *RBCCrim*, 47 (2004), p. 31 ss. Recentemente, JAKOBS, Günther, "Terroristen als Personen im Recht?", *ZStW*, 117 (2005), p. 839 ss.; ALBRECHT, Peter-Alexis, "'Krieg gegen den Terror'. Konsequenzen für ein rechtsstaatliches Strafrecht", *ZStW*, 117 (2005), p. 852 ss.; HEGER, Martin, "Diskussionsbeiträge der Strafrechtslehrertagung 2005 in Frankfurt/Oder", *ZStW*, 117 (2005), p. 882 ss.

e equívocos tanto político-criminais, como dogmáticos, é inquestionável. Agora, daí querer justificar uma já comum precipitação normativa e o seu sem-número de equívocos técnicos, é, a nosso sentir, subverter a mais comezinha lógica, é valer-se dos exatos motivos que lhe exigiriam maior cautela para justificar exatamente a falta dessa mesma cautela. Equívocos que, na prática, têm resultado em legislações dotadas de um profundo e já inaceitável déficit de racionalidade, contemporizado, às vezes, com recursos hermenêutico-aplicativos, porém, outras vezes, de insuscetível recuperação, remetendo-as a um, há muito, insustentável grupo de legislações penais meramente simbólicas.

Refletir, neste preciso contexto, sobre a fronteira entre o direito penal e o direito administrativo sancionador é, por tudo isso, sempre uma difícil reflexão sobre a própria identidade do direito penal em espaços de juridicidade amplamente dominados pela indiferença. Onde o conteúdo do ilícito penal movimenta-se da tutela de bens jurídico-penais a mera desobediência, passando pela tutela tanto de funções, quanto de interesses de política-criminal, e, portanto, onde o conteúdo material do ilícito perde-se ou no simples formalismo positivista, ou na insipidez de artificialismos politicamente orientados. Enfim onde o penal e o administrativo quer em identidade, quer em função confundem-se permanentemente.

A reflexão a que ora nos propomos faz-se, portanto, e diga-se desde já, de forma assumidamente delimitada. Muitas são as possibilidades de enfrentamento da questão em análise, quer sobre a perspectiva da sanção, quer sobre a perspectiva processual, ou ainda, a partir da teleologia característica destes peculiares espaços de juridicidade e sua importante ressonância em âmbito político-criminal. A nossa preocupação, contudo, é muito mais modesta, embora não menos importante. Interessa-nos, aqui, considerar a distinção entre as ilicitudes penal e administrativa – também aqui referida como ilicitude contra-ordenacional ou de mera ordenação social –, sob a estrita perspectiva do conteúdo material do ilícito. Se, de fato, à luz do atual estado do direito penal, estaríamos impelidos a recepcionar os referidos ilícitos em um espaço de absoluta indiferença, à livre disposição do legislador ordinário, o que nos remeteria, inapelavelmente, às construções de acento formal. Ou, se ainda há razões para conceber o penal, na linha de antigas teorias qualitativas, como um *aliud* em relação à normatividade administrativa, ainda detentor de uma identidade própria, na qual busca encontrar e refletir os elementos fortes da sua legitimidade. É, pois, comprometido com este preciso nódulo problemático, que passamos às considerações que seguem.

2. Goldschmitd e o *dano emergens*

Em 1902, em um célebre escrito denominado "Direito Penal Administrativo" (*Das Verwaltungsstrafrecht*),[5] James Goldschmidt debruçava-se sobre a difícil

---

[5] GOLDSCHMIDT, James, *Das Verwaltungsstrafrecht. Eine Untersuchung der Grenzgebiete zwischen Strafrecht und Verwaltungsrecht auf rechtsgeschichtlicher und rechtsvergleichender Grundlage*, Berlin: Carl Heymanns Verlag, 1902.

questão da fronteira entre o direito penal e o direito administrativo, uma fronteira, diga-se, materialmente fundada, capaz de servir como critério qualitativo de distinção entre o ilícito penal e o ilícito meramente administrativo, a qual acaba por ser obtida, em sua melhor expressão, na interessante e ainda hoje significativa oposição entre dano e benefício ou ainda, mais precisamente, entre as idéias de *damnum emergens* e *lucrum cessans*. Ou seja, uma distinção suscetível de ser percebida a partir da noção de dano (*Beeinträchtigung*) ao bem jurídico, enquanto fenômeno característico da juridicidade penal, a partir da ocorrência de um *damnum emergens* sofrido pelo bem jurídico enquanto objeto de proteção direta da norma de natureza penal.[6]

O *damnum emergens* consistiria em uma "insurreição de um portador de vontade contra a vontade geral" (*die Auflehnung eines Willensträger gegen den allgemeinen Willen*). Uma realidade em que teríamos, por um lado, um dano à "esfera de poder" (*Machtsphäre*) de um outro portador de vontade, expressa juridicamente em um efetivo dano ao bem jurídico tutelado, e, por outro, a lesão à vontade geral representada pela própria norma. Ou ainda, de forma simples, duas precisas dimensões, uma formal e outra material, ofendidas simultaneamente através da violação conjunta tanto do preceito normativo, quanto do seu objeto de proteção.[7] E somente aqui, na presença de um *damnum emergens*, é que poderíamos falar em um ilícito com dignidade penal.

Em contrapartida, a ausência de um bem jurídico na posição de objeto diretamente protegido pela norma afastaria a possibilidade de reconhecer um ilícito penal, mas não de reconhecer outras formas de ilicitude de natureza não-penal ou, de forma mais precisa, um ilícito administrativo. Neste, ao invés de uma formulação normativa voltada à tutela de um certo "bem jurídico" (*Rechtsgut*), teríamos, isto sim, uma norma orientada à promoção de um valor despido de um portador de vontade, expresso, por Goldschmidt, na noção de "bem público" (*öffenteliches Wohl*). Bem público este que, diga-se, não consistiria em um "resultado", isto é, algo dado, mas sim em um simples objetivo, de modo que a sua oposição seria incapaz de representar um dano a algo dado – como se percebe no ilícito penal –, mas apenas a omissão da promoção de um objetivo (*Unterlassung der Förderung eines Ziels*). Um ilícito estabelecido não sobre a ocorrência de um resultado danoso, mas sobre a não-ocorrência de um resultado favorável, e, portanto, a partir da idéia de um *lucrum cessans*.[8]

O *lucrum cessans* surge, nesta medida, como característica distintiva do ilícito de natureza administrativa, de um ilícito desprovido de ofensa a um bem jurídico, porém erigido segundo a idéia da promoção de interesses públicos, logo de um ilícito que se faz qualitativamente diverso do ilícito penal. Enquanto este alcança legitimidade apenas quando, para além da oposição ao preceito norma-

---

[6] GOLDSCHMIDT, James, *ob. cit.*, [n.5], p. 539 s.
[7] GOLDSCHMIDT, James, *ob. cit.*, [n.5], p. 540.
[8] GOLDSCHMIDT, James, *ob. cit.*, [n.5], p. 544 s.

tivo (dimensão formal), tem o seu objeto de proteção violado, na forma de uma ofensa ao bem jurídico, ou seja, um *damnum emergens* (dimensão material), ao ilícito administrativo, desprovido de bem jurídico, bastaria o não-antendimento às exigências normativas de promoção, bastaria um *lucrum cessans*.

Uma tal compreensão da ilicitude, a partir da oposição entre as idéias de "prejuízo" e "ausência-de-benefício" não é, entretanto, algo novo. Em verdade, essa forma de ver as coisas pode ser surpreendida já na obra de autores do século XIX, como Joannis Carmignani cuja influencia é visível no próprio trabalho de Goldschmidt.[9]

Em seu *Juris Criminalis. Elementa* (1833), propunha Carmignani uma distinção entre o ilícito penal (*crimina proprie dicta*) e o ilícito de polícia (*politae crimina*), estabelecida fundamentalmente na noção de ofensividade.[10] Enquanto, para o autor, os "crimes propriamente ditos" encontravam a sua razão de ser em uma lesão à segurança, os "crimes de polícia" não passariam de lesões à prosperidade (*in crimina "nempe sic proprie dicta", quae "securitatem" laedunt, ac in "politiae crimina", quae "prosperitatem"*).[11] A previsão de crimes de polícia estaria legitimada pela necessidade de uma melhor e mais perfeita ordem social, de modo que, na sua ausência, ainda haveria vida, apenas não na perfeição que lhe é possível, ao passo que, não proibindo a lesão à segurança, a própria continuidade existencial da vida estaria em questão.[12] Aos crimes propriamente ditos competiria, portanto, a oposição à "destruição de um direito inerente à natureza do homem ou àquela da sociedade", e aos crimes de polícia, a mera "contrariedade à prosperidade pública". Ou seja, ilícitos que se separam, a partir de uma intensa diferenciação de orientação teleológica, fortemente pontuada na antinomia entre necessidade de repressão (ilícito penal) e utilidade de criação (ilícito administrativo).[13]

Todavia, um tal horizonte compreensivo, erigido a partir do reconhecimento de uma acentuada distinção material na constituição dos ilícitos penal e administrativo, fortemente assente no próprio objeto de tutela da norma, já não encontra, hoje, o mesmo reconhecimento de então. Embora as elaborações materiais, em geral, estejam longe de estarem sobrepujadas, como iremos observar a seguir,

---

[9] Ver GOLDSCHMIDT, James, *ob. cit.*, [n.5], p. 336 ss.

[10] CARMIGNANI, Joannis, *Juris Criminalis. Elementa*, 5ª ed., vol.1, Pisis, 1833. Edição com tradução para o italiano em: CARMIGNANI, Giovanni, *Elementi di diritto criminale*, trad. por Caruana Dingli, primeira edição milanesa revista e anotada por Filippo Ambrosoli, Milano: Francesco Sanvito, 1865.

[11] CARMIGNANI, Joannis, *Juris Criminalis, ob. cit.*, [n.10], p. 31 s., §152, as aspas correspondem ao itálico do texto original. Trecho que, na versão italiana, recebe a seguinte tradução: "in *delitti così propriamente detti, i quali sovvertono la sicurezza*; e in delitti di *polizia*, che ledono la *prosperità*" (CARMIGNANI, Giovanni, *Elementi, ob. cit.*, [n.10], p. 55, §152).

[12] CARMIGNANI, Teoria delle leggi della sicurezza sociale, III, a.a.O., Della difesa preventiva, p. 284 s., *apud*, GOLDSCHMIDT, James, *ob. cit.*, [n.5], p. 343.

[13] CARMIGNANI, Teoria delle leggi della sicurezza sociale, III, a.a.O., Della difesa preventiva, p. 284 s., *apud*, GOLDSCHMIDT, James, *ob. cit.*, [n.5], p. 342 s.

temos assistido, principalmente na doutrina alemã, à contínua afirmação de construções formais, orientadas por critérios de distinção quantitativos.

3. Do qualitativo ao quantitativo, e de volta. Elementos para uma distinção material entre os ilícitos penal e administrativo

Na Alemanha – espaço de juridicidade que, pela primeira vez, regulamentou positivamente as denominadas contra-ordenações (*Ordnungswidrigkeiten*),[14] inicialmente na Lei Penal da Economia (*Wirtschaftsstrafgesetz*, 1949) e, posteriormente, em 1952, na Lei das Contra-Ordenações (*Ordnungswidrigkeitenges etz – OwiG*),[15] após uma secular discussão acerca da distinção material entre os ilícitos penal e administrativo, que, inclusive, remonta aos célebres escritos de Feuerbach e Luden (séc. XIX)[16] –, a questão é hoje predominantemente recepcionada em favor de uma diferenciação de acento quantitativo.[17]

A tradicional distinção a partir do critério "ofensa a bens jurídicos", segundo o qual o ilícito criminal seria caracterizado pela existência de uma lesão ou perigo ao bem jurídico, ao passo o ilícito administrativo não passaria de infrações de mera desobediência, e que, de uma certa forma, continuava "essencialmente" presente não só na elaboração de Goldschmidt, mas também na "teoria do conteúdo de desvalor ético-social" (*sozialethischer Unwertgehalt*),[18] defronta-se atualmente com forte ceticismo acerca da sua correção, nomeadamente no que tange ao objeto de tutela das infrações de natureza administrativa e à ressonância ético-social do respectivo ilícito: não haveria, aqui, segundo a doutrina majoritária, qualquer diferença.

Representativo desta orientação tem sido o entendimento sustentado por Roxin e ora reafirmado na última edição de seu *Strafrecht, Allgemeiner Teil* (2006). Para o autor, a tutela de bens jurídicos também está presente no âmbito de regulamentação das contra-ordenações, como, *v.g.*, pode-se perceber na infração de perturbação da tranqüilidade através de ruídos (§ 117, OWiG), cuja finalidade é a tutela do bem jurídico "convivência humana" (*das menschliche*

---

[14] Por normas contra-ordenacionais ou de mera ordenação social entendem-se normas sancionadoras de natureza administrativa, pela primeira vez assim reconhecidas e positivadas pelo ordenamento penal alemão. Dentre os seus méritos, está o esvaziamento das categorias de ilícito de polícia, ilícito penal administrativo e contravenções penais, cujo conteúdo passou a ser recepcionado e regulado, não mais em âmbito penal, mas sim, administrativo sancionador.

[15] Lei que foi posteriormente reformada nos anos 1968, 1975 e 1998. Sobre a questão, ver MITSCH, Wolfgang, *Recht der Ordnungswidrigkeiten*, 2. ed., Berlin; Heidelberg: Springer, 2005, p. 23 ss.; NAUCKE, Wolfgang, *Strafrecht. Eine Einführung*, 9. ed., Neuwied; Kriftel: Luchterhand, 2000, p. 127.

[16] Para um detalhado histórico acerca das tentativas de diferenciação material entre os ilícitos criminal e administrativo, ver MICHELS, Hans Gerhard, *Strafbare Handlung und Zuwiderhandlung. Versuch einer materiellen Unterscheidung zwischen Kriminal- und Verwaltungsstrafrecht*, Berlin: de Gruyter, 1963, p. 5 ss.

[17] Ver, por todos, ROXIN, Claus, *Strafrecht. Allgemeiner Teil*, vol.1, 4. ed., München: Beck, 2006, p. 59.

[18] Sobre a teoria do conteúdo de desvalor ético-social, ver MICHELS, Hans Gerhard, *ob. cit.*, [n.16], p. 11 s. e 78 ss.

Zusammenleben), ou ainda, através da proibição de estacionar, que encontraria a sua razão de ser no evitar o bloqueio de ruas e, por conseguinte, em assegurar o "livre comércio e movimento".[19] O fato de essas infrações estarem previstas como contra-ordenações e não como um ilícito penal se dá, portanto, não em função da tutela de bens jurídico-penais, eis que comum a ambos, mas dos princípios da subsidiariedade e da bagatelaridade da ofensa.[20]

A relação entre a ilicitude penal e a administrativa, observa Mistch, é nada mais que uma relação de *plus-minus*. Longe de ser um *aliud* em relação ao ilícito penal, como pretendem as distinções qualitativas, a infração administrativa passa a representar apenas um ilícito no qual as características "penais" estão presentes, porém em proporções mais brandas. Ou, em outras palavras, consiste em uma infração marcada apenas por um conteúdo de culpabilidade e ilicitude mais suaves, quando em comparação com a infração criminal, muito embora esse mesmo conteúdo, em termos essenciais, em nada se distinga daquele exigido em âmbito penal.[21] Também as infrações administrativas buscam tutelar bem jurídicos, e também elas podem realizar esta tarefa em relação a bens jurídicos individuais – por conseguinte, em oposição à crítica de que tutelariam apenas valores supra-individuais –, como ocorre em âmbito viário, onde, no mais das vezes, o ilícito está orientado a evitar situações de perigo à vida, à saúde e à propriedade. A particularidade, prossegue Mistch, estaria em um bem jurídico de menor valor ou em uma exposição menos prejudicial – como, *v.g.*, uma hipótese de perigo abstrato ao invés de concreto, ou um ato preparatório no lugar de tentativa –, ou, ainda, em uma menor censurabilidade do fato, muitas vezes realizado por comodidade, esquecimento ou descuido. O que, por sua vez, redundaria em uma sanção pecuniária sem caráter etiquetante, voltada a lembrar e reforçar, na forma de uma advertência, os deveres, *in casu*, violados.[22]

Uma tal distinção de acento quantitativo encontra-se mitigada em algumas elaborações, em razão do reconhecimento de uma dimensão também qualitativa. Muito embora o § 1 OWiG (Lei das Contra-ordenações) considere como contra-ordenação as infrações sancionadas com penas pecuniárias de natureza administrativa (*Geldbuße*) – o que confere um grande poder de decisão ao legislador na seleção de condutas, especialmente quando tomado à luz de um critério qualitativo –, reconhece-se, simultaneamente, e segundo, inclusive, a própria jurisprudência do Tribunal Constitucional alemão (*BVerG*), um conjunto de ilícitos que seria privativo do direito penal e, por conseguinte, insuscetível de ser previsto como mera contra-ordenação, sem que, com isso, fosse violado o dever constitucional de proteção dos respectivos bens jurídicos. Este espaço de ilicitude vedado a um regulamento de mera ordenação social, normalmente denominado de âmbito nuclear do direito penal (*Kernbereich*) – *v.g.*, homicídio, estupro, roubo, entre

---

[19] ROXIN, Claus, *ob. cit.*, [n.17], p. 54.
[20] ROXIN, Claus, *ob. cit.*, [n.17], p. 54.
[21] MITSCH, Wolfgang, *ob. cit.*, [n.15], p. 16 s.
[22] MITSCH, Wolfgang, *ob. cit.*, [n.15], p. 17 s.

outros – colocaria uma fronteira qualitativa entre os ilícitos administrativo e penal, fazendo com que a distinção meramente quantitativa seja mais bem assumida como um critério misto, quantitativo-qualitativo.[23]

Contudo, esta reivindicada *via de mezzo* pouco ou nada diz acerca do preciso problema sobre o qual ora nos debruçamos. Se, por um lado, o reconhecimento de um âmbito nuclear inalienável busca, de forma clara, reclamar um conteúdo material exclusivo do direito penal, dando origem, até mesmo, a acertadas críticas acerca da sua autodenominação como critério misto, eis que, nesta medida, torna-se nada mais que um critério qualitativo.[24] Por outro, propõe um critério material distintivo apenas no sentido positivo da criminalização, abstendo-se, totalmente, de considerar os limites de legitimidade dessa mesma criminalização, que, por seu turno, estariam jogados em um espaço de indiferença (material), o espaço atribuível a uma distinção meramente quantitativa. Mas, se isso é verdade, é o mesmo que reconhecer, curiosamente e com uma certa perplexidade, limites materiais para o avanço do ilícito de mera ordenação na órbita própria do direito penal, sem, porém, materialmente, nada referir sobre a expansão do direito penal no espaço característico do ilícito contra-ordenacional. O que, quanto a nós, não é outra coisa senão uma nítida inversão da interrogação primeira que, neste breve escrito, e por essa mesma razão, volta a nos preocupar.

No entanto, em que pese o ceticismo da doutrina alemã, as orientações qualitativas têm encontrado novo fôlego em consistentes construções provenientes do espaço de juridicidade português. Em Portugal, onde o pensamento contra-ordenacional teve a sua primeira previsão normativa no DL 232/79, muito embora defendido por Eduardo Correia desde 1962,[25] Figueiredo Dias tem buscado afirmar um critério de distinção qualitativo entre o ilícito penal e o ilícito de mera ordenação social, a partir de uma interessante construção que se vale do (des)valor ético-social da conduta em si, como elemento distintivo. Segundo o autor, é verdade que não se pode falar em um "ilícito ético-socialmente indiferente" mesmo em âmbito contra-ordenacional. Contudo isso não impede de identificar uma diferença de desvalor ético-social entre os ilícitos penal e de mera ordenação, quando considerados em um momento anterior à valoração normativa, isto é, quando considerada a "conduta em si mesma", antes da atribuição de valor própria da proibição legal. Haveria, aqui, por um lado, condutas que, antes da consideração legislativa, são "axiológico-socialmente relevantes," e que, portanto, dariam origem a ilícitos penais. Por outro, condutas "axiológico-socialmente neutras", "às quais não correspondem um mais amplo desvalor moral, cultural ou social",

---

[23] A favor de um critério misto, qualitativo-quantitativo, ROXIN, Claus, *ob. cit.*, [n.17], p. 59. Para um panorama da questão hoje na Alemanha, ver BOHNERT, Joachim, *Karlsruher Kommentar zum Gesetz über Ordnungswidrigkeiten*, org. por Karlheinz Boujong, München: Beck, 2000, p. 20 ss.

[24] Assim, FARIA COSTA, José de, *O perigo em direito penal. Contributo para a sua fundamentação e compreensão dogmáticas*, Coimbra: Coimbra Editora, 1992, p. 457, acompanhando a atenta crítica de BOHNERT, Joachim, *ob. cit.*, [n.23], p. 25.

[25] Sobre o surgimento do ilícito de mera ordenação social em Portugal, ver FIGUEIREDO DIAS, Jorge de, *Direito penal. Parte geral*, Coimbra: Coimbra Editora, 2004, p. 147 s.

e que, por isso, originariam ilícitos de mera ordenação. Neste caso, o desvalor ético-social é alcançado apenas após a proibição legal.[26]

Da mesma forma, agora no que tange ao bem jurídico, afirma Figueiredo Dias que não se pode sustentar que nas contra-ordenações não está presente a tutela de bens jurídicos, na medida em que "todo ilícito ofende um 'bem' juridicamente protegido". Mas isso não significa que não seja possível perceber uma diferença entre eles. Para o autor, no ilícito penal, o bem jurídico tem existência independente da proibição, ao passo que, nas contra-ordenações, perfaz-se apenas quando a conduta se conexiona com a proibição legal. Enfim, como se pode perceber, propõe uma distinção claramente material, sem, todavia, advertência que faz o próprio autor, a pretensão de excluir posteriores critérios adicionais de distinção, como o quantitativo.[27]

Porém, ainda mais próxima de nós, está, sem dúvida, a elaboração proposta por Faria Costa. Embora também recepcione a valoração ético-social como critério de central importância na distinção material entre a discursividade penal e administrativa, fá-lo, e bem, a partir de elementos outros que permitem um significativo adensamento do ponto de distinção. A questão é posta em termos de diferentes pólos agregadores que originariam campos de normatividade diferenciados, nos quais a *dignidade penal*, sustentada pela valoração ético-social, surge como pedra angular de distinção.[28] Haveria, aqui, quando considerado sob o olhar interessado da relação onto-antropológica de cuidado-de-perigo, relações normativas de primeiro e segundo graus, decorrentes de uma desigual refração da relação onto-antropológica em âmbito normativo. Enquanto, em um primeiro grau, temos a intencionalidade que determina o direito penal (relação de cuidado para com a vida, para com a integridade física, etc.), a qual surge da matriz comunitária e é mediatizada pelo detentor do *ius puniendi*, em uma relação dialética, historicamente situada. No segundo, encontramos a intencionalidade própria da mera ordenação social (relação de cuidado para com o correto funcionamento viário, marítimo e aéreo para a manutenção da transparência e fluidez das relações econômicas, etc.), que parte do próprio Estado e é por ele mediatizado, em uma lógica de cuidar preventivamente. Prevenir este que, no entanto, não se confunde com o prevenir jurídico-penal.[29] O Estado, bem refere Faria Costa, "cumpre a intencionalidade de *cuidar* da promoção e propulsão dos bens jurídicos, criando uma rede de cuidados construídos, cuja manifestação se apreende através do direito de mera ordenação social".[30]

---

[26] FIGUEIREDO DIAS, Jorge de, *ob. cit.*, [n.25], p. 150.

[27] Como exemplo, traz a hipótese da condução de veículos mediante a influência de álcool. Com um grau de alcoolemia entre 0,5 e 0,8, há uma contra-ordenação grave; entre 0,8 e 1,2, há uma contra-ordenação muito grave; e igual ou superior a 1,2 g/l, há um crime. Isso ocorreria, porque a partir de 1,2 g/l a conduta se torna ético-socialmente relevante (FIGUEIREDO DIAS, Jorge de, *ob. cit.*, [n.25], p. 151 s.).

[28] FARIA COSTA, José de, *ob. cit.*, [n.24], p. 464 s.

[29] FARIA COSTA, José de, *ob. cit.*, [n.24], p. 465 s.

[30] FARIA COSTA, José de, *ob. cit.*, [n.24], p. 466 s.

Uma tal forma de ver as coisas, tomada a partir de pólos agregadores capazes de perceber e expressar diferenças ao nível da refração normativa da relação onto-antropológica de cuidado-de-perigo, permite uma melhor compreensão da constante tensão e dinamismo característicos do espaço fronteiriço entre o direito penal e de mera ordenação social, sem, com isso, macular a sua tão pretendida identidade. Em que pese não negarmos o importante papel exercido pela valoração ético-social neste âmbito, o que, como vimos, mesmo no horizonte de teorias de tom quantitativo, tem sido admitido através do reconhecimento de um denominado direito penal nuclear, parece-nos difícil tentar demarcar uma precisa linha material de distinção a partir de um inteligir restrito à existência ou não de relevância ético-social. O particular movimento que marca o espaço de fronteira entre as ordens penal e administrativa, propulsor de um constante processo de criminalização-descriminalização, revela a incidência de um sem-número de princípios fundamentais e interesses de política-criminal, que nem sempre explica seus resultados segundo um juízo ético-social, positivo ou negativo. Expliquemos. Não há dúvida de que o desvalor ético-social tem que estar presente na recepção de uma determinada conduta como ilícito jurídico-penal. Contudo, isso está longe de significar que todas as condutas ético-socialmente desvaliosas devam estar penalmente sancionadas, ou, o que é o mesmo, que a simples permanência nos quadros contra-ordenacionais indique a sua inexistência. Há, por certo, e como já mencionado, outras linhas de força que operam, e devem operar, em um processo de interação que resultará, observados os critérios de legitimidade, na opção por uma ou outra, ou, até mesmo, por nenhuma delas. Por outro lado, e é isso o que deve aqui ficar bastante claro, mesmo tendo preenchido os critérios materiais de entrada em ambos os espaços de juridicidade, e estando, por isso, à disposição do legislador, não há, aqui, uma relação de identidade. Uma leitura a partir da relação onto-antropológica de cuidado-de-perigo permite perceber que a opção por uma ilicitude penal ou administrativa, corresponde, simultaneamente, a uma opção por ordens jurídicas que se refratam em um nível normativo diferenciado, com conseqüências próprias, e nas quais as condutas serão submetidas a uma forte diferenciação de orientação teleológica.

Identificadas tais particularidades normativas e seus pressupostos, resta-nos, a partir daí, perguntar sobre os requisitos materiais de legitimidade específicos do ilícito penal, de modo a precisar, com mais atenção, a linha limítrofe de expressão válida deste específico espaço de juridicidade.

4. Resultado e ilícito penal. A possibilidade de adensamento do critério material através da noção de *ofensa* *a bens jurídico-penais*

A distinção entre o ilícito administrativo e o ilícito penal ganha contornos próprios quando observada a partir do olhar interessado do direito penal. Não tanto aquilo que o ilícito administrativo ou de mera ordenação social pode constituir em âmbito administrativo, logo, não-penal, mas aquilo que o ilícito penal possui de particular é que, ao nosso sentir, confere a grande valia da discussão nos dias de hoje, quer em âmbito dogmático, quer em âmbito político-criminal. Não querendo, por certo, menosprezar a importância sobre o conteúdo e, daí também, a conformação possível das regras de mera ordenação, o que está fora de questão, devemos desde já observar que, quanto a nós, o problema relativo à existência de um critério qualitativo de distinção entre o penal e o administrativo alcança atualidade e relevo, em primeiro lugar, enquanto pergunta acerca dos limites materiais do direito penal, sobre a identidade do ilícito penal e, assim, também sobre as condições indispensáveis para que uma determinada conduta seja elevada à condição de ilícito criminal, delimitando, por conseqüência, aquilo que não é suscetível de criminalização, mas não insuscetível de tutela por outros instrumentos estatais, como, *in casu*, o direito administrativo sancionador. É, pois, a partir deste assumido interesse que avançamos as considerações que seguem.

Como temos em outras ocasiões referido e, por tudo até aqui exposto, já é possível auferir – diferentemente de uma certa tendência funcionalista que busca entender e explicar o direito penal a partir das conseqüências jurídicas da sanção criminal –, no seguimento de Faria Costa, uma concepção onto-antropológica a qual toma o direito penal a partir do objeto da norma, do ilícito (*Unrecht*), e que, por conseguinte, conduz a um processo de fundamentação e legitimação muito diverso daquele presente nas correntes de tom funcionalista.[31] Essa concepção ontológica do direito penal, que é percebida e recepcionada juridicamente através do *modelo de crime como ofensa a bens jurídico-penais*, não só (a) atribui ao ilícito uma *posição privilegiada* na estrutura dogmática do crime, eis que portador, por excelência, do juízo de desvalor da infração enquanto elemento capaz de traduzir para além da intencionalidade normativa, também à própria função do direito penal,[32] como (b) propõe a noção de *ofensa a bens jurídicos*, a noção de *resultado jurídico* como a pedra angular do ilícito-típico.[33]

Daí a afirmação forte de que *não há crime (legítimo) sem ofensa a um bem jurídico-penal*.[34] Proposição que pretende, para além de expressar um inequí-

---

[31] Sobre a concepção onto-antropológica de direito penal, ver, dentre outros trabalhos, FARIA COSTA, José de, *ob. cit.*, [n.24], *passim*; também, do mesmo autor, *Ilícito típico, resultado e hermenêutica*. Ou o retorno à limpidez do essencial, Seminário internacional de Direito Penal, Universidade Lusíada, Lisboa: Universidade Lusíada, março de 2000, *passim*; D'AVILA, Fabio Roberto, *ob. cit.*, [n.3], *passim*; e, ainda, "Ontologismo e ilícito penal. Algumas linhas para uma fundamentação onto-antropológica do direito penal", in: *Novos Rumos do Direito Penal Contemporâneo. Livro em Homenagem ao Prof. Dr. Cezar Roberto Bitencourt*, org. por Andrei Zenkner Schmidt, Rio de Janeiro: Lumen Juris, 2006.

[32] No que tange ao ilícito, ver FIGUEIREDO DIAS, Jorge de, *Temas básicos da doutrina penal. Sobre os fundamentos da doutrina penal. Sobre a doutrina geral do crime*, Coimbra: Coimbra Editora, 2001, p. 223 e 220 ss. E, sobre a relação da tipicidade com a ilicitude, ver, ainda, CORREIA, Eduardo, *Direito Criminal*, vol.1, com a colaboração de Jorge de Figueiredo Dias (reimpressão), Coimbra: Almedina, 1999, p. 281; MEZGER, Edmund, *Strafrecht*, 3.ed, Berlin; München: Duncker e Humblot, 1949, p. 197.

[33] D'AVILA, Fabio Roberto, *ob. cit.*, [n.3], p. 40 ss.

[34] D'AVILA, Fabio Roberto, *ob. cit.*, [n.3], p. 46. Quanto à ressonância do princípio da ofensividade na doutrina italiana, seu espaço de maior expressão, conferir os trabalhos de MANTOVANI, Ferrando, *Diritto penale. Parte generale*, 4. ed., Padova: Cedam, 2001; do mesmo autor, «Il principio di offensività tra dogmatica e politica

voco ideário político-ideológico, assumir-se como formulação principalmente constitucional. Resultado, é verdade, de uma compreensão político-ideológica estabelecida nos ideais de um Estado laico, liberal, tolerante, pluralista e multicultural, comprometido com a dignidade humana e com o reconhecimento de direitos fundamentais,[35] mas que, ao nosso sentir, corresponde, com exatidão, ao Modelo de Estado proposto pela Constituição Federal de 1988. E não só. Uma exigência constitucional de ofensividade parece possível de ser percebida tanto em um espaço exclusivamente principiológico, como no âmbito das denominadas normas constitucionais de "caráter duplo" (*Doppelcharakter*),[36] entre as quais, *v.g.*, a própria norma constitucional da liberdade. Podemos observar, a título meramente ilustrativo – eis que não é este, no momento, o objeto do nosso interesse –, a absoluta falta de sentido em se falar de liberdade como direito constitucional fundamental e, simultaneamente, permitir a criminalização irrestrita do seu exercício. Ora, se toda incriminação resulta em uma forte limitação à liberdade de agir – a tipificação é, se bem a vemos, um processo de ponderação de bens, no qual a liberdade cede em prol da tutela de um outro valor como a vida, no homicídio; o patrimônio, no furto, etc.[37] –, esta limitação, de modo a respeitar a condição de direito constitucional fundamental do bem jurídico liberdade, deve atender a pressupostos mínimos, entre eles, a tutela exclusiva de valores dotados de nível constitucional – isto é, de valores que se encontram em uma relação de harmonia com a ordem axiológica jurídico-constitucional – e detentores de um tal conteúdo axiológico, que justifique a forte restrição à liberdade ocasionada pela incriminação. Logo, uma restrição que se faz possível somente quando indispensável para a tutela de particulares bens jurídicos, de bens jurídicos providos de uma significativa e suficiente consistência axiológica, enfim, de bens dotados de dignidade jurídico-penal.[38] Ou, de forma ainda mais clara: a liberdade, enquanto valor constitucional fundamental, somente pode ser restringida quando o seu exercício implicar a ofensa de outro bem em harmonia com a ordem axiológico-constitucional.[39] Meros interesses administrativos insuscetíveis de configurar um bem jurídico-penal estariam, de pronto, e por estas mesmas razões, totalmente

---

criminale», in: *Il Diritto Penale alla Svolta di Fine Millenio*, org. por Stefano Canestrari, Torino: Giappichelli, 1998; MARINUCCI, Giorgio; DOLCINI, Emilio, *Corso di Diritto Penale. Le norme penali: fonti e limiti di applicabilità. Il reato: nozione, struttura e sistematica*, vol.1, 3ª ed., Milano: Giuffrè, 2001.

[35] MARINUCCI, Giorgio; DOLCINI, Emilio, *ob. cit.*, [n.34], p. 449 ss. e, principalmente, 452.

[36] Como normas de caráter duplo entendem-se aquelas que possuem existência, simultaneamente, como regra e princípio (ALEXY, Robert, *Theorie der Grundrechte*, Baden-Baden: Suhrkamp, 1994, p. 17). Sobre a distinção entre regras e princípios, ver CANOTILHO, José Joaquim Gomes, *Direito Constitucional e teoria da Constituição*, 5ª ed., Coimbra: Almedina, 2002, p. 1114 s. e 1239; ALEXY, Robert, *Theorie*, p. 75 ss.

[37] Também assim, ALEXY, Robert, *ob. cit.*, [n.36], p. 296 ss.

[38] Assim, FIGUEIREDO DIAS, Jorge de, *ob. cit.*, [n.25], p. 114 s. Vale sempre lembrar a precisa anotação de Canotilho e Vital Moreira, à luz do texto constitucional português, de que "a lei só pode restringir os direitos, liberdades e garantias nos casos expressamente previstos na Constituição, devendo as restrições limitar-se ao necessário para salvaguardar outros direitos ou interesses constitucionalmente protegidos" (CANOTILHO, José Joaquim Gomes; MOREIRA, Vital, *Constituição da República Portuguesa anotada*, 3ª ed., Coimbra: Coimbra Ed., 1993, p. 151).

[39] No exato sentido do texto, MARINUCCI, Giorgio; DOLCINI, Emilio, *ob. cit.*, [n.34], p. 489.

excluídos da possibilidade de constituir substrato suficiente para o surgimento de uma qualquer incriminação.[40]

Mas, se isso é assim, se a exigência de ofensividade é uma imposição constitucional de legitimidade, dois níveis de valoração se fazem necessários para a verificação e aceitação de um ilícito-típico em âmbito criminal. Um primeiro nível, no qual será verificada a existência de um bem jurídico-penal como objeto de proteção da norma. E um segundo nível, no qual se irá verificar a existência de ofensividade, como resultado (jurídico) da relação entre a conduta típica e o objeto de tutela da norma. Não basta o reconhecimento de um bem jurídico dotado de dignidade penal como objeto de tutela da norma, mas é também necessário que esse mesmo bem jurídico tenha sofrido, no caso concreto, um dano/violação – ofensa própria dos crimes de dano –, ou um perigo/violação, nas formas de concreto pôr-em-perigo e cuidado-de-perigo – formas de ofensa exigidas, respectivamente, nos crimes de perigo concreto e nos crimes de perigo abstrato –.[41] Critérios que, ao nosso sentir, muito têm a nos dizer sobre a diferenciação entre os ilícitos penal e administrativo.

4.1. Bem jurídico-penal

A começar pela noção de bem jurídico-penal, a primeira pergunta que nos devemos fazer é se, de fato, tal categoria está, essencialmente, *sempre* presente tanto no ilícito penal, quanto no ilícito administrativo.

Como vimos, ao contrário das antigas elaborações que tinham aqui a precisa diferença entre o administrativo e o penal, fala-se hoje de uma característica comum. Não só o ilícito penal, mas também o ilícito de mera ordenação social tutelam bens jurídicos. Porém, do que agora estamos aqui a falar não é de bens jurídicos "apenas", e sim de *bens jurídico-penais* que, enquanto categoria, detêm uma série de requisitos próprios para o seu reconhecimento. Daí a necessidade de recolocarmos a pergunta. Afinal, afirmar a existência da tutela de bens jurídicos também em âmbito administrativo, parece-nos inquestionável. Até aqui não vemos problema algum. Afirmar que todo e qualquer ilícito administrativo, sem exceção, tutela bens jurídicos, temos, por outro lado, que só pode ser admitido a partir de um conceito demasiado amplo de bem jurídico, mas é, ainda assim, em certa medida, e levando em consideração as conseqüências de um tal conceito em âmbito não-penal, aceitável – muito embora, e definitivamente, não seja esta a nossa forma de ver as coisas –. Entretanto daí a sustentar que todo e qualquer ilícito administrativo possui como objeto de tutela um bem jurídico-penal, ou, mais propriamente, um bem jurídico essencialmente equivalente àquilo que, em

---

[40] Para um maior aprofundamento sobre os fundamentos constitucionais e infraconstitucionais da ofensividade, ver D'AVILA, Fabio Roberto, *ob. cit.*, [n.3], p. 63 ss.

[41] Estamos a nos valer aqui da tipologia de ofensa desenvolvida por Faria Costa: dano/violação e perigo/violação, esta subdividida em concreto pôr-em-perigo e cuidado-de-perigo (FARIA COSTA, José de, *ob. cit.*, [n.24], p. 644 ss.).

direito penal, entende-se por bem jurídico-penal, é, quanto a nós, inadmissível. De que haja ilícitos de mera ordenação que tutelam valores equivalentes à categoria de bem jurídico-penal, não há dúvida. Agora, que esta seja uma característica presente em todo e qualquer ilícito de natureza administrativa, é, ao nossos olhos, totalmente insustentável, sem que, para isso, tenhamos que admitir uma insuportável abertura da categoria de bem jurídico-penal, com sérias conseqüências, sublinhe-se, sérias conseqüências para a sua pretendida função crítica.

O bem jurídico-penal, como bem leciona Figueiredo Dias,[42] além de manter uma relação de analogia material com a Constituição, nos termos já expostos, e de reivindicar um intenso juízo de necessidade de tutela para legitimar a intervenção jurídico-penal, consiste em uma noção trans-sistemática, não-imanente ao sistema, de modo a tornar possível a sua pretensão de servir como padrão crítico de criminalização. Mas não só. Ele deve possuir uma consistência axiológica que permita, a partir daí, um processo de concretização, de corporificação, indispensável à análise da ofensa e, por seu turno, também ao sucesso da referida função crítica.[43] Condições que, vale salientar, devem coexistir, de forma necessária, para o reconhecimento de um valor como *bem jurídico-penal*.

Contudo, não nos parece, sinceramente, que este seja o caso da totalidade dos interesses postos em tutela por normas de mera ordenação social. É indiscutível, vale reiterar, que há normas sancionadoras de natureza administrativa que tutelam bens jurídicos dentro dos pressupostos supra-referidos, com exceção, por óbvio, da necessidade de tutela penal. Mas querer disso concluir que o ilícito administrativo, sem exceção, protege valores dessa natureza, já não podemos concordar. Não vemos como meros interesses administrativos ou elementos de facilitação do trabalho da administração pública possam corresponder, sem mais, às exigentes regras para o reconhecimento de um bem jurídico-penal. É claro que esses interesses podem e até devem estar relacionados a determinados valores, uma vez que a tutela de bens jurídicos consiste em "um dos fins últimos e primaciais da ordem jurídica global".[44] Mas isso, por si só, nada diz – pelo contrário, se partimos daí, na precisa observação de Faria Costa, indiferenciamos "não só o direito penal e o 'direito de mera ordenação social', mas também indiferenciamos praticamente todo o direito".[45] Para que possamos traçar linhas de equivalência com a tutela de bens jurídicos oferecida pelo direito penal, esta relação não só não pode ser construída de forma muito mediata, como não deve ter um caráter promocional que, embora absolutamente estranho aos quadros do direito penal, surge como possível e, até mesmo, adequado em âmbito administrativo, em razão da intencionalidade político-jurídica que lhe é própria. Esta nos parece ser, *v.g.*, a hipótese das regras administrativas que regulamentam o estacionamento

---

[42] FIGUEIREDO DIAS, Jorge de, *ob. cit.*, [n.25], p. 111 s.

[43] Ver, sobre a concretização de bens coletivos, MARINUCCI, Giorgio; DOLCINI, Emilio, *ob. cit.*, [n.34], p. 543 ss.

[44] FARIA COSTA, José de, *ob. cit.*, [n.24], p. 466, nota 238.

[45] FARIA COSTA, José de, *ob. cit.*, [n.24], p. 467, nota 238.

de veículos (art.181 do Código de Trânsito Brasileiro, CTB). Trata-se de normas que, diferentemente do que afirma Roxin, não tanto a conservação do valor "livre comércio e movimentação", aqui demasiadamente distante, mas a promoção do ideal em termos de circulação de veículos e organização viária buscam alcançar.[46] Ou seja, nada mais que uma hipótese clara de uma relação de cuidado-de-perigo de segundo grau. O que, ainda a título de ilustração, não se passa diferentemente nas hipóteses dos artigos 195 e 240 do CTB.[47] E, por outro lado, também não podemos reconhecer em valores demasiadamente voláteis como segurança e ordem, ou, ainda, em objetivos ideais da Administração Pública, os elementos necessários para a sua recepção como bens jurídicos legítimos. Não passam, de conceitos onicompreensivos, que tudo abarcam ou podem abarcar, e, por esta exata razão, incapazes de consubstanciar qualquer substrato material minimante crítico.

4.2. Ofensividade

À parte dos problemas relativos ao bem jurídico, uma forte crítica às distinções de natureza meramente formal-quantitativa pode, ainda, ser levada a cabo a partir da noção de ofensividade. Considerando, apenas para fins de argumentação, que não houvesse qualquer diferença em termos de objeto de tutela – ambos os ilícitos tutelariam bens jurídicos essencialmente equivalentes –, poderíamos afirmar que, em termos materiais os ilícitos seriam idênticos, diferenciando-se apenas em termos quantitativos? Em outras palavras: é exigível, em âmbito administrativo, a ocorrência de ofensividade para a legitimação do ilícito, tal qual o fizemos em relação às infrações jurídico-penais?

Aqui está, pois, um dos principais pontos de distanciamento entre as ilicitudes penal e administrativa. A ofensividade não é, e não deve ser, uma preocupação do ilícito de mera ordenação social. E mais. Embora possa haver normas que atendam a exigência de ofensividade, como, de fato, há, o caráter normalmente bagatelar e prodômico de tais ilícitos faz com que a ofensa não seja, seguramente, a regra.

Devemos observar que, quando falamos em ofensividade, estamos a referir uma exigência de dano ou perigo ao bem jurídico-penal, assente nas formas de dano/violação, concreto pôr-em-perigo e cuidado-de-perigo, e tendo como categoria-limite de ofensividade, a noção material de cuidado-de-perigo. A ofensa de cuidado-de-perigo, tal qual a concebemos, consiste em uma hipótese de ofensividade que deve ser exigida e acertada no âmbito dos denominados crimes de perigo abstrato, de modo a sobrepor-se a leituras meramente formais, em termos de simples desobediência – hoje, por tudo já exposto, constitucionalmente

---

[46] Argumento que, entre nós, se vê reforçado, ao considerar que a legislação de trânsito já prevê, autonomamente, a infração de bloqueio de via com veículo (art.253 do CNT).

[47] Art. 195. Desobedecer às ordens emanadas da autoridade competente de trânsito ou de seus agentes: Infração – grave; Penalidade – multa. Art. 240. Deixar o responsável de promover a baixa do registro de veículo irrecuperável ou definitivamente desmontado: Infração – grave; Penalidade – multa; Medida administrativa – Recolhimento do Certificado de Registro e do Certificado de Licenciamento Anual.

inadmissíveis –,[48] e a permitir uma importante recuperação hermenêutica da correspondente técnica de tipificação.[49] Trata-se, em termos substanciais, de uma *interferência, jurídico-penalmente desvaliosa, na esfera de manifestação do bem jurídico*, capaz de representar uma concreta *situação de desvalor*, e, conseqüentemente, consubstanciar um verdadeiro *resultado jurídico*.[50] Concepção que é verificada, no caso concreto, através de um juízo *ex ante*, de *base total*, e mediante um critério *objetivo-normativo*, nomeadamente, uma *possibilidade, não-insignificante, de dano ao bem jurídico*.[51] Logo, em poucas palavras, sem ao menos uma possibilidade, não-insignificante, de dano ao objeto jurídico da norma, sem ao menos uma ofensa de cuidado-de-perigo, não podemos reconhecer a ocorrência de um legítimo ilícito penal.

Uma tal exigência de ofensividade é, todavia, como já referimos, estranha ao espaço de discursividade, próprio do direito administrativo sancionador. E, se isso é certo, fácil é de perceber a sua importância como mais um significativo elemento a indicar a existência de linhas materiais de distinção entre o penal e o administrativo. E não só. Também, e principalmente, a delimitar, de forma intensa, o espaço próprio, embora nem sempre exclusivo, da intervenção jurídico-criminal. Através da ofensividade torna-se possível não apenas reconhecer a existência de infrações que são insuscetíveis de serem recepcionadas, de forma válida, nos quadros das normas penais – exercendo, assim, uma função de orientação legislativa –, como reivindicar, em incriminações já existentes, uma hermenêutica atenta à sua condição de pressuposto constitucional de legitimidade.

---

[48] É sempre oportuno lembrar que, segundo a teoria tradicional, os crimes de perigo abstrato consistem em hipóteses de perigo presumido, *juris et de jure*, nos quais basta a mera correspondência formal do fato com a descrição típica. Contra esta compreensão – ao nosso sentir, claramente inconstitucional –, são muitas as vozes que se levantam na doutrina especializada, dando origem a diferentes tentativas de (re)construção do ilícito-típico de perigo abstrato. Ver, em especial, os trabalhos de SCHRÖDER, Horst, «Die Gefährdungsdelikte im Strafrecht», *ZStW*, 81 (1969), p. 7 ss.; GALLAS, Wilhelm, «Abstrakte und konkrete Gefährdung», in: *Festschrift für Ernst Heinitz zum 70. Geburtstag*, Berlin: Walter de Gruyter, 1972; WOLTER, Jürgen, *Objektive und personale Zurechnung von Verhalten, Gefahr und Verletzung in einem funktionalen Straftatsystem*, Berlin: Duncker & Humblot, 1981; MARTIN, Jörg, *Strafbarkeit grenzüberschreitender Umweltbeeinträchtigungen. Zugleich ein Beitrag zur Gefährdungsdogmatik und zum Umweltvölkerrecht*, Freiburg i. Br.: Max-Planck-Inst. für Auslän. u. Internat. Strafrecht, 1989; MEYER, Andreas H., *Die Gefährlichkeitsdelikte. Ein Beitrag zur Dogmatik der "abstrakten Gefährdungsdelikte" unter besonderer Berücksichtigung des Verfassungsrechts*, Münster; Hamburg: Lit, 1992; HIRSCH, Hans Joachim, «Gefahr und Gefährlichkeit», in: *Strafgerechtigkeit, Festschrift für Arthur Kaufmann zum 70. Geburtstag*, Heidelberg: C. F. Müller, 1993; ZIESCHANG, Frank, *Die Gefährdungsdelikte*, Berlin: Duncker & Humblot, 1998; MENDOZA BUERGO, Blanca, *Límites dogmáticos y políticos-criminales de los delitos de peligro abstracto*, Granada: Comares, 2001.

[49] No que tange à importância político-criminal dos crimes de perigo abstrato enquanto técnica de tipificação, no atual momento das ciências penais, ver GRASSO, Giovanni, "L'anticipazione della tutela penale: i reati di pericolo e reati di attentato", *RIDirPP*, 1986, p. 718; MARINUCCI, Giorgio, "Relazione di sintesi", in: *Bene giuridico e riforma della parte speciale*, org. por Afonso M. Stile, Napoli: Jovene, 1985, p. 361; SCHMIDT, Jürgen, *Untersuchung zur Dogmatik und zum Abstraktionsgrad abstrakter Gefährdungsdelikte. Zugleich ein Beitrag zur Rechtsgutslehre*, Marburg: Elwert Verlag, 1999, p. 1.

[50] Também reivindicando um efetivo desvalor de resultado nos crimes de perigo abstrato, WOLTER, Jürgen, *ob. cit.*, [n.48], p. 356; MARTIN, Jörg, *ob. cit.*, [n.48], p. 83 ss.

[51] Sobre a compreensão material da ofensa de cuidado-de-perigo e seu acertamento, ver D'AVILA, Fabio Roberto, *ob. cit.*, [n.3], 159 s.

Normas de trânsito de natureza pedagógica, na linha das denominadas "ações em massa" (*Massenhandlungen*), são, por esse exato motivo, impossíveis de ser implementadas pelo direito penal, conquanto possam encontrar perfeita recepção no espaço das infrações de mera ordenação social. Como bem reconhece Jürgen Schmidt, nas "ações em massa" (*Massenhandlungen*), o questionamento sobre a existência de ofensa ao bem jurídico é irrelevante, na medida em que a sua razão de ser reside em interesses de política criminal, direcionados à obtenção de padrões comportamentais.[52] São normas didáticas de cunho pedagógico, nas quais, falar em ofensividade poderia até mesmo prejudicar os seus objetivos educacionais, a sua pretensão de tabu. Logo normas que, em uma construção como a nossa, diferentemente do tratamento que lhes é dado por significativa doutrina alemã,[53] estariam adstritas, sem qualquer exceção, aos limites do direito administrativo sancionador.

O mesmo deve ser dito, *v.g.*, acerca do porte ilegal de arma de fogo desmuniciada, cuja munição não esteja prontamente acessível – o que, aliás, já foi assim considerado pelo Supremo Tribunal Federal, no RHC 81057 –, ou de acessórios (art.14 da Lei 10.826/2003), bem como da posse irregular de arma de fogo ou acessórios em residência (art.12 da Lei 10.826/2003), sempre que, diante das circunstâncias concretas do caso, não for possível afirmar sequer uma possibilidade, não-insignificante, de dano ao bem jurídico. Na ausência de uma ofensa ao objeto jurídico de proteção da norma, não nos resta alternativa senão reconhecer que tais fatos não possuem substrato material suficiente para originar uma reprovação jurídico-criminal, o que, porém, não significa afirmar a sua irrelevância em termos de desvalor ético-social ou impossibilidade de censura, mas apenas que este juízo e as suas conseqüências devem advir de um espaço de regulamentação não-penal, nomeadamente, do direito administrativo sancionador.

Por fim, e para ficarmos apenas com algumas hipóteses particularmente ilustrativas, podemos referir o parágrafo único, do art. 304 do CTB, segundo o qual a punição por omissão de socorro deve impor-se mesmo quando a vítima sofra morte instantânea. Partindo-se do pressuposto, no seguimento de significativa doutrina, de que o bem jurídico no crime de omissão de socorro são os bens pessoais vida, integridade física, saúde humana, etc., expostos a perigo[54] – e não o mero dever de solidariedade, o que, por uma irremediável equivalência entre

---

[52] SCHMIDT, Jürgen, *ob. cit.*, [n.49], p. 8.

[53] Para Roxin, *v.g.*, a punibilidade de tais condutas está justificada por razões de prevenção geral positiva (ROXIN, Claus, *ob. cit.*, [n.17], p. 430). Também, SCHÜNEMANN, Bernd, «Moderne Tendenzen in der Dogmatik der Fahrlässigkeits- und Gefährdungsdelikte», *JA*, 1975, p. 798; WOLTER, Jürgen, *ob. cit.*, [n.48], p. 319 s.

[54] Ver, entre nós, BITENCOURT, Cezar Roberto, *Manual de Direito Penal. Parte especial*, vol.2, 2ª ed., São Paulo: Saraiva, 2002, p. 284 s.; na doutrina portuguesa, CARVALHO, Américo Taipa de, *Comentário conimbricense do Código Penal, Parte especial*, tomo I, org. por Jorge de Figueiredo Dias, Coimbra: Coimbra Editora, 1999, p. 846 ss.; na doutrina alemã, CRAMER, Peter; STERNBERG-LIEBEN, Detlev, in: SCHÖNKE/ SCHRÖDER, *Strafgesetzbuch Kommentar*, 26ª ed., München: C.H. Beck, 2001, p. 2468; na doutrina italiana, MARINUCCI, Giorgio; DOLCINI, Emilio, *ob. cit.*, [n.34], p. 607 s.; e na doutrina espanhola, HUERTA TOCILDO, Susana, *Principales novedades de los delitos de omision en el Codigo Penal de 1995*, Valencia: Tirant lo Blanch, 1997, p. 77 s.

os valores informativos do dever e do bem jurídico, tornaria o ilícito-típico em questão em um crime de mera desobediência[55] –, não é possível, evidentemente, reconhecer qualquer hipótese de ofensividade, estando a vítima instantaneamente morta. O que, no entanto, pode receber tratamento jurídico diverso nos quadros da normatividade jurídico-administrativa.

5. Considerações finais

De tudo que foi até então exposto, acreditamos ser possível concluir que a relação entre o direito penal e o direito sancionador de natureza administrativa, quando considerada a partir do modelo de crime como ofensa ao bem jurídico, perfaz-se em diferentes espaços normativos, entre os quais, ora objeto do nosso interesse, estão o primeiro e o segundo: (a) o primeiro espaço normativo, vedado ao direito penal, em razão do não atendimento da exigência de ofensa a um bem jurídico-penal, estaria restrito à regulamentação administrativa; (b) o segundo, formado por fatos detentores de ofensividade, representaria um âmbito de intervenção possível tanto ao direito penal, quanto ao direito administrativo, no qual a forma de intervenção a ser aplicada deverá ser orientada pelos demais princípios de direito e pelos interesses de política criminal, e no qual viria ponderado o aspecto quantitativo. E (c), por fim, haveria ainda um terceiro âmbito – que, pela brevidade deste estudo, não tivemos a oportunidade de considerar –, aquele que diz respeito ao espaço de tutela exclusiva do direito penal, o qual tem sido denominado, na doutrina alemã, de "âmbito nuclear do direito penal", vedado a uma tutela meramente administrativa, e que, todavia, vai aqui referido apenas para fins de sistematização.

À luz de tal orientação, o acento distintivo entre o ilícito penal e o ilícito administrativo sancionador (ou de mera ordenação social) passa a incidir não mais em uma diferença meramente quantitativa, mas *qualitativa*, estabelecida em uma diferente refração normativa da relação onto-antropológica de cuidado-de-perigo, que, em âmbito jurídico-penal, encontra densidade na *exigência (constitucional) de ofensa a um bem jurídico-penal*. É, pois, a ofensa a um bem jurídico-penal a fronteira infranqueável de um direito penal legítimo, na qual, ainda hoje, é possível creditar as linhas fortes de sua identidade.

---

[55] Para uma análise da ofensividade no crime de omissão de socorro, ver D'AVILA, Fabio Roberto, *ob. cit.*, [n.3], 338 ss.

— 8 —

A co-responsabilidade do Estado nos crimes econômicos: fundamentos doutrinários e aplicabilidade judicial

SALO DE CARVALHO
Advogado. Mestre (UFSC) e Doutor em Direito (UFPR).
Professor Titular de Direito Penal na PUCRS.

Sumário: I. O princípio da co-culpabilidade (ou a co-responsabilidade do estado no ilícito) – II. A co-culpabilidade como atenuante obrigatória no Direito Penal brasileiro – III. A co-culpabilidade como causa supralegal de exculpação – IV. A inexigibilidade de conduta diversa e a co-culpabilidade nos crimes econômicos: análise das hipóteses probatórias e dos seus efeitos derivados, IV.I. A atenuante da co-culpabilidade nos crimes econômicos, IV.II. A eximente da co-culpabilidade nos crimes econômicos: estudo de caso – Referências bibliográficas.

I. O princípio da co-culpabilidade (ou a co-responsabilidade do estado no ilícito)

01. Eugenio Raúl Zaffaroni, desde o início da década de 80, elabora profunda crítica aos ordenamentos penais por estabelecerem juízos paritários de censura pessoas que ocupam papéis diferenciados na estrutura social, principalmente em decorrência da situação econômica. Justifica o autor que "reprovar com a mesma intensidade pessoas que ocupam situações de privilégio e outras que se encontram em situações de extrema pobreza é uma clara violação do princípio da igualdade corretamente entendido, que não significa tratar todos igualmente, mas tratar com isonomia quem se encontra em igual situação".[1]

A afirmação do autor direciona a interpretação no sentido de que somente poderiam ser estabelecidos juízos isonômicos de reprovabilidade individual pelo ato delitivo se, na análise do autor socialmente referido, for constatado que exis-

---
[1] ZAFFARONI, Sistemas Penales y Derechos Humanos (vol. I), p. 59.

tiu, por parte do Estado, satisfação mínima de seus direitos fundamentais (direitos de liberdade e direitos sociais, econômicos e culturais).

Como trabalhado em outro momento,[2] o princípio da culpabilidade (do ato) não pode ser absolutizado em torno da premissa metafísica livre-arbítrio. Contudo, o fundamento da autodeterminação do sujeito, segundo a dogmática penal, não poder ser negado na avaliação da reprovabilidade pelo fato, visto que constitui o *motivo conceitual* do direito penal moderno que funda a responsabilidade penal subjetiva.

Assim, se a sociedade não brinda a todos com as mesmas oportunidades, negando meios de desenvolvimento das capacidades individuais, "em conseqüência, há sujeitos que têm menor âmbito de autodeterminação (...)".[3] Com efeito, "não basta afirmar que o homem é responsável porque é capaz de autodeterminar-se conforme um sentido, para concluir a responsabilidade penal, porque se concebermos essa capacidade de determinação de forma absoluta esquecemos do homem real e em seu lugar apareceria uma estranha e inexplicável caricatura de anjo. Evidentemente, se o homem tivesse uma capacidade de autodeterminação absoluta e ilimitada, a mesma abarcaria também a possibilidade de transformar-se totalmente no decurso do tempo, o que faria desaparecer o princípio da identidade e, por conseguinte, não poderia garantir que a pessoa condenada fosse a mesma que violou a norma (...). Esta é a imagem do homem consternado a eleger dentre inúmeras situações limitadoras: é o homem no mundo. Esta é a idéia central da antropologia penal contemporânea do direito penal garantista, expressa ou tacitamente admitida".[4]

O entorno social e as circunstâncias na qual a pessoa está inserida, deste esta perspectiva, *deve* ser levado seriamente em consideração na VALORAÇÃO do delito e na aplicação da pena. Assim, é fundamental ao magistrado identificar eventual relação entre a omissão estatal em disponibilizar ao indivíduo mecanismos de potencializar suas capacidades e o fato danoso por ele cometido. O postulado é decorrência lógica da implementação, pela Constituição de 1988, do Estado Democrático de Direito, *plus* normativo ao Estado Social e que estabelece instrumentos de satisfação dos direitos sociais, econômicos e culturais.

02. A tradição penal latinoamericana normatizou o que se convencionou chamar de *princípio da co-culpabilidade,* estabelecendo critérios de diminuição da pena. O Código Penal colombiano, em seu art. 64, determina a atenuação da pena em *face da indulgência*. O mesmo ocorre na Argentina (art. 41), quanto a maior ou menor *dificuldade do autor para prover seu sustento ou de familiares*; na Bolívia (art. 38), no México (art. 52) e no Peru (art. 51), quando tratam da *situação econômica e social do réu*; no Equador (art. 29), quando refere a *indigência, família numerosa e a falta de trabalho do imputado*; no Paraguai (art.

---

[2] CARVALHO & CARVALHO, Aplicação da Pena e Garantismo, pp.
[3] ZAFFARONI & PIERANGELI, Direito Penal Brasileiro, p. 611.
[4] ZAFFARONI, Política Criminal Latinoamericana, p. 164.

30) ao vincular a conduta do indivíduo ao seu *estado de miserabilidade*. Nestas situações, "*costuma-se dizer que há uma co-culpabilidade com a qual a própria sociedade deve arcar*".[5]

Na legislação penal brasileira, Zaffaroni identificou a incorporação do princípio da co-culpabilidade na redação da parte geral do Código Penal em 1984. Naquela ocasião, o legislador, ao estabelecer os critérios de aplicação da pena de multa (art. 60, *caput* e § 1º.), ao versar sobre a situação econômica do réu, possibilitou ao juiz aumentar a pena em até o triplo quando constatasse que, em virtude desta condição favorável, a pena resultasse ineficaz. Em sentido idêntico os dispositivos do art. 10º da Lei 8.137/90, que define os crimes contra a ordem tributária, econômica e contra as relações de consumo – "*caso o juiz, considerando o ganho ilícito e a situação econômica do réu, verifique a insuficiência ou excessiva onerosidade das penas pecuniárias previstas nesta Lei, poderá diminuí-las até a décima parte ou elevá-las ao décuplo*".

Significativa, inclusive, no que diz respeito às omissões estatais com o cidadão, a determinação do art. 14, inciso I, da Lei 9.605/98, que dispõe sobre os crimes ambientais: "*são circunstâncias que atenuam a pena: Ibaixo grau de instrução ou escolaridade do agente*".

Conclui-se, pois, que o princípio da co-culpabilidade pode ser vislumbrado na seguinte proposição: "ao lado do homem culpado por seu fato, existe uma co-culpabilidade da sociedade, ou seja, há uma parte de culpabilidade – da reprovação pelo fato – com a qual a sociedade deve arcar em razão das possibilidades sonegadas (...). Se a sociedade não oferece a todos as mesmas possibilidades, que assuma a parcela de responsabilidade que lhe incumbe pelas possibilidades que negou ao infrator em comparação com as que proporcionou a outros. O infrator apenas será culpável em razão das possibilidades sociais que se lhe ofereceram".[6]

03. Inegavelmente, a instrumentalização do princípio da co-culpabilidade é derivada dos postulados da criminologia crítica, na tentativa de minimizar os efeitos do sistema de justiça criminal contra a clientela tradicional do direito penal.

Ocorre que não se trata, desde a perspectiva constitucional e garantista do direito penal e processual penal, de estabelecer aplicação classista do direito. Se as agências de punibilidade produziram enorme custo de vidas humanas ao estabelecer incidência desproporcional contra os setores menos favorecidos da sociedade, esta *violência não é diversa quando se trata de crimes econômicos*. Do que se pode notar a partir da ampliação do direito penal sob o argumento da tutela dos bens jurídicos transindividuais, é que, *independentemente do público alvo, o sistema de justiça criminal inexoravelmente produz excessos, violações de direitos e ruptura com garantias individuais*.

---

[5] ZAFFARONI & PIERANGELI, Direito Penal Brasileiro, p. 611.
[6] ZAFFARONI, Política Criminal Latinoamericana, p. 167/68.

Não por outro motivo a base do pensamento garantista está na inversão do princípio paleopositivista da regularidade dos atos de poder. Ao operar na imposição de violência, mesmo que legítima, a tendência das agências de punitividade, em todas as suas esferas – legislativa, executiva e judiciária – é extravasar os limites da legalidade constitucional.

A tese defendida, portanto, é de que independentemente da capacidade econômica do sujeito passivo da persecução criminal, os direitos e as garantias devem ser respeitados em sua plenitude, pois *a pena criminal somente será legítima se houver rigoroso cumprimentos do devido processo legal*.

Assim, da mesma forma que atos de omissão estatal em relação aos coletivos marginalizados devem ser valorados na configuração do crime e na aplicação da pena, em sede de crime econômico igualmente vige o princípio da co-responsabilidade estatal pelo delito. Independentemente da prática de atos classificados como criminalidade de massa ou criminalidade econômica, se estabelecida relação de causalidade entre o ato estatal e o crime, impõe-se a efetivação do princípio.

II. A co-culpabilidade como atenuante obrigatória no Direito Penal brasileiro

04. O princípio da co-culpabilidade não se limita exclusivamente à aplicação nos casos de condenação alternada ou cumulada à multa. Não por outro motivo possível sustentar, no caso de criminalidade comum, que *a precária situação econômica ou o baixo grau de escolaridade e instrução do imputado deve ser priorizada como circunstância atenuante obrigatória no momento da cominação da pena privativa de liberdade ou restritiva de direitos*.

Apesar de a co-culpabilidade não estar prevista no rol das circunstâncias atenuantes do art. 65 do Código Penal brasileiro, a norma do art. 66 (atenuantes inominadas) possibilita sua recepção na ordem jurídico-penal face ao caráter não-taxativo das causas de atenuação. O Código Penal, ao permitir a diminuição da pena em razão de *circunstância relevante*, anterior ou posterior ao crime, embora não prevista em lei, fornece mecanismo suficiente para a implementação deste instrumento de redução dos danos produzidos pelas agências de punitividade.

A propósito, a avaliação das oportunidades sociais não se limita à situação econômica do imputado, podendo ser valoradas as condições de formação intelectual visto ser esta relação fundamental para averiguação do grau de autodeterminação do sujeito – neste sentido, o dispositivo do art. 14, I da Lei 9.605/98. Note-se, ainda, que tais circunstâncias podem ser constatáveis empiricamente no processo – sendo passíveis inclusive de refutação pela parte contrária –, objetivando levantar elementos (objetivos) circunstanciais na relação conduta-delito. I

Neste sentido importante mencionar a recepção da inovadora tese pela jurisprudencial da 5ª Câmara do TJRS:

ROUBO. CONCURSO. CORRUPÇÃO DE MENORES. CO-CULPABILIDADE. Se a grave ameaça emerge unicamente em razão da superioridade numérica de agentes, não se sustenta a majorante do concurso, pena de "bis in idem". Inepta é a inicial do delito de corrupção de menores (lei 2.252/54) que não descreve o antecedente (menores não corrompidos) e o conseqüente (efetiva corrupção pela prática de delito), amparado em dados seguros coletados na fase inquisitorial. *O princípio da co-culpabilidade faz a sociedade também responder pelas possibilidades sonegadas ao cidadão – réu.* Recurso improvido, com louvor à Juíza sentenciante. (Apelação Crime nº 70002250371 – 5ª Câmara Criminal do TJRS – Rel. Des. Amilton Bueno de Carvalho – j. em 21 de março de 2001 – grifou-se).

Por outro lado, note-se que, em nível operacional (aplicação judicial), a Lei 10.792/03, ao alterar o art. 187 do Código de Processo Penal, definiu que na primeira parte do interrogatório o juiz é obrigado indagar sobre os meios de vida, a profissão, as oportunidades sociais possibilitadas ao denunciado.

A incorporação do princípio da co-culpabilidade pela dogmática jurídico-penal nacional, desde as possibilidades legais apontadas, criaria, inegavelmente, mecanismo de minimização da cruel inefetividade, decorrente da omissão estatal, dos direitos sociais, econômicos e culturais. Ademais, *imporia ao Estado-Administração, via Judiciário, 'sanção', mesmo que residual ou simbólica, pela inobservância de sua própria legalidade no que diz respeito à estrutura do Estado Democrático de Direito que congloba as matrizes do Estado Liberal e do Estado Social.*

III. A co-culpabilidade como causa supralegal de exculpação

05. Na esfera penal, o reconhecimento de fontes não-legislativas de produção do direito (pluralismo jurídico) redimensionou a estrutura das teorias da norma, do delito e da pena, flexibilizando a interpretação e incorporando estruturas alienígenas ao princípio da legalidade. Logicamente que a incorporação de fontes penais diversas das legais (*v.g.* costumes, jurisprudência, direito penal comparado) diz tão-somente aos processos de descriminalização ou interpretação despenalizadora. É que o pressuposto da legalidade não esgota o campo de atuação do jurista, restringindo a interpretação e excluindo a analogia e o direito consuetudinário das hipóteses judiciais. A negação do pluralismo jurídico, em matéria penal, é *restrita apenas aos processos de incidência penal, mas nunca aos casos de exclusão da pena ou do delito.*

Desde a perspectiva garantista, existem condições de flexibilização da legalidade via interpretação material. No entanto, como é básico, a flexibilização da legalidade (penal) possibilita exclusivamente a ampliação dos espaços de liberdade individual e não da punitividade.

No interior da teoria do delito, tornou-se comum a incorporação do pluralismo jurídico (pluralismo de fontes), dado que se pode perceber nas *causas supralegais de exclusão da tipicidade, ilicitude e culpabilidade.* Os princípios da insignificância e da adequação social no interior da teoria material do tipo penal, o reconhecimento do consentimento do ofendido como causa excludente da ilicitude e a inexigibilidade de conduta diversa como causa exculpante, são circunstâncias consagradas na dogmática penal.

06. No caso do princípio da co-culpabilidade, Juarez Cirino do Santos, ampliando sua aplicação como atenuante obrigatória, afirma que, em determinados casos, opera como causa de exculpação. Sustenta o autor que no contexto de condições sociais adversas, verificáveis quando da máxima negação da *normalidade da situação de fato* pressuposta no juízo de exigibilidade, nascem situações de conflito de deveres extremamente relevantes, às quais o direito não pode olvidar.

Pressupõe o autor que "as hipóteses legais de inexigibilidade não incluem condições sociais adversas, determinantes de anormal motivação da vontade, porque ampliariam a impunidade. Mas, quando a exceção torna-se a regra (condições sociais adversas), os critérios também devem mudar: se o crime constitui resposta normal de sujeitos em situação social anormal, então os critérios de inexigibilidade devem incluir as condições sociais adversas, determinantes da anormal motivação da vontade".[7]

Neste sentido, o absenteísmo estatal na esfera dos direitos econômicos, sociais e culturais não apenas imporia necessária redução da pena em caso de constatação da culpabilidade, como permitiria, em determinados casos, a exclusão do juízo de reprovabilidade pela incidência da *co-culpabilidade, especificação do elemento inexigibilidade de conduta diversa, como causa supralegal de exculpação.*

Referindo-se aos crimes contra o patrimônio, Cirino dos Santos conclui que "a abertura do conceito de inexigibilidade para as condições reais de vida do povo parece alternativa capaz de contribuir para democratizar o direito penal, reduzindo a injusta criminalização de sujeitos já penalizados pelas condições de vida social (...). Hoje, como valoração compensatória da responsabilidade de indivíduos inferiorizados por condições sociais adversas, é admissível a tese da co-culpabilidade da sociedade organizada, responsável pela injustiça das condições sociais desfavoráveis da população marginalizada, determinantes de anormal motivação da vontade nas decisões da vida".[8]

IV. A inexigibilidade de conduta diversa e a co-culpabilidade nos crimes econômicos: análise das hipóteses probatórias e dos seus efeitos derivados

07. A inexigibilidade de conduta diversa no âmbito dos crimes empresariais, especificamente em relação aos crimes econômicos (tributários e previdenciários), é tese consagrada na jurisprudência. Demonstrado que a empresa enfrentava grave situação econômica na época da prática delitiva, na qual res-

---

[7] SANTOS, Teoria do Crime, p. 71.
[8] SANTOS, A Moderna Teoria do Fato Punível, p. 269/70.

tou estabelecida opção entre dois deveres jurídicos distintos (colisão de deveres) como, invariavelmente, o pagamento da folha salarial e o adimplemento tributário, os Tribunais têm reconhecido o estado de necessidade, excluindo a culpabilidade pela inexigibilidade de conduta diversa.

Os critérios de definição da *dificuldade econômica da empresa* são variáveis, mas algumas hipóteses podem ser apontadas como de verificação constante na jurisprudência.

Dados objetivos como *títulos protestados* possibilitam o reconhecimento, como se pode notar em recente julgado do Tribunal Regional Federal da 2ª Região:

> PENAL – PROCESSO PENAL – APROPRIAÇÃO INDÉBITA PREVIDENCIÁRIA – ARTIGO 5º DA LEI N.º 7.492/86 C/C ARTIGO 95, 'D' E §1º DA LEI N.º 8.212/91 – NÃO RECOLHIMENTO AOS COFRES DO INSS DAS CONTRIBUIÇÕES SOCIAIS RECOLHIDAS DOS EMPREGADOS – DIFICULDADES FINANCEIRAS DA SOCIEDADE EMPRESÁRIA – VÁRIOS TÍTULOS PROTESTADOS – INEXIGIBILIDADE DE CONDUTA DIVERSA – CAUSA DE EXCLUSÃO DE CULPABILIDADE – MANUTENÇÃO DA SENTENÇA – RECURSO DO MINISTÉRIO PÚBLICO IMPROVIDO (TRF 2ª REGIÃO – APELAÇÃO CRIMINAL 2273 2000.02.01.004962-5, DJU 02.05.06, SEÇÃO 2, p. 265, j. 24.04.06).

Circunstância de relevância é o *aporte de capital pessoal ou familiar dos sócios e/ou dirigentes na empresa*:

> PENAL. APROPRIAÇÃO INDEBITA PREVIDENCIÁRIA. ABSOLVIÇÃO. APELAÇÃO DO MINISTÉRIO PÚBLICO FEDERAL. MATERIALIDADE. AUTORIA COMPROVADA APENAS EM RELAÇÃO A UM DOS SÓCIOS-GERENTES. DESNECESSIDADE DO DOLO ESPECÍFICO. DIFICULDADES FINANCEIRAS AMPLAMENTE DEMONSTRADAS. APELAÇÃO IMPROVIDA.
>
> 1. Materialidade e autoria comprovadas apenas em relação a um dos sócios-gerentes. As provas demonstram que a genitora do apelado, apesar de figurar no contrato social como sócia-gerente, nunca participou da administração da empresa. Absolvição com fulcro no art. 386, inciso IV do CPP.
>
> 2. O art. 168-A do CP não exige o dolo específico de apropriação.
>
> 3. Documentação amplamente demonstrativa das dificuldades financeiras da empresa, que inequivocamente comprovam o estado de necessidade e a inexigibilidade de conduta diversa.
>
> 4. Nítida tentativa do administrador em mitigar a crise financeira por meio de captação de recursos junto a instituições bancárias e terceiros, bem como venda de bens particulares, que no contexto ruinoso restaram infrutíferos.
>
> 5. Mantida a absolvição do apelado sob o fundamento de inexigibilidade de conduta diversa – art. 386, V do CPP.
>
> 6. Apelação improvida. (TRF 3ª REGIÃO – PROC.: 1999.03.99.010973-7 ACR 12012, DJU 25.04.06, SEÇÃO 2, p. 259, j. 04.04.06; RELATOR: DES.FED. VESNA KOLMAR, PRIMEIRA TURMA).

O Tribunal Regional Federal da 2ª Região definiu, inclusive, nestes casos, ser *ônus da acusação a prova de que as dificuldades econômicas da empresa não inviabilizariam o pagamento dos débitos previdenciários*, se apresentada prova testemunhal coerente:

> PENAL. APROPRIAÇÃO INDÉBITA PREVIDENCIÁRIA. DIFICULDADES FINANCEIRAS DA EMPRESA. PROVAS. DOLO ESPECÍFICO. PRINCÍPIO DA INSIGNIFICÂNCIA. NÃO APLICAÇÃO.

(...) 4. O denunciante não logrou comprovar ser inverídica a alegação da defesa, comprovada por prova testemunhal, de que dificuldades financeiras da empresa inviabilizaram o recolhimento das contribuições. Constitui essa informação em elemento relevante para a lide, por importar em inexigibilidade de conduta diversa.

5. Necessidade de se harmonizar as regras do ônus da prova com o princípio processual penal do *in dubio pro reu*, diante do qual resta que não faz sentido exigir que o próprio acusado prove que não tinha condições para praticar o crime, ônus esse que cabe ao Estado, demonstrando que o agente estava em condições de violar o tipo penal.

6. Recurso improvido (TRF 2ª REGIÃO; DJU 22.05.06, SEÇÃO 2, p. 238, J. 18.04.06; APELACAO CRIMINAL 1998.50.01.001940-5; RELATOR: DESEMBARGADORA FEDERAL LILIANE RORIZ)

No mesmo sentido, o Tribunal da 5ª Região, explicitando a suficiência da prova testemunhal elencando *dívidas trabalhistas e bancárias* como critérios de definição da dificuldade financeira da empresa.

PENAL. ART. 168-A, DO CP. PROLAÇÃO DE NOVO ACÓRDÃO EM FACE DE DECISÃO DO STJ QUE ENTENDEU SER DESNECESSÁRIA A PROVA DA EXISTÊNCIA DO DOLO ESPECÍFICO. CRIME OMISSIVO. IMPOSSIBILIDADE REAL DE AGIR. INEXIGIBILIDADE DE CONDUTA DIVERSA. ELEMENTAR DO TIPO. AUSÊNCIA DE PRÉVIO DESCONTO DA CONTRIBUIÇÃO – PARTE DO EMPREGADO. ESCRITURAÇÃO CONTÁBIL. CONDUTA ATÍPICA. ABSOLVIÇÃO MANTIDA.

1. Nos crimes omissivos próprios, a possibilidade real de agir deve ser imanente à própria conduta, sendo a causa impeditiva do recolhimento das contribuições (dificuldades financeiras enfrentadas pela firma), analisada no próprio tipo, como pressuposto objetivo, matéria antes tratada na esfera da antijuridicidade (estado de necessidade) ou da culpabilidade (inexigibilidade de conduta diversa).

2. Dificuldades financeiras perfeitamente caracterizadas – dívidas trabalhistas e bancárias, que conduziram a firma a encerrar as atividades empresariais.

3. Delito que assume natureza mista: a omissão (o não recolhimento, a tempo e modo das contribuições) há de ser antecedida de uma ação (o desconto efetivo de contribuições em favor da Previdência), o que, de fato, não ocorreu, malgrado o que figura nos assentamentos contábeis da firma.

4. Salários dos empregados que eram pagos integralmente (sem a realização do desconto das contribuições previdenciárias previstas em lei). Prova oral que não foi ilidida. Conduta atípica. Absolvição mantida. Apelação Criminal improvida. (TRF 5ª REGIÃO, DJU 22.05.06, SEÇÃO 2, P. 610, J. 06.04.06, ACR 2420/SE – 2000.05.00.031733-2; RELATOR: DESEMBARGADOR FEDERAL GERALDO APOLIANO).

Note-se, inclusive, que em face das variáveis apontadas, o não-acolhimento de pedido de *perícia contábil para demonstração das dificuldades financeiras da empresa* pode acarretar nulidade do processo por ofensa ao princípio constitucional da ampla defesa:

PROCESSUAL PENAL. PRODUÇÃO DE PROVA CONTÁBIL PELA DEFESA. DIFICULDADES FINANCEIRAS DA SOCIEDADE. REQUERIMENTO EM DEFESA PRÉVIA. POSSIBILIDADE. NULIDADE DA SENTENÇA.

1. O apelante solicitou prova contábil em sua defesa prévia e reiterou em alegações finais consignando o desejo de demonstrar a "falta de disponibilidade financeira da sociedade".

2. O art. 399 do Código de Processo Penal viabiliza que o requerimento possa ser feito em defesa prévia.

3. As dificuldades financeiras à época do fato caracterizam uma causa supralegal de excludente da culpabilidade.

4. Pertinência da prova requerida e a ausência de seu deferimento acarretou cerceamento de defesa.

5. Sentença nula.

6. Apelo do réu conhecido e provido. (TRF 2ª REGIÃO – APELAÇÃO CRIMINAL 99.02.07302-6 – DJU 25.02.05, SEÇÃO 2, p. 212, j. 07.12.04; RELATOR: JUIZ FEDERAL CONVOCADO JOSÉ NEIVA).

08. Nos casos em análise, a circunstância *dificuldade econômica* opera, invariavelmente, como causa exculpante. Contudo, possível colocar questões de natureza diversa, derivadas do mesmo problema, de forma a aproximar as decisões judiciais da vida cotidiana, diminuindo o vácuo que se criou entre os reais problemas sociais e as práticas assépticas do direito.

A primeira questão, que pode ser denominada de *microeconômica*, diz respeito ao caráter absoluto dado à causa supralegal de exclusão da culpabilidade. A jurisprudência majoritária encara as hipóteses de dificuldade econômica das empresas de forma simplificada, resumindo-se a verificar sua existência ou inexistência, quando se sabe que a realidade dos negócios, mormente no que se refere à saúde financeira das empresas, está distante desta lógica binária adotada pelos Tribunais.

Neste sentido, fundamental estabelecer critérios intermediários de valoração da situação das empresas de forma a se realizar a devida individualização das condutas para que se estabeleça o juízo de reprovação.

A segunda questão, situada no plano *macro-econômico*, diz respeito à co-responsabilidade da União, dos Estados e dos Municípios no delito face às suas ações e/ou omissões na gestão da política econômica (financeira, tributária, cambiária).

Ocorre que assim como é possível afirmar que em determinados casos a ação individual do sujeito ativo de delito patrimoniais (patrimônio individual privado) é potencializada ou fomentada pelo Estado, *na esfera dos crimes econômicos inegável perceber que diretrizes da política econômica podem suscitar ações lesivas ao patrimônio público constatadas na forma de crimes tributários, financeiros, previdenciários, contra as relações de consumo entre outros.*

Assim, a co-culpabilidade pode ser entendida como causa de diminuição da pena ou de exclusão do delito tanto nos delitos tradicionais contra o patrimônio (bens jurídicos individuais) como nos delitos econômicos (bens jurídicos transindividuais). Se demonstrado o nexo de causalidade dentre a ação ou omissão estatal e a conduta lesiva, aplicável o princípio, seja na configuração do crime (teoria do delito) ou na quantificação da sanção (teoria da pena).

*IV.I. A atenuante da co-culpabilidade
nos crimes econômicos*

09. Como visto, o entendimento jurisprudencial majoritário limita-se a pontuar, de forma binária (positiva ou negativa), a configuração da dificuldade financeira nos crimes econômicos. Ocorre que o raciocínio é correto apenas em parte.

A limitação parece ser fruto da incompreensão das funções da culpabilidade na teoria do delito e na teoria da pena, ou seja, da verificação e da valoração da culpabilidade quando da atribuição de responsabilidade penal e dos seus efeitos quando da análise das conseqüências jurídicas do delito. Se no processo de identificação da responsabilidade do sujeito pelo fato ilícito praticado a culpabilidade opera qualitativamente, como fundamento sem o qual impossível averiguar a existência do crime, na fase de aplicação da pena atua como mecanismo quantificador. Se na primeira etapa a indagação provém da análise se o réu é ou não culpável – inteiramente capaz de compreender o caráter ilícito do fato e de determinar-se conforme esse entendimento –, após a caracterização do delito o interrogante é o quanto culpável era o autor no momento da ação ou da omissão. Por isso nesta a pena é reduzida e naquela excluída. Conforme ensina Bitencourt, "a culpabilidade, aqui [aplicação da pena], funciona como elemento de determinação ou de medição da pena. Nessa acepção, a culpabilidade funciona não como fundamento da pena, mas como limite desta, impedindo que a pena seja imposta aquém ou além da medida revista pela própria idéia de culpabilidade, aliada, é claro, a outros critérios, como a importância do bem jurídico, fins preventivos etc".[9]

Desta forma, se as condições financeiras da empresa são absolutamente desfavoráveis, correta a exclusão da culpabilidade, como tem julgado os Tribunais pátrios. Contudo, em caso de a empresa apresentar dificuldades que limitam parcialmente sua capacidade de ação – *v.g.* de adimplementos tributário e previdenciário –, necessário o reconhecimento da circunstância como causa de atenuação obrigatória da pena.

Em não sendo as dificuldades financeiras da pessoa jurídica admitidas como causa de inexigibilidade de comportamento diverso, mas comprovada a dificuldade de gestão da empresa por circunstâncias alheias à vontade dos gestores como *crise cambiária, altas taxas de juros* e *carga tributária excessiva*, fundamental sejam estes elementos apreciados como causa atenuante da pena. As hipótese de cabimento são inegavelmente passíveis de enquadramento na atenuante inominada do art. 66, CP.

Hipótese que diversifica a aplicação das atenuantes e que ocorre freqüentemente no cotidiano dos crimes econômicos pode ser elaborada em forma de exemplo: a empresa, em face de dificuldades para saldar folha de pagamento ou para manter quadro funcional sem demitir funcionários, deixar de repassar contribuições previdenciárias ou adimplir tributos.

No singelo caso apresentado – que se apresenta como contante no cotidiano das emrpesas, porém – pertinente indagar qual o impacto, ao interesse público, se determinada empresa deixar de saldar folha de pagamento dos trabalhadores ou ter que optar por cortes na folha funcional (demissões). Isto sem levar em conta a vive situação caótica de desemprego país.

---

[9] BITENCOURT, Tratado de Direito Penal., p. 700.

Situações como esta não podem passar despercebidas pelo Judiciário, sob pena de os Tribunais prostarem-se de costas à realidade econômica do país. Nestes casos, a relevância da circunstância co-culpabilidade parace, inclusive, estar prevista no Código Penal. Não apenas pela abertura fornecida pelo art. 66 (atenuante inominada), mas pela *circunstância de relevante valor social* prevista no art. 65, III, *a*, CP.

As lições de Fragoso permitem a adequação da tese às hipóteses fáticas apresentadas: *"dos motivos dependem a maior ou menor reprovabilidade da ação. Se o agente atuou movido por relevante (importante, considerável) motivo de valor social ou moral, a pena será obritatoriamente atenuada. Motivo de valor social é o que atende aos interesses da vida coletiva"*.[10]

IV.II. A eximente da co-culpabilidade nos crimes econômicos: estudo de caso

10. Para dar exata dimensão do significado, da aplicabilidade e dos efeitos do princípio da co-culpabilidade nos delitos econômicos, sobretudo no que tange à relação de causalidade necessária entre a conduta omissiva ou comissiva estatal e o delito, é apresentado o seguine caso:

Empresa do ramo da construção civil vence processo licitatório para prestar serviços para a União. No entanto, conforme demonstrado testemunhal e documentalmente, a pessoa jurídica entra em severa crise durante a realização do contrato. Na época relatada na denúncia a situação financeira da empresa era absolutamente frágil na medida em que prestava serviços quase que exclusivamente ao Governo Federal e, conforme comprovado na instrução, não raras vezes atrasava integral ou parcialmente o pagamento. Os atrasos contribuíram significativamente com o não pagamento dos valores devidos à previdência, de sorte que os administradores tiveram que optar por pagar o salário dos empregados em detrimento das contribuições previdenciárias.

Alguns depoimentos dos denunciados foram significativos:

"Réu 01: A empresa, basicamente, trabalha com órgãos públicos, e é notório que todo mundo sabe que os órgãos atrasam os pagamentos muitos meses, e no momento em que a gente recebe, não recebe os valores integrais, e não dá de se pagar todas as contas, procura-se pagar pessoal e outras contas, e em função desses atrasos a empresa deixou de pagar essas contribuições (...)".

"Réu 02: Atrasa, realmente atrasa, mas sempre com o atraso procura manter em dia, porque salário e produtos operacionais, se parar de pagar fecha a empresa.

Comprovado inclusive não haver qualquer locupletamento ilícito às custas da União; pelo contrário, o que se percebeu foi o empobrecimento gradual da empresa que, em face das restrições econômicas impostas pelo Governo, não possuía renda suficiente para gerir suas transações comerciais.

Juiz: A empresa chegou a reduzir o seu quadro de pessoal, ou a reordenar alguma coisa dentro da empresa pra tentar fazer frente a essas dificuldades?

---

[10] FRAGOSO, Lições de Direito Penal, p. 430.

Réu: Hoje, para o senhor ter uma idéia, nós não temos nenhuma obra na cidade, e temos apenas, deve girar em torno de, não tem 10 funcionários hoje a empresa, antigamente tinha mais de 100, quem não tem condições de manter, tem que parar.

Ademais, a situação de debilidade restou comprovada por inúmeros documentos, inclusive por certidão positiva de protestos de títulos com mais de 80 (oitenta) páginas, e com os balanços dos livros diários que demonstraram os prejuízos acumulados no período descrito na denúncia.

O conflito de deveres restou evidente: a empresa optou, enquanto possível, pagar os funcionários, arcar com salários e com despesas imediatas, em prejuízo da Previdência Social. O não-pagamento dos débitos previdenciários restou como opção, sob pena de paralisação das atividades, não pagamento dos salários, demissão em massa e inadimplência com credores comerciais. O fato gerador do não recolhimento, das contribuições, ressalte-se, foi a grave situação econômica da empresa, *efeito direto da mora do Governo Federal no repasse de verbas contratadas.*

Em face da colisão de deveres, a empresa prima por saldar a folha de pagamento e não demitir funcionários, deixando de repassar à previdência contribuições devidas. Todavia, em face da omissão, os sócios são denunciados e após instrução condenados nas sanções do art. 168-A c/c art. 71 do CP à pena superior a 04 (quatro) anos de reclusão e multa.

11. Como leciona Fragoso, "não há reprovabilidade se na situação em que se encontrava o sujeito não lhe era exigível comportamento diverso. Subsiste a ilicitude, mas exclui-se a culpabilidade naqueles casos em que o agente cede à presença de circunstâncias ou motivos excepcionais, que tornam inexigível comportamento diverso".[11]

Toledo lembra que se "chega à conclusão de que não age culpavelmente – nem deve ser portanto penalmente responsabilizado pelo fato – aquele que, no momento da ação ou da omissão, não poderia, nas circunstâncias, ter agido de outro modo, porque, dentro do que nos é comumente revelado pela humana experiência, não lhe era exigível comportamento diverso. A inexigibilidade de outra conduta é, pois, a primeira e mais importante causa de exclusão da culpabilidade. E constitui um verdadeiro princípio de direito penal. Quando aflora em preceitos legislados, é uma causa legal de exclusão. Se não, deve ser reputada causa supralegal, erigindo-se em princípio fundamental que está intimamente ligado com o problema da responsabilidade pessoal e que, portanto, dispensa a existência de normas expressas a respeito". E conclui sustentando que "o que se quer dizer com isso é que a culpabilidade, para configurar-se, exige uma certa 'normalidade das circunstâncias' que cercam e poderiam ter influído sobre o desenvolvimento do ato volitivo do agente. Na medida em que estas circunstâncias apresentem-se significativamente anormais deve-se suspeitar da presença de anormalidade, também, no ato volitivo".[12]

---

[11] FRAGOSO, Lições de Direito Penal, p. 210.
[12] TOLEDO, Princípios Básicos de Direito Penal, p. 328.

No caso penal apresentado como *hipótese de laboratório*, a anormalidade das circunstâncias está representada na péssima situação financeira da empresa gerada pelo atraso e inadimplemento dos valores contratados com o Governo Federal. Não há, diante das circunstâncias apresentadas, alternativa de conduta diversa senão a eleita pelos gestores, qual seja, o não repasse das contribuições previdenciárias.

Em tais circunstâncias se harmoniza o princípio da co-culpabilidade, ou seja, com a verificação do nexo causal entre o delito e a ação/omissão do ente público se reconhece a co-responsabilidade do Estado no ilícito, excluindo-se o juízo de reprovação.

Referências bibliográficas

BITENCOURT, Cezar Roberto. *Tratado de Direito Penal: parte geral.* 10. ed. São Paulo: Saraiva, 2006.

CARVALHO, Amilton Bueno & CARVALHO, Salo. *Aplicação da Pena e Garantismo.* 3. ed. Rio de Janeiro: Lumen Juris, 2004.

FRAGOSO, Heleno Cláudio. *Lições de Direito Penal.* 16ª ed. Rio de Janeiro: Forense, 2003.

SANTOS, Juarez Cirino. *Teoria do Crime.* São Paulo: Acadêmica, 1994.

——. *A Moderna Teoria do Fato Punível.* Rio de Janeiro: Freitas Bastos, 2000.

TOLEDO, Francisdo de Assis. *Princípios Básicos de Direito Penal.* 5. ed. São Paulo: Saraiva, 1994.

ZAFFARONI, Eugenio Raúl. *Sistemas Penales y Derechos Humanos.* Buenos Aires: Depalma, 1986.

——; PIERANGELI, José Henrique. *Manual de Direito Penal Brasileiro: parte geral.* São Paulo: RT, 1998.

Criminalidade ambiental e a Hidroelétrica Barra Grande: o crime ambiental que nunca será julgado

LENÔRA AZEVEDO DE OLIVEIRA

Mestre em Ciências Criminais e Especialista em Gestão para Qualidade do Meio Ambiente.Prof.ª de direito penal da PUCRS e do Curso de Pós-Graduação em Gestão para Qualidade do Meio Ambiente do Instituto do Meio Ambiente da PUCRS, Advogada.

Sumário: 1. Considerações Iniciais: Política Brasileira para o Meio Ambiente – 2. A Política Energética Brasileira – 3. A Tutela Penal do Meio Ambiente – 4. Barra Grande: o crime ambiental que nunca será julgado – 5. Reflexões Intermitentes – Referências bibliográficas.

1. Considerações Iniciais: Política Brasileira para o Meio Ambiente.

Pensar em Política para o Meio Ambiente é, necessariamente, enfrentar a tensão entre desenvolvimento econômico e preservação ambiental. Nesta perspectiva, a idéia de desenvolvimento sustentável, que procura integrar três elementos aparentemente antagônicos, quais sejam, crescimento econômico, preservação ambiental e melhoria da qualidade de vida, deve estar presente em qualquer tomada de decisão. Em outras palavras: compatibilizar crescimento econômico e ecologia[1] requer planejamento comprometido com soluções efetivas aos problemas ambientais.[2]

A Política brasileira para o Meio Ambiente adota instrumentos regulatórios, traduzidos pelo nosso ordenamento jurídico, instrumentos de mercado,[3] visando

---
[1] Os perigos que ameaçam o Meio Ambiente devem ser esclarecidos através de uma articulação ético-política, chamada de Ecosofia por Félix Guatarri, com destaque para os três registros ecológicos: o do meio ambiente, o das relações sociais e o da subjetividade humana. GUATARRI, As Três Ecologias, p. 8.

[2] Poluição do ar, água, solo; aquecimento global; desmatamento; esgotamento de recursos naturais; superpopulação mundial; congestionamento do tráfego nas cidades, etc.

[3] São exemplos de instrumentos de mercado os certificados ISO 14.000, seguros ambientais, selos verdes, entre outros.

que os *agentes econômicos possam voluntariamente mudar seu comportamento no sentido de internalizar os custos ambientais de suas atividades produtivas*,[4] e ainda a Política Ambiental adotada por cada governante no período de seus mandatos. Essas três dimensões da Política Ambiental devem curvar-se aos princípios enumerados no art. 170 da Constituição Federal, que inclui no inciso VI *a defesa do Meio Ambiente,* pois o constituinte originário subordinou toda atividade econômica à defesa do Meio Ambiente.

Não é por outro motivo que qualquer nova atividade econômica que cause potencial degradação ao Meio Ambiente deve submeter-se ao prévio estudo de impacto ambiental para ter aprovado seu funcionamento.[5] Também não é por outro motivo que o constituinte originário determinou que as condutas e atividades lesivas ao Meio Ambiente estarão sujeitas a sanções civis, administrativas e criminais, além da obrigação de reparar o dano.[6]

Dessa forma, a partir da Constituição de 1988 o Meio Ambiente passou a ser um bem jurídico protegido constitucionalmente, ficando sujeito também à tutela penal, cujas condutas ilícitas foram introduzidas com a vigência da Lei nº 9.605 em 1998.

A Política Ambiental a ser adotada pelos governantes no período de seus mandatos deve traçar metas que visem o desenvolvimento sustentável do país, sendo esse um dos objetivos da Agenda 21[7] quando refere que *um ajuste ou mesmo uma reformulação drástica do processo de tomada de decisões é fundamental caso se deseje colocar o Meio Ambiente e o desenvolvimento no centro das tomadas de decisões políticas e econômicas, determinando uma integração plena entre esses fatores.*[8] Uma destas tomadas de decisões diz respeito à matriz energética, considerando que crescimento econômico só é possível com investimentos em energia.

2. A Política Energética Brasileira

Política energética é um elemento destaque na temática desenvolvimento econômico, sendo a produção e o uso de energia elétrica fundamental para o

---

[4] SOUZA, Entendendo a Questão Ambiental, p. 246.

[5] Inciso IV do art. 225 CF:exigir, na forma da lei, para instalação de obra ou atividade potencialmente causadora de significativa degradação do Meio Ambiente, *estudo prévio de impacto ambiental*, a que se dará publicidade (g.n.).

[6] § 3 do art. 225 º CF: as condutas e atividades consideradas lesivas ao Meio Ambiente sujeitarão os infratores, pessoas físicas ou jurídicas, a sanções penais e administrativas, independentemente da obrigação de reparar os danos causados.

[7] Documento que reúne os debates ocorridos durante a Conferência das Nações Unidas sobre o Meio Ambiente e Desenvolvimento, a Eco 92, no Rio de Janeiro em 1992. Aborda os mais diversos temas relacionados ao Meio Ambiente, cujo conteúdo pretende refletir o consenso mundial e o compromisso político adotado pelos países participantes, entre eles o Brasil, no que diz respeito ao desenvolvimento sustentável e à cooperação ambiental.

[8] Conferência das Nações Unidas sobre o Meio Ambiente e Desenvolvimento. Brasília: Senado Federal, 1997, p. 113.

crescimento econômico de qualquer país. Para isso o emprego de tecnologia é necessário para a sustentabilidade e *requer um sistema de energia adequado, boas práticas de conservação do solo e reparação do sistema degradado.*[9] Existem diferentes formas de produzir-se energia elétrica: as mais tradicionais são provenientes da queima de combustíveis fósseis nas termoelétricas; a força da queda d'água, produzida nas hidroelétricas, e ainda através das chamadas energias alternativas,[10] tais como eólica, solar, biomassa, geotérmica e oceânica.[11] Além destas, também é possível produzir-se eletricidade através de energia nuclear, que na França corresponde a 77% da energia elétrica gerada.[12]

A produção de energia elétrica através das formas tradicionais, quais sejam, em termoelétricas e hidroelétricas, tem sido a base da produção de energia elétrica no Brasil. No ano de 2005, o Brasil teve uma oferta de eletricidade de 74,6% proveniente de hidroelétricas, 12,6% de termoelétricas, 8,8% de energia importada, 2,2% de energia nuclear e 1,7% proveniente de pequenas centrais hidroelétricas, conforme gráfico abaixo, divulgado no BEN (Balanço Energético Nacional) do Ministério de Minas e Energia:[13]

GRÁFICO 1
ENERGIA ELÉTRICA
ESTRUTURA DA OFERTA INTERNA [1]
BRASIL 2005

Gráfico 1 – Energia Elétrica: Estrutura da Oferta Interna
(Brasil 2005)

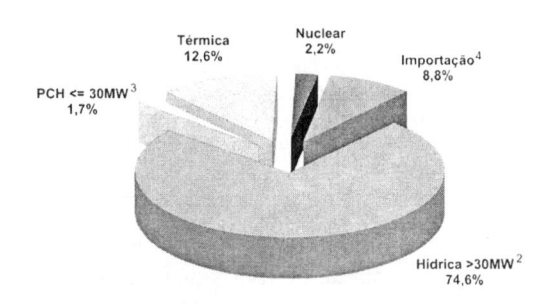

- Térmica 12,6%
- Nuclear 2,2%
- Importação[4] 8,8%
- PCH <= 30MW[3] 1,7%
- Hídrica >30MW[2] 74,6%

Notas:
1 Inclui centrais elétricas autoprodutoras.
2 Centrais hidroelétricas são aquelas com potência superior a 30 MW.
3 Pequenas centrais hidroelétricas são aquelas com potência igual ou inferior a 30 MW.
4 A importação inclui a parcela paraguaia de Itaipu.

Ocorre que a energia proveniente das termoelétricas tem um grande potencial degradador do Meio Ambiente, destacando-se a chuva ácida, considerando que:

---

[9] BUNYARD, *A Teoria de Gaia e a Gestão do Planeta*, p. 392.
[10] Energia alternativa: sinônimo de energia limpa, pura, não poluente, a princípio inesgotável.
[11] Proveniente das ondas e das marés.
[12] SCHIMDT, Sistema Elétrico Francês, sua constituição e dilemas atuais, p. 35
[13] Balanço Energético Nacional. www.mme.gov.br, acesso em 04.12.2006.

> Os combustíveis fósseis, como o petróleo e o carvão mineral, contêm, além de hidrocarbonetos, compostos com átomos de enxofre. A percentagem de enxofre pode chegar a 1% da massa total no petróleo e a 6 % no carvão, dependendo da origem do combustível. A combustão desses combustíveis provoca, também, a queima do enxofre que eles contêm. Assim, *durante o processo de combustão o enxofre do carvão é combinado com o oxigênio do ar e é transformado em dióxido de enxofre, um gás, que liberado na atmosfera, é espalhado pelos ventos*. A queima do carvão em usinas termelétricas é o processo provocado pelo ser humano que mais contribui para a produção do poluente gás dióxido de enxofre. Isso se deve a percentagem de enxofre que existe no carvão. Em função dessa característica, recomenda-se que, em processos de produção de energia elétrica, o carvão com mais de 2,5% de enxofre não seja utilizado ou, pelo menos, proceda-se a dessulfuração prévia do combustível. Além do mais, *os resíduos da produção de eletricidade pela queima de carvão mineral com alta concentração de enxofre – gases, cinzas e efluentes líquidos – contêm elementos metálicos tóxicos que podem ser absorvidos pela vegetação ou drenados para rios e águas subterrâneas, prejudicando o Meio Ambiente*.[14] (g.n.)

Exemplo de problema com queima de carvão em termoelétrica ocorreu em Candiota, na fronteira do estado do Rio Grande do Sul com o Uruguai, quando a chuva ácida atingiu as pastagens uruguaias, causando grande prejuízo aos rebanhos e às comunidades, o que ocasionou atritos diplomáticos entre Brasil e Uruguai.

Quanto à energia elétrica proveniente de hidroelétricas, a produção da energia pode ser "limpa", porém a degradação ambiental na construção das grandes barragens tem um custo imensurável ao Meio Ambiente, que deveria ser medido, inclusive, em escala planetária. Além do desaparecimento de florestas e da destruição de ecossistemas inteiros, outro aspecto sombrio da construção de grandes hidroelétricas diz respeito ao desalojamento de famílias,[15] cuja conseqüência é o êxodo rural e os bolsões de miséria nas grandes cidades. Neste aspecto Bouguerra afirma que:

> algumas barragens também causaram graves desordens ecológicas: no Indo, Paquistão, as obras impedem a água de chegar ao delta, causando destruição dos mangues, provocando a invasão do mar em terras cultiváveis o deslocamento de populações, induzindo à fome e à desordens sociais. Além disso, a decomposição de matéria vegetal atrás das barragens fomenta a proliferação de micróbios e aumenta a acidez do ambiente, ameaçando as estruturas. Estes micróbios metabolizam metais pesados como o mercúrio e os fazem entrar na cadeia alimentar. Os peixes são contaminados, os animais e as populações que os ingerem sofrem de perturbações neurológicas graves, como viu-se muitas vezes no Brasil e no Canadá.[16]

Contudo, mesmo diante de todos os inconvenientes comprovados na construção das grandes hidroelétricas, o governo brasileiro continua com plano estratégico de investimento em eletricidade proveniente de hidroelétricas até o ano de 2030,[17] pois o Brasil tem um dos maiores potenciais em recursos hídricos

---

[14] http://www.iq.ufrgs.br/aeq/modelage.htm, acesso em 03.12.2006

[15] A partir da década de 70, o Brasil adotou como modelo energético o uso de energia elétrica provinda de grandes barragens, modelo adotado até hoje. Estas hidroelétricas desalojaram milhares de pessoas que perderam suas terras e como conseqüência suas casas e seus trabalhos. Este conflito social está organizado no chamado Movimento dos Atingidos por Barragens, iniciado com a construção da hidroelétrica de Itaipu. www.mabnacional.org.br.

[16] BOUGUERRA, *As Batalhas da Água*. Petrópolis, p. 212.

[17] www.mme.gov.br: no Plano Nacional de Energia 2030, um inventário sobre o potencial hidroelétrico brasileiro comprovou que a região norte possui de 61 a 66% do potencial de energia hidráulica do país e a região sul 21%.

do mundo.[18] Por isso, *o sistema elétrico brasileiro se baseia em centrais predominantemente hidroelétricas (...) e pela opção de desenvolvimento do parque gerador a partir do vasto potencial hidroelétrico do país,*[19] considerando que o *sistema brasileiro é peculiar e não encontra paralelo em termos mundiais.*[20]

Para estimular o investimento neste setor, a partir de 1995 as Leis nº 8.987 e nº 9.074 permitiram a mudança do monopólio [estatal] para um sistema competitivo ou de mercado, já que, em tese, *as empresas atingem maiores índices de eficiência quanto mais estejam submetidas à concorrência.*[21] Desde então empresas privadas podem ser concessionárias de serviços públicos para produção de eletricidade.

Assim sendo, a política nacional do governo federal investirá de modo significativo, até 2030, em energia elétrica gerada por grandes hidroelétricas, construídas pela iniciativa privada, deixando de investir substancialmente em outras fontes de energia alternativa tais como eólica, solar ou mesmo nuclear.

3. A Tutela Penal do Meio Ambiente

Especificamente, quanto à tutela penal, o legislador de 1940 introduziu no Código Penal algumas condutas tais como o envenenamento de água potável e a corrupção ou poluição da água potável, previstas nos artigos 270 e 271, respectivamente. Contudo, esta proteção penal não tinha por enfoque o bem jurídico Meio Ambiente, mas sim a saúde pública, uma vez que o Meio Ambiente ainda não era um bem jurídico-penal, fato que só ocorreu com a Constituição Federal de 1988.

Desta forma, a partir do preceito descrito no *caput*[22] do artigo 225 da Constituição Federal de 1988, o valor atribuído ao Meio Ambiente como *bem de uso comum do povo e essencial à sadia qualidade de vida* elevou-o a bem jurídico protegido constitucionalmente e também a bem jurídico-penal.

Assim, em que pese a necessidade de um Meio Ambiente equilibrado para a saúde do homem, a valoração constitucional do bem Meio Ambiente como bem jurídico não apresenta o enfoque no interesse ou direito individual; a *contrario sensu* dos tradicionais mecanismos de proteção penal baseados na ótica individual-patrimonialista, a tutela constitucional do bem ambiental prevê proteção de interesses difusos ou coletivos, cujos titulares estão para além do indivíduo isoladamente considerado. Por este motivo a natureza jurídica do bem ambiental é descrita como bem difuso, de natureza indivisível, pois

---

[18] Os outros países são Canadá e China. www.mme.gov.br.
[19] VINHAES, *O Novo Modelo de Energia da Indústria de Energia Elétrica Brasileira*, p. 140.
[20] Idem.
[21] VINHAES, *O Novo Modelo de Energia da Indústria de Energia Elétrica Brasileira*, p. 139.
[22] Art. 225 C.F./88: todos têm direito ao Meio Ambiente ecologicamente equilibrado, bem de uso comum do povo e essencial à sadia qualidade de vida, impondo-se ao Poder Público e à coletividade o dever de defendê-lo para as presentes e futuras gerações.

(...) trata-se de um bem difuso, um bem protegido por um direito que visa assegurar um interesse transindividual, de natureza indivisível, que sejam titulares pessoas indeterminadas e ligadas por circunstâncias de fato. Há um reconhecimento geral no sentido de que o direito ao Meio Ambiente ecologicamente equilibrado é considerado um bem de uso comum do povo. Aliás, o disposto no artigo 225 da Constituição Federal não deixa dúvidas quanto a isso. Se é de uso comum, não há titularidade plena, pois, como o próprio nome está a dizer, o uso não é individual. É de todos. [23]

Os interesses transindividuais são *aqueles que não se personalizam, vale dizer, que não têm um titular determinado, mas sim dizem respeito a toda uma coletividade ou sociedade, tendo como centro a qualidade de vida. Assim, seriam difusos o direito à informação, à saúde pública, ao Meio Ambiente (...)*.[24] Essa natureza difusa do bem ambiental e a titularidade do direito de todos, e não somente do indivíduo ou da coletividade foi adotada não somente pelo Brasil, mas também na Constituição de países como Portugal, Espanha e Alemanha. Prado[25] refere, inclusive, que a origem do § 3º do artigo 225 da Constituição Federal Brasileira *se encontra no parágrafo terceiro do artigo 45[26] da Constituição Espanhola, que foi a primeira a fazer constar em seu texto a possibilidade do emprego de sanções penais.*

Desta forma pode-se afirmar que inclusão do Meio Ambiente como bem jurídico-penal se deu pela necessidade de proteção do Meio Ambiente e pela crença de que direito penal, como *prima ratio*, pode impedir as agressões contra o bem ambiental, solucionando também as questões ambientais. Porém, a complexidade que envolve os problemas ambientais exige que se resolvam as questões ambientais na sua globalidade,[27] principalmente considerando a inadequação dos instrumentos jurídicos tradicionais para lidar com essas questões. Por isso a escolha do direito penal como uma das ferramentas para a defesa do Meio Ambiente pode ser explicada pelo fato dos juristas, e mesmo do legislador, desconsiderar outras formas de tutela para situações referentes ao Meio Ambiente, dado ser esse um tema complexo e sem precedentes na história da humanidade.

Neste aspecto, Hassemer afirma ser sua *opinião, compartilhada com alguns outros autores, entre eles Muñoz Conde, que o direito penal não é instrumento adequado para lidar com este tipo de problema; o direito penal positivo admite a criminalização das condutas consideradas lesivas ao bem ambiental, provavelmente por ser considerado o último recurso jurídico existente, ou* ultima ratio.[28] E nesta enfadonha forma de expansão do Direito Penal, ocorre uma *tendência progressiva de instituir o Direito Penal não mais como ultima, mas como sola ou prima ratio para a solução dos problemas sociais,*[29] entre as quais se incluem as

---

[23] PIVA, *Bem Ambiental*, p. 114.

[24] PIVA, *Bem Ambiental*, p. 38 e 39.

[25] PRADO, *Direito Penal Ambiental*, p. 32.

[26] Art. 45.§ 3: para quienes violar lo dispuesto en el apartado anterior, en los términos que fije la ley, se establecerán sanciones penales o, en su caso, administrativas, así como la obligación de reparar el daño causado.

[27] CANOTILHO, *Introdução ao Direito do Ambiente*, p. 20.

[28] HASSEMER, *A Preservação do Ambiente através do Direito Penal*, p. 30.

[29] HASSEMER, *Características e Crises do Moderno Direito Penal*, p.58.

agressões ao Meio Ambiente. Essa Política Ambiental, que utiliza o Direito Penal para evitar agressões ambientais, é *ineficaz e adotada pelo legislador para fazer de conta que está preocupado e reagindo imediatamente ao grande problema da criminalidade.* [30]

Criminalidade ambiental?

É possível se verificar uma criminalidade ambiental?

Para entender essa nova criminalidade não basta analisá-la sob a ótica das tradicionais categorias da criminologia. Para além dessas categorias, a pesquisa da criminalidade ambiental, ou *criminalidade ecológica* como denominou Hassemer,[31] precisa contemplar as interfaces entre questões econômicas, políticas, éticas e culturais, que ultrapassam as questões bio-psico-sociais. Isso por que a problemática ambiental não pode ser tratada juridicamente sem relevância à cultura e à tradição ocidental, inspirada no paradigma cartesiano que, segundo Ost[32] tem os seguintes traços:

> 1. os humanos são fundamentalmente diferentes das outros criaturas, sobre as quais tem o poder de exercer um domínio
>
> 2. os humanos são senhores do seu destino, cabe-lhes fixar a si próprios os objetivos que pretendem, adaptando para tal os meios necessários
>
> 3. o mundo é vasto e contém recursos em quantidade ilimitada para os humanos;
>
> 4. a história da humanidade é a de um progresso constante; para todo o problema há uma solução "geralmente técnica", não há, pois, motivo para travar o progresso.

Desta forma, *toda pretensa alternativa cosmológica ou ecológica plantada sobre convicções mais profundas da cultura ocidental não passa, assim, de um momento dialético do mover-se da grande realidade. Não é no passado que se encontra a possibilidade do futuro,*[33] pois repetir antigas fórmulas, reforçando a dicotomia homem-natureza, não poderá transcender a crise ecológica. Neste sentido, Lutzenberger[34] afirma:

> A causa profunda da crise não é tecnológica nem científica, é cultural, filosófica. Nossa visão incompleta do Mundo nos faz querer agredir o que devíamos querer proteger. Achamos que devemos 'dominar a natureza', lutar contra ela para não sermos por ela dominados. Acontece que a alternativa senhor ou escravo não corresponde à realidade das coisas.

Por isso, soluções eficazes aos cuidados com o Meio Ambiente dependem de questionamentos políticos, éticos, econômicos e culturais, que, além da verificação de pressupostos jurídico-penais, podem auxiliar na possível conclusão de

---

[30] *O Direito Penal Simbólico é identificável através de duas características: por um lado não serve para proteção efetiva de bens jurídicos; por outro lado, obedece a propósitos de pura jactância da classe política.* HASSEMER, *A Preservação do Ambiente através do Direito Penal*, p. 33.

[31] HASSEMER, *Três Temas de Direito Penal*, p. 87.

[32] OST, *A Natureza à Margem da Lei.* p. 181/182.

[33] SOUZA, *Educação Ambiental*, p. 99.

[34] LUTZENBERGER, *Fim do Futuro?*, p. 13.

que o direito penal pouco ou nada pode fazer quanto à evitar agressões e destruição do Meio Ambiente.

4. Barra Grande: o crime ambiental que nunca será julgado

Barra Grande é uma localidade situada no vale do Rio Pelotas, entre os estados de Santa Catarina e Rio Grande do Sul, onde até 2004 formavam-se *preciosas manchas de floresta com araucárias, formação integrante do Bioma da Mata Atlântica*,[35] região cujo valor ambiental é inestimável, considerando diversidade de fauna, flora e belezas naturais indescritíveis.[36]

Em 27 de junho de 2001 iniciou-se a construção da Usina Hidroelétrica de Barra Grande[37] visando a gerar 680 megawatts de energia, quantidade suficiente para suprir o equivalente a 30% da demanda de energia de Santa Catarina ou a 20% do total da energia consumida no Rio Grande do Sul,[38] uma vez que o restante produzido será destinado à região sudeste do país.

Para possibilitar o crescimento econômico nacional, 94 quilômetros quadrados desta localidade, imprescindível para o equilíbrio ecológico e sadia qualidade de vida das presentes e futuras gerações, foram submersos para formar o reservatório da usina, alagando parcialmente terras de nove municípios – Anita Garibaldi, Cerro Negro, Campo Belo do Sul, Capão Alto e Lages, em Santa Catarina; Pinhal da Serra, Esmeralda, Vacaria e Bom Jesus, no Rio Grande do Sul. Estão incluídos nesta área

> aproximadamente 8.140 mil hectares, 90% da qual recoberta por floresta primária e em diferentes estágios de regeneração e por campos naturais. Ali, entre a floresta a ser tragada pelas águas, está [estava] um dos mais bem preservados e biologicamente ricos fragmentos de Floresta Ombrófila Mista do Estado de Santa Catarina, em cujas populações de araucária foram identificados os mais altos índices de variabilidade genética já verificados em todo ecossistema.[39]

Importante destacar que biólogos encontraram uma espécie rara de bromélia, chamada de *Dyckia distachya*,[40] que vive exclusivamente nas margens dos

---

[35] A floresta de araucárias está reduzida a menos de 3% de sua área original. Esta espécie consta na lista oficial do IBAMA de ameaça de extinção. PROCHNOW, *Barra Grande: A Hidroelétrica que não viu a floresta*, p. 06 e 11.

[36] Vale pena ver as fotografias e os vídeos no site www.apremavi.com.br

[37] A Usina Hidroelétrica de Barra Grande foi construída pela concessionária BAESA S/A, formada pelos seguintes acionistas: Alcoa Alumínio S.A. (42,18%); CPFL – Geração de Energia S.A. (25%); DME Energética Ltda (8,82%); Camargo Corrêa Cimentos S/A (9%) e CBA – Companhia Brasileira de Alumínio (15%). www.baesa.com.br, acesso em 28.10.2006.

[38] www.baesa.com.br, acesso dia 28.10.2006.

[39] PROCHNOW, Barra Grande: A Hidroelétrica que não viu a floresta, p. 06. Nesta localidade foram identificadas inúmeras espécies da flora ameaçadas de extinção, e que por isso integram a listagem da Portaria nº 37 N/92 do IBAMA

[40] Os pesquisadores do Departamento de Botânica da Universidade Federal de Santa Catarina, que acharam a *Dyckia distachya*, avisam que, para lá de endêmica, ela só se encontra atualmente em três lugares do território brasileiro. Os três ficam no caminho das águas de Barra Grande. Mas a bromélia não está no rol das plantas que a empresa se comprometeu a estocar num banco genético, para reconstituir a mata condenada. Nessa arca

rios Uruguai e Pelotas, na fronteira do Rio Grande do Sul com Santa Catarina, sendo a mais nova estrela da lista de espécies que estão prestes a desaparecer, tragadas pelo lago artificial que moverá a usina.[41]

Desta forma, visando garantir o abastecimento de energia elétrica para Região Sudeste do país, ressaltando-se que a Região Sul será beneficiada somente com 20% para o RS e 30% em SC, a concessionária Energética Barra Grande S/A – BAESA realizou o Estudo de Impacto Ambiental[42] na área onde o empreendimento foi construído, porém de forma fraudulenta pois

> para obter a licença prévia que permitiu o início da construção da barragem em 1999, a empresa construtora BAESA- energética Barra Grande S/A baseou-se em um Estudo de Impacto Ambiental (EIA/RIMA) fraudulento, elaborado pela empresa de consultoria Engevix. A existência de dois mil hectares de florestas virgens de araucárias e outros quatro mil hectares de florestas em estágio avançado de regeneração, o que representa 2/3 da área total do reservatório, foram completamente ignoradas pelo relatório.[43]

Muitas manifestações foram realizadas pela sociedade civil organizada visando impedir a destruição de 8 mil hectares de floresta. Várias ONGs ambientalistas ingressaram com medidas jurídicas no intuito de evitar tamanho desastre ecológico.

Entre estas manifestações, a Ação Civil Pública nº 2004.72.00.013781-9/SC obteve resultado no primeiro grau de jurisdição, quando o Juiz Federal Osni Cardoso Filho deferiu liminar para suspender o desmatamento e a inundação da área, impedir ao IBAMA a emissão da licença de operação, bem como determinar o envio de cópias da decisão para que o Ministério Público Federal verificasse a ocorrência de ilícito penal. Ocorre que o TRF4, na relatoria do desembargador

---

de Noé embarcaram espécies como a araucária, a imbuia, o xaxim e a cabreúva. Mas a bromélia perdeu a última chamada. Biólogos catarinenses mandaram, em nome da *Dyckia distachya*, um alerta à ministra Marina Silva. Alegaram que, concedendo a licença de operação para a usina, o Ibama estará autorizando oficialmente a extinção da espécie. O apelo chega a Brasília escoltado por fortes argumentos. Lembra que o Brasil, como signatário da Convenção da Diversidade Biológica, tem o dever de evitar ataques genocidas à sua natureza. A Constituição, ainda por cima, obriga o Poder Público proteger a fauna e a flora. Enfim, o decreto 750/93 recomenda especial cautela com projetos que ponham em risco o pouco que sobrou da mata atlântica, como é o caso dessa bromélia. Mas tem poucas chances de mudar o rumo do rio Pelotas. Pobre *Dyckia distachya*. Logo com quem ela foi se meter. Do alto de seus 690 megawatts de prioridades energéticas, Barra Grande engole esse tipo de contratempo como borbulhas nas turbinas. Já passou por cima de coisas piores, como o relatório de impacto ambiental falsificado (...). A fraude é incontroversa. Isso nem a ministra Dilma Roussef, que defende as hidrelétricas custem o que custarem, se dispõe a negar. Mas o escândalo só veio à tona quando a obra ficou pronta. Logo, quando era tarde para a Justiça brasileira que nessas histórias costuma ter pressa. (...). E a *Dyckia distachya* sairá de cena tão depressa que talvez os brasileiros nem se lembrem dela, quando tiverem de refazer um dia a conta de quanto custa mesmo uma hidrelétrica. www.apremavi.com.br. acesso dia 03.12.06.

[41] www.apremavi.com.br, acesso dia 03.12.06.

[42] Estudo de impacto ambiental: deve conter o diagnóstico completo da área a ser abrangida pelo empreendimento, sendo encaminhado ao Poder Público para avaliação da viabilidade ou não do empreendimento, que por sua vez aprovará a instalação, impedirá o empreendimento ou determinará medidas alternativas para minimizar o impacto ambiental. Após esta avaliação serão emitidas as licenças ambientais, cujo objetivo é o controle da atividade potencialmente poluente, procurando imprimir-lhes um padrão de atuação sustentável. As hidrelétricas estão obrigadas a realizar o Estudo de Impacto Ambiental, conforme Anexo I da Resolução 237 de 1997 do CONAMA – Conselho Nacional do Meio Ambiente.

[43] ZEN, Fraude Garante Licença para Hidroelétrica, p. 32.

federal Vladimir Passos de Freitas, cassou a liminar com base no seguinte fundamento "a construção da hidroelétrica já implicou em gastos públicos de monta e que seu funcionamento se revela indispensável ao desenvolvimento da ordem econômica (...) e a paralisação do empreendimento causa lesão à ordem administrativa e à economia pública".[44] Mas tarde o desembargador voltou atrás na sua decisão, mas já era tarde.

Como se pode verificar este dano irreversível ao Meio Ambiente foi apoiado pelas autoridades brasileiras, na idéia equivocada de que *o funcionamento da Usina Hidrelétrica Barra Grande é considerado essencial na garantia do abastecimento de energia elétrica do país e fator decisivo, segundo as autoridades federais, para dar suporte ao crescimento econômico nacional.*[45]

Em decorrência disso, vários tipos penais foram realizados durante a construção da hidroelétrica Barra Grande, cuja *inundação afetou um importante corredor ecológico que abrigava milhares de espécies da fauna e flora, muitas ameaçadas de extinção e outras tantas sequer listadas pela ciência.*[46]

Evidentemente pelo fato de existir permissão do Poder Público através das licenças ambientais fornecidas pelo IBAMA, mesmo que com base em Estudo de Impacto Ambiental fraudulento, em tese fica afastada a ilicitude. Por isso, esses crimes não serão julgados, eis que todos os tipos penais foram cometidos com o consentimento do Poder Público e em nome do desenvolvimento econômico.

5. Reflexões Intermitentes

> *Se quisermos sobreviver, deveremos escolher um modo de vida*
> *mais modesto e, assim, procurar ativamente maneiras*
> *de reduzir nossas extravagâncias*
> Peter Bunyard

As agressões contra o Meio Ambiente são uma forma de auto-agressão?

Uma visão cartesiana responde não à pergunta.

Mas estamos sim nos autodestruindo. Na década de 60 James Lovelock[47] criou a Hipótese Gaia, na época criticada e hoje elogiada, defensora de que a Terra é um organismo vivo e com capacidade de se auto-regular. Somos nós, a raça humana, quem interfere na natureza fazendo com que os processos naturais

---

[44] Um dossiê completo sobre o caso, incluindo vídeos, pareceres e decisões judiciais podem ser pesquisados no site www.apremavi.com.br

[45] www.baesa.com.br, acesso dia 28.09.2006.

[46] Fortes & Rammê, Preservação da Mata Atlântica: o legítimo interesse público que deve prevalecer no caso da hidroelétrica de Barra Grande, www.natbrasil.org.br/index.htm

[47] Cientista inglês que trabalhou na NASA nos anos 60 quando criou a Hipótese Gaia e o aparelho que possibilitou detectar o acúmulo do pesticida DDT nos seres vivos, razão pela qual se interrompeu o uso da substância. O aparelho também ajudou a identificar o CFC, gás que era utilizado em aerossóis, como o responsável pela destruição da camada de ozônio, o que levou a sua proibição. Hoje, aos 87 anos faz pesquisas em Devon, em seu laboratório particular. Revista Veja edição 1979.

de auto-regulação não consigam se efetivar. Por isso estamos vivendo os resultados do aquecimento global descontrolado e suas conseqüências trágicas.

O alerta está dado. Em novembro de 2006, James Lovelock concedeu entrevista à Revista Veja[48] com afirmações extremamente inquietantes. Entre elas, afirmou que o *aquecimento global já passou do ponto sem volta e que a situação se tornará insuportável lá por 2040* e ainda que

> o clima está a ponto de fazer um salto abrupto para um novo estágio de aquecimento. Mudanças geológicas normalmente levam milhares de anos para acontecer. As transformações atuais estão ocorrendo em intervalos de poucos anos. É um erro acreditar que podemos evitar o fenômeno apenas reduzindo a queima de combustíveis fósseis. *O maior vilão do aquecimento é o uso de uma grande porção do planeta para produzir comida. As áreas de cultivo e de criação de gado ocupam o lugar da cobertura florestal que antes tinha a tarefa de regular o clima, mantendo a Terra em uma temperatura confortável.* (g.n).

A cobertura florestal de 8 mil hectares destruída pela barragem da hidroelétrica de Barra Grande não teve por escopo a produção de alimentos, mas sim a produção de eletricidade. Desperdiçamos 8 mil hectares de cobertura florestal que, entre outras funções, atuava na "respiração planetária", auxiliando a manter a Terra em uma temperatura agradável.

Na mesma entrevista James Lovelock, sempre polêmico, defende a idéia de que uma alternativa inteligente para solucionar-se o problema da produção de energia é o uso de energia nuclear, afirmando que *as pessoas têm medo do lixo atômico, mas isso é um mito. A quantidade de resíduos produzida pelas usinas nucleares é irrisória e não causa grandes problemas ambientais.*[49]

Como visto, a questão ambiental é complexa e envolve muitas áreas do conhecimento. Crimes Ambientais são cometidos desde que a Lei 9.605/98 entrou em vigor. Nem por isso o Meio Ambiente está mais protegido, ou as agressões a este bem jurídico-penal diminuíram.

Por isso podemos afirmar que a grande tragédia da ineficácia da nossa Política Ambiental é o seu fenecimento diante de uma cruel realidade: a coligação do Poder Público com os interesses privados, raramente comprometidos com a qualidade do Meio Ambiente e com sua preservação para as presentes e futuras gerações.

Além disso, a inclusão de Política Criminal em assuntos ambientais demonstram uma forma paliativa de lidar com as questões ambientais, que exigem uma abordagem transdisciplinar do conhecimento e transcendem o tradicional *"modelo integrado de ciências criminais"* preconizado por Von Liszt, que en-

---

[48] Páginas amarelas da Revista Veja edição 1979, ano 39 nº 42, novembro de 2006. A entrevista completa ainda pode pode ser acessada no site http://www.valeverde.org.br/html/entrevis2.php?id=57

[49] Cem gramas de urânio eqüivalem a 200 toneladas de carvão, em termos de energia gerada. Com 100 gramas de urânio não se produzem mais do que 100 gramas de lixo atômico, enquanto a poluição emitida pela queima de 200 toneladas de carvão é de 600 toneladas de dióxido de carbono. Entre 100 gramas e 600 toneladas de resíduos, é óbvio que o carbono é um problema maior http://www.valeverde.org.br/html/entrevis2.php?id=57

globa direito penal, política criminal e criminologia.[50] Não basta a Constituição nacional determinar a subordinação da atividade econômica à defesa do Meio Ambiente, como está definido no inciso VI do artigo 170, se o próprio Poder Público, que tem o ônus de fiscalizar as atividades que interferem no equilíbrio ecológico, burlam essa determinação. Também não basta a simples tipificação de condutas lesivas para proteger o Meio Ambiente, se a lei de crimes ambientais tem clientela definida, jamais sendo punidas empresas como a concessionária BAESA S/A, que cometem ilícitos de proporções planetárias sem nenhuma conseqüência penal ou mesmo administrativa. Certamente, enquanto o Poder Público associar-se ao poder econômico e seus interesses, o Meio Ambiente continuará sendo protegido, mas apenas formalmente.

Neste sentido, o sucesso das atividades econômicas não pode mais estar ligado ao simples desenvolvimento da economia, mas sim ao sucesso quando de fato preservar o Meio Ambiente. Temos um excelente ordenamento jurídico civil e administrativo de preservação ambiental. Mas só isto não basta. Se os governos não implantarem planos estratégicos com políticas ambientais sérias, almejando afastar a corrupção da fiscalização e beneficiando de fato o Meio Ambiente com toda complexidade que o tema exige, casos como o de Barra Grande continuarão a acontecer, a despeito da legislação ambiental e de qualquer manifestação da sociedade civil organizada.

O que tornou a história da hidrelétrica de Barra Grande um caso inesquecível, entre tantas outras hidroelétricas construídas no país, foi a forma fraudulenta como se desenvolveu o processo de licenciamento,[51] iniciado no governo FHC e findo no governo Lula. Além disso, a atuação do Poder Judiciário Federal e do Ministério Público da União, que deveriam atuar, o primeiro como freio e contrapeso[52] do Poder Executivo, e o segundo como fiscalizador da correta aplicação das leis, pactuaram com todos os ilícitos cometidos. O termo de compromisso assumido pela BAESA S/A, visando mitigar os danos ambientais, jamais conseguirá compensar a "genocídio" de 8 mil hectares de floresta. Não temos como produzir 8 mil hectares de mata nativa (...) não temos como repor 8 mil hectares de natureza virgem, com diversos nascedouros d'água, biodiversidade de flora e fauna, beleza natural exuberante (...) Qual o impacto deste desastre ambiental? É somente local? Regional? Planetário? (...)

Mas, cabe questionar: podemos prescindir de energia elétrica?

Claro que não. Porém, é possível gerar eletricidade de outras formas que não através de grandes hidroelétricas. As alternativas são muitas: energia eólica;

---

[50] Salo de Carvalho refere que há necessidade de uma (re)constituição do modelo integrado de ciências criminais, aberto à transdisciplinaridade. CARVALHO, Criminologia e Transdisciplinaridade, p. 40. No entanto, medidas extrapenais podem ser mais eficazes nos cuidados com o Meio Ambiente do que medidas penais, ainda que a abordagem penal destaque um modelo integrado de ciências criminais (re)constituído.

[51] São três as etapas do licenciamento ambiental: Licença Prévia, Licença de Instalação e Licença de Operação, de acordo com a Lei da Política Nacional do Meio Ambiente – Lei n.º 6.938/1981.

[52] Cf. MONTESQUIEU na obra "O Espírito das Leis".

energia solar; energia nuclear; biomassa; e ainda pequenas hidroelétricas, cujo impacto ambiental não é tão agressivo ao Meio Ambiente. O que não podemos é nos dar ao luxo de destruir 8 mil hectares de floresta, ou de desviar o curso de rios, ou desalojar milhares de famílias a cada grande hidroelétrica que será construída no país até 2030.

É fundamental que se repense as formas de abordagem da questão ambiental tanto na eficácia das medidas penais quanto na matriz energética brasileira. Quando o agressor do Meio Ambiente é um grande empreendedor que está coligado com o Poder Público, conforme demonstrado no caso da construção da Hidroelétrica Barra Grande, o Direito Penal torna-se uma ferramenta descartável, inclusive colocando em risco a credibilidade da Ciência Penal que, *se quer salvaguardar sua razão de ser (...) deve, antes de tudo, entender suas limitações, abandonando a ilusão infantil da crença num poder irreal autoproclamado.*[53] Quanto à matriz energética brasileira, mesmo que o Brasil possua um dos maiores potenciais hídricos do mundo, nada justifica a destruição sócio-ambiental causada pela construção das grandes hidroelétricas quando existe a possibilidade de alternativas menos agressivas ao Meio Ambiente e à sociedade.

Muitos questionamentos, algumas respostas (...)

Muitas reflexões (...) intermitentes (...)

Referências bibliográficas

BUNYARD, Peter. A Teoria de Gaia e a Gestão do Planeta. *In Desenvolvimento Sustentável e Gestão Ambiental nas Cidades: estratégias a partir de Porto Alegre.* Porto Alegre: UFRGS, 2004.

BOUGUERRA, Mohamed Larbi. *As Batalhas da Água: por um bem comum da humanidade.* Petrópolis: Vozes, 2004.

CANOTILHO, Joaquim José Gomes. *Introdução ao Direito do Ambiente.* Lisboa: Universidade Aberta, 1998.

CARVALHO, Salo de. Criminologia e Transdisciplinaridade. *In Sistema Penal e Violência.* Rio de Janeiro: Lumen Juris, 2006.

——. A Ferida Narcísica do Direito Penal (primeiras observações sobre as (dis)funções do controle penal na sociedade contemporânea. *In A Qualidade do Tempo: para além das aparências históricas.* Rio de Janeiro: Lumen Juris, 2004.

GUATTARI, Félix. *As Três Ecologias.* Campinas: Papirus, 2001.

HASSEMER, Winfried. A Preservação do Meio Ambiente através do Direito Penal. *Revista Brasileira de Ciências Criminais*, número 22, São Paulo, p. 27-35, 1998.

——. *Três Temas de Direito Penal.* Porto Alegre: AMP/Escola Superior do Ministério Público, 1993.

——. Perspectivas de uma Nova Política Criminal. *Revista Brasileira de Ciências Criminais*, número 08, São Paulo: p. 41-51, 1994.

——. Características e Crises do Moderno Direito Penal. *Revista Brasileira de Ciências Criminais*, número 08, São Paulo: p. 54-66, 2003.

LUTZENBERGER, José. *Fim do Futuro? Manifesto Ecológico Brasileiro.* Porto Alegre: Movimento UFRGS, 1980.

OST, François. *A Natureza a Margem da Lei.* A Ecologia à Prova do Direito. Lisboa: Instituto Piaget, 1995.

PIVA, Rui Carvalho. *Bem Ambiental.* São Paulo: Max Limonad, 2000.

PRADO, Luiz Régis. *Direito Penal Ambiental:* problemas fundamentais. São Paulo: Revista dos Tribunais, 1992.

SCHMIDT, Carlos. Sistema Elétrico Francês: sua constituição e dilemas atuais. *in A Energia Elétrica em Debate: a experiência brasileira e internacional de regulação.* Porto Alegre: UFRGS, 2003.

---

[53] CARVALHO, A Ferida Narcísica do Direito Penal (primeiras observações sobre as (dis)funções do controle penal na sociedade contemporânea, p. 207.

SOUZA, Renato de Santos de. *Entendendo a Questão Ambiental: temas de economia, política e gestão do meio ambiental*. Santa Cruz do Sul: EDUNISC, 2000.

VINHAES, Élbia A. Silva. O Novo Modelo de Energia da Indústria de Energia Elétrica Brasileira. *In Energia Elétrica em Debate: a experiência brasileira e internacional de regulação*. Porto Alegre: UFRGS, 2003.

ZEN, Eduardo Luiz. Fraude Garante Licença para Hidroelétrica. *Barra Grande: A Hidroelétrica que não viu a floresta*. Rio do Sul: APREMAVI, 2005.

— 10 —

O aditamento da denúncia e a sua repercussão na prescrição da pretensão punitiva

NEY FAYET JÚNIOR
Advogado. Doutor em Direito.
Professor de Direito Penal da PUC/RS

Sumário: 1. Considerações iniciais – 2. Aditamento. 2.1. Conceito, 2.2. Fundamento – 3. A prescrição da pretensão punitiva. 3.1. Conceito e a sua relação com o aditamento, 3.1.1. Aditamento para suprir omissões e corrigir erros materiais da denúncia, 3.1.2. Aditamento que altera a capitulação jurídica do fato, 3.1.3. Aditamento do art. 384, parágrafo único, do CPP (*mutatio libelli* com aditamento), 3.1.4. Aditamento para incluir novo fato delituoso, 3.1.5. Aditamento para inclusão de co-réu – 4. Considerações finais – 5. Referências bibliográficas.

1. Considerações iniciais

Cuida o presente artigo de um tema do qual geralmente se esquece a doutrina. (No mais das vezes, a atenção doutrinária abrange apenas o aditamento à queixa procedido pelo Ministério Público).[1] Com efeito, poucas são as obras que se lançam à discussão do aditamento à denúncia na ação penal (seja qual for a sua modalidade) e, em especial, a sua relação com a prescrição da pretensão punitiva, engendrando um quadro significativamente lacunoso no que diz respeito à vinculação desses institutos.

Em face disso, tivemos de suprir estas lacunas da doutrina na fonte jurisprudencial, da qual pudemos extrair os conceitos (vale dizer, da dinâmica processual) que não se apresentavam suficientemente debatidos pelos processualistas penais.

Talvez um aspecto que nos permite bem avaliar a escassa produção científica acerca do tema seriam os limitados comandos legais por meio dos quais se

---
[1] Cf. LIMA, Marcellus Polastri. *Curso de processo penal*. 3. ed. Rio de Janeiro: Lumen Juris, 2006. v. 1, p. 243-4.

estrutura o instituto do aditamento. De fato, o CPP trata, em poucos e espaçados artigos,[2] direta e indiretamente, do aditamento, concedendo-lhe, com isso, uma posição secundária no cenário da ação penal.

Por essa razão, o trabalho procurou trazer, num primeiro momento, os fundamentos – lastrados em princípios constitucionais – deste acréscimo à acusação, para que se possa determinar e demonstrar a importância do instituto; e, num segundo momento, buscou avaliar a sua repercussão na prescrição da pretensão punitiva.

Note-se que o aditamento à denúncia traz conseqüências procedimentais de diversas ordens, que se distinguem conforme à função desse *plus* acusatório, isto é, tanto pode haver repercussões penais como processuais, mas o destaque que se pretende visa à prescrição penal, especificamente em suas causas interruptivas. Daí a relevância dessa interseção que se estabelece entre os dois institutos,[3] vale indicar: o elo existente entre o aditamento e a interrupção da marcha prescricional.

2. Aditamento

2.1. Conceito

No processo penal, ao contrário do civil,[4] a peça acusatória pode ser modificada até a sentença final, *"incluindo-se novos fatos ou agentes, agravando-se ou*

---

[2] Exemplos de comandos legais relacionados ao aditamento: *Art. 29*: "Será admitida ação privada nos crimes de ação pública, se esta não for intentada no prazo legal, cabendo ao Ministério Público aditar a queixa, repudiá-la e oferecer denúncia substitutiva, intervir em todos os termos do processo, fornecer elementos de prova, interpor recurso e, a todo tempo, no caso de negligência do querelante, retomar a ação como parte principal". *Art. 45*: "A queixa, ainda quando a ação for privativa do ofendido, poderá ser aditada pelo Ministério Público, a quem caberá intervir em todos os termos subseqüentes do processo". *Art. 46, parágrafo 2º*: "O prazo para o aditamento da queixa será de 3 (três) dias (...)".. *Art. 384, parágrafo único*: "Se houver possibilidade de nova definição jurídica que importe aplicação de pena mais grave, o juiz baixará o processo, a fim de que o Ministério Público possa aditar a denúncia ou a queixa, se em virtude desta houver sido instaurado o processo em crime de ação pública, abrindo-se, em seguida, o prazo de 3 (três) dias à defesa, que poderá oferecer prova, arrolando até três testemunhas. *Art. 408, § 5º*: "Se dos autos constarem elementos de culpabilidade de outros indivíduos não compreendidos na queixa ou na denúncia, o juiz, ao proferir a decisão de pronúncia ou impronúncia, ordenará que os autos voltem ao Ministério Público, para aditamento da peça inicial do processo e demais diligências do sumário". *Art. 564*: "A nulidade ocorrerá nos seguintes casos": (...) *III* – "por falta das fórmulas ou dos termos seguintes: *a)* "a denúncia ou a queixa e a representação e, nos processos de contravenções penais, a portaria ou o auto de prisão em flagrante". *Art. 569*: "As omissões da denúncia ou da queixa, da representação, ou, nos processos das contravenções penais, da portaria ou do auto de prisão em flagrante, poderão ser supridas a todo o tempo, antes da sentença final".

[3] A importância dessa relação se dá em decorrência das conseqüências jurídicas do aditamento, as quais podem ensejar, por vezes, a interrupção da prescrição. E a prescrição, como causa extintiva da punibilidade, merece sempre, sob todos os títulos, uma abordagem cuidadosa, uma vez que afeta a *persecutio criminis* e, com isso, o *jus libertatis* do cidadão.

[4] A petição inicial no cível só admite modificações até a citação do réu, e ainda com a sua concordância: *Art. 294 do CPC:* "Antes da citação, o autor poderá aditar o pedido, correndo à sua conta as custas acrescidas em razão dessa iniciativa". Ainda sobre o mesmo tema, podemos citar o *art. 264* do mesmo diploma legal: "Feita a citação, é defeso ao autor modificar o pedido ou a causa de pedir, sem o consentimento do réu, mantendo-se as mesmas partes, salvo as substituições permitidas por lei". *Parágrafo único:* "A alteração do pedido ou causa de pedir em nenhuma hipótese será permitida após o saneamento do processo".

modificando-se a tipificação".⁵ Trata-se de alterações que se implementam por meio do instituto jurídico-processual do aditamento.⁶

Nesse passo, podemos conceituá-lo como o instrumento pelo qual o Ministério Público ou o querelante⁷ amplia, retifica, integra a denúncia ou a queixa. Em rigor técnico, sob o aspecto processual penal, o aditamento pode completar a denúncia ou queixa com novos elementos, ou, ainda, acrescentar-lhes sujeitos ou fatos.⁸

O aditamento (também denominado de acréscimo à acusação) é, portanto, a peça processual-penal que se presta para a "correção da narrativa ou da classificação ou, ainda, a ampliação dos limites da própria *causa petendi*, o que ocorre em todos os casos em que é possível nova definição jurídica do fato, chamamento de co-autor ou partícipe ou participante excluído da relação jurídica ou imputação ao denunciado de novo crime, conexo ou continente".⁹ Por sua vez, REIS assevera:

> Aditamento à denúncia ou à queixa é o ato processual através do qual o representante do Ministério Público ou o querelante alteram a inicial, adicionando-lhe ou acrescentando-lhe alguma coisa. Essa alteração poderá ocorrer: a) – para corrigir erros materiais, retificar adequação típica incorreta, ou suprir omissões; b) – para incluir circunstância elementar não contida, explicita ou implicitamente, na inicial; c) – para descrever outra infração ligada à descrita na inicial por continência ou conexão; d) – para incluir outro co-autor; e) – para excluir quem foi incluído indevidamente.¹⁰

---

⁵ Cf. LIMA, Marcellus Polastri. *Curso de processo penal*, p. 244.

⁶ Deve-se remarcar que "aditar, no sentido etimológico da palavra, deriva do latim *additu*, particípio passado de *addere* que significa acrescentar, adir, adicionar, juntar algo que falta a alguma coisa", como descreve RANGEL, Paulo. *Direito processual penal*. 11. ed. Rio de Janeiro: Lumen Juris, 2006, p. 264.

⁷ Trataremos, no presente ensaio, somente do aditamento à denúncia na ação penal pública; por essa razão, o que se referir ao querelante, à queixa ou à ação penal privada é para fins meramente conceituais.

⁸ O aditamento não serve para suprir a falta da denúncia ou para substituí-la quando rejeitada. Nesse sentido: "PENAL E PROCESSO PENAL – DENÚNCIA/REJEIÇÃO – EXTINÇÃO DA PUNIBILIDADE PELA PRESCRIÇÃO DA PRETENSÃO PUNITIVA – IMPOSSIBILIDADE DE ADITAMENTO DA DENÚNCIA. 1 (...) 2. IMPOSSIBILIDADE DE ADITAMENTO À DENÚNCIA QUE FOI REJEITADA COM FUNDAMENTO NO ART-43, INC-2, DO CPP-40 EIS QUE, INEXISTINDO AÇÃO PENAL EM ANDAMENTO, NADA PODE SER ADITADO". (RCCR – RC, processo n.º 94.04.14973-0/PR, 2ª Turma TRF-4ª Região, Rel. Dória Furquim, data da decisão 28/09/1995, DJ data 16/11/1995, p. 78.820.) Em comentários ao art. 569 do CPP: "Câmara Leal chegou a sustentar que o dispositivo permitiria, inclusive, suprir-se a inexistência de denúncia ou queixa, mas o exagero ficou bem demonstrado na autorizada crítica de Espínola, que não parece admitir as correções materiais, pois, com exceção da possibilidade de suprir-se a inexistência das iniciais acusatórias, no mais concorda com Câmara Leal, inclusive quanto ao significação do verbo suprir, como empregado pelo legislador: 'preencher a falta'". (BARROS, Antônio Milton de. "Aditamento da denúncia e da queixa: forma e alcance de cada uma das modalidades prevista no Código de Processo Penal". In: *Revista da Associação Paulista do Ministério Público*, São Paulo, ano IV, n. 35, p. 30-3, out.-nov. de 2000, p. 32.)

⁹ Cf. BOSCHI, José Antônio Paganella. *Ação penal*. Denúncia, queixa e aditamento. 2. ed. Rio de Janeiro: Aidê, 1997, p. 222. Na 3ª edição de sua obra (2002, p. 247-8), o referido autor preferiu assim elencar as hipótese de aditamento: "a) correção da narrativa para atendimento de exigências formais. (...) a) redefinição dos limites da própria acusação, sempre que a decisão implicar deslocamento da competência e reexame da matéria por outro órgão do Ministério Público com atribuições no juízo ou justiça competente; b) nova definição jurídica do fato pela presença na prova dos autos de circunstância elementar ou de qualificação do crime, 'não contida explícita ou implicitamente' na narrativa da denúncia ou na queixa; c) nova pronúncia pelo próprio juiz, ante a ocorrência de circunstância posterior que modifique a definição jurídica do fato e sua respectiva classificação; d) imputação de outro fato ao acusado, desde que conexo ou continente com o narrado na inicial; e e) inclusão no processo de co-autor(es) ou participante(s) oculto(s)".

¹⁰ Cf. REIS, Julio Francisco dos. *Denúncia e queixa crime*: doutrina, jurisprudência, nulidades e modelos. Indianápolis: J.F. dos Reis, 1999, p. 255. Passaremos, a seguir, a uma pequena análise das hipóteses antes elencadas

a fim de melhor compreendermos o instituto. O fundamento legal da hipótese da alínea *a* é o art. 569 do CPP e sobre ele assim esclarece Sérgio Demoro HAMILTON: "A primeira forma de aditamento destina-se a suprir omissões da inicial (art. 569, CPP). Aqui não se trata da inclusão de fato novo capaz de modificar a *causa petendi*. Igualmente, em tal modalidade de aditamento, não se tem em vista acrescentar um novo réu. Na realidade, a providência reveste a finalidade de aperfeiçoar a inicial incompleta. Abrange, apenas, formalidades secundárias ou incorreções que podem e devem ser supridas até a sentença". ("A técnica da denúncia". In: *Revista do Ministério Público*, Rio de Janeiro, n. 16, p. 187-212, jul.-dez. 2002, p. 211.) O aditamento para mudança da capitulação do fato delituoso, embora facultativo, pode trazer grande repercussão no processo, atingindo desde o rito processual, competência, bem como a restrição ou não de alguns benefícios jurídico-penais. Daí a importância da tipificação correta do fato descrito na exordial acusatória, e, caso o delito esteja classificado erroneamente, pode o Ministério Público valer-se do aditamento para proceder tal correção, evitando, assim, por vezes, alguns prejuízos ao acusado advindos dessa equívoca imputação típica. Nessa esteira, Nilo BATISTA alerta: "Não, freqüentemente o réu não se defende de fatos, mas sim se defende da subsunção jurídica equivocada ou ambígua. A mesma imputação factual pode sustentar uma 'tradução jurídica' de *falsum* ou de estelionato, porém os materiais teóricos para o exame e debate dos dois tipos de injusto são completamente distintos; tendo a denúncia classificado o fato como *falsum*, não estará indefeso o réu condenado por estelionato com fundamento no artigo 383 CPP?" ("Sobre o aditamento à denúncia". In: *Discursos sediciosos*. Crime, direito e sociedade. Rio de Janeiro: Instituto Carioca de Criminologia, ano 1, n. 2, p. 285-9, 2. sem. 1996, p. 288). Mais malefícios pode trazer ao réu uma capitulação imprecisa, como bem adverte Luis Gustavo Grandinetti Castanho de CARVALHO: "Tem sido pouco debatida na doutrina e na jurisprudência a relação entre a classificação dada na queixa ou na denúncia e o estado de liberdade do réu. Especialmente nas infrações consideradas hediondas a discussão tem maior pertinência diante da dificultação de concessão de fiança e de liberdade provisória (artigo 2°, inciso II, da Lei n° 8.072/90)". (*Processo Penal e (em face da) Constituição, princípios constitucionais do processo penal*. 3. ed. Rio de Janeiro: Lumen Juris, 2004, p. 184.) Quanto à letra *b*, trata-se da hipótese prevista no art. 384, parágrafo único, do CPP, conhecida como *mutatio libelli* com aditamento; sobre o tema, Ney FAYET elucida que "circunstância elementar é tanto a que produz configuração de outro tipo, como também a que acarreta aumento de pena dentro dos limites prefixados e a que gera crime qualificado". (*A sentença criminal e suas nulidades*. Lei, doutrina e jurisprudência. 5. ed. Rio de Janeiro: Aidê, 1987, p. 92.) Para essa hipótese de aditamento, valiosos são os ensinamentos e as críticas de Antônio Scarance FERNANDES: "Mas só exige aditamento da denúncia pelo Ministério Público quando a mudança na definição jurídica por força de nova circunstância conduza a pena mais grave (art. 384, parágrafo único), não quando a pena for igual ou mais leve (art. 384, *caput*). Ora, se a Constituição Federal dá ao Ministério Público a titularidade exclusiva para propor a ação penal, isso significa que ninguém pode ser condenado por crime de ação pública sem que o Ministério Público o tenha acusado". Nesse contexto, "a falta de aditamento no art. 384, *caput*, representa a possibilidade de condenação por fato diverso daquele imputado ao réu pelo Ministério Público, em franca contradição com o art. 129, I, da Constituição Federal. Em suma, não há mais como ser alguém condenado por fato diverso daquele constante da acusação feita pelo Ministério Público, titular exclusivo da ação penal pública. A prova nova que altere a classificação inicial impõe aditamento do órgão acusatório". (*Processo penal constitucional*. São Paulo: RT, 1999, p. 176-7.) A modalidade do aditamento exposto na alínea *c* se justifica, ao nosso ver, pela própria razão que inspira os institutos da conexão e continência: "(...) deve ser operado o aditamento da inicial acrescentando-se novos fatos ou agentes, em face da existência de conexão ou continência, possibilitando, assim, a almejada unidade de processo e julgamento". (LIMA, Marcellus Polastri. *Curso de processo penal*, p. 248.) Inclusive existe entendimento jurisprudencial no sentido de que a imputação de fato novo ao réu, via aditamento, só é possível se esse for conexo ou continente com o delito descrito na denúncia: "No presente caso, se o novo crime que o Ministério Público pretende aditar à denúncia não é conexo ou continente com o crime de homicídio já denunciado, correta é a decisão que rejeita o aditamento, o que em nada prejudica uma nova denúncia, em nova ação penal, em autos apartados". (RSE n.° 2006.051.00062, TJ/RJ, 4ª CCr., Rel. Des. Francisco José de Azevedo, j. 16/05/2006.) Por fim, no que diz respeito à letra *d*, muito comum é o aditamento para esses fins, pois "com a continuidade das investigações, poderá, mais tarde, aditar posteriormente a denúncia para a inclusão de co-réu(s), ou mesmo propor, separadamente, nova ação penal contra o indivíduos cuja autoria somente venha a ser suficientemente esclarecida em ocasião posterior". (BONFIM, Edílson Mougenot. *Curso de processo penal*. São Paulo: Saraiva, 2006, p. 154.) Têm o mesmo entendimento Ada Pellegrini GRINOVER e outros: "Assim, não pode o juiz condenar o réu por fato não articulado na denúncia e que venha a ficar evidenciado durante o fluir do processo, ou abranger na sentença co-réu não incluído na denúncia, cuja participação venha ficar evidenciada durante a instrução; nessas hipóteses, impõe-se nova acusação, por aditamento ou denúncia separada. Se houver aditamento, o réu deve ser citado, realizando-se nova instrução, sob pena de nulidade". (FERNANDES, Antônio Scarance; GOMES FILHO, Antônio Magalhães; GRINOVER, Ada Pellegrini. *As nulidades no processo penal*. 9. ed. São Paulo: Revista dos Tribunais, 2006, p. 254.) Temos outras hipóteses de

Sem pretendermos dar cláusula de acerto nem esgotarmos as possíveis funções do aditamento, [entendemos que] as hipóteses acima colacionadas se nos afiguram suficientes e satisfatórias para a nossa abordagem.

2.2. Fundamento

O fundamento do aditamento é a necessidade de a acusação ser clara e precisa[11] e, principalmente, condizente com as reais circunstâncias do crime. (Na pretensão acusatória, os limites da proposta têm de estar objetivamente assentados na denúncia ou em seu aditamento, permitindo ao réu, em sendo o caso – e a partir de sua estratégia defensiva –, que a refute com a plena ciência da dimensão do que lhe foi atribuído/imputado.)

No processo penal, há alguns princípios que justificam e, ao mesmo tempo, fundamentam o aditamento, como passaremos a demonstrar, os quais se encontram visceralmente interligados.

(i) Em primeiro plano, desponta o princípio da obrigatoriedade,[12] que, sob todos os títulos, se projeta para o instituto do aditamento. De fato, se o Ministério Público, na ação penal pública, está obrigado a oferecer a denúncia, descrevendo a matéria punível tal qual se tenha perpetrado o crime (com todas as suas reais circunstâncias), resta cristalino que também estará obrigado a aditá-la – para que nela constem os elementos descritivos da ação ilícito-típica em sua plenitude. Nessa linha de raciocínio, anota LIMA: "*o Ministério Público não tem o arbítrio para denunciar ou não, e, conseqüentemente, tratando-se de hipótese de adita-*

---

aditamento, como, por exemplo: "Paciente denunciada inicialmente por tentativa de homicídio que foi reinterrogada após aditamento da denúncia para constar a consumação do delito, diante do falecimento da vítima". (*HC* 2005.059.07131, TJRJ, 8ª CC, Rela. Des. Suely Lopes Magalhães, j. 09/01/2006.)

[11] RANGEL, Paulo. *Direito processual penal*. p. 263. Ainda sobre a acusação: "Por este ato instrumental da ação penal pública, a denúncia deve conter todos os elementos desta. A pretensão punitiva que se condensa na acusação será exposta com clareza, indicando-se o seu objeto (ou *petitum*), e os seus fundamentos (ou *causa petendi*)..". (MARQUES, José Frederico. *Estudos de direito processual penal*. 2. ed. Campinas: Millennium, 2001. Atualização e prólogos: Ricardo Dip e José Renato Nalini, p. 135.)

[12] Paulo Cláudio TOVO explica: "O poder de acusar como o de arquivar, na ação penal pública, é exercido pelo órgão do Ministério Público, com observância do princípio da obrigatoriedade do exercício do direito de ação, mas preservada sempre a independência do agente da referida instituição". (*Apontamentos e guia prático sobre a denúncia no processo penal brasileiro*. Porto Alegre: Fabris, 1986, p. 60-1.) Ainda Maurício Antônio Ribeiro LOPES comenta o princípio: "(...) se reclama a intervenção obrigatória do processo penal para a segurança e a reintegração da ordem jurídica, afirmando-se que os órgão persecutórios devem atuar, necessariamente, desde que concorram as condições exigidas em lei". (In: PENTEADO, Jaques de Camargo (coord.). *Justiça Penal*. 4 críticas e sugestões, provas ilícitas e reforma pontual. São Paulo: Revista dos Tribunais, 1997, p. 153.) Para Afrânio Silva JARDIM: "Também aqui, a atividade do órgão estatal está vinculada ao princípio da obrigatoriedade. Assim como este novo fato já deveria ter sido imputado na denúncia, caso dele se tivesse alguma prova naquela oportunidade, agora à denúncia ele deve ser agregado, via aditamento, para completar a acusação, que é obrigatória, tendo em vista o surgimento da prova no curso do processo" (*Direito processual penal*. 11. ed. Rio de Janeiro: Forense, 2003, p. 121.) O princípio da obrigatoriedade encontra-se no art. 129, inc. I, da CF, conforme se tem sustentado: "O princípio da obrigatoriedade ou da legalidade da ação penal pública é o que está expresso no art. 129, inciso I, da Constituição Federal de 1988.(...) O Ministério Público não pode dispor a seu alvedrio da ação penal pública". (JORGE, Alline Pedra. "O princípio da obrigatoriedade da ação penal pública no direito constitucional comparado". In: *Revista Jurídica Consulex*, Brasília: Consulex, ano VI, n. 122, p. 25-30, 15 fev. 2002, p. 25.)

mento próprio, para aditar ou não, tendo o dever de operar o aditamento, obviamente existindo elementos para tanto".[13] Efetivamente, se se revelar, no curso da ação criminal, a existência da participação de outros agentes no delito, bem como qualquer modificação fática que repercuta na descrição traçada na denúncia, encontrar-se-á o promotor obrigado a proceder ao complemento da acusação, inserindo esse *plus* em sua pretensão acusatória (isto é: aditar ou oferecer outra denúncia, conforme ao caso).

(ii) Igualmente, deve-se comentar o princípio acusatório,[14] adotado pela CF.[15] O sistema acusatório preconiza que as figuras do defensor, acusador e julgador serão exercidas por pessoas distintas. Modernamente, sendo a ação penal pública privativa do Ministério Público, o juiz, *"que preside o processo, é uma entidade suprapartes, conhece das razões de quem acusa e quem se defende e depois decide como um árbitro"*.[16] Assim, o princípio acusatório também projeta-se em se cuidando do instituto do aditamento, na medida em que, se ao órgão jurisdicional é defeso imputar fato criminoso, também não se lhe cabe acolher acusação não constante na denúncia, ainda que presente no conjunto probatório; sob pena de violar-se comando constitucional expresso.[17] Dessa forma, se na instrução evidenciarem-se, por exemplo, novos fatos ou novos participantes no crime, o juiz somente poderá acolher a acusação se houver o aditamento.

---

[13] Cf. LIMA, Marcellus Polastri. *Curso de processo penal*, p. 248. Sobre a definição de 'aditamento próprio', bem como outras classificações, consultar o artigo de RIBAS, Júlio Cesar. "O aditamento no processo penal". In: *RT* 464, São Paulo, ano 63, p. 295-318, jun. 1974.

[14] Como descreve Claus ROXIN: "(...) como proceso acusatorio, por tanto, unir las ventajas de la persecución penal estatal con las del proceso acusatorio que consisten, precisamente, en que juez y acusador no son la misma persona. Esto sólo puede suceder si el Estado asume tanto la tarea de acusador como la del juez, separando esa función en dos autoridades estatales distintas – una autoridad de acusación y el tribunal –". (*Derecho procesal penal*. Tradução da 25. ed. alemã por Gabriela E. Córdoba e Daniel Pastor, revisada por Julio B. J. Maier. Buenos Aires: Editores del Puerto s.r.l., 2000, p. 86.)

[15] Sobre o tema, imperioso transcrever a lição de Antônio Scarance FERNANDES, para quem: "Afirmou-se com a Constituição o sistema acusatório e desapareceu do ordenamento brasileiro a iniciativa de ofício do processo pelo juiz, que não pode atuar em crimes de ação pública, nos termos dos preceitos constitucionais citados (arts. 129, I e 5.º, LIX). Extrai-se do novo sistema garantia para o indivíduo de só ser acusado em crime de ação pública pelo Ministério e, subsidiariamente, pelo ofendido, nunca pelo juiz. Deriva ainda outra garantia, a de que o indivíduo só pode ser condenado por fato que configure crime de ação pública quando houver prévia acusação do Ministério Público ou, subsidiariamente, do ofendido. Ora, quando há alteração em elemento do núcleo essencial do fato da denúncia ou queixa, passa a ser outro o crime, diverso daquele da imputação. Como o imputado foi acusado de ter praticado o fato da denúncia, para ser condenado pelo fato diverso, que configura outro crime, necessário se faz aditamento por quem possa acusá-lo, ou seja, o Ministério Público. Sem o aditamento, caso seja procedente a ação penal, seria condenado por crime diverso daquele que lhe foi imputado". (*A reação defensiva à imputação*. São Paulo: RT, 2002, p. 200.)

[16] SOUZA NETTO, José Laurindo de. *Processo Penal*: sistemas e princípios. Curitiba: Juruá, 2003, p. 20.

[17] O princípio acusatório muitas vezes é lembrado quando se comenta o art. 384 (e seu parágrafo único) do CPP. A doutrina processual moderna entende ser tal hipótese conseqüência do princípio inquisitório, não mais vigente em nosso sistema processual. Nesse passo, é a crítica de Fauzi Hassan CHOUKR, afirmando que a norma constante no art. 129, inc. I, da CF/88, "passou a colocar em xeque inúmeros outros dispositivos do Código de Processo Penal que mantêm resquícios inquisitivos". (*Processo penal à luz da Constituição*. Temas escolhidos. Bauru, São Paulo: Edipro, 1999, p. 63.) Mais uma vez vamos nos valer das lições de Nilo BATISTA, para quem: "Também aquela iniciativa do juiz, instando a acusação à *mutatio libelli* (art. 384, par. único, CPP), soa como um vestígio inquisitorial, porque de fato o magistrado está colaborando na moldagem da acusação". ("Sobre o aditamento à denúncia". In: *Discursos sediciosos*. Crime, direito e sociedade. Rio de Janeiro: Instituto Carioca de Criminologia, ano 1, n. 2, p. 285-9, 2. sem. 1996, p. 288-9.)

(iii) De outro plano, o princípio acusatório guarda íntima relação com o princípio da correlação entre a acusação e a sentença.[18] Esse princípio[19] decorre da sistemática processual vigente em face da CF de 1988, que acolheu o modelo acusatório para a persecução penal. No momento em que se concedeu ao Ministério Público a atribuição de, privativamente, promover a ação penal pública, se proibiu, pode-se assim dizer, que o magistrado, ao prestar a jurisdição penal, ultrapassasse o que foi delimitado pela acusação em sua pretensão punitiva.

Por esse princípio,[20] o juiz, no processo penal, deve julgar e, conseqüentemente, se por ventura condenar o réu, assim proceder nos moldes em que foi proposta a acusação, isto é, o juiz está vinculado àquilo que lhe foi pedido, definindo desta forma os limites da sua prestação jurisdicional. Caso não concorde com a acusação, deverá absolver o réu, não podendo acolher, em sentença penal condenatória, fato diverso do exposto na denúncia. Por isso, o aditamento desempenha um importante papel nesse cenário processual à luz da Constituição, pois permite o ajuste da acusação com as novas evidências probatórias, evitando a ofensa de princípios como do contraditório,[21] do direi-

---

[18] "Na distinção tradicional entre o sistema acusatório e o sistema inquisitório é que se encontra a origem da regra da correlação entre acusação e sentença". (BADARÓ, Gustavo Henrique Righi Ivahy. *Correlação entre acusação e sentença*. São Paulo: Revista dos Tribunais, 2000. v. 3. (Coleção de Estudos de Processo Penal Prof. Joaquim Canuto Mendes de Almeida), p. 20.) Segundo o mesmo autor, no CPP, o tema da correlação entre a acusação e a prestação jurisdicional somente é tratado quando se disciplina a desclassificação na fase da sentença. (Idem, p. 159 e ss.)

[19] O princípio em foco foi muito bem sintetizado por José Frederico MARQUES: "As regras do *ne procedat iudex ex officio* e do *ne procedat iudex ultra petitum et extra petitum* derivam das garantias do sistema acusatório. Uma vez que não mais existe, entre nós, o juiz inquisitivo, cumpre à acusação delimitar a área de incidência da jurisdição penal e também movimentá-la através da propositura da ação penal". (...) "A acusação determina a amplitude e o conteúdo da prestação jurisdicional, pelo o que o juiz criminal não pode decidir além e fora do pedido com o que o órgão acusatório deduz a pretensão punitiva. Os fatos descritos na denúncia ou queixa delimitam o campo de atuação do poder jurisdicional". (*Elementos de direito processual penal*. Campinas: Bookseller, 1997. v. I, p. 181.)

[20] O referido princípio está presente nas decisões dos tribunais; vejamos ementa do STJ: "I – O princípio da correlação entre imputação e sentença representa uma das mais relevantes garantias do direito de defesa, que se acha tutelado por via constitucional. II – Qualquer distorção, sem observância do disposto no art. 384, da Lei Processual Penal, significa ofensa àquele princípio e acarreta a nulidade da sentença". (*RSTJ* 68/340.) Cf. MIRABETE, Julio Fabbrini. *Código de processo penal interpretado*. Referências doutrinárias, indicações legais, resenha jurisprudencial. São Paulo: Atlas, 2001, p. 831.

[21] "Embora inerte a jurisdição – dependente do desencadeamento pelo acusador, com o exercício da demanda –, após a proposta a ação penal condenatória, a busca da verdade intangível dos fatos poderá revelar acontecimentos diversos, não contidos na acusação e que não poderão ser considerados na sentença, porque não submetidos ao contraditório, nem sequer permitida a ampla defesa pelo acusado". (POZZER, Benedito Roberto Garcia. *Correlação entre acusação e sentença no processo penal brasileiro*. São Paulo: IBCCrim, 2001, p. 149.) Geraldo PRADO também alerta para a necessidade de um contraditório efetivo: "A alteração da acusação equivale à alteração do pedido e da causa de pedir da ação penal, caso se queira trabalhar com categorias herdadas do processo civil, e a implementação da alteração da acusação representa modificação de elementos capitais da ação, direito do autor. Ao fazê-lo, isto é, ao se permitir que o juiz altere o teor da acusação, na verdade o que ocorre é que se admite que o juiz revolva a substância do direito da parte, que não lhe pertence. Voltando ao exemplo anterior, podemos imaginar a posição do acusado diante do quadro criado por uma acusação do Ministério Público por receptação, transformada em acusação de furto pelo juiz. Um contraditório porventura instaurado nestes termos é irreal, pois não há reação possível se o ato de conformação da acusação não parte do adversário mas do julgador, ou, de outra maneira, se o julgador se transforma em adversário". (*Sistema acusatório*. A conformidade constitucional das leis processuais penais. 4. ed. Rio de Janeiro: Lumen Juris, 2006, p. 147.)

to de defesa[22] e do juiz imparcial.[23] Daí a relevância da lição de Boschi, quando afirma que "*o aditamento é valioso instrumento que previne nulidades e atua em favor da celeridade na prestação jurisdicional (...)*".[24]

(iv) A par disso, é preciso fazer referência, quando se trata do aditamento, ao princípio da indivisibilidade da ação penal.[25] Ele é regra expressa para a ação penal privada, e, na pública, em que pesem a algumas posições contrárias, é uma conseqüência do princípio da obrigatoriedade. Na demanda penal privada, a queixa, em se cuidando de crime cometido em concurso de agentes, deve incluir todos os co-autores e partícipes, uma vez que o referido princípio se encontra, expressamente, disposto no art. 48 do CPP.[26]

Quanto à ação penal pública, o princípio da indivisibilidade sofre algumas restrições, uma vez que o Ministério Público está, realmente, vinculado ao princípio da obrigatoriedade. Tanto é assim que, se o *Parquet* quiser denunciar

---

[22] Em comentários ao princípio da congruência, sinônimo de correlação, tem mesmo entendimento Paulo RANGEL: "O princípio em epígrafe vem ao encontro dos direitos da ampla defesa, do contraditório e dos poderes de cognição do juiz (limitado que é pelo objeto do processo). Nesse caso, todos *os 'pedaços'* do fato que não constam do objeto do processo, porém que mudam a acusação e dos quais o réu não se defendeu, somente poderão ser conhecidos pelo juiz, em sua sentença, se houver aditamento à denúncia e, mesmo assim, se surgirem através de provas, substancialmente novas, a fim de evitar o arquivamento implícito do inquérito policial. Do contrário, a sentença será manifestamente nula". ("O garantismo penal e o aditamento à denúncia". In: *Revista dos Tribunais*, ano 90, v. 785, São Paulo: RT, p. 439-61, mar. 2001, p. 443.)

[23] A imparcialidade do juiz também é nota característica do sistema acusatório: "Essa configuração do processo, ou seja, a aplicação do princípio dispositivo ou de requerimento de parte ao procedimento criminal, é a *acusatória*. Parte do enfoque de que o melhor meio para averiguar a verdade e verificar a justiça é deixar a invocação do juiz e o recolhimento do material processual àqueles que perseguem interesses opostos e sustentam opiniões divergentes; mas desincumbindo-se dessa tarefa aquele que tem de decidir o assunto e garantindo, desse modo, sua imparcialidade". (GOLDSCHMIDT, James. *Princípios gerais do processo penal*. Conferências proferidas na Universidade de Madrid nos meses de dezembro de 1934 e de janeiro, fevereiro e março de 1935. Traduzido por: Hiltomar Martins Oliveira. Belo Horizonte: Líder, 2002, p. 73.) Ainda: "o juiz, ao ventilar a possibilidade de levar em consideração na sentença uma nova circunstância, automática e inconscientemente se vincula a essa hipótese, perdendo sua necessária imparcialidade". (MALAN, Diogo Rudge. In: PRADO, Geraldo (coord). *A sentença incongruente no processo penal*. Rio de Janeiro: Lumen Juris, 2003. (Coleção Pensamento Crítico), p. 199.)

[24] BOSCHI, José Antônio Paganella. *Ação penal. Denúncia, queixa e aditamento*. 2. ed., p. 222.

[25] Sobre esse princípio, podemos encampar a lição de José Laurindo de SOUZA NETTO: "o Princípio da indivisibilidade da ação penal possui uma conotação básica com a igualdade. O Princípio da igualdade, previsto no *caput* do art. 5º da Constituição Federal, tem por finalidade garantir a identidade de situação jurídica para o cidadão" (...) " Muito embora o princípio da indivisibilidade da ação penal pública não encontre respaldo legal, por obviedade exegética, sua acolhida pela doutrina e jurisprudência torna-se incontestável". (*Processo Penal*: sistemas e princípios, p. 56-7.) E, ainda, para Fernando da Costa TOURINHO FILHO: "A ação penal, seja pública, seja privada, é indivisível, no sentido que abrange todos aqueles que cometeram a infração. Quanto à ação privada, há, a respeito, texto expresso (CPP, art. 48). Quanto à ação penal pública, não. E isto por uma razão muito simples: se a propositura da ação penal constitui um dever, é claro que o Promotor não pode escolher contra quem deva ela ser proposta". (*Manual de processo penal*. São Paulo: Saraiva, 2001, p. 86.)

[26] *Art. 48 do CPP*: "A queixa contra qualquer dos autores do crime obrigará ao processo de todos, e o Ministério Público velará pela sua indivisibilidade". Isto significa que não pode o ofendido, voluntariamente, excluir da acusação algum dos autores do crime e continuar a acusação contra o(s) outro(s); porém, se o fizer, involuntariamente, porque à época da propositura da ação penal não tinha ciência da participação de um dos autores, deverá aditar a queixa, para que nela constem todos os agentes delituosos.

posteriormente, em denúncia apartada, autor de crime praticado em concurso de agentes, não há nada que o obste.[27]

Entretanto, se o Ministério Público, na ação penal pública, achar conveniente aditar a denúncia, para que nela constem os co-autores, ao invés de oferecer outra, poderá fazê-lo[28]. Claro que a decisão sobre o caminho a ser trilhado levará em conta a conveniência processual do aditamento. Assim, por exemplo, caso o processo penal se encontre em fase de sentença, a recomendação seria a de que se procedesse a uma nova acusação em outros autos, ou seja, que se procedesse ao oferecimento de uma nova denúncia para imputar o(s) delito(s) ao co-autor ou co-partícipe do crime, evitando-se, com isso, a reabertura de instruções já findas e de um novo contraditório.

Expostos os conceitos básicos sobre o aditamento da denúncia, passemos, agora, para a análise da prescrição da pretensão punitiva e a sua relação com esse acréscimo à acusação.

---

[27] "A não inclusão de outras pessoas supostamente envolvidas na prática de um crime no pólo passivo da relação processual não implica violação ao princípio da indivisibilidade no caso da ação penal pública incondicionada, porquanto permitido, a qualquer tempo, o aditamento ou até o posterior oferecimento de outra denúncia pelo Ministério Público". (AC nº 2002.04.01.004956-0/SC, TRF 4ª Região, Rel. Des. Federal Luiz Fernando Wowk Penteado, 8ª Turma, j. 21.09.05.) Com o mesmo entendimento: STJ *HC* 36686/MG, 5ª Turma, Rel. Min. Laurita Vaz, DJU 20.09.2004.

[28] Tem o mesmo entendimento José Antônio Paganella BOSCHI (*Ação penal. Denúncia, queixa e aditamento.* 2. ed., p. 224): "Não há a menor dúvida de que o Ministério Público pode, por crime de ação pública, através de outra denúncia, ampliar a *persecutio criminis*. Sendo obrigatória a ação penal pública, enquanto não estiver extinta a punibilidade, pela prescrição ou qualquer outro modo, o Estado continuará detendo o direito de agir através do órgão oficialmente legitimado. Embora o art. 48 do CPP aluda à queixa, nem por isso estará a Promotoria impedida de oferecer o aditamento, pois a indivisibilidade da ação pública é o corolário do princípio da obrigatoriedade". Sobre a conveniência procedimental do aditamento já se manifestou Eugênio Pacelli de OLIVEIRA: "No que se refere às ações penais públicas, nenhuma dificuldade, já que, enquanto não prescrito o crime, a denúncia poderá ser aditada, devendo apenas ser observada a questão relativa à conveniência procedimental do aditamento, já que este, seja para a inclusão de fatos novos (de ação pública), seja de outros réus, poderá ensejar, via de regra, a reabertura de fase instrutória já em curso ou encerrada. Assim, embora perfeitamente possível o aditamento, é preciso que seja ele também oportuno e conveniente". (*Curso de processo penal*. 3. ed. Belo Horizonte: Del Rey, 2004, p. 161.) Não discrepa o entendimento de Luciano FELDENS e Andrei Zenkner SCHMIDT: "De ver-se, ao final, que a doutrina e a jurisprudência pátrias vêm reconhecendo, de forma relativamente tranqüila, duas soluções para o caso: poderá ser oferecida uma nova denúncia para a ampliação dos limites objetivos e/ou subjetivos da demanda (resultando na separação facultativa dos processos – art. 80 do CPP) ou, conforme o caso, poderá ser oferecido aditamento de denúncia. Apesar disso, é sempre preferencial o oferecimento do aditamento porque as regras processuais de conexão e continência (arts. 77 e 78 do CPP) estão a apontar para a unidade de processo e julgamento, hipótese essa que apenas não se verificaria nas circunstâncias do art. 80 do CPP, a indicar uma separação facultativa dos processos nas situações por ele elencadas". (*Investigação criminal e ação penal*. 2. ed. Porto Alegre: Livraria do Advogado, 2007, p. 118-9.) Fernando de Almeida PEDROSO também defende essas duas alternativas do órgão acusador: "Havendo concurso de pessoas no crime, e *ex vi* do princípio da indivisibilidade da ação penal, a todos os sujeitos ativos (*intraneus* e *extraneus*) deverá a denúncia abranger, indicando seus nomes ou esclarecimentos pelos quais seja possível a identificação. Ocorrendo, no entanto, de serem desconhecidos alguns dos partícipes do delito, por ignorados seus nomes ou esclarecimentos ensejadores de identificação, deverão ser denunciados os agentes conhecidos ou identificáveis do crime, com mera alusão aos desconhecidos, com relação aos quais, se posteriormente descobertos, será a prefacial aditada ou, conforme o caso, instaurada distinta ação penal". (*Processo penal. O direito de defesa: repercussão, amplitude e limites*. 3. ed. São Paulo: RT, 2001, p. 137-8.)

3. A prescrição da pretensão punitiva[29]

3.1. Conceito e a sua relação com o aditamento

A prescrição é uma causa de extinção da punibilidade – prevista no art. 107, inc. IV, do CP.[30] Em termos conceituais, representa a perda do direito de punir (ou de executar a sanção) do Estado, em face da sua inércia.[31] Desse simples conceito se pode observar as duas espécies de prescrição: a da pretensão punitiva e a da pretensão executória.[32]

Em se tratando de prescrição da pretensão punitiva, devem ser mencionados os períodos prescricionais para, em momento posterior, relacionarmos o instituto sob análise com o aditamento. A prescrição, conforme à disposição do CP, começa a correr do dia em que o crime se consumou ou, no caso de delito tentado, do dia em que cessou a atividade criminosa.[33] O primeiro marco interruptivo do prazo prescricional é o recebimento da denúncia ou da queixa,[34] seguido da pronúncia, da decisão confirmatória da pronúncia (para crimes apurados mediante o procedimento do Júri) e da sentença condenatória recorrível. Daí se extraem os seguintes períodos prescricionais, que nos interessam: primeiro, entre a data da consumação do crime e do recebimento da denúncia ou queixa; e, segundo, entre a data do recebimento da denúncia ou queixa e a da sentença condenatória recorrível. Pois bem, o que se pretende questionar é: se o recebimento do aditamento à denúncia pode ser considerado como uma causa descontinuadora do lapso da prescrição, em que pese não estar elencado no art. 117 do CP.

Duas são as questões a serem analisadas: a primeira diz respeito ao alcance da causa interruptiva da prescrição prevista no inc. I do art. 117 do CP (vale dizer, apesar de as hipóteses serem taxativas,[35] cabe verificar se admite, o inc. I, ou não, a dilação na sua ocorrência); a segunda refere-se à classificação do conteúdo e

---

[29] Para o presente trabalho, trataremos unicamente da prescrição da pretensão punitiva, aquela conhecida por prescrição antes de transitar em julgado a sentença penal condenatória.

[30] Art. 107 do CP: "Extingue-se a punibilidade: IV – pela prescrição, decadência ou perempção".

[31] Traduz-se, pois, o instituto jurídico da prescrição, como uma limitação temporal da perseguibilidade do crime ou da execução da pena, que se produz em obediência a razões de política criminal, por meio do qual se condiciona a imposição ou execução da *sanctio juris* criminal a um determinado período de tempo, findo o qual o Estado – como titular exclusivo do *jus puniendi* – não mais poderá exercer a pretensão punitiva ou executória, extinguindo-se, *ipso facto*, a punibilidade.

[32] "São duas as espécies de prescrição: a prescrição da pretensão punitiva e a prescrição da pretensão executória. A primeira – também denominada prescrição da ação penal – verifica-se antes do trânsito em julgado da sentença penal condenatória; já a segunda – prescrição da condenação – ocorre após o trânsito em julgado da decisão". (PRADO, Luiz Regis. *Curso de direito penal brasileiro*. 6. ed. São Paulo: Revista dos Tribunais, 2006. v. 1, p. 731.)

[33] Art. 111, incs. I e II, do CP.

[34] Art. 117, I, do CP.

[35] Há, na jurisprudência, alguns posicionamentos remarcando a taxatividade das causas legais do art. 117 CP; nesse sentido: "*O despacho que recebe o aditamento à denúncia não tem o condão de interromper a prescrição: tal fato, inclusive, não está previsto na exaustiva enumeração do art. 117 do CP*". (JUTACrim 82/365, citado por LIMA, Marcellus Polastri. *Ministério público e persecução criminal*. Rio de Janeiro: Lumen Juris, 1997, p. 322.)

da função do aditamento para que, num momento posterior, possa estabelecer-se um critério científico dos casos nos quais o recebimento do aditamento à inicial acusatória será uma causa interruptiva da prescrição.[36]

O aditamento, como vimos quando apresentamos as suas hipóteses de incidência, pode ter uma função "corretora" da inicial ou pode fazer as vezes de uma verdadeira denúncia, imputando novos fatos ou trazendo à lide novos réus. Desse modo, devemos tratar essas espécies de aditamento de maneira diversa.

Entendemos que, naqueles casos em que o recebimento deste acréscimo à acusação interromper a prescrição, não estará excepcionando-se a taxatividade do art. 117 do CP, pois, como bem explica RANGEL,

> não obstante o art. 117, I, referir-se ao recebimento da denúncia, não temos dúvidas de que o aditamento de fato novo à denúncia compreende, na realidade, nova denúncia. Ora, se o Ministério Público pode oferecer denúncia por este fato novo, e esta, uma vez recebida, interromperia a prescrição, por que o aditamento à denúncia, sendo recebido, também não traria o mesmo resultado?[37]

A doutrina resolve essa questão (interrupção/não-interrupção) por meio de uma cláusula geral que pode ser traduzida do seguinte modo: aditamento, que descreve e imputa fato delituoso novo, interrompe a prescrição, e o acréscimo, que visa a incluir co-réu, não.[38] Mas, a solução não é tão simples assim, e a fórmula aqui mencionada não alcança nem soluciona todas as situações de maneira justa e com cientificidade jurídica.

Para uma melhor análise dos posicionamentos doutrinários e jurisprudenciais, separaremos o estudo conforme às funções do aditamento à denúncia.[39]

---

[36] "E, diante de tal contexto de hipóteses fáticas e jurídicas – afora outras – o aditamento (pelo seu recebimento) pode, ou não, (a par da quaestio em torno do inserido no art. 117, § 1º do C.P.), interromper o prazo prescricional ex vi art. 117, inciso I do Código Penal. Interrompe, sim, quando sob tal denominação a peça acusatória adicional apresenta o caráter, propriamente, de denúncia". (HC nº 23.493/RS, 5ª Turma do STJ, Rel. Ministro Felix Fischer, j. 05/08/2003).

[37] Cf. RANGEL, Paulo. Direito processual penal. p. 268. Mesmo raciocínio elucidador tem Marcellus Polastri LIMA, para quem: "Assim, nos casos de aditamento próprio pessoal e real material, tratando-se de 'nova imputação', advirá a interrupção nos exatos termos do art., 117, I, do CP. Não ocorre aqui, a exemplo do caso recursal, burla ao princípio da taxatividade do elenco das causas interruptivas do art. 117, do CP, pois trata-se de 'verdadeira denúncia'". (Ministério público e persecução criminal, p. 322.)

[38] "O aditamento da denúncia para correção de irregularidade (art. 569, CPP), sem a inclusão de fato novo não interrompe a prescrição. Na hipótese de descrição de fato delituoso novo, interrompe-se o curso do prazo prescricional. Todavia, a simples alteração da definição jurídica do fato que importe aplicação de pena mais grave (art. 384, parágrafo único, CPP) não interrompe o curso da prescrição. O aditamento da denúncia para inclusão de co-autor não acarreta a interrupção da prescrição". (PRADO, Luiz Regis. Curso de direito penal brasileiro, p. 734.) "Tratando-se de prescrição retroativa, o recebimento do aditamento da denúncia não interrompe o prazo prescricional, nem constitui seu termo 'a quo'. Exceção feita à hipótese em que o aditamento narra fato novo". (JESUS, Damásio de. Prescrição penal. 16. ed. São Paulo: Saraiva, 2003, p. 161.) "Também o aditamento da denúncia não interrompe o fluxo prescricional, a menos que venha a constar fato novo. Em caso de aditamento para inclusão de autor, aplica-se o disposto no art. 117, § 1º, do Código Penal. Ou seja, o recebimento da denúncia contra o primeiro co-autor interrompe o lapso prescricional, estendendo-se aos demais co-autores do crime". (COSTA JUNIOR, Paulo José da. Código penal comentado. 8. ed. São Paulo: DPJ, 2005, p. 332.) "O aditamento não interrompe a prescrição, mas se nele se imputar um novo fato delituoso, e só quanto a este, dele deve começar a fluir o lapso prescricional". (PIERANGELI, José Henrique; ZAFFARONI, Eugenio Raúl. Manual de direito penal brasileiro. 6. ed. São Paulo: Revista dos Tribunais, 2006, v. 1, p. 650.)

[39] Didática esta usada por Andrei Zenkner SCHMIDT, quando analisou as hipóteses em que o aditamento interrompe a prescrição da pretensão punitiva em sua obra Da prescrição penal. Porto Alegre: Livraria do Advogado, 1997, p. 108 e ss.

3.1.1. Aditamento para suprir omissões e corrigir erros materiais da denúncia

Essa modalidade de aditamento, conforme conceituada em tópico anterior, tem o condão de suprir as lacunas e omissões, bem como corrigir eventuais lapsos da peça acusatória. Como não descreve fato novo, não interrompe a prescrição; e, nesse sentido, podemos nos valer dos ensinamentos de REIS, entendendo que o aditamento manejado para

> corrigir erros materiais, retificar adequação típica incorreta, ou suprir omissões (art. 569 do CPP), ou para incluir circunstância elementar não contida, explícita ou implicitamente na inicial (art. 384, § único, do CPP), não interrompe o prazo prescricional, pois o fato é o mesmo.[40]

Vejamos a jurisprudência sobre o tópico:

> (...) aditamento à denúncia não interrompe a prescrição, quando tiver sido feito para suprir omissão relativa ao mesmo fato delituoso descrito na inicial ou dele decorrente. Todavia, se a nova definição jurídica decorrer de novos fatores, não contidos expressa ou implicitamente na inicial, a prescrição passará a fluir da publicação do despacho que receber o aditamento, pois de outro modo, ter-se-ia marco inicial em fato delituoso estranho. (JTACrimSP, 35: 180.)[41]

> Aditamento à denúncia que se limitou a arrolar outros bens da massa falida que teriam sido subtraídos pelo acusado, não implicando, pois, modificação da imputação. Inocorrência da prescrição, interrompida que fora pelo recebimento da denúncia. Recurso improvido. (RHC 367 São Paulo 89.0011921-4, 6ª Turma do STJ, Rel. Min. Costa Leite, j. 06/02/90.)

> PRESCRIÇÃO. ADITAMENTO DA DENÚNCIA. Conforme a orientação doutrinária e jurisprudencial, o recebimento do aditamento não interrompe o curso do prazo prescricional, quando a peça acusatória se limita a dar nova definição jurídica ao fato já descrito na denúncia ou quando intentado para suprir omissão da inicial, sem introduzir fato novo. (...) (AC n.º 698058575, 1ª CCr. do TJ do RS, Rel. Des. Ranolfo Vieira, j. 03/06/98.)

Interessante se nos afigura a decisão a seguir transcrita, na medida em que versaria, aparentemente, sobre hipótese de aditamento para a correção de nome do réu, cuja disciplina estaria afeta ao comando legal do art. 569 do CPP, naquela modalidade que visa à correção de erro material sem poder interruptivo da marcha prescricional. Entretanto, em face de o réu ter indicado de forma mendaz o seu nome, o Tribunal de Justiça gaúcho entendeu pela interrupção da prescrição:

> Recebida a denúncia em 21-01-99 (fl. 02) e proferida a sentença, registrada em 24 de março de 2003 (fl. 204), constata-se que mais de quatro anos se passaram entre estes dois marcos interruptivos da prescrição. Para pena igual a 2 (dois) anos a prescrição ocorre em quatro. Mas a prescrição é a sanção imposta pela lei pela demora, por parte do Estado, em punir. No caso concreto, todavia, a acusação se fez prontamente. Ocorre que o réu havia fornecido outro nome, e houve necessidade de

---

[40] REIS, Julio Francisco dos. *Denúncia e queixa crime*: doutrina, jurisprudência, nulidades e modelos, p. 274. Na mesma esteira, Damásio de JESUS: "Assim, nenhum efeito possui no tocante ao impedimento de curso da prescrição retroativa o aditamento da denúncia que, nos termos do art. 569 do CPP, lhe acrescenta circunstâncias modais (de tempo e lugar), retifica a qualificação legal do fato..". (*Prescrição penal*, p. 162.) "Se a denúncia ou queixa foi aditada para suprir erro ou omissão, o 'aditamento' não tem efeito de interromper a prescrição". (FRAGOSO, Heleno Cláudio. *Lições de direito penal*: parte geral. 15. ed. Rio de Janeiro: Forense, 1995, p. 411-2.)

[41] Cf. PENTEADO, Jaques de Camargo; RIBAS, Júlio César; UZEDA, Clovis Almir Vital de. *O aditamento no processo penal*. São Paulo: Saraiva, 1992, p. 31.

aditamento (recebido em 11 de agosto de 1999), determinando renovação do processo. Logo, a primitiva data não deve ser considerada para efeito de prescrição. Se assim não for, o réu será beneficiado pela falsidade inicial. (AC 70006551253 TJRS, Rel. Des. Ivan Leomar Bruxel, j. 26/08/2004.)

Com todo o respeito, posto que lógico, não podemos compactuar com tal entendimento. Primeiro, porque esta espécie de aditamento não tem o alcance de interromper a prescrição, pois não se encontra abarcada naquelas hipóteses do art. 117, inc. I, do CP (quando existe a imputação de fato novo não descrito na denúncia primitiva).

A simples correção do nome do réu é correção de erro material e, se isso interrompesse a prescrição, teríamos um instituto processual que poderia conceder, no curso do processo, extraordinária força à acusação, o que implicaria ofensa ao princípio da igualdade de armas. De fato, se simples correções tivessem o condão de interromper o prazo prescricional, o Ministério Público e o querelante poderiam, como melhor se lhes aprouvesse, utilizar, estrategicamente, de pequenos reparos à proposta acusatória a fim de produzir a interrupção da marcha prescritiva.

Veja-se que, no caso da decisão aqui transcrita, não compactuamos com o entendimento e o raciocínio usados porque o fato de o réu ter usado nome falso e o argumento de que não poderia beneficiar-se do *falsum* não têm sustentação. Se a CF previu, no art. 5º, inc. LXIII, o direito ao silêncio, e a Convenção Americana sobre Direitos Humanos assegura o direito de não se auto-incriminar,[42] como pode o acusado, por ter usado nome falso, estar submetido a uma construção pretoriana prejudicial e contrária àqueles princípios? Isso fere frontalmente o princípio da legalidade em sentido *lato*. A interpretação da lei penal deve-se dar conforme aos ditames constitucionais, e todos os preceitos, que possam restringir direitos do réu num processo penal à luz da Constituição, devem estar previstos em lei; a possibilidade de se configurar um marco interruptivo da prescrição (*in casu, in malam partem*) não previsto no CP configura uma arbitrariedade.

O que se nos afigura mais correto é o entendimento esboçado no acórdão do STJ, que retrata às intensas aquilo que sustentamos, vejamos:

PENAL. *HABEAS CORPUS.* ADITAMENTO DA DENÚNCIA. RETIFICAÇÃO DE CIRCUNSTÂNCIAS FÁTICAS. PRESCRIÇÃO. INTERRUPÇÃO. EXTINÇÃO DA PUNIBILIDADE.

O aditamento da denúncia não se constitui em causa interruptiva da prescrição quando se circunscreve a retificar lapso verificado por ocasião do oferecimento da exordial, consistente, apenas, na descrição de circunstâncias fáticas já conhecidas em momento anterior ao início da ação penal. Ordem conhecida. (*HC* nº 23.493/RS, 5ª Turma do STJ, Rel. Ministro Felix Fischer j. 05/08/2003.)

---

[42] Sobre o assunto, imperioso transcrever os ensinamentos de Antônio Magalhães GOMES FILHO: "No Brasil, o direito ao silêncio do acusado, que já era mencionado pelo art. 186 do Código de Processo Penal, embora com a sugestiva admoestação de que poderia *ser interpretado em prejuízo da própria defesa*, foi elevado à condição de garantia constitucional pelo art. 5.º, inc. LXIII, da Carta de 1988, que determina: *o preso será informado de seus direitos, entre os quais o de permanecer calado (...);* e a Convenção Americana sobre Direitos Humanos também assegura a *toda pessoa acusada de delito (...) o direito de não ser obrigada a depor contra si mesma, nem declarar-se culpada* (art. 8.º, §2.º, letra g)". (...) "Em decorrência disso, são incompatíveis com os referidos textos quaisquer disposições legais que possam, direta ou indiretamente, forçar o suspeito, indiciado, acusado, ou mesmo qualquer pessoa (inclusive a testemunha) a uma auto-incriminação". *Direito à prova no processo penal.* São Paulo: RT, 1997, p. 113

Por fim, o que deve ficar de lição é: o aditamento à denúncia para corrigir erros materiais, acrescentar fatos que não configurem algum delito (apenas complemente o já imputado), corrigir ou incluir nome do réu não tem o condão de interromper a contagem do prazo prescricional.

3.1.2. Aditamento que altera a capitulação jurídica do fato[43]

O aditamento, que altera a capitulação jurídica do fato, não interrompe a prescrição, "mas o prazo passa a ter contagem de acordo com a nova definição legal contida no aditamento".[44]

A razão para que não ocorra a interrupção do curso do prazo prescricional são as mesmas expostas no item anterior e nesse sentido se posiciona a jurisprudência:

> (...) É discutível que o recebimento do aditamento tenha interrompido o prazo prescricional, pois o fato é o mesmo, apenas as investigações policiais não estavam completas à época da denúncia. O que aconteceu foi a retificação da denúncia, portanto, mudando o enquadramento. Tal procedimento não deve interromper a prescrição. (AC n.º 70006214522, 8ª CCr. do TJRS, Rel. Des. Tupinambá Pinto de Azevedo, j. 11/02/2004.)
>
> PRESCRIÇÃO. INOCORRÊNCIA DE INTERRUPÇÃO DA CONTAGEM DO PRAZO PRESCRICIONAL EM DECORRÊNCIA DO RECEBIMENTO DE ADITAMENTO DA DENÚNCIA QUE VISOU ALTERAR A CAPITULAÇÃO LEGAL DE DELITO JÁ IMPUTADO. IMPLEMENTAÇÃO DO LAPSO TEMPORAL. RECONHECIMENTO. (...) (AC n.º 70006441141, 8ª CCr. do TJRS, Rel. Des. Marco Antônio Ribeiro de Oliveira, j. 17/09/2003.)
>
> EMENTA – LATROCÍNIO TENTADO – DESCLASSIFICAÇÃO PARA CRIME DOLOSO CONTRA A VIDA – ADITAMENTO À DENÚNCIA BASEADO NOS MESMOS FATOS QUE ENSEJRAM A PRIMEIRA DENÚNCIA – PRESCRIÇÃO NÃO INTERROMPIDA – EXTINÇÃO DA PUNIBILIDADE QUANTO AOS DOIS CRIMES ATRAÍDOS. (...) O argumento de que o despacho de recebimento do aditamento à denúncia interrompeu a prescrição, porque narrou nova imputação, não procede, porquanto só teria força interruptiva se narrasse novos fatos. No caso, os fatos que ensejaram o oferecimento da primeira denúncia são os mesmos que serviram de suporte à segunda, obviamente adequados a nova definição jurídica para justificar a competência do Juízo privativo do Júri (...). (RSE n.º 27/2006, 3ª CCr. do TJRJ, Rel. Des. Valmir de Oliveira Silva, j. 09/05/2006.)

Vejamos, agora, algumas decisões jurisprudenciais, que se revestem dessa roupagem de "aditamento para mudança de capitulação", as quais, entretanto, trazem algumas peculiaridades:

---

[43] Embora a doutrina entenda que em tal modalidade o aditamento seja facultativo, importante é a lição de Weber Martins BATISTA no que se refere à capitulação da denúncia e à possibilidade de desclassificação pelo magistrado: "A mesma afirmação é dada pela maioria da doutrina e, como se vê no art. 383, citado, o juiz assim poderá agir sem qualquer problema, porque esta é a solução legal. A verdade, no entanto, é que em muitos casos haverá surpresa para o réu que, por força da interpretação dada ao fato pelo Ministério Público, defendeu-se de um crime e acabou sendo condenado por outro. Nos exemplos dados, se o juiz alertasse o réu para a possibilidade de condenação por roubo consumado, e não apenas tentado – no primeiro exemplo – ou por roubo, não por furto – no segundo –, poderia aquele discutir o problema da consumação, no primeiro caso, ou o da caracterização da violência, no segundo, e, quem sabe, obter êxito. Não há dúvida de que o réu se defende de *fatos*, não de *números*, mas a verdade é que a classificação incorreta dada aos fatos pode acabar prejudicando a defesa, que no processo penal – não se pode esquecer – não é apenas defesa, *simples* defesa, mas *ampla* defesa". (*Direito penal e direito processual penal*. 2. ed. Rio de Janeiro: Forense, 1997, p. 163.)

[44] SCHMIDT, Andrei Zenkner. *Da prescrição penal*, p. 108-9.

EMENTA: RHC – FALTA DE JUSTA CAUSA – CAPITULAÇÃO ERRÔNEA – PRESCRIÇÃO – TRANCAMENTO DA AÇÃO PENAL (...) – O que se deve observar na denúncia é a descrição exata dos fatos tidos por delituosos, para permitir ampla defesa do acusado. A capitulação ou o aditamento não tem importância capital, capaz de ensejar a nulidade da denúncia, tanto que podem ser modificados a critério do juiz, até a sentença final (art. 569 do CPP). – Havendo aditamento da denúncia, o lapso prescricional é interrompido, recomeçando a contar deste fato. (...)" (RHC n.º 935/DF, 5ª Turma do STJ, Rel. Ministro Cid Flaquer Scartezzini, j. 17/04/1991.)[45]

EMENTA: PENAL. PROCESSUAL PENAL. *HABEAS CORPUS*. PRESCRIÇÃO. CP, ART. 109, V. PREVARICAÇÃO. CP, ART. 319. INTERRUPÇÃO PELO RECEBIMENTO DA DENÚNCIA. CP, ART. 117, I. ADITAMENTO À DENÚNCIA. I. – O aditamento à denúncia não configura causa de interrupção da prescrição, por ausência de previsão legal. II.– A interrupção da prescrição ocorre na sessão de julgamento que recebe a denúncia, independentemente da data de publicação do respectivo acórdão (...). (HC nº 84.606-8/SP, 2ª Turma do STF, Rel. Min. Carlos Velloso, j. 05/10/2004.)[46]

Também, devemos aqui incluir a modalidade de aditamento que traz nova capitulação jurídica ao fato no que concerne à mudança no elemento subjetivo/normativo do tipo de injusto, isto é, inicialmente houve a definição do agir como culposo e, posteriormente, passou-se a considerá-lo doloso (ou vice-versa). Quando do recebimento deste aditamento, pelas razões já aduzidas, não ocorrerá a interrupção do lapso prescricional em curso.[47]

---

[45] Para melhor clareza da questão, vejamos o trecho do teor do acórdão: "Por isso que o aditamento feito à denúncia contra o paciente teve como finalidade corrigir a capitulação dos fatos descritos na peça acusatória inicial.".. Mais adiante, transcrevendo o voto da instância inferior, prosseguiu o Exmo. Ministro Relator: "A denúncia primeira indicou como sendo imputável ao paciente o delito do art. 317 do CP, cuja pena máxima é de 08 (oito) anos. Daí não ter havido a prescrição em período computável anteriormente à denúncia que não chegou a ser recebida, senão após o aditamento. Após a ampliação da denúncia, ao paciente foram imputados delitos cujas penas, em abstrato, estão em máximo de cinco anos (art. 171) e oito anos (art. 333). Entre o fato – 1978 e o recebimento do aditamento – 1985 (fls. 142), medeou apenas oito anos, não podendo falar, portanto em prescrição. Com a interrupção do lapso prescricional pelo recebimento da denúncia aditada (21/08/85), até a presente data (outubro de 90), passaram-se apenas cinco anos, não sendo pertinente, de igual modo, a prescrição retroativa, pelo menos em relação às penas abstratamente cominadas na Lei Substantiva Penal". No caso sob análise, importante esclarecer que o aditamento, embora só tenha dado nova definição jurídica ao fato, interrompeu a prescrição porque a primeira denúncia não havia sido recebida.

[46] Aparentemente, o referido acórdão não trata da questão sob enfoque (aditamento/capitulação/interrupção), mas, analisando-se o seu inteiro teor, nos deparamos com a seguinte situação: o aditamento manteve a capitulação antiga, isto é, constante da denúncia, e trouxe um acréscimo de capitulação para fato já descrito na exordial acusatória primitiva e não tipificado. Vejamos: "Lendo-se a denúncia original, que imputou ao acusado prática de crime tipificados na Lei de Licitações, vê-se que os fatos ali referidos são os mesmos descritos no aditamento, de modo que não houve a indicação de nova conduta ou de fatos novos. Na verdade, o que fez o Ministério Público foi corrigir omissão da denúncia original que, apesar de descrever corretamente os fatos, não procedeu à expressa capitulação da conduta no crime do art. 319 do CP. Assim sendo, não se pode ter o recebimento do aditamento como causa interruptiva da prescrição. No entanto, considerando que a prevaricação já estava descrita na denúncia original, tendo o aditamento apenas procedido à correção de erro e omissão nela contida, o acórdão que recebeu a denúncia interrompeu a prescrição, passando o lapso a ser contado por inteiro da data da publicação do acórdão respectivo, (...)"

[47] O deslinde dessa questão encontra-se no corpo do acórdão do RSE nº 70009404872 (2ª Câmara Criminal do TJRS, Relatora, Desa. Laís Rogéria Alves Barbosa, j. 14/10/2004): *"NARRATIVA DA DENÚNCIA (recebida em 07/07/93):* 'No dia 07 de janeiro de 1990, em torno de 20h40min, na RS 040, Capivari, Palmares do Sul – RS, o denunciado, conduzindo o veículo Volkswagen Gol, placas RE 6034, de maneira imprudente e imperita, pois trafegava em velocidade superior à permitida no local e ao realizar ultrapassagem indevida em relação a outros veículos que trafegavam na Rodovia, encontrando-se o trânsito bastante intenso, não conseguiu controlar o automóvel, que se desgovernou e derrapou, saindo para fora da pista, indo parar junto a uma tenda de frutas existente na margem da estrada, atingindo o veículo Volkswagen Gol, placas PZ 9026, que estava parado no local, causando a morte de VMO (abreviamos), conforme auto de necropsia de fl. 21 do expediente policial, e

Observemos uma situação rara em termos jurisprudenciais, mas não menos importante, que abarca a hipótese de aditamento para dar nova capitulação mais grave, quando já ocorreu a prescrição da infração inicialmente tipificada na denúncia primitiva:

> *HABEAS CORPUS* – NOVA CAPITULAÇÃO DO FATO – PRESCRIÇÃO – A definição legal aceita pelo Ministério Público baliza a pretensão punitiva do Estado e, enquanto não alterada segundo a forma processual devida, há de ser considerada para aferição o lapso prescricional correspondente ao delito inicialmente atribuído ao acusado, que estará, portanto, acobertado pela prescrição se houver sido oferecida nova denúncia ou aditamento para a imputação de crime mais grave, quando já recorrido o prazo extintivo da punibilidade previsto para a infração primeiramente capitulada. (*HC* n.º 600267207, 1ª CCr. do TJRS, Rel. Des. Jorge Alberto de Moraes Lacerda, j. 05/05/1982.)

Assim, o aditamento – levado a efeito para alterar o enquadramento típico-criminal – não possui força interruptiva da [marcha da] prescrição, na medida em que se opera, unicamente, uma nova capitulação legal, sem, todavia, modificar os fatos narrados na denúncia primitiva.

3.1.3. Aditamento do art. 384, parágrafo único, do CPP
(mutatio libelli com aditamento)

Essa modalidade de aditamento, prevista no art. 384, parágrafo único, do CPP, conhecida como *mutatio libelli* com aditamento,[48] também não interrompe, quando do seu recebimento, o prazo prescricional em curso.[49]

---

ofendendo a integridade física de JMHC, IMHC e TF (abreviamos), causando-lhes lesões corporais, conforme atestam os laudos de fls. 09/12 e 05/06 do mesmo expediente. (...) Assim agindo, incorreu o denunciado nas sanções do art. 121, § 3º, uma vez, e art. 129, § 6º, três vezes, em combinação com o art. 70, todos do Código Penal (...)'. *ADITAMENTO – recebido em 16.03.98, momento em que também foi decretada a extinção de punibilidade quanto ao delito de lesões corporais, conforme fls. 156/158:* 'Em 07 de janeiro de 1990, por volta das 20h40min, na RS-040, KM 82, em Capivari do Sul, nesta Comarca, o acusado, dirigindo o veículo Volkswagen Gol, placa RE-6034, no sentido Praias/Porto Alegre, em excessiva velocidade e fazendo ultrapassagens seguidas e perigosas pelos demais veículos, em momento de intenso tráfego no mesmo sentido na referida rodovia – eis que era final de fim-de-semana, ocasião em que as pessoas voltam das praias –, assumindo, portanto o risco de matar alguém, perdeu o controle de seu veículo, saindo da pista, e matou, por atropelamento, a vítima VMO (abreviamos), que se encontrava em uma banca de produtos coloniais à margem da estrada, causando-lhe as lesões fatais descritas no auto de necropsia de fl. 25 e verso. *ASSIM AGINDO*, o acusado *BFCL* (abreviamos) incorreu nas penas do artigo 121, caput, do Código Penal' (...) *Vê-se, pois, ao teor dessa elucidativa coletânea de julgados, que o Juízo a quo apreendeu a situação dos autos sob a forma adequada, no momento em que definiu que o aditamento à denúncia não significou marco interruptivo à prescrição*".

[48] Dentre as inúmeras possibilidades de configuração da *mutatio libelli* (art. 384 e parágrafo único do CPP), importante transcrever exemplo trazido por Luciano FELDENS e Andrei Zenkner SCHMIDT para distinguir da hipótese de *emendatio libelli*, figura essa que dispensa o aditamento: "Cremos, entretanto, que se o reconhecimento da consumação do delito importa em alteração da imputação fática (*v.g.*, denúncia por homicídio tentado, com a posterior verificação do resultado morte), o caso é de *mutatio*; já no caso de o reconhecimento da consumação ser mera apreciação jurídica da mesma imputação fática (*v.g.*, se o juiz reconhece que a extorsão está consumada, apesar de não ter efetuado o pagamento da vantagem indevida), teremos uma hipótese de mera *emendatio*, que prescinde de aditamento". (*Investigação criminal e ação penal*, p. 124-5.)

[49] "No caso de *mutatio libelli*, o aditamento será facultativo se, em decorrência da inclusão de circunstâncias ou elementares não contidas na denúncia, a nova definição jurídica impuser pena inferior ou igual a anterior; será obrigatório se advier pena maior. Em qualquer dos casos, não haverá interrupção, tão somente o prazo prescricional será o relativo à nova definição jurídica". (BALTAZAR, Antônio Lopes. *Prescrição penal*. São Paulo: Edipro, 2003, p. 67). José Júlio LOZANO JÚNIOR (*Prescrição penal*. São Paulo: Saraiva, 2002, p. 120-1)

Nessa esteira, tem-se pronunciado a jurisprudência:

APELAÇÃO-CRIME. RECEPTAÇÃO. PRESCRIÇÃO. NÃO-INTERRUPÇÃO. ADITAMENTO À DENÚNCIA. O aditamento que, nos termos do art. 384, § único do Código de Processo Penal, apenas retificou a capitulação legal dos fatos anteriormente descritos na denúncia, não tem o condão de interromper o curso do prazo prescricional, que já havia sido obstado pelo recebimento da inicial acusatória. Assim, se entre a data do recebimento da denúncia e a prolação da sentença decorreu lapso temporal necessário ao implemento da prescrição, forçoso se torna o reconhecimento desta. *Punibilidade extinta pela prescrição.* (ACr. n.º 70009792201, 8ª CCr. do TJRS, Rel. Des. Marco Antônio Ribeiro de Oliveira, j. 10/11/2004.)[50]

PRESCRIÇÃO. INTERRUPÇÃO. ADITAMENTO. QUANDO OCORRE O ADITAMENTO À DENÚNCIA SÓ INTERROMPE O PRAZO PRESCRICIONAL, QUANDO INCLUI OUTRO CRIME E, MESMO ASSIM, SOMENTE EM RELAÇÃO A ESTE NOVO DELITO. QUANDO O ADITAMENTO É EM DECORRÊNCIA DA APLICAÇÃO DO ART. 384 E PARÁGRAFO ÚNICO DO CPP, NÃO EXISTIRÁ INTERRUPÇÃO DA PRESCRIÇÃO, PORQUE SE TRATA DO MESMO FATO, EMBORA COM NOVA QUALIDADE. (ACr. n.º 298013905, 6ª CCr., TA/RS, Rel. Sylvio Baptista Neto, julgado em 25/06/1998.)

Pode-se, então, afirmar que o aditamento – com fundamento no artigo 384, parágrafo único, do CPP – não interrompe a prescrição, porque não se trata de imputação de novo fato delituoso ao acusado, mas, sim, restringe-se somente em estabelecer nova definição jurídica ao fato (em decorrência de circunstância elementar não contida, explícita ou implicitamente, na denúncia, que importe aplicação de pena mais grave).

3.1.4. Aditamento para incluir novo fato delituoso

Contudo, diferentemente dos casos anteriormente analisados, ocorre a interrupção da prescrição quando o aditamento incluir novo fato delituoso não descrito na exordial acusatória (e a interrupção é somente para o crime trazido pelo aditamento).[51] Isso acontece porque, se esse novo delito fosse imputado ao réu em outra denúncia (em outros autos), ocorreria a interrupção da prescrição; logo, quando se procede ao aditamento, por uma conveniência procedimental (nos mesmos autos), seu recebimento deve ter o condão de interromper a marcha prescricional em curso.[52]

também entende pela não interrupção da prescrição nesses casos "Tal se dá, também, se o aditamento decorre da aplicação do disposto no art. 384, parágrafo único do CPP, na medida em que se trata do mesmo fato, embora sob nova qualificação. Neste caso, porém, como lembrado por Antônio Rodrigues Porto, 'o prazo se calculará com base na nova definição, contida no aditamento'".

[50] Ver ACr. n.º 697085140, 3ª CCr. TJRS, Rel. Des. José Eugênio Tedesco, j. 26/06/97.

[51] Nesse sentido, majoritariamente se tem pronunciado a doutrina: "O Aditamento à denúncia para incluir outro crime interrompe a prescrição somente quanto a este novo delito". (PORTO, Antônio Rodrigues. *Da prescrição penal.* 5. ed. São Paulo: Revista dos Tribunais, 1998, p. 68.) "Se o aditamento se referir a novo fato delituoso (hipótese bastante discutível), a interrupção se restringe ao novo fato". (FRAGOSO, Heleno Cláudio. *Lições de direito penal:* parte geral, p. 411). Em sentido contrário, podemos citar Guilherme NUCCI, para quem: "se houver aditamento à denúncia ou queixa para incluir crime conexo, o recebimento implicará na interrupção da prescrição com relação a todos os crimes, inclusive no tocante àqueles já constantes da peça acusatória original". (*Código penal comentado.* 5. ed. São Paulo: Revista dos Tribunais, 2005, p. 481.)

[52] Explicação muito bem sintetizada por RANGEL, Paulo. *Direito processual penal*, p. 268.

Vejamos entendimento jurisprudencial favorável a essa tese:

> PENAL. EMBARGOS INFRINGENTES E DE NULIDADE. APROPRIAÇÃO INDÉBITA. ART. 168 DO CP. CONAB. DESVIO DE ARROZ DEPOSITADO. ADITAMENTO À DENÚNCIA. FATO NOVO. PRESCRIÇÃO. INOCORRÊNCIA. CONTAGEM DO PRAZO A PARTIR DO RECEBIMENTO DO ADITAMENTO. **1.** O oferecimento de denúncia e aditamento narrando fatos distintos, embora conexos (desvio de arroz da CONAB). **2.** Aditamento que imputou fato novo ao denunciado, razão pela qual seu recebimento deve ser tomado como marco interruptivo da prescrição em relação ao segundo fato, afastando a prescrição. (...) (Embargos Infringentes e de Nulidade nº 2002.04.01.033200-2/RS, 4ª Seção do TRF da 4ª Região, Rel. Des. Tadaaqui Hirose, j. 15/09/2005, DJU 05/10/2005.)[53]

Existem algumas situações em que se procede ao aditamento à acusação, há, aparentemente, mudança fática, inclusive com nova capitulação, mas que não ocorre a interrupção da prescrição, vejamos:

> Lesão corporal grave – Modalidade – Prescrição – Ainda que a denúncia descreva um delito de lesão corporal grave, decorrente da incapacitação das ocupações habituais por mais de 30 dias, e, posteriormente, em razão de remessa a juízo de laudo complementar que indique outro fator de gravosidade das lesões, haja aditamento da denúncia, o marco inicial de prescrição será o do recebimento da denúncia, não sendo levado em conta o recebimento do aditamento. (ACr. n.º 689054153, 2ª CCr. TJRS, Rel. Des. Alaor Antônio Wiltgen Terra, j. 28/09/1989.)

Em suma, o que se pretendeu frisar nesse tópico foi o aditamento à denúncia para inclusão de fato delituoso não descrito nem capitulado na inicial acusatória, cujo recebimento representa marco interruptivo da prescrição da pretensão punitiva, no tocante ao fato posteriormente imputado.

3.1.5. Aditamento para inclusão de co-réu

A utilização da peça adicional para trazer à lide co-réu também não se mostra, quer sob o ponto de vista jurisprudencial, quer doutrinário, pacífica, no sentido de operar ou não a interrupção da marcha prescricional, havendo uma dicotomização acerca do tema com fortes argumentos de lado a lado.

Para alguns doutrinadores, a inclusão de co-autor do delito interrompe a prescrição, porque "*em tais casos o aditamento é uma denúncia nova que se agrega à primitiva para efeitos de reunião de processos*".[54]

---

[53] Podemos ainda citar outros acórdãos que pelas suas ementas não há como identificar se o aditamento que incluiu novo delito interrompeu a prescrição, mas quando da leitura de seu inteiro teor nota-se que não discrepam do entendimento aqui colacionado: AC nº 70012414629, 1ª CC, TJ/RS, Rel. Des. Manuel José Martinez Lucas, j. 24/05/06 – AC nº 70013098892, 8ª CCr., TJ/RS, Rel. Des. Marco Antônio Ribeiro de Oliveira, j. 29/03/2006 – AC nº 70000839548, 6ª CCr. TJ/RS, Rel. Des. Alfredo Foerster, j. 10/08/2000 – AC n.º 2005.050.03534, 1ª CCr., TJ/RJ, Rel. Des. Roberto Guimarães. Desse último, podemos nos valer da seguinte lição: "O aditamento de fls. 02/02B se refere à fato praticado em *06/05/97*, com registro na Junta Comercial em *18/06/1997* (2º parágrafo de fls. 02A). Outrossim, o respectivo aditamento à denúncia somente foi recebido aos *25/05/2003* (conforme decisão de fls. 247). Merece destacar que o crime de 'falsum' não estava descrito, ainda que implicitamente, e muito menos capitulado na denúncia original de fls 02C/02D. Portanto, decorridos se fizeram mais de 06 (seis) anos, considerada a primeira data (06/05/1997), e 05 (cinco) anos, 11 (onze) meses e 17 (dezessete) dias, com relação à segunda (18/06/1997), levando-se em conta a data do recebimento do aditamento à denúncia, o qual incluiu na imputação o crime do art. 299 do Código Penal".

[54] PENTEADO, Jaques de Camargo; RIBAS, Júlio César; UZEDA, Clovis Almir Vital de. *O aditamento no processo penal*, p. 30.

Vejamos a jurisprudência acolhedora da corrente doutrinária esboçada:

> O despacho de recebimento do aditamento à denúncia para incluir na ação penal co-réu não referido na inicial, mesmo que indiretamente, tem efeito interruptivo da prescrição com relação à sua pessoa, porque assume a condição típica de denúncia. (*RJDTACRIM* SP, 4/132.)[55]

> O aditamento foi realizado tão-somente para determinar a inclusão no pólo passivo da demanda dos réus JFK e CJB (abreviamos), ora recorrido, sem qualquer modificação dos fatos narrados na exordial ou de sua capitulação jurídica. Antes do aditamento da inicial, portanto, não havia qualquer acusação contra o recorrido, razão pela qual o recebimento da denúncia, em sua versão original – sem o referido aditamento – não poderia ser considerado termo inicial para efeito de contagem de prazo prescricional relativamente ao recorrido. Nestas condições, o recebimento do aditamento da exordial acusatória configura-se causa interruptiva do curso da prescrição. (RESP nº 722.157/RS, Quinta Turma do STJ, Rel. Ministro Gilson Dipp, j. 24/05/2005.)

A doutrina, da mesma forma, divide-se, e alguns entendem que o aditamento para inclusão de co-autor do delito é causa interruptiva da prescrição:

> Aditamento à denúncia ou queixa para incluir co-autores: serve para interromper a prescrição no tocante a todos, inclusive com relação àquele que já estava sendo processado. Não é a solução mais justa, embora seja a fiel aplicação do disposto neste parágrafo do art. 117.[56]

Por outro lado, a segunda concepção entende que inocorre a interrupção do prazo prescricional quando o aditamento acrescer subjetivamente a pretensão punitiva, "pois a prescrição, regulada no art. 109 do CP, é do fato praticado pelo agente e não do agente que pratica o fato".[57]

Importa também consignar que, em face da regra do parágrafo primeiro do art. 117 do CP,[58] o aditamento para incluir outro réu – através do qual se lhe imputa o mesmo crime descrito na denúncia primitiva – não interrompe a prescrição, haja vista o comando legal expresso da comunicabilidade das causas interruptivas; ressalte-se que essa regra exige a união processual para que ocorra a comunicabilidade da causa interruptiva da prescrição.[59]

---

[55] Cf. REIS, Julio Francisco dos. *Denúncia e queixa crime*: doutrina, jurisprudência, nulidades e modelos, p. 274. No mesmo sentido: AC nº 699225314, 7ª CCr., TJ/RS, Rel. Des. Luiz Carlos Ávila Carvalho Leite, j. 17/06/1999 – HC 11721, Câmara de Férias, do TJ/SC, Rel. Des. João Martins, j. 28/07/1994 – AC nº 252261-0, 5ª CCr., TJ/PR, Rel. Rosana Andriguetto de Carvalho, j. 22/06/2006.)

[56] NUCCI, Guilherme de Souza. *Código penal comentado*, p. 481. Vejamos o seguinte entendimento: "O 'aditamento' da denúncia ou queixa somente interromperá a prescrição se incluir a imputação de nova conduta típica, não descrita anteriormente, limitando-se a essa hipótese. A inclusão de novo réu, em aditamento, não interrompe a prescrição em relação aos demais". (BITENCOURT, Cezar Roberto. *Tratado de direito penal*. 10. ed. São Paulo: Saraiva, 2006. v. 1, p. 888.)

[57] RANGEL, Paulo. *Direito processual penal*, p. 268. Na mesma esteira podemos citar ANDREI ZENKNER SCHIMIDT, para quem: "(...) se o acusador tomar conhecimento da co-participação somente após o oferecimento da denúncia, deverá, obrigatoriamente, aditá-la para a inclusão do colaborador no delito. Este aditamento não interromperá a prescrição, por força do que dispõe o § 1º do art. 117 do CP, primeira parte". (*Da prescrição penal*: doutrina, prática e jurisprudência, p. 109.) Assim também se posiciona Damásio de JESUS: "O despacho de recebimento de aditamento da denúncia para inclusão de co-réu não interrompe o prazo prescricional. Nesse sentido: STF, HC 67.888, 2ª Turma, DJU 17 abr. 1990". (*Código penal anotado*. 11. ed. São Paulo: Saraiva, 2001, p. 371.)

[58] Art. 117, parágrafo primeiro, do CP: "*Excetuados os casos dos incisos V e VI deste artigo, a interrupção produz efeitos relativamente a todos os autores do crime. Nos crimes conexos, que sejam objeto do mesmo processo, estende-se aos demais a interrupção relativa a qualquer deles*".

[59] "Excetuadas as condições de cunho personalíssimo (reincidência e prisão), as causas interruptivas estendem-se a todos os autores do delito e o mesmo ocorre no caso de concurso de crimes, quando ocorre a conexão,

Nesse sentido, há forte entendimento jurisprudencial:

> PENAL. PROCESSUAL PENAL. ADITAMENTO DA DENÚNCIA PARA INCLUSÃO DE CO-RÉU. NÃO INTERROMPE A PRESCRIÇÃO. 1. O aditamento da denúncia para a inclusão de co-autor ou de partícipe de crime não interrompe o prazo de prescrição, e não se está a tratar de fato novo estranho à exordial acusatória, devendo ser estendido ao novo integrante da relação processual penal o efeito interruptivo do recebimento da denúncia contra o primeiro co-réu, nos termos do art. 117, § 1º, primeira parte, do Caderno Penal. (...)". (Embargos Infringentes, processo nº 2001.04.01.071755-2/SC, 4ª Seção do TRF da 4ª Região, Rel. Des. Luis Fernando Wowk Penteado, j. 18/12/2003.)
>
> (...) DESPACHO QUE RECEBE ADITAMENTO À DENÚNCIA PARA INCLUIR CO-RÉU OU PARTÍCIPE DE CRIME NÃO INTERROMPE O CURSO DO PRAZO PRESCRICIONAL – HIPÓTESES DE INTERRUPÇÃO DA PRESCRIÇÃO ENUMERADAS TAXATIVAMENTE NO ARTIGO 117, DO CÓDIGO PENAL, NELAS INEXISTINDO QUALQUER MENÇÃO AO ADITAMENTO. INTELIGÊNCIA DO ARTIGO 117, § 1º, PRIMEIRA PARTE, DO CÓDIGO PENAL, QUE DETERMINA SEJA ESTENDIDO AO NOVO DENUNCIADO, INCLUÍDO POR ADITAMENTO À INICIAL ACUSATÓRIA, O MARCO INTERRUPTIVO DA PRESCRIÇÃO RELATIVO AO PRIMEIRO DENUNCIADO. (...) (ACr. n.º 70002544997, 8ª CCr. do TJRS, Rel. Des. Marco Antônio Ribeiro de Oliveira, j. 05/06/2001)[60]
>
> É esse o sentido do acórdão de que fui relator: não há interrupção da prescrição com o aditamento da denúncia se nela já havia a descrição dos fatos delituosos imputados ao paciente, embora não tivesse havido, inicialmente, a indicação do dispositivo da lei penal em que ele se encontrava incurso. (...) Assim, o aditamento da denúncia, para a inclusão de outro acusado, não implica na interrupção da prescrição em relação ao primeiro co-réu, mas sustentou o acórdão impugnado que, com relação ao segundo acusado – e que constitui o aditamento da denúncia – é como se fosse uma nova denúncia, em relação a ele. De fato, assim é, mas os efeitos da prescrição, a meu ver são diferentes. (...). (*HC* n.º 67.888, 2ª Turma do STF, Rel. Min. Aldir Passarinho, DJU 18.5.90, p. 4344.)

Filiamo-nos ao segundo entendimento exposto, pois entendemos que o aditamento para inclusão de co-réu na relação processual não interrompe o curso do prazo prescricional, em face da regra constante no art. 117, § 1º, do CP (comunicabilidade das causas interruptivas da prescrição de cunho não-pessoal). Com isso, os marcos prescricionais, numa lide penal com pluralidade de réus, são os mesmos para todos, quer tenham nela ingressado pela via (normal) da denúncia ou, mesmo, pela via (anormal) do aditamento.

Passemos, pois, à análise de algumas decisões jurisprudenciais que retratam a questão do aditamento para inclusão de co-réu, as quais, entretanto, apresentam alguns detalhes, merecedores de destaque:

> RECURSO ESPECIAL. PENAL. CRIME DE CONCUSSÃO. PRESCRIÇÃO. INOCORRÊNCIA. ADITAMENTO DA DENÚNCIA. FATOS NOVOS QUE LEVARAM À MODIFICAÇÃO DA CAPITULAÇÃO DO DELITO IMPUTADO E INCLUSÃO DE CO-RÉUS. INTERRUPÇÃO DO LAPSO PRESCRICIONAL. Não há que se falar em prescrição da pretensão punitiva se não decorreu o lapso de tempo necessário entre a data de proferimento da sentença e a data do aditamento da denúncia,

---

desde que sejam eles objetos do mesmo processo". (MIRABETE, Julio Fabbrini. *Manual de direito penal*. 21. ed. São Paulo: Atlas, 2004, p. 415.)".No caso de co-autoria e participação, salvo as hipóteses de reincidência e de início ou continuação do cumprimento da pena, que são de natureza pessoal, a interrupção da prescrição produz efeito relativamente a todos os participantes do crime (art. 117, § 1º, 1ª parte)". (JESUS, Damásio de. *Código penal anotado*, p. 375).

[60] No mesmo sentido conferir: ACR 2002.04.01.042794-3/RS, 7ª Turma do TRF 4ª Região j. 01/04/2003; ACR 2003.04.01.012608-0/RS, 8ª Turma do TRF 4ª Região j.28/04/2004 e ACR 2001.04.01.058549-0, Turma Especial do TRF 4ª Região j. 29/01/2002.

que trouxe fatos novos resultando em modificação na capitulação de delito imputado, inclusive com mudança no rito procedimental, e determinou a inclusão de co-réus. Recurso parcialmente conhecido e, nesta extensão, desprovido. (REsp 276841/SP, 5ª Turma do STJ, Rel. Min. José Arnaldo da Fonseca, j. 06/06/2002.)[61]

(...) "no mérito, poder-se-ia comungar do entendimento esposado pelo Tribunal de origem, – no sentido de que nos casos de aditamento à denúncia para a inclusão de co-réu, aplica-se o efeito interruptivo do recebimento da denúncia oferecida contra o primeiro co-autor ou partícipe, em face do que preceitua a primeira parte o art. 117, § 1º, do Código Penal – SE o aditamento tivesse ocorrido ANTERIORMENTE à sentença de pronúncia contra os primeiros réus. (é de se espantar, aliás, que o d. juízo monocrático tenha recebido aditamento em processo que já se encontrava com sentença !!). O aditamento para inclusão do paciente na relação processual ocorreu quase 10 ANOS APÓS A SENTENÇA DE PRONÚNCIA! Ora, se se considerar, como fez o Tribunal de origem, que a data do recebimento da denúncia contra os primeiros co-réus, é válida para a contagem do lapso prescricional do que diz respeito ao paciente, obrigatoriamente a data da prolação da sentença de pronúncia e bem assim o julgamento pelo Júri dos primeiros co-réus (vide fls. 55/58), também são marcos interruptivos da prescrição! E isso seria um absurdo! O paciente nem integrava a relação processual! Repito: o recebimento do aditamento à denúncia para a inclusão do paciente deu-se em 1.8.95, QUASE 12 ANOS APÓS a denúncia dos primeiros co-réus, QUASE 10 ANOS APÓS a sentença de pronúncia contra os primeiros co-réus e QUASE 4 OU 5 ANOS APÓS o julgamento dos mesmos pelo Tribunal do Júri" (...). A única interpretação que se pode ter do art. 117, § 1º do Código Penal é que a interrupção da prescrição produz efeitos a todos os autores do crime, desde que a entrada dos mesmos na relação processual tenha se dado antes da prolação da sentença (...). (Voto que transcreve parecer exarado pela Subprocuradoria Geral da República, assinado pela Dra. Julieta E. Fajardo Cavalcanti de Albuquerque no RHC n.º 5.311/ PB, 5ª Turma do STJ, Rel. Ministro Cid Flaquer Scartezzini, j. 23/04/1996.)

---

[61] Essa decisão entendeu que a inclusão de co-réus na lide, pela via do aditamento, interrompeu o curso do prazo prescricional, com a justificativa de que foram imputados fatos novos. Porém, não podemos concordar com tal entendimento, principalmente após a leitura do voto do Exmo Sr. Ministro Relator, que transcreveu parecer exarado, à época, pelo Subprocurador Geral da República Cláudio Lemos Fonteles: "'A preliminar suscitada pelos recorrentes RM (abreviamos) e JB (abreviamos), relativa a ocorrência da prescrição, em razão de haver a interrupção do prazo prescricional pelo aditamento da denúncia, sem que haja apelo do Ministério Público, é de ser rejeitada. As causas interruptivas da prescrição estão elencadas no artigo 117 do Código Penal, não se verificando dentre elas a hipótese dos autos, ou seja, a relativa ao despacho que recebe aditamento à denúncia. Dessa forma, de regra, o despacho que recebe o aditamento de denúncia não é causa interruptiva da prescrição, ressalvada a hipótese de nova imputação, decorrente de fato novo, porque eqüivale à nova denúncia. Foi o que ocorreu no caso presente, pois a r. denúncia foi apresentada apenas em relação ao recorrente ACM (abreviamos), imputando a ele a prática do delito do artigo 158, § único, do Código Penal; posteriormente foram identificados dois de seus comparsas, e constatado serem eles policiais civis; foi então aditada a denúncia, imputando a todos a prática do delito do artigo 316 do Código Penal. Verifica-se a descoberta de novos fatos, que levaram o Ministério Público a aditar a denúncia, atribuindo a todos a prática de novo delito, não descrito anteriormente. (...) *Dessa forma, em se tratando de novo delito, decorrente da descoberta de novos fatos, o aditamento à denúncia interrompe a prescrição, dando início a nova contagem de prazo*'". Ainda em seu voto, após a transcrição do parecer, assim se posicionou o Exmo. Sr. Ministro Relator: "7. Ora, não se trata, como afirmam os recorrentes, de apenas a inclusão de co-réu (fls. 686). Na verdade, novos fatos foram contidos no aditamento, conforme fls. 314/315 e 376/377, alterando-se, inclusive, o rito de procedimento do comum para o especial. 8. A inicial da denúncia (fls. 02/04) imputava a prática de crime de extorsão (art. 158, § 1o). Com o aditamento, a douta promotoria não se limitou a apenas incluir outro réu, mas alterou o fato jurídico em si: 'É que em decorrência da condição de funcionário público desses apelantes, fato novo acrescentado, o crime passou a ser o capitulado no art. 316. E por causa do novo fato o aditamento, no caso, interrompe a prescrição' (fls. 655)". A crítica que se faz ao julgado é a seguinte: concordamos que a inclusão de fato novo pela via do aditamento interrompe a prescrição; todavia, entendemos que se deve interpretar a locução 'fato novo' em sua essência, ou seja, que se trate de 'novo fato delituoso'. *In casu*, o aditamento à inicial acusatória apenas trouxe à lide penal novos co-réus, os quais, por serem funcionários públicos – e essa circunstância se apresentou a partir do aditamento –, impulsionaram a (necessária) alteração do enquadramento jurídico do fato. Ora, a condição pessoal de 'ser funcionário público' não se constitui, *de per se*, num delito autônomo, razão pela qual não pode o aditamento – operado exclusivamente para trazer co-réus com essa qualidade à narrativa acusatória – interromper a marcha prescricional, na medida que em os fatos (delituosos) são, rigorosamente, os mesmos.

O que se deve levar em linha de conta, para esta questão da interrupção do prazo prescricional pelo aditamento que visa a incluir co-autor ou partícipe, é a regra constante no art. 117, parágrafo primeiro, do CP, que traz a comunicabilidade das causas interruptivas da prescrição aos co-partícipes do delito. E, pelas razões acima expostas, entendemos não ser causa interruptiva da prescrição o recebimento do aditamento para esse fim. Para que ocorra a comunicabilidade da causa interruptiva da prescrição, conforme preconiza o Caderno Penal no artigo antes mencionado, necessário que os réus integrem a mesma relação processual, pois, como bem comenta Mesquita Júnior, *"não há, no entanto, jurisprudência que verse sobre a possibilidade da causa interruptiva se estender aos co-autores e partícipes que venham a figurar em processos separados"*.[62]

Nesse contexto, e agregada a possibilidade de denúncia apartada (no lugar de aditamento nos mesmos autos) em razão da conveniência procedimental (ou porque o processo já está em fase de sentença ou findo), surge uma importante questão: se o co-autor (ou partícipe) do delito ingressar na relação processual pela via do aditamento (seguindo correntes doutrinária e jurisprudencial já citadas), não haveria a interrupção da prescrição, por força do disposto no art. 117, § 1º, do CP; entretanto, se denunciado, por conveniência processual, em outro processo, teria a marcha prescricional interrompida, em virtude do recebimento da denúncia – *ut* art. 117, inc. I, do CP. Esse quadro poderia ensejar o manejo dos fatores interruptivos da prescrição, ainda que sem a intenção de prejudicar o réu, pelo órgão acusador, na medida em que optasse, a seu talante, por uma ou outra via que, concretamente, colimasse melhor aos interesses persecutórios. Nesse passo, qual seria a solução?

Acreditamos que só há um deslinde capaz de trazer segurança jurídica ao acusado, quando no caso concreto se deparar com essa situação: o réu, se denunciado em outro processo, poderá eleger a causa interruptiva da prescrição, isto é, escolher se a prescrição, que teve o seu curso iniciado quando da consumação do delito, será interrompida pelo recebimento da denúncia do co-autor (denunciado anteriormente em outro processo), ou pelo recebimento da sua denúncia. Essa escolha o abroquelaria de eventuais riscos estrategicamente operados pela acusação, no sentido de lançar mão de recurso (previsto em lei) para interromper a prescrição penal (recebimento da denúncia).[63]

---

[62] MESQUITA JÚNIOR, Sidio Rosa de. *Prescrição penal*. 3. ed. São Paulo: Atlas, 2003, p. 112.

[63] Figuremos um exemplo hipotético para melhor compreendermos a questão e a solução apontadas: em concurso de agentes, "A" e "B", este com 19 anos à época da conduta, cometem, em *12/05/1990*, o delito de lesões corporais leves – previsto no art. 129, *caput*, do CP. Em *outubro de 1990*, o MP oferece denúncia contra "A", que foi recebida em *10/10/1990*; e, após o curso regular do processo, restou condenado (à pena de 4 meses de detenção), sendo a sentença publicada em *09/11/1992*. Com a instrução do processo contra "A", o MP toma conhecimento da participação de "B" no crime descrito na peça acusatória. O órgão acusador decide oferecer denúncia em outros autos contra "B", a qual é recebida em *05/04/1992*, e, após a marcha processual, é publicada, em *19/11/1993*, a sentença condenatória (à pena de 3 meses de detenção). O delito de tela, previsto no *caput* do art. 129, do CP, tem pena prevista de *detenção de 03 meses a 1 ano*; logo, prescreve, abstratamente, em *04 anos*, conforme o art. 109, V, CP. Como o réu "B" era menor de 21 anos na data do fato, tem seu favor a redução de metade do prazo prescricional, à luz do art. 115 do CP. Portanto, a prescrição da pretensão punitiva

A solução preconizada encontra-se vinculada à opção do acusado em face de duas situações que devem ser cotejadas, apurando-se os resultados e conseqüências de cada uma, a partir de cujo procedimento poderíamos estabelecer qual se lhe apresenta como possuidora de uma carga mais favorável. Chamar o réu, através de seu defensor, para que se pronuncie sobre a escolha de leis ou de algo que as valha (aqui, *in casu*, da escolha de fatores interruptivos da prescrição) não é, absolutamente, solução inédita na doutrina criminal, como se pode ler:

> Há casos em que a opção entre a lei nova e a velha só pode ser decidida por uma apreciação subjetiva e não objetiva. Em tais hipóteses pode-se e deve-se aceitar que o próprio acusado, por intermédio de seu defensor, aponte qual das duas leis aplicáveis lhe parece ser a mais favorável. Embora essa nossa posição possa não ser a endossada pela doutrina tradicional, ela é a única capaz de solucionar, com justiça, algumas hipóteses de conflito temporal de leis penais[64].

Assim, pelo questionamento e hipótese trazidos acima, buscou-se demonstrar a tese que passamos a sustentar, qual seja: a possibilidade de eleição da causa interruptiva da prescrição pelo réu, naqueles casos em que o delito foi cometido em concurso de agentes e que esses venham a figurar em ações distintas.

4. Considerações finais

Pelo presente ensaio, pudemos revisar algumas considerações sobre o instituto do aditamento à denúncia, que, como comentado alhures, pouco é aprofundado pela doutrina. Em seguida, buscamos fazer a relação desse tema com o da prescrição da pretensão punitiva, analisando os efeitos das diferentes espécies de aditamento sobre a prescrição, pretendendo ressaltar alguns aspectos que se mostravam ou pouco nebulosos na dogmática processual penal, mas presentes na seara jurisprudencial – que nos foi extremamente útil para colmar as lacunas legais. Nessa medida, analisamos, ao longo do trabalho, o conteúdo da peça acusatória adicional: suprir omissões da inicial; corrigir erros materiais; alterar a capitulação jurídica do fato descrito; trazer circunstância elementar não contida na denúncia; incluir fato novo ou trazer à lide co-réu. Dessa classificação surgem questões casuísticas que se pretendeu moldar às categorias mencionadas (como por exemplo: a mudança do elemento subjetivo e normativo do tipo penal, o agravamento – no

---

para a pena prevista, abstratamente, para "B" é de *02 anos*. Note-se que o MP não aditou a denúncia do processo contra "A"; ofereceu denúncia autônoma contra "B". Como essa peça acusatória foi recebida em *05/04/1992*, houve a interrupção da prescrição, e, portanto, entre a data do fato (*12/05/1990*) e a data do recebimento da denúncia contra "B" não se passaram 02 (dois) anos. Entre a data do recebimento da denúncia e a data da sentença condenatória de "B" (*19/11/1993*) também não se passaram 02 (dois) anos. Mas, se observa que, se "B" tivesse ingressado no processo de "A", pela via do aditamento, a interrupção da prescrição não teria ocorrido, por força do disposto no art. 117, § 1º, do CP (comunicabilidade das causas interruptivas de caráter não pessoal). Então teríamos uma situação muito diferente, inclusive com a possibilidade de "B" beneficiar-se, com amparo legal, da prescrição da pretensão punitiva pela pena em abstrato, porque tanto entre a data do recebimento da denúncia contra "A" (*10/10/1990* – que seria marco interruptivo da prescrição no caso de aditamento) e a data da sentença condenatória de "B", quanto entre a data de recebimento da denúncia contra "A" (*10/10/1990*) e a data da sentença condenatória de "B" (*19/11/1993*) se passaram mais de dois anos, suficientes para a implementação da prescrição e, conseqüentemente, da extinção da punibilidade.

[64] DELMANTO, Celso; et al. *Código penal comentado*. 6.ed. Rio de Janeiro: Renovar, 2002, p. 06.

curso do processo – das lesões sofridas), para, num momento posterior, relacioná-las com a causa interruptiva da prescrição examinada.

Finalmente, quando abordamos o aditamento para inclusão de co-réu à lide penal, tivemos oportunidade de sugerir a adoção de um critério, ancorado na sistemática penal, que visa a solucionar, de forma justa e harmônica, essa lacuna na lei que pode, eventualmente, causar prejuízos ao réu. Para tanto, idealizamos uma solução, que se relaciona à interpretação do texto legal, a partir da possibilidade de o acusado, em casos concretos, ser convocado, através de seu defensor, a se manifestar sobre a eleição do marco interruptivo da prescrição que melhor lhe convier.

Esses foram os principais objetivos do ensaio, que procurou de forma simples e de fácil consulta, explorar toda essa problemática do aditamento, suas funções e a sua repercussão na prescrição da pretensão punitiva.

5. Referências bibliográficas

BADARÓ, Gustavo Henrique Righi Ivahy. *Correlação entre acusação e sentença.* São Paulo: Revista dos Tribunais, 2000. v. 3. (Coleção de Estudos de Processo Penal Prof. Joaquim Canuto Mendes de Almeida.)

BALTAZAR, Antônio Lopes. *Prescrição penal.* São Paulo: Edipro, 2003.

BARROS, Antônio Milton de. "Aditamento da denúncia e da queixa: forma e alcance de cada uma das modalidades prevista no Código de Processo Penal". In: *Revista da Associação Paulista do Ministério Público*, São Paulo, ano IV, n. 35, p. 30-3, out.-nov. de 2000.

BATISTA, Nilo. "Sobre o aditamento à denúncia". In: *Discursos sediciosos.* Crime, direito e sociedade, Rio de Janeiro: Instituto carioca de criminologia, ano 1, n. 2, p. 285-9, 2. sem. 1996.

BATISTA, Weber Martins. *Direito penal e direito processual penal.* 2. ed. Rio de Janeiro: Forense, 1997.

BITENCOURT, Cezar Roberto. *Tratado de direito penal.* 10. ed. São Paulo: Saraiva, 2006. v. 1.

BONFIM, Edílson Mougenot. *Curso de processo penal.* São Paulo: Saraiva, 2006.

BOSCHI, José Antônio Paganella. *Ação penal.* Denúncia, queixa e aditamento. 2. ed. Rio de Janeiro: Aidê, 1997.

——. *Ação penal:* denúncia, queixa e aditamento. 3. ed. Rio de Janeiro: Aidê, 2002.

CARVALHO, Luis Gustavo Grandinetti Castanho de. *Processo penal e (em face da) Constituição, princípios constitucionais do processo penal.* 3. ed. Rio de Janeiro: Lumen Juris, 2004.

CHOUKR, Fauzi Hassan. *Processo penal à luz da Constituição.* Temas escolhidos. Bauru, São Paulo: Edipro, 1999.

COSTA JUNIOR, Paulo José da. *Código penal comentado.* 8. ed. São Paulo: DPJ, 2005.

DELMANTO, Celso et al. *Código penal comentado.* 6.ed. Rio de Janeiro: Renovar, 2002.

FAYET, Ney. *A sentença criminal e suas nulidades.* Lei, doutrina e jurisprudência. 5. ed. Rio de Janeiro: Aidê, 1987.

FELDENS, Luciano; SCHMIDT, Andrei Zenkner. *Investigação criminal e ação penal.* 2. ed. Porto Alegre: Livraria do Advogado, 2007,

FERNANDES, Antônio Scarance. *A reação defensiva à imputação.* São Paulo: RT, 2002.

——. *Processo penal constitucional.* São Paulo: RT, 1999.

——; GOMES FILHO, Antônio Magalhães; GRINOVER, Ada Pellegrini. *As nulidades no processo penal.* 9. ed. São Paulo: Revista dos Tribunais, 2006.

FRAGOSO, Heleno Cláudio. *Lições de direito penal:* parte geral. 15. ed. Rio de Janeiro: Forense, 1995.

GOLDSCHMIDT, James. *Princípios gerais do processo penal.* Conferências proferidas na Universidade de Madrid nos meses de dezembro de 1934 e de janeiro, fevereiro e março de 1935. Traduzido por: Hiltomar Martins Oliveira. Belo Horizonte: Líder, 2002.

GOMES FILHO, Antônio Magalhães. *Direito à prova no processo penal.* São Paulo: RT, 1997.

HAMILTON Sérgio Demoro. "A técnica da denúncia". In: *Revista do Ministério Público*, Rio de Janeiro, n. 16, p. 187-212, jul.-dez. 2002.

JARDIM, Afrânio Silva. *Direito processual penal*. 11. ed. Rio de Janeiro: Forense, 2003.
JESUS, Damásio de. *Código penal anotado*. 11. ed. São Paulo: Saraiva, 2001.
———. *Prescrição penal*. 16. ed. São Paulo: Saraiva, 2003.
JORGE, Alline Pedra. "O princípio da obrigatoriedade da ação penal pública no direito constitucional comparado". In: *Revista Jurídica Consulex*, Brasília: Consulex, ano VI, n. 122, p. 25-30, 15 fev. 2002.
LIMA, Marcellus Polastri. *Curso de processo penal*. 3. ed. Rio de Janeiro: Lumen Juris, 2006. v. 1.
———. *Ministério Público e persecução criminal*. Rio de Janeiro: Lumen Juris, 1997.
LOPES, Maurício Antônio Ribeiro. In: PENTEADO, Jaques de Camargo (coord.). *Justiça Penal*. 4 críticas e sugestões, provas ilícitas e reforma pontual. São Paulo: Revista dos Tribunais, 1997.
LOZANO JÚNIOR, José Júlio. *Prescrição penal*. São Paulo: Saraiva, 2002.
MALAN, Diogo Rudge. In: PRADO, Geraldo (coord). *A sentença incongruente no processo penal*. Rio de Janeiro: Lumen Juris, 2003. (Coleção Pensamento Crítico.)
MARQUES, José Frederico. *Elementos de direito processual penal*. Campinas: Bookseller, 1997. v. I.
———. *Estudos de direito processual penal*. 2. ed. Campinas: Millennium, 2001. Atualização e prólogos: Ricardo Dip e José Renato Nalini.
MESQUITA JÚNIOR, Sidio Rosa de. *Prescrição penal*. 3. ed. São Paulo: Atlas, 2003.
MIRABETE, Julio Fabbrini. *Código de processo penal interpretado*. Referências doutrinárias, indicações legais, resenha jurisprudencial. São Paulo: Atlas, 2001.
———. *Manual de direito penal*. 21. ed. São Paulo: Atlas, 2004.
NUCCI, Guilherme de Souza. *Código penal comentado*. 5. ed. São Paulo: Revista dos Tribunais, 2005.
OLIVEIRA, Eugênio Pacelli de. *Curso de processo penal*. 3. ed. Belo Horizonte: Del Rey, 2004.
PEDROSO, Fernando de Almeida. *Processo penal*. O direito de defesa: repercussão, amplitude e limites. 3. ed. São Paulo: RT, 2001.
PENTEADO, Jaques de Camargo; RIBAS, Júlio César; UZEDA, Clovis Almir Vital de. *O aditamento no processo penal*. São Paulo: Saraiva, 1992.
PIERANGELI, José Henrique; ZAFFARONI, Eugenio Raúl. *Manual de direito penal brasileiro*. 6. ed. São Paulo: Revista dos Tribunais, 2006. v. 1.
PORTO, Antônio Rodrigues. *Da prescrição penal*. 5. ed. São Paulo: Revista dos Tribunais, 1998.
POZZER, Benedito Roberto Garcia. *Correlação entre acusação e sentença no processo penal brasileiro*. São Paulo: IBCCrim, 2001.
PRADO, Geraldo. *Sistema acusatório*. A conformidade constitucional das leis processuais penais. 4. ed. Rio de Janeiro: Lumen Juris, 2006.
PRADO, Luiz Regis. *Curso de direito penal brasileiro*. 6. ed. São Paulo: Revista dos Tribunais, 2006. v. 1.
RANGEL, Paulo. "O garantismo penal e o aditamento à denúncia". In: *Revista dos Tribunais*, ano 90, v. 785, São Paulo: RT, p. 439-61, mar. 2001.
———. *Direito processual penal*. 11. ed. Rio de Janeiro: Lumen Juris, 2006.
REIS, Julio Francisco dos. *Denúncia e queixa crime*: doutrina, jurisprudência, nulidades e modelos. Indianápolis: J.F. dos Reis, 1999.
RIBAS, Júlio Cesar. "O aditamento no processo penal". In: *RT* 464, São Paulo, ano 63, p. 295-318, jun. 1974.
ROXIN, Claus. *Derecho procesal penal*. Tradução da 25. ed. alemã por Gabriela E. Córdoba e Daniel Pastor, revisada por Julio B. J. Maier. Buenos Aires: Editores del Puerto s.r.l., 2000.
SCHMIDT, Andrei Zenkner. *Da prescrição penal*. Porto Alegre: Livraria do Advogado, 1997.
SOUZA NETTO, José Laurindo de. *Processo Penal*: sistemas e princípios. Curitiba: Juruá, 2003.
TOURINHO FILHO, Fernando da Costa. *Manual de processo penal*. São Paulo: Saraiva, 2001.
TOVO, Paulo Cláudio. *Apontamentos e guia prático sobre a denúncia no processo penal brasileiro*. Porto Alegre: Fabris, 1986.

— 11 —

Esterilização humana e direito penal: comentários sobre a Lei 9.263/1996

PAULO VINICIUS SPORLEDER DE SOUZA

Doutor em Direito (Univ. de Coimbra/Portugal), Professor Adjunto de Direito Penal da Pontifícia Universidade Católica do RS (PUCRS), Coordenador Estadual do Instituto Brasileiro de Ciências Criminais (IBCCRIM), Conselheiro do Instituto Transdisciplinar de Estudos Criminais (!TEC), Advogado

Sumário: 1. Considerações Gerais. 1.2. Contracepção e esterilização, 1.2.1. Esterilização Feminina, 1.2.2. Esterilização Masculina – 2. Esterilização penalmente irrelevante – 3. Esterilização penalmente relevante – 4. Responsabilidade penal da pessoa jurídica? – 5. Anotações Dogmáticas. 5.1. Art. 15 da Lei 9.263/1996 (Esterilização Cirúrgica Irregular), 5.1.1. Tipo Objetivo, 5.1.2. Tipo subjetivo, 5.1.3.Modalidade culposa, 5.1.4. Qualificadoras e causas de aumento de pena, 5.1.5. Pena e questões processuais, 5.2.1. Tipo Objetivo, 5.2.2. Tipo subjetivo, 5.2.3. Modalidade culposa, 5.2.4. Qualificadoras e causas de aumento de pena, 5.2.5. Pena e questões processuais, 5.3. Art.17 da Lei 9.263/1996 (Indução ou instigação à esterilização), 5.3.1. Tipo Objetivo, 5.3.2. Tipo subjetivo, 5.3.3. Modalidade culposa, 5.3.4. Qualificadoras e causas de aumento, 5.3.5. Pena e questões processuais, 5.3.6. Observação, 5.4. Art. 18 da Lei 9.263/1996 (Exigência de atestado de esterilização), 5.4.1. Tipo Objetivo, 5.4.2. Tipo subjetivo, 5.4.3. Modalidade culposa, 5.4.4. Qualificadoras e causas de aumento de pena, 5.4.5. Pena e questões processuais, 5.4.6. Observação – 6. Considerações Conclusivas – Referências bibliográficas.

1. Considerações Gerais

A esterilização humana avulta cada vez mais em nossos dias como uma forma usual de contracepção e de planejamento familiar. Desde há alguns anos, o planejamento familiar – programa que tem como objetivo elevar o padrão de saúde e de bem-estar da população – incluiu-se nos programas oficiais de saúde pública com o intuito de ajudar – mediante conselhos e serviços especializados – as famílias a tomar decisões no sentido de limitar e controlar o número de filhos; e, mais amplamente, a resolver o problema de explosão demográfica da população em geral, sobretudo em relação aos países em desenvolvimento, que vêm apresentando altos índices de taxa de natalidade.[1]

O controle eficaz da concepção trouxe à sociedade um avanço incontestável, na medida em que, dentre outras questões, facilitou à mulher sua emancipação e participação no mercado de trabalho e permitiu às famílias, mediante o planejamento, a adequação entre o número de filhos e suas condições econômicas. Também carreou mudanças de mentalidade e costumes, como a liberalidade da prática sexual, sobretudo nos mais jovens, o que se traduziu, paradoxalmente, não por um maior controle da natalidade, mas sim por um aumento de gestações indesejadas ou abortos entre as adolescentes.[2]

A família, base da sociedade, tem especial proteção do Estado (CF, art. 226). Por conseguinte, o planejamento familiar (e conseqüentemente a contracepção) é um direito da mulher ou do casal, que inclui o direito de escolher o método mais adequado às suas necessidades e ao período da vida em que se encontrem. É um direito humano inalienável[3] dos pais ter filhos no momento e nas condições que considerarem adequadas, esperando-se, todavia, que isso ocorra de forma responsável. Aliás, a própria CF preceitua que "fundado nos princípios da dignidade da pessoa humana e da paternidade responsável, o planejamento familiar é livre decisão do casal, competindo ao Estado propiciar recursos educacionais e científicos para o exercício desse direito, vedada qualquer forma coercitiva por parte de instituições oficiais ou privadas".[4] Ademais, a Lei do planejamento familiar (Lei 9.263/1996) – que regula o § 7º do art.226 da CF – ratifica que o planejamento familiar é direito de todo cidadão (art. 1º), entendendo-se este direito como "o conjunto de ações de regulação da fecundidade que garante direitos iguais de constituição, limitação ou aumento da prole pela mulher, pelo homem ou pelo casal" (art. 2º). Por outro lado, para o exercício do direito ao planejamento familiar, serão oferecidos todos os métodos e técnicas de concepção e contracepção cientificamente aceitos e que não coloquem em risco a vida e a saúde das pessoas, garantida a liberdade de opção (art. 9º).[5] Veda-se, portanto, qualquer tipo de prática que vise um controle demográfico arbitrário, permitindo-se apenas a esterilização voluntária sob certas condições (art. 10). Ademais, e inserido dentro de uma visão de atendimento global e integral à saúde (mais especificamente, saúde reprodutiva), as instâncias gestoras do Sistema Único de Saúde são obrigadas a garantir atividades básicas relacionadas ao homem, à mulher e ao casal, entre outras: a assistência à concepção; atendimento pré-natal; assistência ao parto, ao

---

[1] Cf. TAYLOR, in: Calderone, *Tecnicas anticoncepcionales*, p. 1.

[2] KUNDE, A. et.al., in: Freitas *et al.*, *Rotinas em ginecologia*, p. 219.

[3] A propósito, a Declaração Universal dos Direitos Humanos (1948) estabelece no art.16 (1) que o respeito pela dignidade humana passa pelo respeito fundamental do direito à procriação.

[4] V. CF, art.226, § 7.

[5] Neste sentido, o Código de Ética Médica (art.67) estabelece ser vedado ao médico: "desrespeitar o direito do paciente de decidir livremente sobre método contraceptivo ou conceptivo, devendo o médico sempre esclarecer sobre a indicação, a segurança, a reversibilidade e o risco de cada método".

puerpério e ao neonato; controle das doenças sexualmente transmissíveis; controle e prevenção do câncer cérvico-uterino, do câncer de mama e do câncer de pênis (art. 3º, parágrafo único, I, II, II, IV e V).

1.2. Contracepção e esterilização

A anticoncepção (ou contracepção) humana pode ser classificada de três formas: a) anticoncepção não-hormonal; b) anticoncepção hormonal; e c) anticoncepção irreversível.[6]

A anticoncepção não-hormonal subdivide-se em métodos comportamentais e métodos de barreira. Entre os métodos comportamentais, encontram-se a abstinência sexual periódica (ritmo/tabela/calendário/Ogino-Kanaus, temperatura basal, muco cervical ou método Billing, sintotérmico e ducha vaginal) e a ejaculação extravaginal (coito interrompido, sexo oral, sexo anal). Já entre os métodos de barreira, podemos citar os seguintes: preservativo masculino, preservativo feminino, diafragma, capuz cervical, espermaticidas, esponjas e DIU.

Por sua vez, a anticoncepção hormonal pode ser via oral (anticoncepcionais combinados – estrogênio/progestagênio –, anticoncepcionais só de progestagênios e anticoncepção de emergência) ou via parental (via intramuscular, via vaginal – anel vaginal –, via transdérmica – adesivo semanal –, via subdérmica – implantes –, e via intra-uterina – SIU-LNG 20).

Enfim, a anticoncepção denominada irreversível (ou permanente) consiste na esterilização propriamente dita.

A esterilização, num sentido amplo, está ligada à política de controle da procriação (e mais indiretamente à taxa de natalidade), seja por parte do casal (futuros pais), dos médicos, ou da própria sociedade.[7] No entanto, diferentemente de outros meios contraceptivos que supõem uma privação temporária da capacidade reprodutiva, a esterilização visa a privar de forma presumidamente permanente ou duradoura esta mesma capacidade.[8]

A esterilização é um método contraceptivo não-natural (artificial), que tem como finalidade suprimir a capacidade procriativa do ser humano, sem modificar, no entanto, as suas funções sexuais ou endócrinas.[9] É uma intervenção biomédica que visa a impedir a gravidez e/ou a reprodução humana, podendo ser de natureza terapêutica ou não-terapêutica. Esterilização terapêutica é a intervenção indicada medicamente quando a procriação/gravidez possa se constituir numa ameaça à vida, à saúde ou ao bem-estar físico ou mental do paciente. Trata-se de

---

[6] Cf. KUNDE et. al., in: Freitas *et al.*, *Rotinas em ginecologia*, 220.

[7] Nesse sentido, PARIZEAU, in: Hottois/Parizeau, *Dicionário da bioética*, p. 202-203.

[8] Vide ROMEO CASABONA, *El derecho y la bioetica*, p. 260.

[9] Nesse sentido, PARIZEAU, in: Hottois/Parizeau, *Dicionário da bioética*, p. 202. A esterilização distingue-se da castração, pois nesta intervenção são extirpadas as gônadas sexuais alterando-se as funções sexuais ou endócrinas. Cf. HEYWINKEL/SCHUPPE/BECK, in: Korff/Beck/Mikat (Hrsg.), *Lexikon der Bioethik*, p. 461.

tratamento curativo que exclui a tipicidade (por se tratar de risco permitido)[10] ou a ilicitude da conduta do médico – por caracterizar-se como um exercício regular de direito (art. 23, III do CP) –, desde que haja o devido consentimento da vítima (paciente).[11] Enquanto a esterilização não-terapêutica é aquela intervenção indicada por razões de conveniência social, política ou econômica, para fins lícitos (p.ex., evitar a gravidez, planejamento familiar) ou ilícitos (p.ex., de eugenia,[12] controle demográfico arbitrário). Logicamente, a esterilização não-terapêutica ilícita não merece qualquer respaldo ético e/ou jurídico, devendo ser repudiada, inclusive penalmente, pelo ordenamento jurídico, já que atenta contra a dignidade humana.

1.2.1. Esterilização Feminina

A esterilização feminina (anticoncepção cirúrgica voluntária -ACV- ou laqueadura/ligadura tubária -LT-) é um método anticoncepcional muito eficaz, seguro e permanente para mulheres que não desejam ter mais filhos.[13] A LT consiste na obstrução do lúmen tubário, impedindo o encontro dos gametas femininos e masculinos; o local ideal para o procedimento cirúrgico é a região ístmica.[14] As técnicas de obstrução tubária são as mais variadas: Uchida (abertura da serosa da tuba, secção e ligadura isolada, sem sepultamento dos cotos), Pomeroy (liga-se a tuba em forma de alça, seccionando-se a parte distal da alça), Madlener (liga-se a tuba em forma de alça, após esmagá-la com pinça de Kelly sem seccionar-se a parte distal da alça), clipes especiais – clipes de Hulka – (coloca-se um dois clipes na região ístmica), anéis de silástico de Yoon (coloca-se um ou dois anéis no acotovelamento da região ístmica da tuba); eletrocoagulação bipolar (faz-se a coagulação na região ístmica da tuba, sem lesar o meso);[15] ooforectomia ou ovariectomia bilateral (ablação dos ovários); histerectomia[16] (ablação do útero)

---

[10] Defendendo esta posição, SPORLEDER DE SOUZA, *Boletim do IBCCRIM* (2006), p. 14.

[11] Todavia, não resulta constrangimento ilegal a intervenção médica ou cirúrgica, sem o consentimento do paciente ou de seu representante legal, se justificada por iminente perigo de vida (CP, art.146, § 3º, I).

[12] Para DINIZ (*O estado atual do biodireito*, p. 144-145), a "esterilização eugênica é a que se opera para impedir a transmissão de moléstias hereditárias, evitando prole inválida ou inútil, e para prevenir a reincidência de delinqüentes portadores de desvio sexual". Adverte a autora que "no Brasil não é permitida a esterilização eugênica, diante do disposto no art. 5º, XLVII, *e*, da Constituição, que veda a imposição de penas cruéis, tornando inadmissíveis a castração e a esterilização, ainda que o criminoso tenha cometido delito impulsionado por um desvio de sexualidade". Aduz ainda DINIZ que "o ser humano não deve ser tratado como animal, nem selecionado para fins procriativos. A esterilização de anormais e criminosos seria uma forma de vil afronta à dignidade do ser humano" (idem, ibidem).

[13] Embora a esterilização feminina seja reversível, o procedimento cirúrgico é difícil, caro e não é realizado na maioria dos lugares. O sucesso de tal intervenção não é garantido, e as mulheres que ainda pensam em ter filhos no futuro devem escolher outro método anticoncepcional (HATCHER, *Pontos essenciais da tecnologia de anticoncepção*, p. 9-5;9-22).

[14] KUNDE et al., in:Freitas et al., *Rotinas em ginecologia*, p. 224

[15] KUNDE et al., in: Freitas et al., *Rotinas em Ginecologia*, p. 224. Sobre as técnicas empregadas v. também PINHO NETO et al., in: Andrade et al., *Contracepção*, p. 168-169.

[16] Segundo PINHO NETO et al., a histerectomia não deve mais ser utilizada como método cirúrgico na anticoncepção feminina devido às freqüentes complicações, quando comparada a outros métodos. Contudo – acentuam

e salpingectomia total (ablação das trompas de Falópio).[17] Enfim, os dois procedimentos de acesso comumente indicados para a esterilização feminina são a minilaparotomia[18] e a laparoscopia,[19] e ambos são intervenções cirúrgicas simples, que podem ser realizadas com anestesia local e sedação leve, ou então com anestesia geral (menos freqüente).

1.2.2. Esterilização Masculina

A vasectomia (esterilização masculina ou anticoncepção cirúrgica masculina) é um método anticoncepcional permanente indicado a homens que não desejam ter mais filhos. Trata-se de uma intervenção cirúrgica[20] simples, segura, eficaz, rápida e permanente.[21] "Não é castração. Não afeta os testículos e não afeta o desempenho sexual".[22] Em virtude de sua alta confiabilidade e segurança, a esterilização cirúrgica masculina é um dos métodos de planejamento familiar que mais vêm ganhando adeptos[23] hoje em dia. Segundo Ferber, "vasectomia é um método operatório simples, no qual se impede mecanicamente a passagem de

---

os autores –, em casos excepcionais, na presença de alguma patologia uterina associada (mioma, prolapso genital, etc.) a histerectomia pode ser indicada como método contraceptivo (PINHO NETO *et al.*, in: Andrade *et al.*, *Contracepção*, p. 168)

[17] V. WOOD, in: Calderone, *Tecnicas anticoncepcionales*, p. 228. Para PINHO NETO *et al.* (in:Andrade *et al.*, *Contracepção*, p. 167), não há nenhuma razão para se realizar a salpingectomia bilateral com fins anticonceptivos, pois, pelo contrário, com esse procedimento lesa-se o sistema vascular, determinando uma disfunção ovariana.

[18] Trata-se de "uma incisão transversa suprapúbica, não maior do que rês centímetros, com a mulher na posição ginecológica, em Trandelenburg e os joelhos situados na mesma altura o abdome. A cirurgia é precedida da colocação intracervical da alavanca de Vitoon, que tem as funções de elevar e orientar o útero" (PINHO NETO et. al., in: Andrade et.al., *Contracepção*, p. 166).

[19] HATCHER *et al.*, *Pontos essenciais da tecnologia de anticoncepção*, p. 9-3. Segundo PASSOS *et al.* (in: Freitas *et al.*, *Rotinas em ginecologia*, p. 257), "a esterilização tubária é a cirurgia via laparoscópica mais realizada em todo mundo, devido à sua relativa facilidade de execução e interesse de contracepção definitiva (...).É um procedimento relativamente fácil e seguro, as complicações são pouco freqüentes e a morbidade é mínima". Sobre o procedimento de laparoscopia, HATCHER et.al. (*Pontos essenciais da tecnologia de anticoncepção*, p. 9-14) descrevem o seguinte roteiro: 1) a paciente recebe sedação leve (comprimidos, por via oral, ou medicação endovenosa) para relaxar. O anestésico local é injetado no abdômen logo abaixo da cicatriz umbilical (...) Uma agulha especial é colocada na cavidade abdominal da mulher e através da agulha, o abdômen é inflado com ar ou gás. Isso tem a finalidade de separar a parede abdominal dos órgãos internos. 2) Uma pequena incisão (2cm) é feita na área anestesiada logo abaixo da cicatriz umbilical e o médico insere um laparoscópio (tubo especial, fino e longo contendo lentes, através das quais pode-se ver dentro do corpo e localizar as trompas de Falópio).

[20] Todavia, há técnicas, como a chinesa por exemplo, que prescindem do bisturi para realizar a vasectomia. Sobre isso, v. CASTRO, in: Andrade *et al.*, *Contracepção*, p. 186.

[21] Cf. HATCHER *et al.*, op.cit., p. 10-1;10-3. Por outro lado, advertem os autores que, embora seja possível reverter a vasectomia, a reversão nem sempre resulta em capacidade para engravidar a parceira, além do que é um procedimento trabalhoso, caro e muito difícil de se encontrar profissionais que o façam. Assim, sugerem os autores, os homens que desejam ter mais filhos futuramente devem escolher outro método anticoncepcional. (HATCHER *et al.*, *Pontos essenciais da tecnologia de anticoncepção*, p. 10-17). Nesse sentido, afirmam KUNDE *et al.* (in: Freitas *et al.*, *Rotinas em ginecologia*, p. 224) que "a contracepção cirúrgica, tanto masculina como feminina, deve ficar reservada a casais que têm a sua prole completa e estão absolutamente conscientes de que é um método irreversível".

[22] HATCHER *et al.*, *Pontos essenciais da tecnologia de anticoncepção*, p. 10-3.

[23] CASTRO, in: Andrade *et al.*, *Contracepção*, p. 175.

espermatozóides pelo canal deferente até alcançar os canais ejaculadores a uretra prostática. É eficaz em aproximadamente 100 por 100 dos casos depois de um período adequado", além do que a libido e a potência não se alteram.[24]

2. Esterilização penalmente irrelevante

O ordenamento jurídico brasileiro permite a esterilização (masculina ou feminina) *voluntária*. Todavia, esta permissão legal exige o cumprimento de certas condições para que a esterilização não se torne criminosa.

Segundo o art.10 da Lei 9.263/96, a esterilização voluntária é lícita apenas nas seguintes situações: a) em homens e mulheres com capacidade civil plena e maiores de 25 anos de idade, ou pelo menos com dois filhos vivos (inciso I); e b) quando ofereça risco à vida ou à saúde da mulher ou do futuro concepto (inciso II). Estas duas situações ainda pressupõem algumas outras condições subsidiárias. Quanto à primeira (a), é necessário que seja observado o prazo de 60 dias entre a manifestação da vontade e o ato cirúrgico, período no qual será propiciado à pessoa interessada acesso a serviço de regulação de fecundidade, incluindo aconselhamento por equipe multidisciplinar, visando a desencorajar a esterilização precoce (inciso I). No que se refere à segunda (b), exige-se um relatório escrito e assinado por dois (2) médicos.

Por fim, há outras condições complementares que são comuns para que se realizem as esterilizações mencionadas nos incisos I e II. São elas: 1) o registro de expressa manifestação da vontade em documento escrito e firmado, após a informação a respeito dos riscos da cirurgia, possíveis efeitos colaterais, dificuldades de sua reversão e opções de contracepção reversíveis existentes; todavia, não será considerada a manifestação de vontade expressa durante a ocorrência de alterações na capacidade de discernimento por influência de álcool, drogas, estados emocionais alterados ou incapacidade mental temporária ou permanente (§§ 1º e 3º, respectivamente); 2) vedação da esterilização cirúrgica em mulher durante os períodos de parto ou aborto, exceto nos casos de comprovada necessidade, por cesarianas sucessivas anteriores (§ 2º); 3) a esterilização somente será executada através de laqueadura tubária, vasectomia ou de outro método cientificamente aceito, sendo vedada através de histerectomia e ooferectomia (§ 4º); 4) na vigência da sociedade conjugal, a esterilização depende do consentimento expresso de ambos os cônjuges (§ 5º); 5) a esterilização em pessoas absolutamente incapazes somente poderá ocorrer mediante autorização judicial, regulamentada na forma da Lei (§ 6º).

3. Esterilização penalmente relevante

A esterilização torna-se penalmente relevante quando não forem observadas as aludidas condições previstas na Lei 9.263/1996 (artigo 10, I e II e seus parágrafos). Assim, a esterilização cirúrgica (voluntária) será criminosa se reali-

---
[24] FERBER, in: Calderone, *Tecnicas anticoncepcionales*, p. 238.

zada: a) desrespeitando-se o prazo de 60 dias entre a manifestação da vontade e o ato cirúrgico (período de reflexão para a tomada de decisão definitiva); b) em mulher durante os períodos de parto ou aborto, exceto nos casos de comprovada necessidade, por cesarianas sucessivas anteriores; c) desacompanhada do relatório escrito testemunhado e assinado por dois médicos; d) através de histerectomia e ooforectomia; e) sem o consentimento de ambos os cônjuges quando exista vigência de sociedade conjugal; f) em pessoas incapazes sem autorização judicial.

Se a esterilização ocorrer em desacordo com o supramencionado artigo, o agente será punido com uma pena de reclusão, de 2 a 8 anos, e multa, se a prática não constituir crime mais grave (art. 15 da Lei 9.263/1996). Além disso, há previsão de causas de aumento de pena no caso de acontecer alguma das hipóteses previstas nos incisos I, II, III e IV do parágrafo único do art. 15. No entanto, entendemos que estas causas de aumento de pena são inaplicáveis por corresponderem exatamente às mesmas situações já elencadas no art. 10 e referidas anteriormente (vide art. 10, II, §§ 2º, 3º, 4º e 5º, respectivamente) incorrendo o legislador em claro *bis in idem*, o que é inadmissível em sede de direito penal, pois ninguém pode ser punido mais de uma vez pela prática do mesmo crime. Assim, vislumbra-se como única situação passível de aumentar em um terço a pena prevista no art.15 aquela estipulada no inciso V do seu parágrafo único, ou seja, realizar esterilização cirúrgica "através de cesária indicada para fim exclusivo de esterilização".

Por outro lado, o médico deve notificar à autoridade sanitária todas as esterilizações que realizou sob pena de incorrer no crime omissivo (próprio) do art.16. Outrossim, é proibida penalmente a instigação ou induzimento à prática de esterilização (art. 17). Se isto ocorrer tendo como vítima a coletividade, aplicar-se-á o disposto na Lei 2.889/1956 (crime de genocídio), conforme estabelece o parágrafo único do artigo 17 da Lei 9.263/1996. Enfim, é punida a conduta de quem exigir atestado de esterilização para qualquer fim (art. 18). Em relação a este último crime, cabe frisar que a Lei 9.029/1995 proíbe a adoção de qualquer prática discriminatória e limitativa para efeito de acesso a relação de emprego, ou sua manutenção, por motivo de sexo, origem, raça, cor, estado civil, situação familiar ou idade (art. 1º), constituindo-se crimes as seguintes práticas discriminatórias: a) exigência de teste, exame, perícia, laudo, atestado, declaração ou qualquer outro procedimento relativo à esterilização ou a estado de gravidez; e b) adoção de quaisquer medidas, de iniciativa do empregador, que configurem a indução ou instigamento à esterilização genética e a promoção do controle de natalidade[25] (art. 2º, I e II, *a* e *b* respectivamente).

Afora estes casos estipulados na Lei 9.263/1996, que regula a esterilização *voluntária*; e na Lei 9.029/1995, que regula a esterilização *discriminatória*; existe ainda a possibilidade de ocorrer a chamada esterilização *não-voluntária*

---

[25] De acordo com o art. 2º, II, *b*, não se considera "promoção do controle de natalidade", o oferecimento de serviços e de aconselhamento ou planejamento familiar, realizados através de instituições públicas ou privadas, submetidas às normas do Sistema Único de Saúde (SUS).

(ou *arbitrária*), isto é, sem se obter o consentimento do ofendido (paciente). Diferentemente das anteriores, esta modalidade de esterilização cirúrgica será então tipificada como lesão corporal grave (art.129, § 1º, *c* do CP), se resultar debilidade permanente da função reprodutiva; ou como lesão corporal gravíssima (art. 129, § 2º do CP), se resultar inutilização da função reprodutiva. Isso, aliás, é o que preconiza a própria Lei 9.263/1996 (art.22), estabelecendo expressamente que se aplica subsidiariamente o mencionado artigo (e respectivos parágrafos) do Código penal.

4. Responsabilidade penal da pessoa jurídica?

Cabe ainda questionar se o legislador trouxe uma inovação com a edição da lei em tela no que se refere ao sujeito ativo do crime. Noutras palavras, trata-se de indagar se a lei admite a responsabilização penal da pessoa jurídica pela prática dos crimes nela elencados; e, se afirmativo, se isso é ou não constitucional perante o ordenamento jurídico brasileiro.

Inicialmente, quanto ao primeiro ponto, o art. 20 da Lei 9.263/1996 estabelece que "as instituições a que se refere o artigo anterior sofrerão as seguintes sanções, sem prejuízo das aplicáveis aos agentes do ilícito, aos co-autores ou aos partícipes: I – se particular a instituição: a) de duzentos a trezentos e sessenta dias-multa e, se reincidente, suspensão das atividades ou descredenciamento (...); b) proibição de estabelecer contratos ou convênios com entidades públicas e de se beneficiar de créditos oriundos de instituições governamentais ou daquelas em que o Estado é acionista; II – se pública a instituição, afastamento temporário ou definitivo dos agentes do ilícito, dos gestores e responsáveis dos cargos ou funções ocupados, sem prejuízo de outras penalidades".

Numa exegese literal, verifica-se que tal dispositivo legal efetivamente prevê sanções de natureza penal, mais precisamente uma pena de multa (I, *a*) e duas penas restritivas de direitos (I, *b* e II). Por outro lado, observando as sanções penais previstas, constata-se que, enquanto o inciso II é aplicável apenas à pessoa física ou natural, o inciso I aplica-se exclusivamente à pessoa jurídica de direito privado. Assim, percebe-se, sem sombra de dúvidas, que a Lei 9.263/1996, de forma até então inédita no ordenamento jurídico-penal pátrio, introduziu a possibilidade de responsabilização penal da pessoa jurídica. Contudo, resta ainda examinar se esta previsão jurídica é constitucional.

No plano constitucional, a responsabilidade penal da pessoa jurídica está consagrada na CF/1988 (art. 225, § 3º), especificamente no que tange aos crimes ambientais, *in verbis*: "as condutas e atividades consideradas lesivas ao meio ambiente sujeitarão os infratores, pessoas físicas ou jurídicas, a sanções penais e administrativas, independentemente da obrigação de reparar os danos causados".[26] De outra banda, o art. 173, § 5º, da CF preconiza que "a lei, se prejuízo da responsabilidade

---

[26] Embora ainda muito discutida na doutrina e na jurisprudência, a responsabilização penal da pessoa jurídica por crimes ambientais está prevista expressamente na Lei 9.605/1998 (art.3º).

individual dos dirigentes da pessoa jurídica, estabelecerá a responsabilidade desta, sujeitando-a às punições compatíveis com a sua natureza, nos atos praticados contra a ordem econômica e financeira e contra a economia popular". No entanto, as respectivas legislações penais que regulamentam esta última norma constitucional, ao contrário da legislação anterior, se omitem a respeito da responsabilização penal da pessoa jurídica. Por fim, além destas, inexistem outras normas constitucionais que tratem especificamente da responsabilização (penal) da pessoa jurídica.

Diante disso, embora seja possível responsabilizar penalmente a pessoa jurídica por crimes de esterilização nos termos do art. 20 da Lei 9.263/1996, a constitucionalidade deste preceito legal parece duvidosa, sobretudo porque inexistem dispositivos constitucionais que respaldem a matéria em tela de modo específico (responsabilização penal da pessoa jurídica nas intervenções cirúrgicas de esterilização). Diferentemente do que ocorre com as matérias anteriormente mencionadas (meio ambiente, atos praticados contra a ordem econômica e financeira), não há uma indicação expressa do constituinte nesse sentido no que toca à esterilização. Mesmo que, de modo genérico, o referido artigo 20 esteja afinado com o texto constitucional, a sua constitucionalidade pode considerar-se em tese discutível, tendo em vista o princípio da legalidade (CF, art. 5º, XXXIX), pois o emprego da analogia só pode servir para favorecer o réu (analogia *in bonam partem*)[27] e não o contrário (analogia *in malam partem*). De qualquer forma, porém, resta evidente que a responsabilidade penal da pessoa jurídica está amparada constitucionalmente em nosso país.

5. Anotações Dogmáticas

Por fim, pretendendo ser didáticos e pragmáticos, vamos tecer breves comentários dogmáticos (anotações) a respeito dos tipos penais previstos na aludida lei brasileira de esterilização humana. Para tanto, a análise tem como base as seguintes categorias jurídico-penais: tipo objetivo, tipo subjetivo, modalidade culposa, qualificadoras e causas de aumento de pena, pena e questões processuais.

5.1. Art. 15 da Lei 9.263/1996 (Esterilização Cirúrgica Irregular)

Art.15. Realizar esterilização cirúrgica em desacordo com o estabelecido no art.10 desta Lei.

Pena – reclusão, de 2 (dois) a 8 (oito anos), e multa, se a prática não constitui crime mais grave.

Parágrafo único. A pena é aumentada de um terço se a esterilização for praticada:

I – durante os períodos de parto ou aborto, salvo o disposto no inciso II do art.10 desta Lei;

---
[27] Sobre a analogia *in bonam partem* no direito penal, v. BITENCOURT, *Tratado de direito penal* (vol. 1), p. 196-201.

II – com manifestação da vontade do esterilizado expressa durante a ocorrência de alterações na capacidade de discernimento por influência de álcool, drogas, estados emocionais alterados ou incapacidade mental temporária ou permanente;

III – através de histerectomia e ooforectomia;

IV – em pessoa absolutamente incapaz, sem autorização judicial;

V – através de cesária indicada para fim exclusivo de esterilização.

5.1.1. Tipo Objetivo

Objeto jurídico: a integridade física e a saúde; e, subsidiariamente, a saúde pública.

Sujeito ativo: qualquer pessoa física (crime comum).

Sujeito passivo: o indivíduo.

Conduta: A conduta de *realizar* (efetuar, praticar) só pode se concretizar mediante comissão. Esta comissão tem de estar *em desacordo com o art.10* da Lei 9.263/96.

Objeto material: o aparelho reprodutivo humano (masculino ou feminino).

Elemento normativo: Esterilização cirúrgica é elemento normativo extrajurídico do tipo. Já a expressão *em desacordo* é elemento normativo negativo do tipo.[28]

Lei penal em branco: os termos *com o estabelecido no art.10 desta Lei* configuram o tipo como uma lei penal em branco (imprópria), pois o complemento do tipo está contido na própria norma em exame.

Consumação e tentativa: trata-se de crime material, que exige a ocorrência do resultado naturalístico (inutilização ou debilidade da função reprodutiva). A tentativa é admissível.

Resultado jurídico: trata-se de crime de dano (lesão).

5.1.2. Tipo subjetivo

Dolo: representado pela vontade e consciência de realizar o tipo objetivo. O dolo pode ser direto ou eventual.

Elemento subjetivo especial: inexiste.

5.1.3. Modalidade culposa

Não há previsão típica da forma culposa.

---

[28] A propósito dos elementos normativos negativos do tipo, v. SPORLEDER DE SOUZA, *Revista Jurídica* (2006), p. 73 e ss.

5.1.4. Qualificadoras e causas de aumento de pena

Há previsão de cinco causas de aumento de pena. No entanto, como foi dito acima, as quatro primeiras causas de aumento (incisos I, II, III e IV) são inaplicáveis por configurarem inadmissível *bis in idem* em relação ao disposto no *caput* do art.15. A única hipótese aplicável é aquela prevista no inciso V.

5.1.5. Pena e questões processuais

Comina-se pena de reclusão, de dois a oito anos, e multa. Todavia, aumenta-se a pena de 1/3 se a esterilização for praticada através de cesária indicada para fim exclusivo de esterilização (inciso V). Também são aplicáveis à pessoa jurídica as penas previstas no art.20 (I, *a* e *b*).

A ação é pública incondicionada. A suspensão condicional é incabível em razão da pena mínima abstratamente prevista ser de dois anos.

Art. 16 da Lei 9.263/1996 (Omissão de notificação de esterilização)

Art.16. Deixar o médico de notificar à autoridade sanitária as esterilizações cirúrgicas que realizar.

Pena – detenção, de 6 (seis) meses a 2 (dois) anos, e multa.

5.2.1. Tipo Objetivo

Bem jurídico: a saúde pública.

Sujeito ativo: o médico (crime próprio).

Sujeito passivo: a coletividade.

Conduta: a ação *deixar de notificar* (deixar de comunicar), só pode ser praticada mediante omissão (crime omissivo puro).

Objeto material: o aparelho reprodutivo humano (masculino ou feminino).

Elemento normativo: Esterilizações cirúrgicas é elemento normativo extrajurídico do tipo. Já a expressão *autoridade sanitária* é elemento normativo jurídico do tipo.

Lei penal em branco: inexiste.

Consumação e tentativa: trata-se de crime de mera conduta (mera inatividade), que se consuma com a simples omissão de notificação. A tentativa é inadmissível.

Resultado jurídico: trata-se de crime de perigo abstrato.

5.2.2. Tipo subjetivo

Dolo: representado pela vontade e consciência de realizar o tipo objetivo. O dolo pode ser direto ou eventual.

Elemento subjetivo especial: inexiste.

5.2.3. Modalidade culposa

Não há previsão típica da forma culposa.

5.2.4. Qualificadoras e causas de aumento de pena

Não há previsão de qualificadoras e de causas de aumento.

5.2.5. Pena e questões processuais

Comina-se pena de detenção, de seis meses a dois anos, e multa.

A ação penal é pública incondicionada. A transação penal é cabível, conforme parágrafo único do art.2 da Lei 10.259/2001 c/c art.76 da Lei 9.099/1995. A suspensão condicional do processo também é cabível, nos termos do art.89 da Lei 9.099/95.

5.3. Art.17 da Lei 9.263/1996
(Indução ou instigação à esterilização)

Art. 17. Induzir ou instigar dolosamente a prática de esterilização cirúrgica.

Pena – reclusão, de 1 (um) a 2 (dois) anos.

Parágrafo único. Se o crime for cometido contra a coletividade, caracteriza-se como genocídio, aplicando-se o disposto na Lei 2.889, de 1º de outubro de 1956.

5.3.1. Tipo Objetivo

Observação: o parágrafo único do artigo em tela remete ao crime de genocídio, se a indução ou instigação à prática de esterilização cirúrgica forem cometidas "com a intenção de destruir, no todo ou em parte, grupo nacional, étnico, racial ou religioso, como tal" (art.1 da Lei 2.889/1956).

Bem jurídico: a saúde pública.

Sujeito ativo: qualquer pessoa física (crime comum).

Sujeito passivo: a coletividade.

Conduta: As condutas de *induzir* (incitar) ou *instigar* (estimular idéia já existente) só podem ser realizadas mediante comissão.

Objeto material: a pessoa física.

Elemento normativo: a prática de esterilização cirúrgica é elemento normativo extrajurídico do tipo.

Lei penal em branco: inexiste.

Consumação e tentativa: trata-se de crime de mera conduta, que se consuma com a simples indução ou instigação dolosa à prática de esterilização. A tentativa é inadmissível.

Resultado jurídico: trata-se de crime de perigo abstrato.

5.3.2. Tipo subjetivo

Dolo: representado pela vontade e consciência de realizar o tipo objetivo. O dolo pode ser direto ou eventual.

Elemento subjetivo especial:

5.3.3. Modalidade culposa

Não há previsão típica da forma culposa.

5.3.4. Qualificadoras e causas de aumento

Inexistem qualificadoras ou causas de aumento de pena.

5.3.5. Pena e questões processuais

Comina-se pena de reclusão, de um a dois anos. Também são aplicáveis à pessoa jurídica as penas previstas no art.20 (I, *a* e *b*).

A ação penal é pública incondicionada. A transação penal é cabível, conforme parágrafo único do art.2 da Lei 10.259/2001 c/c art.76 da Lei 9.099/1995, assim como a suspensão condicional do processo, nos termos do art.89 da Lei 9.099/95.

5.3.6. Observação

O art. 17 da Lei 9.263/1996 revogou tacitamente a alínea *a* do inciso II do artigo 2 da Lei 9.029/1995.

5.4. Art. 18 da Lei 9.263/1996
(Exigência de atestado de esterilização)

Art.18. Exigir atestado de esterilização para qualquer fim.

Pena – reclusão, de 1 (um) a 2 (dois) anos, e multa.

5.4.1. Tipo Objetivo

Bem jurídico: a intimidade e/ou a privacidade.

Sujeito ativo: qualquer pessoa física (crime comum).

Sujeito passivo: o indivíduo.

Conduta: A conduta de *exigir* (impor, ordenar, solicitar veementemente) só pode ser praticada mediante comissão.

Objeto material: a pessoa física.

Elemento normativo: Atestado de esterilização é elemento normativo extrajurídico do tipo.

Lei penal em branco: inexiste.

Consumação e tentativa: trata-se de crime formal, sendo dispensável a ocorrência do resultado naturalístico (obtenção do atestado de esterilização). A tentativa é admissível.

Resultado jurídico: trata-se de crime de perigo abstrato.

5.4.2. Tipo subjetivo

Dolo: representado pela vontade e consciência de realizar o tipo objetivo. O dolo pode ser direto ou eventual.

Elemento subjetivo especial: a expressão *para qualquer fim* constitui o elemento subjetivo do injusto.

5.4.3. Modalidade culposa

Não há previsão típica da forma culposa.

5.4.4. Qualificadoras e causas de aumento de pena

Inexistem qualificadoras e causas de aumento de pena.

5.4.5. Pena e questões processuais

Comina-se pena de reclusão de um a dois anos, e multa. Também são aplicáveis à pessoa jurídica as penas previstas no art. 20 (I, *a* e *b*).

A ação penal é pública incondicionada. A transação penal é cabível, conforme parágrafo único do art. 2° da Lei 10.259/2001 c/c art.76 da Lei 9.099/1995, bem como a suspensão condicional do processo, nos termos do art. 89 da Lei 9.099/1995.

5.4.6. Observação

O art.18 da Lei 9.263/1996 revogou tacitamente o inciso I (no que é pertinente à esterilização apenas) do artigo 2° da Lei 9.029/1995.

6. Considerações Conclusivas

Face o exposto, pode-se concluir que:

a) a esterilização é uma técnica contraceptiva (irreversível ou permanente) que pode ser muito útil ao planejamento familiar, direito constitucionalmente assegurado a todos cidadãos brasileiros;

b) no ordenamento jurídico brasileiro, a Lei 9.263/1996 – que regula o § 7º do art. 226 da CF –, dispõe sobre a esterilização humana, estabelecendo crimes e sanções penais para certos casos.

c) apesar de completar 10 anos de vigência este ano, tal legislação não foi alvo de maiores comentários pela doutrina jurídico-penal, motivo pelo qual se procurou contribuir nesse sentido, analisando-se dogmaticamente cada tipo penal, assim como sua relação com a Constituição Federal e com as demais legislações penais pátrias. Por outro lado, isso também se justifica na medida em que se exige cada vez mais uma maior discussão sobre as repercussões criminais de temas envolvendo medicina e bioética.

d) no plano da dogmática jurídico-penal propriamente dito, os tipos penais previstos na Lei 9.263/1996 incriminam condutas ligadas à esterilização voluntária e visam proteger bens jurídicos (individuais e supra-individuais) relevantes, tais como a saúde pública, a integridade física, a saúde, e a intimidade e/ou privacidade. Todos os tipos são dolosos e compostos por elementos normativos (extrajurídicos, jurídicos e negativos). Ademais, embora haja cinco hipóteses de tipos derivados (causas de aumento de pena) previstas no art.15, somente uma delas é legitimamente aplicável (V), tendo em vista o princípio penal da proibição de dupla punição pelo mesmo crime (*ne bis in idem*). Por fim, de forma inédita, a Lei 9.263/1996 admite a possibilidade de responsabilização penal da pessoa jurídica, cominando uma pena de multa e outras duas restritivas de direitos, nos termos do art. 20 (I, *a* e *b*), embora seja discutível a constitucionalidade deste dispositivo legal.

Referências bibliográficas

PASSOS, E. *et al.* Videolaparoscopia. In: Freitas et.al., *Rotinas em ginecologia*. 5ª.ed. Porto Alegre: Artmed, 2006, p.249-261.

ANDRADE, R. *et al. Contracepção: promoção da saúde sexual e reprodutiva*. Rio de Janeiro: Revinter, 2000.

BITENCOURT, C. *Tratado de direito penal* (vol.1). 10ª.ed. São Paulo: Saraiva, 2006.

CALDEONE, M. *Tecnicas anticoncepcionales.* 1ª ed. Trad.J.Blengio. México: Editorial Interamericana, 1966.

CASTRO, M. Vasectomia. In: ANDRADE, R. *et al. Contracepção: promoção da saúde sexual e reprodutiva*. Rio de Janeiro: Revinter, 2000, p.175-207.

DINIZ, M.H. *O estado atual do biodireito*. São Paulo: Saraiva, 2001.

FERBER, W. Esterilización en el varón. In: Calderone, *Tecnicas anticoncepcionales.* 1ª ed. Trad. J. Blengio. México: Editorial Interamericana, 1966, p.237-240.

FREITAS, F. *et al. Rotinas em ginecologia*. 5ª.ed. Porto Alegre: Artmed, 2006.

HATCHER, R. *et al. Pontos essenciais da tecnologia de anticoncepção*. Baltimore: Escola de Saúde Pública Johns Hopkins, 2001.

HEYWINKEL, E.; SCHUPPE, H-C. BECK, L. Sterilisation. In: Korff/Beck/Mikat (Hrsg.), *Lexikon der Bioethik*. Gütersloh: Gütersloher Varlagshaus, 1998, p. 461-462.

KUNDE, A. *et al*. Anticoncepção. In: Freitas *et al.*, *Rotinas em ginecologia*. 5ª.ed. Porto Alegre: Artmed, 2006, p.219-241.

PARIZEAU, M-H. Esterilização. In: Hottois/Parizeau, *Dicionário da bioética*. Trad.Maria de Carvalho. Lisboa: Piaget, 1998, p.202-205.

PINHO NETO, J. *et al*. Anticoncepção cirúrgica voluntária feminina. In: ANDRADE, R. *et al*. *Contracepção: promoção da saúde sexual e reprodutiva*. Rio de Janeiro: Revinter, 2000, p.161-174.

ROMEO CASABONA, C.M. *El derecho y la bioética ante los límites de la vida humana*. Madrid: Editorial Centro de Estudios Ramón Areces S.A, 1994.

SPORLEDER DE SOUZA, P.V. Breves reflexões sobre os elementos normativos negativos do tipo. *Revista Jurídica* 339 (2006), p.73 e ss.

——. Considerações jurídico-penais acerca das intervenções biomédicas. *Boletim do IBCCRIM* 166 (2006), p14-15.

TAYLOR, C. Planeamento familiar: principios básicos. In: Calderone, *Tecnicas anticoncepcionales*. 1ª.ed. Trad.J.Blengio. México: Editorial Interamericana, 1966, p.1-9.

WOOD, C. Esterilización de la mujer. In: Calderone, *Tecnicas anticoncepcionales*. 1ª.ed. Trad.J.Blengio. México: Editorial Interamericana, 1966, p.223-232

— 12 —

A conformação constitucional do direito penal

LUCIANO FELDENS
Professor do Programa de Pós-Graduação em Ciências Criminais da PUCRS,
Doutor em Direito Constitucional (Universidade de Valladolid), Mestre em Direito e
Especialista em Direito Penal (Unisinos), Procurador da República no
Rio Grande do Sul

Sumário: 1. Introdução. Demarcando as condições discursivas. 1.1. O Estado Constitucional de Direito hoje, 1.2. O modelo neoconstitucionalista e suas implicações sobre a lei e a jurisdição – 2. As conexões entre a Constituição e o Direito Penal: aproximações teóricas. 2.1. O estado das coisas (o *de sempre*) e aquilo que ainda não está (o *devir*), 2.2. As bases de uma relação axiológico-normativa informada por uma correspondência de fins – 3. A tríplice relação entre a Constituição e o Direito Penal: o legislador entre a proibição, a legitimidade e a obrigação de penalizar. 3.1. A Constituição como limite material ao Direito Penal, *3.1.1. A imanência da política criminal ao sistema jurídico-constitucional, 3.1.2. A proteção exclusiva de bens jurídicos como modelo de Direito Penal constitucionalmente adequado,* 3.2. A Constituição como fonte valorativa do Direito Penal (o espaço de legitimidade constitucional da penalização), 3.2.1. O processo de recepção jurídico-penal de um bem ou interesse, 3.2.2. Do Direito Penal clássico ao Direito Penal contemporâneo: novos territórios abertos à intervenção jurídico-penal na sociedade moderna, 3.3. A Constituição como fundamento normativo do direito penal (as zonas de obrigatória intervenção do legislador penal), 3.3.1. O dever de prestação normativa em matéria penal: o *locus* constitucional do problema e seu ponto gravitacional: a Constituição como uma síntese *a priori*, pré-constituída ao legislador, 3.3.2. Mandados explícitos de proteção penal, 3.3.3. Mandados implícitos de proteção penal: os direitos fundamentais enquanto imperativos de tutela (suficiente), 3.3.3.1. A dimensão objetiva dos direitos fundamentais (como imperativos de tutela) e o princípio da proibição da proteção deficiente (*Untermassverbot*), 3.3.3.2. O dever de prestação normativa em matéria penal a partir da proibição de proteção deficiente: limites e possibilidades – 4. Síntese final.

1. Introdução. Demarcando as condições discursivas

O discurso sobre a legitimação do Direito Penal é, antes de qualquer coisa, o discurso sobre sua adaptação material à Constituição. Este estudo, desejando sobre isso refletir, centra-se em revigorar as pontes de vinculação que se estabelecem entre a Constituição e o Direito Penal. Uma tarefa dessa magnitude exige-nos uma definição preliminar acerca das condições ambientais que a viabilizam. É somente a partir desse labor metodológico prévio que as conclusões porventura extraídas poderão ser testadas no plano de sua coerência discursiva interna. As naturais e incontornáveis limitações deste ensaio – que impõem que tudo o quanto aqui se diga o seja em termos de compêndio[1] – orientam-nos a dispensar a evolução histórica em torno dos sucessivos modelos de Estado e Constituição para, desde logo, alinharmos o campo de discussão às coordenadas de nossa configuração jurídico-política atual, e ao paradigma que a ela se compagina: o Estado Constitucional de Direito, na perspectiva da matriz neoconstitucionalista.

1.1. O Estado Constitucional de Direito hoje

Estado Constitucional de Direito e neoconstitucionalismo são expressões que se prestam a articulações dialéticas bastante fortes. Aqui são utilizadas no desiderato de denunciar o papel assumido pela Constituição e pelo constitucionalismo na realidade moderna, demarcando uma nova etapa do positivismo jurídico e projetando iniludíveis efeitos sobre o fenômeno da interpretação constitucional. Formam os alicerces dessa nova fase do constitucionalismo, consolidada a partir do segundo pós-guerra:

(a) *A modificação nas relações entre Estado e Sociedade.* Identifica-se o câmbio paradigmático com o fim da separação radical entre Estado e Sociedade, própria do constitucionalismo liberal (primeira fase do Estado Constitucional de Direito). Naquilo que possa implicar diretamente com o tema ora em desenvolvimento, tem-se a constatação de que a necessidade de proteção dos cidadãos não se verifica apenas frente ao Estado, que não mais pode ser visto como o único "inimigo" dos direitos fundamentais, senão que frente a todas as instituições, públicas ou mesmo privadas, cujas ações e decisões possam ameaçá-los.[2] Releva notar que em tempos atuais a abstenção dos poderes públicos já não constitui garantia de liberdade, como se acreditava no liberalismo; a proteção dos direitos passou a exigir uma intervenção ativa do Estado, destinada à sua proteção em face dos chamados poderes sociais de fato;[3]

---

[1] Desenvolvemos o tema aqui versado, com mais aprofundada fundamentação, em: FELDENS, Luciano. *A Constituição Penal – A Dupla Face da Proporcionalidade no Controle de Normas Penais.* Porto Alegre: Livraria do Advogado, 2005.

[2] Caberia aqui recorrer a uma adequação de sentido acerca da função da Constituição a partir da relativização da tradicional *verticalidade* da relação Estado-indivíduo; é dizer, superada a dicotomia Estado – Sociedade (ou público – privado), parte-se à constatação de que, pelo menos em alguma medida, a Constituição interpenetra diretamente (independentemente de um comando legislativo específico) as relações entre particulares, os quais, sabe-se à exaustão, não são iguais a ponto de fazerem valer equilibradamente seus direitos fundamentais no âmbito das relações sociais cotidianas (*v.g.*, contratuais e laborais). Sobre o tema: Bilbao Ubillos, Juan María, *La Eficacia de los Derechos Fundamentales Frente a los Particulares*, Madrid: Centro de Estudios Políticos y Constitucionales, 1997, p. 233-270.

[3] Sobre o tema: AJA, Eliseo, "Introducción al Concepto Actual de Constitución", em LASSALE, Ferdinand, *¿Qué és una Constitución?*, Barcelona: Ariel, 1984, p. 26-43.

(b) *A sensível ampliação do âmbito constitucional.* A Constituição, para além de cingir-se à articulação do poder (instituição, divisão, limitação e controle) e ao arrolamento de uma carta de direitos (civis),[4] passa a contabilizar, de forma progressiva, normas envolventes da intervenção do Estado nos setores econômico e social. Aprecia-se, também aqui, uma ampliação não apenas quantitativa dos direitos constitucionais (sociais), mas um câmbio qualitativo, do Estado abstencionista ao Estado Social e Democrático de Direito; naquilo que nos interessa particularmente, importa acentuar a incorporação constitucional de normas que estabelecem um dever de prestação normativa em matéria penal;

(c) *A elevação do grau de normatividade da Constituição.* De simples estatuto jurídico, ou mera "folha de papel" (Lassale), a Constituição passa a concentrar as decisões fundamentais básicas das relações jurídico-sociais que lhe são subjacentes, informando, e até mesmo vinculando, a atuação dos Poderes Públicos. Os direitos fundamentais exteriorizam-se como os pressupostos do consenso sobre o qual deve edificar-se toda sociedade democrática.[5] A Constituição, assim, tem sua normatividade densificada à base de princípios e diretrizes substanciais dirigidas a todos os órgãos de Estado, tanto na criação como na aplicação do Direito. A idéia de supremacia e rigidez constitucionais, propiciando uma franca relativização do então decantado "império da lei", funcionará como elemento-chave para a dissolução de um regime que tinha na lei um simples guia prático de uma atividade jurisdicional que em dado momento obscuro de nossa História concretizava nada mais do que o espírito do *Führer.*

É sob tal contexto que se desenha a base teórico-discursiva que motiva a rediscussão do Direito e de suas respectivas disciplinas jurídicas, hoje engendradas em um panorama no qual não mais se pode conviver com uma concepção de Direito (inclusive de Direito Penal) na qual a vontade do legislador careça de limites.[6]

1.2. O modelo neoconstitucionalista e suas implicações sobre a lei e a jurisdição

Sob os influxos do paradigma neoconstitucionalista, a formação da lei, como ato dotado de significação jurídica, não mais se submete unicamente às regras procedimentais (formais) sobre sua criação (vigência), senão que também envolve um processo de necessária conformação material à Constituição (validade).[7]

---

[4] A Declaração de Direitos do Homem e do Cidadão (26/08/1789) preconizava que: "XVI – A sociedade na qual a garantia dos direitos não esteja assegurada, nem a separação dos poderes determinada, não tem Constituição".

[5] PEREZ LUÑO, Antonio E., *Los Derechos Fundamentales*, Madrid: Tecnos, 2005, p. 21.

[6] PRIETO SANCHÍS, Luis, *Justicia Constitucional y Derechos Fundamentales*, Madrid: Trotta, 2003, p. 25.

[7] Vale lembrar, à explicitação da diferença, que Kelsen identificava a validade das normas, qualquer que fosse o seu conteúdo, com a sua existência, enfatizando que uma norma jurídica não vale porque tem um determinado conteúdo, quer dizer, porque o seu conteúdo pode ser deduzido pela via de um raciocínio lógico do conteúdo de uma norma fundamental pressuposta, mas porque é criada de uma forma determinada. KELSEN, Hans. *Teoria Pura do Direito.* São Paulo: Martins Fontes, p. 210.

Trata-se de uma substancial alteração à teoria do Direito então preconizada pelo juspositivismo clássico, cuja inovação assenta-se na própria estrutura da legalidade.[8] Essa "dúplice sujeição do Direito ao Direito" exterioriza-se como uma das conquistas mais importantes do Direito contemporâneo, a designar um modelo de ordenamento dotado de meios de invalidação do exercício do poder em contraste com normas superiores ditadas para a tutela de direitos fundamentais.[9]

À evidência, tais vinculações alcançam forçosamente o legislador penal, quer seja quando se proponha ao estabelecimento de condutas delituosas e ao incremento de sanções, quer seja quando procure afastá-las ou amenizá-las. Em ambos os sentidos o legislador encontra-se contingenciado por um programa constitucional que lhe vincula positiva (para que atue em territórios essenciais e carentes de tutela) e negativamente (para que deixe de fazê-lo em circunstâncias cuja intervenção no âmbito dos direitos fundamentais revele-se injustificada ou mesmo excessiva).

De outro turno, são significativos os efeitos projetados sobre a jurisdição, uma vez que compete ao Poder Judiciário (ou ao Tribunal Constitucional, a depender do regime) a análise, em última instância, da legitimidade (validade) do produto legislativo. Decorrência lógica do que vimos de dizer é que a jurisdição não mais pode ser vista em termos eminentemente legalistas, relegando o juiz a um "escravo da lei", predicado que somente se lhe poderia atribuir a partir de um paradigma liberal-individualista-normativista. O dever de aplicação da lei só se verifica quando esta, contrastada com a Constituição, se verifique válida, e ela o será quando se encontrar em situação de conformação formal *e material* à Constituição.[10] A atividade judicial, nessa quadra, não há de guiar-se exclusivamente pelo êxito, mas pela pretensão de justiça exsurgente da necessidade de fundamentar racionalmente suas decisões, característica essencial de uma sociedade democrática na qual o poder se submete à razão, e não a razão ao poder.[11] Deslocado o foco de tensão ao aplicador da lei, caberia-nos preconizar, em derradeira análise, não o juiz "senhor do Direito", porque a Constituição é o seu limite, mas tampouco o juiz "órgão cego da lei",[12] porquanto a esta sobrepõe-se a Constituição em toda sua expansão normativa.

---

[8] FERRAJOLI, Luigi, *Derechos y Garantías: La Ley del Más Débil*, Madrid: Trotta, 1999, p. 67.

[9] Essa, quiçá, a maior contribuição da teoria garantista à teoria da norma jurídica. Conforme sintetiza Serrano, a teoria garantista (da validade) se distingue: a) da teoria jusnaturalista, pela defesa da separação entre direito e moral; b) do formalismo ético, pela admissão de um ponto de vista externo de justiça; c) do realismo jurídico, pela defesa de um conceito de validade autônomo; e, sobretudo, d) do positivismo legalista (clássico), porque parte da distinção entre vigência (ou validade formal) e validade (validade substancial) de uma norma. SERRANO, José Luis, *Validez y Vigencia – la aportación garantista a la teoría de la norma jurídica*, Madrid: Trotta, 1999, p. 58.

[10] No modelo de Estado constitucional de Directo se altera o papel da jurisdição, "que es aplicar la ley sólo si es constitucionalmente válida". FERRAJOLI, Luigi. "Pasado y Futuro del Estado de Derecho", *in Neoconstitucionalismo(s)*, Madrid, Trotta, 2003, p. 18. No mesmo: "sólo las normas jurídicas válidas obligan al juez". STARCK, Christian. *El Concepto de Ley en la Constitución Alemana*, Madrid: Centro de Estudios Constitucionales, 1979, p. 63.

[11] ATIENZA, Manuel. *El Sentido del Derecho*, 2. ed., Barcelona: Ariel, 2003, p. 309-310.

[12] GARCÍA DE ENTERRÍA, Eduardo; MENÉNDEZ, Aurelio. *El Derecho, la Ley y el Juez*, Madrid: Civitas, 1997, p. 9.

Nesses termos, a chamada ciência do Direito assume também uma função crítica e política, consistente em denunciar "as antinomias que violam por ação e as lacunas que frustram por omissão o programa constitucional", propondo, desde dentro, as soluções previstas pelas técnicas garantistas disponíveis no próprio ordenamento.[13]

2. As conexões entre a Constituição e o Direito Penal: aproximações teóricas

2.1. O estado das coisas (o de sempre) e aquilo que ainda não está (o devir)

Da superioridade político-normativa da Constituição estrutura-se, em níveis essenciais, a legitimidade da atuação dos tradicionais Poderes de Estado. Paralelamente, são-lhes fixados campos onde lhes será interdito adentrar, o que decorre não apenas da delimitação constitucional de competências, mas do necessário respeito àquilo que se faz, com igual proeminência, matéria constitucional: os direitos fundamentais. A partir dessa correlação entre a forma do poder e os direitos fundamentais, passamos a compreender a Constituição como fonte, a um só tempo, de *legitimação* e de *limitação* do poder constituído; é dizer, de *abertura* e de *contenção* do poder estatal.

Logicamente, tais temas dizem muito de perto com o Direito Penal, não mais sendo possível sustentar-se seja escassa, hoje em dia, a zona de interseção entre essa disciplina jurídica e a ordem constitucional. Um exemplo claro desse compartilhamento pode ser recolhido imediatamente da Constituição Brasileira. Por quase uma centena de vezes, a Constituição utiliza-se de expressões diretamente relacionáveis ao Direito Penal, seja instituindo competências (legislativas e jurisdicionais) em matéria penal, seja limitando a atuação dos Poderes e órgãos envolvidos nessa relação, seja, inclusive, determinando a criminalização de determinadas condutas. Tudo a indicar, em definitivo, que o Direito Penal não desfruta de existência autônoma em face da Constituição, senão que tem por ela definidos tanto os limites quanto os fundamentos de sua estruturação.

É-nos oportuno reconhecer, nesse diapasão, que são por demais conhecidos os limites (restritivos) à atividade legislativa incriminadora. Dentre outros, formam exemplos eloqüentes dessas categorias: o caráter fragmentário e subsidiário de que deve revestir-se o Direito Penal; sua aplicação como a *ultima ratio* do sistema normativo sancionador; a invariável exigência de sua manipulação mediante prévia e elucidativa definição legal da conduta ilícita e da correlata sanção, e, ainda, no plano processual, a necessária observância de critérios probatórios que partam da inocência do acusado em direção à sua responsabilidade, sendo constitucionalmente vedado o raciocínio inverso. De acentuada inspiração iluminista, e forjados no seio de um modelo de Estado liberal, tais limites incorporaram-se

---
[13] PRIETO SANCHÍS (2003), p. 106.

paulatinamente aos textos constitucionais modernos. A aceitação histórica desses postulados desobriga-nos a explorá-los mais detidamente, bastando-nos referir que nossa análise parte desse indeclinável marco teórico no qual está enraizado o Direito Penal.

Sem embargo, não é equivocado constatar que pouco se desenvolveu a dogmática jurídica, ou ao menos não o fez tão intensamente, no que respeita ao campo constitucionalmente aberto à – e eventualmente exigente da – atuação do legislador penal. Quiçá porque partidas, em maciça maioria, de bases penalistas – e não propriamente constitucionalistas – fortemente comprometidas com uma fase inaugural do positivismo jurídico, as construções dogmáticas que fomentam essa saudável simbiose entre Constituição e Direito Penal esgotam-se, via de regra, numa visão unilateralista da ordem constitucional, fazendo operá-la, em sua projeção sobre o direito punitivo, precipuamente como instrumento de limitação do poder; ou seja, de contenção das potestades legislativas que impliquem restrições a direitos individuais nela residentes.

A análise das relações entre a Constituição e o Direito Penal pode e deve ir além. É sobre esse campo de análise, ainda obscurecido por um imenso vácuo discursivo, que nos dedicamos a seguir.

2.2. As bases de uma relação axiológico-normativa informada por uma correspondência de fins

A Constituição e o Direito Penal compartem um relacionamento *axiológico-normativo*, cujas linhas essenciais enfeixam-se em torno daquilo que se pode dizer uma *correspondência de fins*. Uma primeira aproximação entre as funções da Constituição e as finalidades do Direito Penal nos permitirá afirmar que o legislador penal se encontra materialmente vinculado à Constituição precisamente naquilo que diz respeito ao epicentro dessa anunciada conexão entre a ordem constitucional e o Direito Penal: a *tutela de direitos fundamentais*.

Sob essa perspectiva, entre a Constituição e o Direito Penal verifica-se uma relação de implicação, a qual, se não chega ao plano da perfeita identidade, caracteriza-se, na lição de Figueiredo Dias, como uma relação de analogia material, fundada numa essencial correspondência de sentido (mútua referência). Essa correspondência ou unidade de sentido deriva da circunstância de que a Constituição constitui-se como um quadro referencial obrigatório da atividade punitiva.[14] São os bens jurídicos, portanto, muito especialmente quando atraídos pela nota da fundamentalidade, a realidade prático-normativa que estabelece as pontes de vinculação entre a Constituição e o Direito Penal.[15]

Identificado o foco de análise em núcleo essencial (a tutela de bens jurídicos fundamentais), é-nos facultado reconhecer que as projeções da Constituição

---

[14] FIGUEIREDO DIAS, Jorge de, *Direito Penal. Parte Geral. Tomo I. Questões Fundamentais. A Doutrina Geral do Crime*, Coimbra: Coimbra, 2004, p. 114.

[15] FARIA COSTA, José Francisco de, *O Perigo em Direito Penal*, Coimbra: Coimbra, 2000, p. 222.

sobre o Direito Penal operam em três grandes níveis, os quais informam e conformam a atuação do legislador:

(a) a Constituição como *limite material* do Direito Penal;
(b) a Constituição como *fonte valorativa* do Direito Penal;
(c) a Constituição como *fundamento normativo* do Direito Penal.

Perpassaremos, nos limites que este ensaio nos propicia, esses três momentos de intersecção que explicitam a relação de tensão entre a Constituição e a liberdade de configuração do legislador penal (com ênfase ao terceiro deles), relação essa que, em seus limites, não deve passar despercebida à justiça constitucional.

3. A tríplice relação entre a Constituição e o Direito Penal: o legislador entre a proibição, a legitimidade e a obrigação de penalizar

3.1. A Constituição como limite material ao Direito Penal

Ao incorporar formalmente o princípio da legalidade (art. 5°, XXXIX), a Constituição transferiu ao legislador ordinário, com exclusividade, tanto a decisão sobre o que deva, ou não, ser considerado infração penal quanto a definição sobre a medida da conseqüência jurídica (sanção) atribuível à espécie. Entretanto, parece claro que o princípio constitucional da legalidade nada significaria – e, portanto, nada garantiria – se o legislador penal ordinário pudesse fixar, com ilimitada liberdade, o alcance dos conceitos de crime e de sanção penal.[16] Uma vez pressuposta a capacidade plenipotenciária do legislador para dizer o que é e o que não é crime "nada fica a saber-se sobre quais as qualidades que o comportamento deve assumir para que o legislador se encontre legitimado a submeter a sua realização a sanções criminais".[17] Em situações que tais restaria completamente aniquilada a garantia constitucional, já tendo a História nos demonstrado as gravíssimas conseqüências daí resultantes.[18]

Nesse sentido, ao enfocarmos a Constituição como um limite material (em sentido estrito) ao Direito Penal, não desejamos revisar conceitualmente os postulados iluministas – de resto incontestáveis – que fundamentam sua operacionalização dogmática, senão que pretendemos reavivar, a partir do modelo de Estado Social e Democrático de Direito, as fronteiras dentro das quais tal atividade haverá de legitimamente desenvolver-se.

---

[16] VIVES ANTÓN, Tomás S., *La Libertad como Pretexto*, Valencia: Tirant lo Blanch, 1995, p. 92.
[17] FIGUEIREDO DIAS (2004), p. 102.
[18] Apenas para ilustrar, recorde-se da Lei Alemã de 28 de junho de 1935, a qual, modificando o texto do §2° do Código Penal do *Reich*, conferiu-lhe a seguinte redação: "Será castigado aquele que cometa um fato que a lei declara punível ou que mereça castigo segundo o conceito básico de uma lei penal e segundo o *são sentimento do povo* (*gesundes Volksempfinden*). Se nenhuma lei penal determinada pode ser aplicada diretamente ao fato, este será castigado conforme a lei cujo conceito básico melhor lhe corresponda". Sobre o tema, v.: JIMÉNEZ DE ASÚA, *El Criminalista*, t. VIII, Buenos Aires: Editorial La Ley, 1947, pp. 124-136.

3.1.1. A imanência da política criminal ao sistema jurídico-constitucional

Se até finais do século XIX, quando ainda triunfava livremente o apotegma do império da lei (como implicação do Estado formal ou legal de Direito), a chamada dogmática jurídico-penal era a única ciência que, formatando principiologicamente a política criminal do Estado, servia à aplicação do Direito Penal, hoje não é mais assim. Teorizar acerca do Direito Penal na atualidade é tarefa que não está a prescindir de valorações que lhe sejam *externas* (extra-sistemáticas, se considerado o Direito Penal como sistema autônomo); é dizer, de sua contextualização nos respectivos modelos de Estado e de Constituição (normativa) de que dispomos, aos quais encontram-se inegavelmente submetidas a dogmática jurídico-penal e a política criminal.

Como observa Figueiredo Dias, quando se enfrenta a questão do critério de valoração, não é suficiente dizer que o legislador escolhe em *inteira* liberdade, e que o intérprete se restringe a buscá-lo (o critério de valoração) na lei. Nesse tom, "a legitimação da intervenção penal não pode hoje ser vista como unicamente advinda de qualquer ordem transcendente e absoluta de valores". Tal constatação conduz a uma ligação direta desta via de legitimação à questão da função do Direito Penal, a qual não pode ser vista na defesa de uma qualquer ordem moral, mas na "tutela da ordem legal dos bens jurídicos, necessariamente referida à ordem axiológica constitucional".[19]

Daí revelar-se verídica a proposição segundo a qual se a política criminal é extra-sistemática relativamente ao Direito Penal, ela é, todavia, intra-sistemática relativamente aos modelos de Estado e Constituição. Quer-se dizer, em síntese final: "a política criminal é imanente ao sistema jurídico-constitucional", marco legitimador de seu desenvolvimento.[20]

3.1.2. A proteção exclusiva de bens jurídicos como modelo de Direito Penal constitucionalmente adequado

No âmbito do Direito Penal contemporâneo, a noção de bem jurídico segue desempenhando um papel inquestionavelmente preponderante, operando como um fator decisivo na diagramação – definição das fontes e dos limites – do *jus puniendi*.[21] Como conseqüência desse processo evolutivo sedimentado na base do pensamento jurídico-penal, o bem jurídico passa – sem deixar de sê-lo, todavia – de elemento *estruturado pela* dogmática jurídico-penal a *elemento estruturante e informador da política criminal* do Estado, cuja legitimidade resulta condicionada a um modelo de crime como ofensa a bens jurídicos. É a partir

---

[19] FIGUEIREDO DIAS, *Temas Básicos da Doutrina Penal*, Coimbra: Coimbra, 2001, pp. 17-20.
[20] Idem, p. 25.
[21] DOLCINI, Emilio; MARINUCCI, Giorgio, "Constituição e Escolha de Bens Jurídicos", *Revista Portuguesa de Ciências Criminais*, n. 4, 1994, p. 155.

desse momento – ou seja, quando se passa a exigir do legislador, como condição de legitimidade de sua tarefa em relação ao Direito Penal, que a tutela penal seja exclusivamente orientada à proteção de bens jurídicos – que o conceito de bem jurídico adquire uma feição material e, com ela, um conteúdo, senão previamente definido, definível.[22]

E o que nos importa essencialmente: um tal modelo de crime (de exclusiva *ofensa* a bens jurídicos), retratável na fórmula do princípio da ofensividade (*nullum crimen sine iniuria*), parece encontrar respaldo na Constituição. Doutrinariamente, não se lhe nega tal projeção;[23] e também a jurisprudência conferiu-lhe acolhida.[24] Deveras, se a essência da infração ao Direito aparece, desde um ponto de vista constitucional, caracterizado como um ataque à liberdade alheia (à coexistência das liberdades) – e, por essa razão mesma, como lesão ou colocação em perigo de um bem jurídico –, a noção de bem jurídico cobra, desta forma, a importância que lhe corresponde, aparecendo como um limite frente ao legislador; mas como um "limite derivado não de simples exigências doutrinárias (dogmático-penais), senão que precisamente da Constituição".[25]

De tal sorte, essa recepção constitucional do princípio da ofensividade, para além de traduzir o resultado do processo compreensivo-interpretativo que se formou, ao longo de tempo, em torno à teoria do bem jurídico, revela-se vinculante para o legislador, fazendo-lhe limitar a responsabilidade penal à prática de um fato exterior e ofensivo, em nítido distanciamento das fases anteriores que correlacionavam tal responsabilidade a uma simples vontade ou mera atitude interior (moral) do autor, ou mesmo à sua personalidade. Todavia, de tal modelo de crime não decorreria, por si só, nenhum vínculo para o legislador na *escolha* das objetividades jurídicas que haveriam de sofrer o juízo de dignidade penal. Isso porque as normas incriminadoras, ao tempo em que podem fazer-se constituídas segundo a forma liberal de ofensa a bens jurídicos, igualmente poderiam ostentar conteúdos manifestamente antiliberais, do que dão conta as experiências totalitárias italiana e alemã. Nesse sentido, a doutrina (nacional e internacional) parece unânime em afirmar que a recepção do modelo de crime como ofensa a bens jurídicos verifica-se como um fator necessário, mas insuficiente para expressar o conteúdo do ilícito penal.[26] Cuida-se, melhor dito, de um critério de legitimação negativa da intervenção punitiva.

---

[22] RUDOLPHI, Hans Joachim, "Los Diferentes Aspectos del Concepto de Bien Jurídico", in *Nuevo Pensamiento Penal – Revista de Derecho y Ciencias Penales*. Buenos Aires: Depalma, 1975, p. 333.

[23] MIR PUIG, Santiago, *El Derecho Penal en el Estado Social y Democrático de Derecho*, Barcelona: Ariel, 1994, p. 44. No mesmo diapsão, apenas que tendo como base de raciocínio a Constituição italiana, DOLCINI; MARINUCCI (1994), p. 152.

[24] [Corte Costituzionale, 10-11 de julho de 1991, n. 333]. Comenta detalhadamente essa decisão PALAZZO, Francesco, "Dogmatica ed empiría nella questione della legge antidroga", *Rivista Italiana di Diritto e Procedura Penale*, Milano, v. 35, n. 1/2, p. 308-323, 1992.

[25] VIVES ANTÓN (1995), p. 97.

[26] Nesse sentido: FIANDACA, Giovani; MUSCO, Enzo, *Diritto Penale – Parte Generale*, 4. ed., Bologna: Zanichelli, 2001, p. 15; TERRADILLOS BASOCO, Juan M., "La Constitución Penal. Los Derechos de la Libertad", in *Las Sombras del Sistema Constitucional Español*, Madrid: Trotta, 2003, p. 359.

Naquilo que nos interessa, resta a afirmação segundo a qual o princípio da ofensividade do delito, pelo qual o fato não pode constituir ilícito se não for ofensivo (gerador de lesão ou perigo de lesão) ao bem jurídico tutelado, responde a uma clara exigência de delimitação do Direito Penal. E isso se verifica em dois patamares: no plano legislativo, o princípio da ofensividade, enquanto dotado de natureza constitucional, impede o legislador de configurar tipos penais que já tenham sido, do ponto de vista do valor e dos interesses sociais, consagrados como indiferentes, inofensivos; em nível jurisdicional-aplicativo, a integral aplicação do princípio deve comportar, para o juiz, o dever de excluir a subsistência do crime quando o fato, no mais, em tudo se apresenta na conformidade do tipo, mas, ainda assim, concretamente é inofensivo ao bem jurídico específico tutelado pela norma.[27]

Encontrando-se, pois, a responsabilidade penal limitada à prática de um *fato exterior*, não há admitirmos a inserção do Direito Penal incriminador como forma de regulação da vontade ou da atitude moral (interior) do autor, ou mesmo de sua personalidade. Apenas para exemplificar, sob tal perspectiva revela-se interdito ao legislador penal, invocando uma moral qualquer, voltar-se contra um determinado comportamento sexual (*v.g.*, punindo o homossexualismo).[28] Em um Estado laico (secularizado), fundado na soberania popular, o Direito Penal não tem como missão "aperfeiçoar" moralmente os cidadãos. Sob os auspícios do Estado Social e Democrático de Direito, comportamento criminoso não se confunde com comportamento pecaminoso.

Outrossim, há se considerar que ofensa ao bem jurídico-penal não haverá quando o agente esteja no exercício legítimo de um direito, muito embora esse direito, ainda que exercido legitimamente, possa entrar em rota de colisão com outro bem ou interesse constitucional a ser preservado. Significa dizer: do reconhecimento, pela Constituição, deste ou daquele direito de liberdade, resultam, para o legislador ordinário, proibições de incriminação mais ou menos extensas.[29] Como exemplifica Prieto Sanchís, se a Constituição proclama a liberdade de religião ou a garantia do acusado de não declarar contra si mesmo, isso significa que nenhuma lei pode impedir o exercício daquela liberdade (*v.g.*, tornando obrigatória ou proibindo a missa dominical) ou a efetividade dessa garantia (*v.g.*, autorizando a tortura), ainda que existam boas razões políticas para tanto. E simplesmente não poderá fazê-lo porque a força normativa da Constituição impede

---

[27] PALAZZO, Francesco, *Valores Constitucionais e Direito Penal*, Porto Alegre: Fabris, 1989, p. 79-80.

[28] Paradigmática, no particular, foi a reformulação do entendimento da Suprema Corte dos Estados Unidos quanto ao tema. Após assentar, no caso *Bowers v. Hardwick* (30/06/1986), a legitimidade da penalização da sodomia, mais recentemente, no Caso *Lawrence v. Texas* (26/06/2003), a Suprema Corte dos Estados Unidos revisou seu posicionamento para considerar que a norma incriminadora esbarra no próprio direito à liberdade pessoal, bem como no direito de igualdade – no caso, entre homossexuais e heterossexuais –, amparados pela 14ª Emenda (*equal protection of the laws*), mostrando-se, portanto, inconstitucional. Sobre o tema: Streck, LENIO LUIZ; Feldens, LUCIANO, *Crime e Constituição – A Legitimidade da Função Investigatória do Ministério Público*, 3. ed., Rio de Janeiro: Forense, 2006.

[29] MARINUCI, Giorgio; DOLCINI, Emilio, *Corso di Diritto Penale – 1*, 3. ed., Milano: Giuffrè, 2001, p. 489.

que o legislador ordinário, ou qualquer outro poder público, submeta a debate aquilo que conferem os direitos fundamentais.[30] Logicamente, todas essas considerações são lançadas ao resguardo do uso, e não do abuso do direito, hipótese última da qual pode redundar uma ofensa ilegítima a direito alheio e, com ela, a violação de um bem jurídico-penal.

3.2. A Constituição como fonte valorativa do Direito Penal
(o espaço de legitimidade constitucional da penalização)

Aprecia-se aqui uma discussão sobre a(s) fonte(s) de irrigação da atividade do legislador penal, a partir da(s) qual(is) ele poderia exercer seu critério de seleção. Em suma, o debate pode ser sintetizado nas seguintes proposições:

a) ao desejar proteger normativamente determinado bem ou interesse, pode o legislador penal recolhê-lo exclusivamente da faticidade, ou seja, de seu reconhecimento social como tal? Indagando sob outra forma: a incorporação normativa de um bem ou de um interesse pelo Direito Penal basta-se com um critério procedimental do tipo *output-input*, "de fora para dentro" do ordenamento jurídico?

b) ou, diferentemente disso, o processo de seleção do legislador haveria de atender a um movimento "de cima para baixo", a indicar que seu universo de escolha está circunscrito aos bens previamente recepcionados como tais pela Constituição?

3.2.1. O processo de recepção jurídico-penal
de um bem ou interesse

A atividade de identificação (reconhecimento) social dos bens (valores ou interesses) a serem juridicamente protegidos é lógica e temporalmente anterior à sua recepção normativa. Afinal, antes de serem bens ou valores recolhidos pelo Direito (bens jurídicos), eles se fazem constituídos como tais na consciência social, extraídos que são dos costumes vigentes em uma determinada sociedade e, por conseqüência, de suas necessidades. Isso é assim pelo menos em linha de princípio, circunstância que nos autoriza a concluir que a norma (penal), pelo menos em regra muito dificilmente excepcionável, não cria valores, senão que, alinhada à metodologia de controle social – por intermédio da qual o Direito Penal está conectado a outros mecanismos –, os absorve, por meio de sua positivação, como forma de protegê-los.[31]

---

[30] PRIETO SANCHÍS (2003), pp. 217-218.
[31] Na clássica expressão de Liszt, "el orden jurídico no crea el interés, lo crea la vida". Von Liszt, FRANZ, *Tratado de Derecho Penal* – Tomo II, 4. ed., Madrid: Reus S.A, 1999, p. 6. Também nesse sentido: Bricola, FRANCO, "Teoria Generale del Reato", in *Novíssimo Digesto Italiano*, XIX, Torinense, 1977, p. 17; MONREAL, Eduardo Novoa, "Reflexões para a Determinação e Delimitação do Delito Econômico", *Revista de Direito Penal e Criminologia*, v. 33, p. 109-110, 1982. Na doutrina brasileira: CASTILHO, Ela Wiecko Volkmer de, *O Controle Penal nos Crimes contra o Sistema Financeiro Nacional*, Belo Horizonte: Del Rey, 1998, p. 43.

É em tal contexto que a Constituição, por materializar um consenso intersubjetivo valorativo prévio à legislação penal, assume uma especial relevância, funcionando como parâmetro de referência dos fatos legitimamente sujeitáveis à pena.[32] A questão que resta a elucidar é se ela opera como um critério exclusivo nesse sentido.

É indiscutível a tendência, tanto quanto sedutora a idéia, de visualizar a Constituição como fonte exclusiva de validade das normas penais incriminadoras. Importante parcela da doutrina internacional vem aderindo a essa concepção para sustentar que a incidência do Direito Penal haveria de verificar-se ali, e tão-somente ali, onde se pudesse vislumbrar a ofensa a um bem jurídico de referência constitucional. Decerto, em termos de construção teórica, essa filtragem constitucional dos bens jurídicos merecedores de tutela penal afigura-se-nos, em linha de princípio, irretocável. Sem embargo, hipóteses existem, e não podemos simplesmente ignorá-las, em que a tutela penal, conquanto voltada à proteção de um bem jurídico de inequívoca relevância social, não oferece, pelo menos de imediato, uma correlação constitucional. Nesse contexto, caberia-nos enfatizar, com Dolcini e Marinucci, que o silêncio constitucional a respeito de determinados bens ou interesses não reflete necessariamente uma sua desclassificação na escala de valores. Toda a Constituição está, de fato, historicamente condicionada. Contribui a tanto, essencialmente, a constatação de que nem todas as Constituições são jovens a ponto de fazerem-se temporalmente consentâneas ao nascimento dos "novos direitos" (*v.g.*, a tutela do meio ambiente), circunstância que lhes impediu, pelo menos em um primeiro momento, de realizar um expresso reconhecimento dessas novas objetividades jurídicas.

Em síntese, se não desejarmos partir para referências indiretas à Constituição, fixando a legitimidade da penalização em cláusulas ou fórmulas políticas abertas (*v.g.*, Estado Social) – hipótese em que não seria difícil encontrarmos, de forma mais ou menos remota, um aporte constitucional a lhe emprestar sustento –, haveremos de deixar essa questão ainda em aberto, seja sob a perspectiva do Direito Penal, seja sob a perspectiva do Direito Constitucional.

3.2.2. Do Direito Penal clássico ao Direito Penal contemporâneo: novos territórios abertos à intervenção jurídico-penal na sociedade moderna

Na senda evolutiva dos fatos sociais, o sistema jurídico vem paulatinamente acolhendo novas ordens de direitos, afastando-se de uma concepção obsoleta que reconhecia como tais apenas aqueles bens ou interesses suscetíveis de apropriação ou invocação individual. Nesse diapasão, *pari passu* aos direitos cognominados de primeira geração, designativos dos direitos individuais, passamos a conceber direitos então de segunda e terceira gerações. Sem embargo, de

---

[32] FIANDACA, Giovanni, "O Bem Jurídico como Problema Teórico e como Critério de Política Criminal" (trad. Heloísa Estelitta), *Revista dos Tribunais*, São Paulo: a. 89, v. 776, jun. 2000, p. 413.b

toda gama doutrinária disputante da mais precisa definição conceitual em torno do que sejam interesses coletivos e difusos, o que para nós se configura realmente essencial dentro do objetivo a que nos propusemos é a simples consideração acerca da existência de direitos e interesses supraindividuais de que são portadores, a um só tempo, uma pluralidade de indivíduos, circunstância em nada impeditiva à sua valorização como bens jurídico-penais.[33]

Ainda que por um lado se repila veementemente a idéia de um Direito Penal a funcionar como instrumento, mesmo que auxiliar, na realização de políticas públicas e sociais, ao veraz argumento de que outros instrumentos mais apropriados, e menos invasivos, se projetam a tal finalidade, por outro, deposita-se nessa disciplina jurídica a missão de coibir aquelas condutas que revelem hipótese de dano – ou mesmo ameaça de sua ocorrência – a bens ou interesses que, mostrando-se vitais à sociedade como tal, receberam, muitos deles, incorporação constitucional. Estruturas político-normativas como ordem econômica, ordem tributária, regularidade do sistema financeiro, por exemplo, enfeixam uma relação de significados na qual se contém, para além do interesse público *stricto sensu*, o interesse de todos os sujeitos sociais hoje dependentes de seu hígido funcionamento.

Nada obstante assim seja, é forte a resistência – que aqui denominamos de resistência classista – à intervenção penal nessas áreas associáveis ao ambiente econômico. Criticamente, tem-se objetado uma tal inserção do Direito Penal nesses setores ao argumento de que, tutelando objetividades jurídicas transindividuais, a ação legislativa representaria uma hipertrofia do Direito Penal, em manifesta oposição à fragmentariedade e à subsidiariedade que o informam. Tal colocação, quanto mais hoje em dia, não é difícil de rechaçar, pelo menos nos termos em que colocada. Desde logo, porque a hipertrofia do Direito Penal não se fez inaugurada a partir da conferência de proteção jurídico-penal a bens jurídicos relacionados à atividade econômica. Basta que façamos uma análise retrospectiva da legislação ou mesmo um juízo hipotético de exclusão dos tipos penais edificados à tutela penal de bens jurídicos dessa natureza e concluiremos que nem por isso obteríamos uma purificação material do Direito Penal. Em segundo lugar, não se pode desconhecer que *la creciente dependencia del ser humano de realidades externas al mismo,*[34] fruto de nosso tempo, trouxe para o homem moderno novos anseios e necessidades (interesses) que igualmente se mostram, em alguma medida, merecedores de proteção jurídico-penal.

Devemos considerar, nesse mesmo tom, que no ambiente social moderno as ações lesivas não se reduzem a ataques interindividuais (dos quais formariam exemplos o homicídio, a tortura e o seqüestro), senão que se fazem coletivos e difusos (delitos ambientais, crimes de lavagem de dinheiro, sonegação fiscal,

---

[33] Sobre o tema: FELDENS, Luciano. *Tutela Penal de Interesses Difusos e Crimes do Colarinho Branco*. Porto Alegre: Livraria do Advogado, 2002.
[34] SILVA SÁNCHEZ, Jesús-María, *La Expansión del Derecho Penal: Aspectos de la Política Criminal en las Sociedades Postindustriales*, 2. ed., Madrid: Civitas, 2001, p. 26.

contra o sistema financeiro, terrorismo, etc). Em muitas vezes, ações delituosas dessas dimensões acabam atingindo, ainda que por distinta forma de realização, objetividades jurídicas primárias cuja legitimidade da proteção penal a elas conferida jamais fora questionada (vida, dignidade e liberdade), trazendo-lhes um grau de lesividade inclusive mais intenso. Tudo a significar, nesse contexto, que o legislador, ao erigir determinados bens jurídicos coletivos à categoria de objetividades jurídico-penais não está procedendo a uma artificiosa – no sentido pejorativo que o termo comporta – criação de bens jurídicos sem conteúdo, porquanto são tão reais e referíveis à pessoa como os tradicionais bens jurídicos individuais.[35]

Daí por que o grande desafio do Direito Penal consiste em realizar, como observam Marinucci e Dolcini, uma *tutela equilibrada* de todos os bens jurídicos fundamentais (individuais e transindividuais). Nesse contexto, o argumento decorrente das versões minimalistas (radicais) do Direito Penal, que tendem a afastá-lo da proteção a bens jurídicos transindividuais, porquanto não se tratariam de bens jurídicos como tais – isso porque, em termos criminológicos, seriam "delitos sem vítimas" –, é uma tese manifestamente infundada. Ao contrário disso, são delitos de vitimização massiva.[36] O minimalismo penal, enquanto projeção dos postulados de tutela subsidiária e fragmentária que norteiam a dogmática jurídico-penal, não pode ser brandido como uma categoria metafísica, predisposta a rejeitar o avanço do Direito Penal em áreas que sua inserção se faz necessária como decorrência indeclinável da evolução das relações sociais. Não é o bastante, à constatação de uma alegada ilegitimidade do Direito Penal na tutela de bens jurídicos transindividuais, a invocação dos reconhecidos problemas teóricos que serpeiam a aplicabilidade do Direito Penal nesses novos campos de intervenção. A serviço disso – e não contra isso – está a dogmática penal.

Por derradeiro, devemos reconhecer que a penalização de determinada conduta –sob a perspectiva do bem jurídico tutelado – agregará tanto mais em seu favor a presunção de legitimidade constitucional quanto mais referente mostrar-se instituída à proteção de um bem jurídico de residência constitucional (um direito ou um interesse constitucional). Essa uma razão suficiente para não mais se duvidar, pelo menos em gênero, da legitimidade da penalização de condutas atentatórias a bens jurídicos transindividuais que, enquanto tais, receberam incorporação constitucional, circunstância a já denotar sua essencialidade (*v.g.*, ordem econômica, sistema financeiro).

---

[35] TERRADILLOS BASOCO (2003), p. 359.
[36] Marinucci, GIORGIO; Dolcini, EMILIO, "Derecho Penal 'mínimo' y nuevas formas de criminalidad", *Revista de Derecho Penal y Criminología*, 2ª época, n. 9, ano 2000, p. 167.

3.3. A Constituição como fundamento normativo do direito penal (as zonas de obrigatória intervenção do legislador penal)

3.3.1. O dever de prestação normativa em matéria penal: o locus constitucional do problema e seu ponto gravitacional: a Constituição como uma síntese a priori, pré-constituída ao legislador

Ainda que não sejam ordens justapostas – atente-se, aqui, ao caráter fragmentário do Direito Penal, o mesmo se podendo dizer da Constituição –, essa conjunção de sentido entre a Constituição e o Direito Penal forma um eclipse (parcial) entre ambas as esferas da ciência jurídica, resultando, daí, irradiações normativas da Constituição sobre o Direito Penal.

Logicamente, não se pretende seja o Código Penal um espelho, um retrato fiel da Constituição, pois que se assim fosse estaríamos dirigindo, sem fronteiras, a atividade do legislador democrático, cuja liberdade de configuração seria, ao invés de regra, exceção. A relação entre bens jurídicos constitucionais e penais não haverá de ser necessariamente de coincidência, senão que de *coerência*.[37]

Na perspectiva traçada por Rudolphi, a Constituição contém as decisões valorativas fundamentais para a elaboração de um conceito de bem jurídico prévio à legislação penal e ao mesmo tempo obrigatório para ela,[38] contexto no qual podemos afirmar que a obrigação de tutela jurídico-penal encontra seu objeto premeditado por uma ordem de valores ditada pela Constituição (*Wertordnung*) que se faz pré-constituída ao legislador.[39] Isso implica, segundo Bricola, verificar se não é possível, ou mesmo necessário, encontrar na carta constitucional uma espécie de síntese *a priori*,[40] ou seja, um modelo de intervenção penal que se imponha "desde fora" ou "desde cima"; enfim, um programa mais ou menos detalhado que vincule o legislador tanto a respeito dos fins como dos instrumentos de tutela.[41]

Por essa razão mesma, e tal como reconhecido por penalistas de primeira grandeza, a problematização em torno do dever de prestação normativa em matéria penal, ainda que não prescinda, em sua concretização, dos aportes oferecidos pela dogmática penal, deve partir de bases normativo-constitucionalistas.[42] Isso resulta lógico, porquanto em ordenamentos jurídicos a exemplo do nosso, onde se

---

[37] LASCURAÍN SÁNCHEZ, Juan Antonio, "La Proporcionalidad de la Norma Penal", *Cuadernos de Derecho Público, 5 (El Principio de Proporcionalidad)*, Madrid: Instituto Nacional de Administración Pública – INAP, sep-dic, 1998, p. 221.
[38] RUDOLPHI (1975), p. 341.
[39] PULITANÒ, Domenico, "Obblighi Costituzionale di Tutela Penale?", in *Studi in Memoria di Giacomo Delitala*, II, Milano: Giuffrè, 1984, p. 1251.
[40] BRICOLA (1977), p. 24.
[41] DONINI, Massimo, "Un Derecho Penal Fundado en la Carta Constitucional: Razones y Límites. La Experiencia Italiana", *Revista Penal*, n. 8, 2001, pp. 24-25.
[42] Como refere Roxin, "el tema va *más allá del Derecho penal y sólo se puede tratar de modo completo en conexión con los deberes del Estado de protección de derechos fundamentales* reconocidos hoy en Derecho constitucional". ROXIN, Claus, *Derecho Penal – Parte General, Tomo I, Fundamentos. La Esctructura de la Teoria del Delito*, Madrid: Civitas, 1997, p. 64.

adota, a partir de uma Constituição normativa, um conceito formal de lei, apenas da Constituição haveriam de provir restrições *previamente dadas* ao legislador, uma vez certo que apenas o Poder Constituinte está habilitado a condicionar a atividade de um poder constituído como o Poder Legislativo.[43]

Dessa averiguação preliminar resulta uma segunda, mas não menos importante: a possibilidade de que a lei penal porventura desbordante das diretrizes constitucionalmente estabelecidas para a tutela de direitos fundamentais (os direitos fundamentais enquanto imperativos de tutela *suficiente*) seja jurisdicionalmente sindicada (controle de validade). A um tal controle não está imune o legislador penal. Aprecia-se, aqui, um confronto entre dois termos que parecem antitéticos: a plena liberdade do legislador e as pautas que lhe são subministradas pela Constituição. Com efeito, não pode ser plena a liberdade de quem tem pautas a observar.[44] Logo, pode-se afirmar, categoricamente, que a liberdade de configuração do legislador penal não é absoluta. É *relativa*. Embora detentor de um amplo espaço de atuação, não lhe é lícito editar uma lei qualquer em nome de sua legitimidade democrática. Cabe registrar, neste particular, que a democracia não se reduz a uma regra formal da maioria. Em uma democracia constitucional, a regra da maioria não há de prevalecer sempre e para tudo: "há coisas que *não pode* decidir e algumas outras que *não pode deixar* de decidir".[45] Acaso assim não fosse, a Constituição, enquanto norma superior, estaria franqueando o seu próprio suicídio.

3.3.2. Mandados explícitos de proteção penal

No que diz respeito à expressa incorporação constitucional de matérias atinentes ao Direito Penal, a Constituição de 1988 apresenta-se como um dos exemplos mais eloqüentes. Por quase uma centena de vezes utiliza-se de expressões que dizem diretamente com o Direito Penal, a saber: (a) em quarenta e sete vezes lança mão da expressão *crime(s)*; (b) em dez vezes, dos termos *infrações* ou *infrações penais*; (c) em duas vezes, da terminologia *punir* ou *punição*; (d) em nove vezes, da palavra *prisão*; (e) em outras nove, da expressão *preso*; (f) em onze oportunidades cogita das expressões *penal* ou *penalmente*, e (g) em oito situações exterioriza o termo *criminal*. Afora isso, expressões como *acusado*, *processado* e *sentenciado*, alguma ou outra vez aplicável também ao processo administrativo, igualmente permeiam o texto constitucional.

Tamanha diversidade terminológica, aliada a uma notória ausência de precisão técnica do constituinte, dificulta a elaboração de um agrupamento siste-

---

[43] ROXIN (1997), p. 55; ÁLVAREZ GARCÍA, Francisco Javier, *Introducción a la Teoría Jurídica del Delito*, Valencia: Tirant lo Blanch, 1999, p. 12.
[44] SANTANA VEGA, Dulce María, *La Protección Penal de los Bienes Jurídicos Colectivos*, Madrid: Dykinson, 2000, p. 77.
[45] FERRAJOLI, Luigi, *Los Fundamentos de los Derechos Fundamentales*, Madrid: Trotta, 2001, p. 37, e PRIETO SANCHÍS (2003), p. 104.

mático dessas normas informado por um apurado rigor científico. Nada obstante, no que diz respeito aos deveres (mandados) expressos de tutela penal – os quais são a expressão, no campo jurídico-penal, da teoria dos deveres estatais de proteção – anotam-se, dentre outros, os seguintes dispositivos: art. 5º, incisos XLII (punição do racismo) e XLIII (penalização da tortura, do tráfico de entorpecentes e dos crimes considerados hediondos), art. 7º, inciso X (retenção dolosa do salário do trabalhador), art. 225, §3º (proteção do meio ambiente) e art. 227, §4º (abuso contra a criança e o adolescente).[46]

Ao prescrever determinadas matérias sujeitas à necessidade de tutela penal, a Constituição seguramente teve em conta a magnitude desses bens. Isso não significa, porém, que esses bens ocupem, necessariamente, uma posição de primazia valorativa, nem mesmo na consciência do constituinte (veja-se, por exemplo, que a Constituição impõe a criminalização da retenção dolosa do salário do trabalhador sem nada dizer, explicitamente, sobre a proteção jurídico-penal da vida do trabalhador). Normas dessa natureza ingressam na Constituição por motivações diversas. Parcela delas, como reflexo da incorporação constitucional de uma concepção política de cidadania (reproche explícito ao tratamento discriminatório aos cidadãos) e de um novo modelo de Estado (Democrático de Direito). Sufragam, nesse tom, ainda que pela forma de um dever de criminalização, uma espécie de "ponto de não-retorno" (*v.g.*, as que impõem constitucionalmente a criminalização do racismo e da ação de grupos armados, civis ou militares, contra a ordem constitucional e o Estado Democrático). Outras denotam mais precisamente o que se poderia designar de *política constitucional criminal*, revelando-se como o retrato de um desiderato do constituinte (genuína opção político-constitucional) no sentido de que sejam criminalizadas (ou que não se submetam a um processo de descriminalização, quando preexistente a figura delituosa) determinadas condutas cujo desvalor passa a brotar, explicitamente, do texto constitucional (*v.g.*, a imposição constitucional de penalização da tortura, do tráfico ilícito de entorpecentes e do terrorismo).

Importa registrar o efeito político-normativo concreto decorrente da assunção constitucional dessas normas. Em todas essas hipóteses, o constituinte houve por afastar do âmbito de liberdade de configuração do legislador a decisão sobre merecerem, ou não, os bens ou interesses violados por essas condutas, a tutela jurídico-penal. Essa decisão já está previamente tomada pela Constituição. Ainda assim, importante seja dito, os termos e os limites dessa proteção jurídico-penal permanecem acometidos ao legislador democrático, a quem compete descrever as condutas, cominando – observadas diretrizes relativamente elásticas de proporcionalidade – as respectivas penas.

---

[46] As normas constitucionais ora veiculadas exigem, para uma compreensão adequada em torno de seus limites e potencialidades, um desenvolvimento dogmático extremamente apurado. Os limites deste estudo não nos permitem um tal detalhamento. Sobre o tema: FELDENS, Luciano, *A Constituição Penal – A Dupla Face da Proporcionalidade no Controle de Normas Penais*, Porto Alegre: Livraria do Advogado, 2005.

3.3.3. Mandados implícitos de proteção penal: os direitos fundamentais enquanto imperativos de tutela (suficiente)

*3.3.3.1. A dimensão objetiva dos direitos fundamentais (como imperativos de tutela) e o princípio da proibição da proteção deficiente (*Untermassverbot*)*

A discussão sobre a existência de obrigações constitucionais implícitas de penalização – ainda que não sob tal nomenclatura – encontra um primeiro aporte teórico na decisão assumida pelo Tribunal Constitucional Federal da Alemanha, em 25/02/1975, quando declarou inconstitucional a Lei de Reforma do Código Penal (*5. Gesetz vur Reform des Strafrechts, 18/06/1974*), especificamente em relação ao aborto, no que estabelecia, a novel legislação, a possibilidade de interromper-se a gravidez dentro dos três primeiros meses de gestação.[47] À ocasião, operando uma indisfarçável relação entre a proporcionalidade e o tema dos direitos fundamentais, decidiu aquela Corte sobre a eventual obrigatoriedade, sob determinados pressupostos, de conferir-se proteção jurídico-penal à vida intra-uterina, cabendo destaque para a seguinte passagem da sentença: "nos casos extremos, quando a proteção determinada pela Constituição não se consiga de nenhuma outra maneira, o legislador pode estar obrigado a recorrer ao Direito penal para proteger a vida em desenvolvimento" (*BverfGE 39, 1*).[48] À ocasião, o Tribunal repeliu expressamente a objeção segundo a qual da Constituição não poderiam emanar comandos de penalização: "(...) não convence a objeção de que não se possa deduzir de uma norma de direito fundamental garantidora de liberdade a obrigatoriedade do Estado de sancionar criminalmente. Se o Estado é obrigado, por meio de uma norma fundamental que encerra uma decisão axiológica, a proteger eficientemente um bem jurídico especialmente importante contra ataques de terceiros, freqüentemente serão inevitáveis medidas com as quais as áreas de liberdade de outros detentores de direitos fundamentais serão atingidas. Nisso, a situação jurídica na utilização de instrumentos do direito social (previdenciário) ou civil não é fundamentalmente diversa do que ocorre junto à promulgação de uma norma penal. As diferenças existem, quando muito, em relação à gravidade de intervenção necessária (...)".[49]

Seguiu-se a essa uma segunda decisão na qual o Tribunal Constitucional Federal alemão conferiu dignidade superior a uma figura jurídica que ilustra o panorama dogmático dos direitos fundamentais: a proibição da proteção defi-

---

[47] O caso em referência, não é demais pontuar, nem de perto revela nossa concepção pessoal quanto ao ponto específico sobre o qual se projetou a decisão do BVerfG. É aqui trazido exclusivamente como marco teórico revelador de categorias dogmáticas potencialmente aptas a serem operacionalizadas em situações diversas, atreladas à noção de tutela de direitos fundamentais.

[48] Tradução do alemão recolhida do texto de KAYBER, Marijon, "Sobre el Potencial Incriminador de los Princípios Limitadores del Derecho Penal. Competencias Penales en la Cuestión del Aborto", In *La Insostenible Situación del Derecho Penal*, Granada: Comares, 1999, p. 151.

[49] Tradução de MARTINS, Leonardo, *Cinqüenta Anos de Jurisprudência do Tribunal Constitucional Federal Alemão*, Konrad-Adenauer-Stiftung E.V., 2005.

ciente (*Untermassverbot*). Os juízes do Tribunal de Karlsruhe formularam que o legislador, por força de mandado constitucional, estaria obrigado a observar a proibição da proteção deficiente no cumprimento do dever prestacional (aqui na forma de deveres de tutela de direitos fundamentais). Salientando que a determinação acerca do(s) tipo(s) de proteção (sanção) a ser conferida é, em princípio, tarefa do legislador, asseverou também o Tribunal Constitucional que: "o Estado deveria tomar medidas (...) suficientes ao cumprimento do seu dever de tutela, que façam com que se obtenha uma (...) tutela adequada e, enquanto tal, eficaz" (*BverfGE 88*, 28/05/1993).

A *ratio* que fundamenta aludidas sentenças reside em dois aportes dogmáticos relacionados à teoria dos direitos fundamentais, quais sejam:

a) na *dupla dimensão* (subjetiva e objetiva) dos *direitos fundamentais*, os quais estariam a exigir não apenas uma atuação negativa do Estado (no sentido de não invadi-los de forma desproporcionada), mas, também, uma *ação positiva*, no sentido de sua proteção efetiva, como *imperativo de tutela* (dever de proteção),[50] concepção essa que encontra gestação no desenvolvimento principiológico de um modelo de Estado Social e Democrático de Direito;

b) bem assim, na *proibição de proteção deficiente* (*Untermassverbot*), nomenclatura cunhada por Canaris, e posteriormente incorporada pelo Tribunal Constitucional Federal alemão, a qual, engendrando matizes identificados ao mandado de proporcionalidade, se antagonizaria, com algumas adaptações, à tradicional proibição de excesso, estabelecendo um limite inferior do espaço de livre configuração do legislador na tutela de direitos fundamentais.

Pode-se daí extrair a consideração de que a atividade legislativa, na conferência de proteção a um direito (ou valor) fundamental, há de transitar entre um limite máximo (*Übermassverbot*) e um limite mínimo de tutela (*Untermassverbot*), limites esses que, não necessariamente explícitos, são contextualmente alcançados a partir de uma análise sistemático-funcional da Constituição e do próprio modelo de Estado (Social e Democrático de Direito) a ela entrelaçado.

De acordo com essa proibição da proteção deficiente, as medidas tutelares tomadas pelo legislador no cumprimento de seu dever prestacional no campo dos direitos fundamentais deveriam ser suficientes para oportunizar essa referida proteção adequada e eficaz, bem como estar assentadas em averiguações cuidadosas dos fatos relevantes e em avaliações argumentativamente justificáveis (plausíveis). Segundo os precisos termos da decisão: "caso não se pretenda violar a proibição da proteção deficiente, a configuração da tutela por parte do ordenamento jurídico deve corresponder a exigências mínimas".[51]

A proibição de proteção deficiente encerra, nesse contexto, uma aptidão operacional que permite ao intérprete determinar se um ato estatal – eventual-

---

[50] CANARIS, Claus-Wilhelm, *Direitos Fundamentais e Direito Privado*, trad. Ingo Wolfgang Sarlet e Paulo Mota Pinto, Coimbra: Almedina, 2003, p. 107.
[51] [BVerfGE, 88, 203].

mente retratado em uma omissão, total ou parcial – vulnera um direito fundamental[52] (pensemos, *v.g.*, na hipótese da despenalização do homicídio ou na sua penalização por meio de sanções exclusivamente pecuniárias). Relaciona-se diretamente, pois, à função de imperativo de tutela (na realidade, é-lhe complementar) que colore os direitos fundamentais, notadamente no que demandam, para seu integral desenvolvimento, uma atuação ativa do Estado em sua proteção. Sob essa perspectiva, opera como ferramenta dogmática extraída do mandado de proporcionalidade e que nessa condição predispõe-se a instrumentalizar um controle (de constitucionalidade) sobre determinados atos legislativos, justamente no ponto em que medidas dessa ordem promovam uma retirada racionalmente injustificável da proteção (normativa) que se faz inequivocamente *necessária* ao *adequado* e *eficaz* desenvolvimento e desfrute do direito fundamental.

3.3.3.2. O dever de prestação normativa em matéria penal a partir da proibição de proteção deficiente: limites e possibilidades

A questão de "como" aquilatar uma suposta infraproteção a determinado bem jurídico merecedor de tutela penal é tarefa que se realiza a partir de dois aportes teóricos auto-referentes, extraídos, respectivamente, da faticidade e da normatividade. Cuida-se de se estabelecer um juízo de necessidade de proteção jurídico-penal realizado a partir de dados empíricos idôneos (faticidade) que permitam demonstrar a insuficiência de medidas sancionadoras menos lesivas à tutela do bem jurídico em evidência. Tal critério se conforma a um segundo (normatividade), consistente em perspectivar uma dada medida legislativa penal (aquela que tem sua legitimidade constitucional questionada) no contexto do próprio ordenamento jurídico-penal como um todo (coerência horizontal), bem como em face das referências axiológico-normativas vertentes da Constituição (coerência vertical); é dizer, a partir de uma avaliação acerca da coerência orgânica do sistema normativo.

À vista dessas considerações, afigura-se-nos válido assentar que: a) a pena cominada para um dado delito haveria de situar-se em parâmetro similar à que imposta para outro(s) delito(s) que externe(m) uma similar danosidade (social ou individual); de igual sorte, se descompassados hierarquicamente os bens jurídicos objeto de proteção, distintas haveriam de ser as sanções impostas aos ataques contra eles protagonizados; b) como conclusão do raciocínio anterior, exsurge a possibilidade de rejeição de uma medida legislativa que importe em uma inversão da carga axiológica dos bens jurídicos, tal e como estabelecidos pela Constituição; assim, por exemplo, a pena do homicídio haveria de situar-se em patamar lógica e necessariamente superior à sanção cominada ao furto, sendo impensável – porque irracional – a hipótese contrária.

A carga axiológica referente, por tudo quanto já dissemos, é aquela ditada pela própria Constituição, a qual, embora não estabeleça, de "A" a "Z", uma esca-

---

[52] BERNAL PULIDO, Carlos, *El Principio de Proporcionalidad y los Derechos Fundamentales*, Madrid: Centro de Estudios Políticos y Constitucionales, 2003, p. 799.

la de valores microscopicamente ordenada, transmite claramente ao intérprete, a partir de uma análise objetiva, que "A" (*v.g.*, a vida) é axiologicamente superior a "Z" (*v.g.*, o patrimônio). É justamente sob esse prisma que Costa Andrade afirma ser inquestionável a inconstitucionalidade de leis que descriminalizem infrações penais lesivas de valores pessoais e mantenham ou reforcem a criminalização da lesão de valores patrimoniais.[53] Tal situação retrataria uma evidente inversão de (e do) sentido da Constituição. Daí, assevera Cunha, com quem fazemos coro, que seria inconstitucional criar uma ordem de bens jurídico-penais de forma a inverter a ordem constitucional de valores,[54] tudo a reconduzir à idéia acerca da necessidade de uma coerência que, ademais de endonormativa, faça-se organicamente conectada aos valores constitucionais.

Assim já decidiu, a propósito, o Tribunal Constitucional alemão, dando azo ao que se denominou de *modelo de três níveis*: Apontando que seria extremamente difícil – senão impossível – demarcar a linha divisória entre aquilo que haveria de pertencer e, em contrapartida, aquilo que não haveria de pertencer ao âmbito do Direito Penal, casos há, disse o Tribunal, em que essa constatação pode mostrar-se evidente. Em síntese, seriam três as hipóteses passíveis de consideração:

1) aquilo que "sem dúvida pertence ao núcleo (cerne) do Direito Penal", o que se logra averiguar "com base no ordenamento de valores da Lei Fundamental (*BverfGE 5, 85* [204 e seguintes]; *6, 32* [40 e seguintes]; *7, 198* [204 e seguintes]; *21, 362* [372])"; nesse reduzido âmbito (*Kernbereich*) o Tribunal deixa sugerido que poderíamos estar diante de deveres de proteção jurídico-penal;

2) com fulcro no mesmo raciocínio, poderíamos afirmar que "certos suportes fáticos de menor importância estão fora deste núcleo"; claramente, não merecem proteção jurídico-penal.

3) como conseqüência das situações anteriores, assenta a Corte a dificuldade de "traçar a linha limítrofe exata entre o núcleo do Direito Penal e o âmbito das meras irregularidades"; seria este um âmbito intermediário (*Zwischenbereich*) entre os dois níveis anteriores, no qual a decisão criminalizadora pertenceria inteiramente ao legislador.[55]

Essa orientação bastante gráfica oriunda do Tribunal Constitucional Federal alemão abre-nos as portas para a possibilidade de que se realize um controle sobre a atividade legislativa em matéria penal. Mas um controle a ser exercido apenas em situações-limite, racionalmente construídas a partir dos referenciais fáticos e normativos disponíveis em uma situação contextual determinada.

Todavia, essa necessidade de delimitação e concretização (fática e normativa) não pode nos assustar; menos ainda implicar renúncia à sua realização. Como

---

[53] ANDRADE, Manuel da Costa, "O Novo Código Penal e a Moderna Criminologia", in *O Novo Código Penal Português e Legislação Complementar*, Jornadas de Direito Criminal, Lisboa, Centro de Estudos Judiciários, Petrony, 1983.

[54] CUNHA, Maria da Conceição Ferreira da, *Constituição e Crime – uma perspectiva da criminalização e da descriminalização*, Porto: UCP, 1995, p. 328.

[55] [BVerfGE 27 (16/07/1969)]

aponta Canaris, estamos habituados, à saciedade, a que a ação e a omissão possam coincidir até quase à indissociabilidade. Enquanto os elementos nucleares estiverem em contraste e forem suficientemente expressivos, casos-limite não alteram em nada o sentido da distinção. No final das contas, também ninguém rejeita a diferença entre o dia e a noite invocando a existência do crepúsculo.[56]

Diante desse panorama global, podemos concluir que a idéia do dever de prestação normativa em matéria penal encerra uma relação de complementaridade entre as funções *limitadora* – tradicionalmente colocadas em primeiro plano – e *fundante* do Direito Penal, as quais não podem, sob tais circunstâncias, ver-se dissociadas. É sob esta indispensável dialética, ou seja, entre limitação e fundamento dos institutos ou poderes jurídico-penais, que gravita a temática do dever de prestação normativa em matéria penal, seja com o nome de mandados constitucionais de proteção penal, seja sob a nomenclatura de limites materiais à despenalização (total ou parcial).[57] De um lado, um limite garantista intransponível (intervenção necessariamente mínima); de outro, um conteúdo mínimo irrenunciável de coerção (intervenção minimamente necessária).

4. Síntese final

I. A Constituição e o Direito Penal empreendem, entre si, uma relação axiológico-normativa; o epicentro dessa zona de interseção compartida pela ordem constitucional e a disciplina jurídico-penal é informado por uma essencial correspondência de sentido: a tutela dos direitos fundamentais.

II. Nessa perspectiva, importa ressaltar que as conexões entre a Constituição e o Direito Penal não se reduzem ao estabelecimento, por aquela, de *limites materiais* ao direito de punir. Para além de disso, a Constituição figura como *fonte valorativa* e mesmo como *fundamento normativo* do Direito Penal incriminador; é dizer, funciona não apenas para proibir, senão que também para legitimar, e eventualmente impor, em situações determinadas ou determináveis, a proteção jurídico-penal de bens jurídicos, notadamente quando conectados à categoria dos direitos investidos da nota da fundamentalidade.

III. O dever de prestação normativa em matéria penal (necessidade constitucional de tutela penal), que não dispensa um juízo de necessidade extraído da faticidade, tem sua construção dogmática apoiada em dois marcos teóricos: (a) o *duplo caráter dos direitos fundamentais*, realçando-se sua perspectiva objetiva, enquanto imperativos de tutela; e (b) a *proibição de proteção deficiente (Untermassverbot)*.

IV. Dessa formulação não há de resultar qualquer hipótese de preponderância ou sobreposição dessa categoria – a proibição de proteção deficiente (*Untermassverbot*) – sobre aquelas que tradicionalmente fundamentam a ope-

---
[56] CANARIS (2003), p. 69
[57] PULITANÒ (1984), p. 1241-1300.

racionalização dogmática de um Direito Penal enraizado na *extrema ratio*. Isso porque limites mínimos de intervenção podem conviver com limites máximos nesse sentido. Dito de outro modo: um Direito Penal de intervenção mínima não se contrapõe conceitualmente a um Direito Penal de intervenção minimamente (constitucionalmente) necessária.

V. Embora desfrute de uma ampla liberdade de configuração, o legislador penal não se imuniza a um controle de constitucionalidade sobre os atos que produz, seja na penalização, seja na despenalização de determinadas condutas. Sua liberdade de atuação, conquanto regra, é relativa, encontrando-se submetida a pautas que lhe são subministradas pela Constituição, as quais lhe impedem extravasar os limites superior (proibição do excesso) e inferior (proibição de proteção deficiente) da proporcionalidade.

VI. Em que pese seja de se aplaudir o exercício do controle jurisdicional sobre a validade da atuação legislativa, essa tarefa não pode realizar-se sem mais, fazendo-se ilustrada tão-somente por uma concepção "genérica" de proporcionalidade (cientificamente inaceitável e politicamente comprometedora) que acabe por se dissipar em manifestação de voluntarismo ético ou moral do julgador. Contra-arrestar aquilo que é produto da legitimidade democrática do legislador é tarefa que, para que validamente se exerça, exige uma densa fundamentação que se faça ancorada no sistema normativo constitucional-penal, em sua coerência orgânica, bem como em um suporte empírico que, extraído de uma dada realidade contextual espaço-temporalmente condicionada, permita um juízo (racionalmente) seguro acerca da (des)necessidade do recurso às normas penais.

Parte III

TEMAS DE DIREITO PROCESSUAL PENAL

— 13 —

Direito ao processo penal no prazo razoável (ou quando os juristas acertam contas com Einstein)[1]

AURY LOPES JÚNIOR

Advogado Criminalista. Doutor em Direito Processual Penal, Prof. Programa de Pós-Graduação em Ciências Criminais da PUCRS, Coordenador do Curso de Especialização em Ciências Penais da PUCRS, Pesquisador do CNPq[2]

Sumário: 1. Recordando o rompimento do paradigma newtoniano – 2. Tempo e penas processuais – 3. A (de)mora jurisdicional e o direito a um processo sem dilações indevidas. 3.1. Fundamentos da existência do direito de ser julgado num prazo razoável, 3.2. A recepção pelo direito brasileiro, 3.3. A problemática definição dos critérios: a doutrina do não-prazo, 3.4. *Nulla coactio sine lege*: a (urgente) necessidade de estabelecer limites normativos, 3.5. Algumas decisões do Tribunal Europeu de Direitos Humanos, da Corte Americana de Direitos Humanos e o pioneiro acórdão do Tribunal de Justiça do Rio Grande do Sul – 4. Em busca de "soluções": compensatórias, processuais e sancionatórias – 5. A título de conclusões provisórias: o difícil equilíbrio entre a (de)mora jurisdicional e o atropelo das garantias fundamentais

1. Recordando o rompimento do paradigma newtoniano

Para iniciar, num proposital salto histórico, recordemos que para Newton o universo era previsível, um autômato, representado pela figura do relógio. Era a idéia do tempo absoluto e universal, independente do objeto e de seu observador eis que considerado igual para todos e em todos os lugares. Existia um *tempo cósmico* em que Deus era o grande relojoeiro do universo. Tratava-se de uma visão determinista com a noção de um *tempo linear,* pois, para conhecermos o futuro, bastava dominar o presente.

---

[1] A presente exposição é uma síntese de alguns pontos desenvolvidos na obra *Direito ao Processo Penal no Prazo Razoável* que publicamos em co-autoria com GUSTAVO HENRIQUE BADARÓ, pela editora Lumen Juris, 2006, cuja leitura é imprescindível para melhor compreensão dessa problemática.

[2] Esse trabalho é resultado parcial da pesquisa "Processo Penal e Estado Democrático de Direito: a instrumentalidade constitucional (garantista) como limitação ao poder punitivo", desenvolvida na PUCRS com bolsa Produtividade em Pesquisa do CNPq.

Com Einstein e a Teoria da Relatividade,[3] opera-se uma ruptura completa dessa racionalidade, com o tempo sendo visto como algo relativo, variável conforme a posição e o deslocamento do observador, pois ao lado do tempo objetivo está o tempo subjetivo.

Sepultou-se de vez qualquer resquício dos juízos de certeza ou verdades absolutas, pois tudo é relativo: a mesma paisagem podia ser uma coisa para o pedestre, outra coisa totalmente diversa para o motorista, e ainda outra coisa diferente para o aviador. A percepção do tempo é completamente distinta para cada um de nós. A verdade absoluta[4] somente poderia ser determinada pela soma de todas observações relativas.[5] Hawking[6] explica que Einstein derrubou os paradigmas da época: o repouso absoluto, conforme as experiências com o éter, e o tempo absoluto ou universal que todos os relógios mediriam. Tudo era relativo, não havendo, portanto, um padrão a ser seguido.[7]

O tempo é relativo a posição e velocidade do observador, mas também a determinados estados mentais do sujeito, como exterioriza Einstein[8] na clássica explicação que deu sobre Relatividade à sua empregada: *quando um homem se senta ao lado de uma moça bonita, durante uma hora, tem a impressão de que passou apenas um minuto. Deixe-o sentar-se sobre um fogão quente durante um minuto somente – e esse minuto lhe parecerá mais comprido que uma hora. – Isso é relatividade."*

Até Einstein, consideravam-se apenas as três dimensões espaciais de altura, largura e comprimento, pois o tempo era imóvel. Quando verificou-se que o tempo se move no espaço, surge a quarta dimensão: o espaço-tempo. Elias[9] considera como a dimensão social do tempo, em que o relógio é uma construção do homem a partir de uma convenção, de uma medida adotada. Isso está tão arraigado que não imaginamos que o tempo exista independente do homem. Sem embargo, o paradoxo do tempo é o fato de o relógio marcar 2h ontem e hoje novamente, quando na verdade as duas horas de ontem jamais se repetirão ou serão iguais as 2h de hoje.

---

[3] Composta pela Teoria da Relatividade Especial, desenvolvida no artigo "Sobre a Eletrodinâmica dos Corpos em Movimento", publicado no dia 5 de junho de 1905, na Revista *Annalen der Physik* e, posteriormente, complementada pela Teoria da Relatividade Geral, no texto *"Teoria da Relatividade Geral"* publicado em Berlim no ano de 1916, cujo reconhecimento culminou com o recebimento do Nobel de Física em 1921 (mas pelo trabalho realizado em 1905, pois a relatividade geral ainda enfrentava muita resistência).

[4] E ainda existem defensores do mito da "verdade real" no processo penal... Sobre o tema e sua desconstrução, leia-se LOPES JR, Aury. *Introdução Crítica ao Processo Penal*, p. 261 e ss.

[5] EINSTEIN. *Vida e pensamentos*, pp. 16-18.

[6] HAWKING, Stephen. *O universo numa casca de noz*, p. 11.

[7] Outra demonstração importante é o chamado "paradoxo dos gêmeos", onde se um dos gêmeos (a) parte em uma viagem espacial, próximo à velocidade da luz, enquanto seu irmão (b) permanece na Terra, em virtude do movimento do gêmeo (a), o tempo flui mais devagar na espaçonave. Assim, ao retornar do espaço, o viajante (a) descobrirá que seu irmão (b) envelheceu mais do que ele. Como explica HAWKING (*O Universo em uma casca de noz*, p.11), embora isso pareça contrariar o senso comum, várias experiências indicam que, nesse cenário, o gêmeo viajante realmente voltaria mais jovem.

[8] EINSTEIN *Vida e pensamentos*, p. 100.

[9] Especialmente na obra "Sobre o Tempo", Rio de Janeiro, Jorge Zahar Editor, 1998.

Na perspectiva da relatividade, podemos falar em tempo *objetivo* e *subjetivo*, mas principalmente, de uma percepção do tempo e de sua dinâmica, de forma completamente diversa para cada observador.

Desnecessária maior explanação em torno da regência de nossas vidas pelo tempo, principalmente nas sociedades contemporâneas, dominadas pela aceleração e a lógica do tempo curto. Vivemos numa sociedade regida pelo tempo, em que a velocidade é a alavanca[10] do mundo contemporâneo, conduzindo-nos à angústia do *presenteísmo*. Buscamos expandir ao máximo esse fragmento de tempo que chamamos de presente, espremido entre um passado que não existe, uma vez que já não é, e um futuro contingente, que ainda não é, e que por isso, também não existe.[11] Nessa incessante corrida, o tempo rege nossa vida pessoal, profissional e, como não poderia deixar de ser, o próprio direito.

No que se refere ao Direito Penal, o tempo é fundante de sua estrutura, na medida em que tanto cria como mata o direito (prescrição), podendo sintetizar-se essa relação na constatação de que *a pena é tempo e o tempo é pena*.[12] Pune-se através de quantidade de tempo e permite-se que o tempo substitua a pena. No primeiro caso, é o tempo do castigo; no segundo, o tempo do perdão e da prescrição. Como identificou Messuti,[13] *os muros da prisão não marcam apenas a ruptura no espaço, senão também uma ruptura do tempo*. O tempo, mais que o espaço, é o verdadeiro significante da pena.

O processo não escapa do tempo, pois ele está arraigado na sua própria concepção, enquanto concatenação de atos que se desenvolvem, duram e são realizados numa determinada temporalidade. O tempo é elemento constitutivo inafastável do nascimento, desenvolvimento e conclusão do processo, mas também na gravidade com que serão aplicadas as penas processuais, potencializadas pela (de)mora jurisdicional injustificada.

Sem embargo, gravíssimo paradoxo surge quando nos deparamos com a inexistência de um tempo absoluto, tanto sob o ponto de vista físico, como também social ou subjetivo, frente a *concepção jurídica de tempo*. O Direito não reconhece a relatividade ou mesmo o *tempo subjetivo*, e, como define Pastor,[14] o jurista parte do reconhecimento do tempo enquanto "realidade", que pode ser fracionado e medido com exatidão, sendo absoluto e uniforme. O Direito só reconhece o tempo do calendário e do relógio, juridicamente objetivado e definitivo. E mais, para o Direito, é possível acelerar e retroceder a flecha do tempo, a partir de suas alquimias do estilo "antecipação de tutela" e "reversão dos efeitos", em manifesta oposição as mais elementares leis da física.

---

[10] A consagrada expressão é de Paul Virillio.
[11] Para ANDRÉ COMTE-SPONVILLE (*O ser-tempo*, p. 18), o *presente é o nada, pois entre dois nadas: o tempo seria a nadificação perpétua de tudo*.
[12] PASTOR, Daniel. *El Plazo Razonable en el Proceso del Estado de Derecho*, p. 85.
[13] MESSUTI, Ana. *O Tempo como Pena*, p. 33.
[14] PASTOR, Daniel. *El Plazo Razonable en el Proceso del Estado de Derecho*, Buenos Aires, Ad Hoc, 2002, p. 79.

No Direito Penal, em que pese as discussões em torno das teorias justificadoras da pena, o certo é que a pena mantém o significado de tempo fixo de aflição, de retribuição temporal pelo mal causado. Sem dúvida que esse "intercâmbio negativo", na expressão de Mosconi,[15] é fator legitimante e de aceitabilidade da pena ante a opinião pública. O contraste é evidente: a pena de prisão está fundada num tempo fixo[16] de retribuição, de duração da aflição, ao passo que o tempo social é extremamente fluido, podendo se contrair ou se fragmentar e está sempre fugindo de definições rígidas. É uma concepção vinculada a idéia de controle e segurança jurídica, que deve ser repensada à luz da sociologia do risco e da própria teoria da relatividade.

Interessa-nos agora, abordar o choque entre o tempo absoluto do direito e o tempo subjetivo do réu, especialmente no que e refere ao direito de ser julgado num prazo razoável e a (de)mora judicial enquanto grave conseqüência da inobservância desse direito fundamental.

2. Tempo e penas processuais

A concepção de *poder* passa hoje pela temporalidade, na medida em que o verdadeiro detentor do poder é aquele que está em condições de impor aos demais o seu ritmo, a sua dinâmica, a sua própria temporalidade. Como já explicamos em outra oportunidade, "o direito penal e o processo penal são provas inequívocas de que o *Estado-Penitência* (usando a expressão de Loïc Wacquant) já tomou, ao longo da história, o corpo e a vida, os bens e a dignidade do homem. Agora, não havendo mais nada a retirar, apossa-se do *tempo*".[17]

Como veremos, quando a duração de um processo supera o limite da duração razoável, novamente o Estado se apossa ilegalmente do tempo do particular, de forma dolorosa e irreversível. E esse apossamento ilegal ocorre ainda que não exista uma prisão cautelar, pois o processo em si mesmo é uma pena.

Interessa-nos o difícil equilíbrio entre os dois extremos: de um lado o processo demasiadamente expedito, em que se atropelam os direitos e garantias fundamentais, e, de outro, aquele que se arrasta, equiparando-se à negação da (tutela da) justiça e agravando todo o conjunto de penas processuais ínsitas ao processo penal.

---

[15] MOSCONI, Giuseppe. 'Tiempo social y tiempo de cárcel". In: *Secuestros institucionales y derechos humanos: la cárcel y el manicomio como laberintos de obediencias fingidas*. Iñaki Rivera Beiras e Juan Dobon. (org.). Barcelona, Editoral Bosch, 1997, pp.91 a 103.

[16] Devemos considerar que o direito construiu seus instrumentos artificiais de "aceleração", buscando amenizar a rigidez do tempo carcerário. Exemplo típico é a remição, comutação e o próprio sistema progressivo como um todo. Contudo, ao lado do critério temporal estão os requisitos subjetivos, fazendo com que a aceleração dependa do "mérito" do apenado. Poderíamos até cogitar de uma teoria da relatividade na execução penal, onde 10 anos de pena para um não é igual a 10 anos de pena para outro. O problema da questão desloca-se para os critérios que o direito utiliza para imprimir maior fluidez ao tempo carcerário.

[17] Parecer: tempo e direito. In: *Boletim do Instituto Brasileiro de Ciências Criminais – IBCCRIM*, nº 122 – Janeiro/2003, p. 669.

A visibilidade da pena processual é plena quando estamos diante de uma prisão cautelar, em que a segregação é prévia ao trânsito em julgado da sentença. Nesse caso, dúvida alguma paira em torno da gravidade dessa violência, que somente se justifica nos estritos limites de sua verdadeira cautelaridade.

Mas a questão da dilação indevida do processo, também deve ser reconhecida quando o imputado está solto, pois ele pode estar livre do cárcere, mas não do estigma e da angústia. É inegável que a submissão ao processo penal autoriza a ingerência estatal sobre toda uma série de direitos fundamentais, para além da liberdade de locomoção, pois autoriza restrições sobre a livre disposição de bens, a privacidade das comunicações, a inviolabilidade do domicílio e a própria dignidade do réu.

O caráter punitivo está calcado no tempo de submissão ao constrangimento estatal, e não apenas na questão espacial de estar intramuros. Com razão Messuti,[18] quando afirma que não é apenas a separação física que define a prisão, pois os muros não marcam apenas a ruptura no espaço, senão também uma ruptura do tempo. A marca essencial da pena (em sentido amplo) é "por quanto tempo"? Isso porque, *o tempo, mais que o espaço, é o verdadeiro significante da pena*. O processo penal encerra em si uma pena (*la pena de banquillo*),[19] ou conjunto de penas se preferirem, que mesmo possuindo natureza diversa da prisão cautelar, inegavelmente cobra(m) seu preço e sofre(m) um sobrecusto inflacionário proporcional a duração do processo. Em ambas as situações (com prisão cautelar ou sem ela), a dilação indevida deve ser reconhecida, ainda que os critérios utilizados para aferi-la, sejam diferentes, na medida em que havendo prisão cautelar, a urgência se impõe a partir da noção de *tempo subjetivo*.

A perpetuação do processo penal, além do tempo necessário para assegurar seus direitos fundamentais, se converte na principal violação de todas e de cada uma das diversas garantias que o réu possui.

A primeira garantia que cai por terra é a da *Jurisdicionalidade* insculpida na máxima latina do *nulla poena, nulla culpa sine iudicio*. Isso porque o processo se transforma em pena prévia a sentença, através da estigmatização,[20] da angústia prolongada,[21] da restrição de bens e, em muitos casos, através de verdadeiras penas priva-

---

[18] MESSUTI, Ana. *O Tempo como Pena*, p. 33.

[19] Ilustrativa é a expressão "pena de banquillo", consagrada no sistema espanhol, para designar a pena processual que encerra o "sentar-se no banco dos réus". É uma pena autônoma, que cobra um alto preço por si mesma, independentemente de futura pena privativa de liberdade (que não compensa nem justifica, senão que acresce o caráter punitivo de todo o ritual judiciário).

[20] O termo *estigmatizar* encontra sua origem etimológica no latim *stigma*, que alude à marca feita com ferro candente, o sinal da infâmia, que foi, com a evolução da humanidade, sendo substituída por diferentes instrumentos de marcação. Atualmente, não há como negar que o processo penal assume a marca da infâmia e a função do ferro candente. A Criminologia crítica aponta para o *labeling approach* (FIGUEIREDO DIAS, Jorge e COSTA ANDRADE, Manuel. *Criminologia*, p. 42) como essa atividade de etiquetamento que sofre a pessoa e tal fenômeno pode ser perfeitamente aplicado ao processo penal. É claro que essa estigmatização é relativa e não absoluta, na medida em que varia conforme a complexidade que envolve a situação do réu (o observador na visão da relatividade de EINSTEIN) e a própria duração do processo. Não há duvida de que tanto maior será o estigma, quanto maior for a duração do processo penal, especialmente se o acusado estiver submetido a medidas cautelares. Sobre o tema, imprescindível é a leitura de GOFFMAN, Erwing. "Estigma. Notas sobre a Manipulação da Identidade Deteriorada". Rio de Janeiro, Guanabara, 1988.

[21] A expressão *stato di prolungata ansia* resume esse fenômeno. Foi empregada na Exposição de Motivos do atual Código de Processo Civil italiano, para justificar a crise do procedimento civil ordinário e a necessidade

tivas de liberdade aplicadas antecipadamente (prisões cautelares). É o que Carnelutti[22] define como a *misure di soffrenza spirituale* ou *di umiliazione*. O mais grave é que o custo da pena-processo não é meramente econômico, mas o social e psicológico.

À continuação, é fulminada a *Presunção de Inocência*, pois a demora e o prolongamento excessivo do processo penal vão, paulatinamente, sepultando a credibilidade em torno da versão do acusado.[23] Existe uma relação inversa e proporcional entre a estigmatização e a presunção de inocência, na medida em que o tempo implementa aquela e enfraquece esta.

O *direito de defesa* e o próprio *contraditório*, também são afetados, na medida em que a prolongação excessiva do processo gera graves dificuldades para o exercício eficaz da resistência processual, bem como implica um sobrecusto financeiro para o acusado, não apenas com os gastos em honorários advocatícios, mas também pelo empobrecimento gerado pela estigmatização social. Não há que olvidar a eventual indisponibilidade patrimonial do réu, que por si só é gravíssima, mas que se for conjugada com uma prisão cautelar, conduz a inexorável bancarrota do imputado e de seus familiares. A prisão (mesmo cautelar) não apenas gera pobreza, senão que a exporta, a ponto de a "intranscendência da pena" não passar de romantismo do direito penal.

A lista de direitos fundamentais violados cresce na mesma proporção em que o processo penal se dilata indevidamente.

Mas o que deve ficar claro, é que existe uma pena processual mesmo quando não há prisão cautelar, e que ela aumenta progressivamente com a duração do processo. Seu imenso custo, será ainda maior, a partir do momento em que se configurar a duração excessiva do processo, pois então, essa violência passa a ser qualificada pela ilegitimidade do Estado em exercê-la.

3. A (de)mora jurisdicional e o direito a um processo sem dilações indevidas

Beccaria,[24] a seu tempo, já afirmava com acerto que o processo deve ser conduzido sem protelações, até porque, quanto mais rápida for a aplicação da pena e mais perto estiver do delito, mais justa e útil ela será.

---

de implementar formas de tutela de urgência, mas encontra no processo penal um amplo campo de aplicação, levando em conta a natureza do seu *custo*. Sobre o ritual judiciário consulte-se nosso livro *Introdução Crítica ao Processo Penal*, onde trabalhamos mais detidamente sobre essa temática, o simbólico da toga, etc.

[22] *Lezioni sul Processo Penale*, vol. I, p. 67 e seguintes.

[23] No julgamento popular em paralelo (onde se produz o estigma social), a pergunta constante será: Mas que inocência é essa que não aparece nunca? E, com o tempo, a "verdade" (da sentença) não vem, e isso só pode significar que algo ele fez, pois se realmente fosse inocente, não haveria necessidade de tanta demora para comprová-la. Infelizmente é assim que funciona a estigmatização social, onde não existe presunção de inocência, senão que o réu deve provar – e rápido – sua total e cabal inocência. Com certeza uma inversão total do eixo lógico da estrutura, mas cuja ocorrência, não podemos desconsiderar.

[24] *Dos Delitos e das Penas*, p. 59. Sobre essa relação direito penal-tempo, chamamos a atenção para nossa discordância em relação a construção de JESUS-MARIA SILVA SANCHEZ de um *"direito penal de duas velocidades"*. Existe um grave erro na premissa inicial, pois o Direito Penal não tem realidade concreta fora

Cunhamos a expressão *"(de)mora jurisdicional"* porque ela nos remete ao próprio conceito (em sentido amplo) da "mora", na medida em que existe uma injustificada procrastinação do dever de adimplemento da obrigação de prestação jurisdicional. Daí porque, nos parece adequada a construção (de)mora judicial no sentido de não-cumprimento de uma obrigação claramente definida, que é a da própria prestação da tutela (jurisdicional) devida.

Cumpre agora analisar os contornos e os problemas que rodeiam o *direito de ser julgado num prazo razoável ou a um processo sem dilações indevidas*.

3.1. Fundamentos da existência do direito de ser julgado num prazo razoável

A (de)mora na prestação jurisdicional constitui um dos mais antigos problemas da administração da justiça. Contudo, como aponta Pastor,[25] somente após a Segunda Guerra Mundial é que esse direito fundamental foi objeto de uma preocupação mais intensa. Isso coincidiu com a promulgação da Declaração Universal dos Direitos do Homem, em 10/12/1948, especialmente no art. 10, que foi fonte direta tanto do art. 6.1 da Convenção Européia para Proteção dos Direitos Humanos e das Liberdades Fundamentais (CEDH) como também dos arts.7.5 e 8.1 da CADH.

Os principais fundamentos de uma célere tramitação do processo, sem atropelo de garantias fundamentais, é claro, estão calcados no respeito a dignidade do acusado, no interesse probatório, no interesse coletivo no correto funcionamento das instituições, e na própria confiança na capacidade da justiça de resolver os assuntos que a ela são levados, no prazo legalmente considerado como adequado e razoável.

O núcleo do problema da (de)mora, como bem identificou o Tribunal Supremo da Espanha na STS 4519,[26] está em que, quando se julga além do prazo razoável, independentemente da causa da demora, se está julgando um homem completamente distinto daquele que praticou o delito, em toda complexa rede de relações familiares e sociais em que ele está inserido, e, por isso, a pena não cum-

---

do processo penal e, muito menos, "velocidade". Quem tem dinâmica e movimento é o processo. Logo, não existe "velocidade" no Direito Penal e tampouco aceleração. A discussão somente pode situar-se na esfera do processo penal, esse sim, em movimento e passível de aceleração. Daí por que, cai por terra toda a construção de duas, três, ou quantas velocidades pensarem existir no direito penal....Tampouco argumentem que se trata – ou se pretendeu falar – de um sistema puntivo de velocidades ou coisas do gênero. As palavras têm significados e "dizem algo", por mais elementar que isso possa parecer, existindo limites semânticos que exigem um mínimo de rigor científico. Daí porque, deve-se ter cuidado. Quem tem dinâmica e, portanto, aceleração, é o processo. Isso é sintoma do complexo de castração do direito penal: sua inércia e falta de realidade concreta.

[25] PASTOR, Daniel. *El Plazo Razonable en el Proceso del Estado de Derecho*, p. 103.

[26] "Es indudable y resulta obvio que cuando se juzga más allá de un plazo razonable (cualquiera que sea la causa de la demora) se está juzgando a un hombre distinto en sus circunstancias personales, familiares y sociales, por .lo que la pena no cumple, ni puede cumplir con exactitud las funciones de ejemplaridad y de reinserción social del culpable, que son fines justificantes de la sanción, como con fina sensibilidad dice la Sentencia de 26.6.1992". APUD: PEDRAZ PENALVA, Ernesto. "El derecho a un proceso sin dilaciones indebidas". IN: *La Reforma de la Justicia Penal*, p. 387.

pre suas funções de prevenção específica e retribuição (muito menos da falaciosa "reinserção social").

Trata-se de um *paradoxo temporal ínsito ao ritual judiciário*: um juiz julgando no presente (hoje), um homem e seu fato ocorrido num passado distante (anteontem), com base na prova colhida num passado próximo (ontem) e projetando efeitos (pena) para o futuro (amanhã). Assim como o fato jamais será real, pois histórico, o homem que praticou o fato não é o mesmo que está em julgamento e, com certeza, não será o mesmo que cumprirá essa pena e, seu presente no futuro, será um constante reviver o passado.[27]

O Estado resulta, como sintetiza Pedraz Penalva,[28] no principal obrigado por esse direito fundamental, na medida em que cria deveres para o juiz (impulso oficial), bem como para o Estado-legislador (promulgação de um sistema normativo material, processual e mesmo orgânico) para uma efetiva administração da justiça, sem esquecer os meios materiais e pessoais.[29] Tampouco se pode exigir "cooperação" do imputado, na medida em que protegido pelo *nemo tenetur se detegere*. Ademais, os arts. 7.5 e 8.1 da CADH não exige tal participação ativa junto as autoridades judiciais ou policiais.

Processualmente, o direito a um processo sem dilações indevidas insere-se num princípio mais amplo, o de *Celeridade Processual*. Inobstante, uma vez mais se evidencia o *equívoco de uma "teoria geral do processo"*, na medida em que, o dever de observância das categorias jurídicas próprias do processo penal, impõe uma leitura da questão de forma diversa daquela realizada no processo civil. No processo penal, o principio de celeridade processual deve ser reinterpretado à luz da epistemologia constitucional de proteção do réu, constituindo, portanto, um *direito subjetivo processual do imputado*.

---

[27] Pois uma função inerente à pena de prisão é obrigar a um constante reviver o passado no presente, levando ao que denomino de "patologias de natureza temporal". Isso significa, em apertada síntese, que o tempo de prisão é tempo de involução, que a prisão gera uma total perda do referencial social de tempo, pois a dinâmica intramuros é completamente desvinculada da vivida extramuros, onde a sociedade atinge um nível absurdo de aceleração, em total contraste com a inércia do apenado. Existe uma clara defasagem entre o tempo social e o tempo do cárcere, pois a prisão possui um "tempo mumificado pela instituição" em contraste com a dinâmica e complexidade do exterior. Isso exige um repensar a proporcionalidade e adequação da pena a partir de outro paradigma temporal, aliado à velocidade do tempo externo e o congelamento do tempo interno. Não há dúvida de que 10 anos de prisão hoje representam muito mais em termos de caráter aflitivo e involução do que 10 anos de pena há 10 ou 20 anos atrás.

[28] PEDRAZ PENALVA, Ernesto. "El derecho a un proceso sin dilaciones indebidas". IN: *La Reforma de la Justicia Penal*, p.401.

[29] Interessante a argumentação que o Estado alemão invocou no caso Bock, STEDH 29/03/1984, conforme aponta PEDRAZ PENALVA (op. cit. p.402) de que "nenhum Estado pode garantir a infalibilidade de seus Tribunais, pois o erro judicial cometido por um juiz pode provocar um recurso e, por conseguinte, prolongar o procedimento. Se isso significa uma violação do direito a um prazo razoável, se estará reconhecendo o direito a decisões judiciais impecáveis" (tradução livre). Tal argumento, ainda que sedutor, carece de qualquer fundamento legítimo, pois como bem respondeu o TEDH, "um erro imputável a um Tribunal, entranhado de um atraso oriundo da necessidade de atacá-lo pode, quando combinado com outros fatores, ser considerado para a apreciação do caráter razoável do prazo do art. 6.1 (da CEDH)." Não se trata de buscar decisões judiciais impecáveis, obviamente impossíveis, senão de reconhecer a responsabilidade do Estado pelo erro crasso, ou a excessiva demora por parte do Tribunal em remediar um equívoco evidente, quando forem causadores de longa demora, estamos diante e uma dilação indevida. O que não se pode admitir é que, além do erro, seja ele qualificado pela demora em remediar seus efeitos.

Sua existência funda-se na garantia de que *los procesos deben terminar lo más rapidamente que sea posible en interés de todos, pero ante todo en resguardo de la dignidad del imputado.*[30] Somente em segundo plano, numa dimensão secundária, a celeridade pode ser invocada para otimizar os fins sociais ou acusatórios do processo penal, sem que isso, jamais, implique sacrifício do direito de ampla defesa e pleno contraditório para o réu.

3.2. A recepção pelo direito brasileiro

Esse direito fundamental já estava expressamente assegurado nos arts. 7.5 e 8.1 da CADH,[31] recepcionados pelo art. 5°, § 2°, da Constituição. Assim, a Emenda Constitucional n. 45, de 08 de dezembro de 2004, não inovou em nada com a inclusão do inciso LXXVIII no art. 5° da Constituição, apenas seguiu a mesma diretriz protetora da CADH, com a seguinte redação:

LXXVIII – a todos, no âmbito judicial e administrativo, são assegurados a razoável duração do processo e os meios que garantam a celeridade de sua tramitação.

Dessarte, o sistema jurídico vigente deve adequar-se a essa nova exigência, revisando seus procedimentos e o próprio ritual judiciário, buscando equilibrar garantia e aceleração. Ao mesmo tempo em que se deve evitar a dilação indevida, não se pode atropelar direitos e garantias fundamentais.

Além de firmatário da CADH, o Brasil é passível de ser demandado junto à Corte Americana de Direitos Humanos, que previsivelmente "importa" muitos dos entendimentos do TEDH. Não tardará para que o STF comece também a lançar mão desse artifício doutrinário, para adequação do sistema jurídico interno à nova diretriz ditada pelo direito internacional dos direitos humanos. Daí a necessidade de constante remissão às decisões do TEDH e da doutrina européia, com muito mais tradição no trato da questão.

Importa destacar, que o tema em questão não se confunde com uma eventual "constitucionalização de prazos", senão, como ensina a STC 5/85,[32] que o constitucionalizado é o direito fundamental como um todo, no sentido de que uma pessoa tem direito a que seu processo seja objeto de manifestação jurisdicional num tempo razoável. A mera e isolada inobservância de algum prazo, por si só não conduz, automaticamente, a violação do direito fundamental em análise.

Em que pese a expressa consagração constitucional (art. 5°, LXXVIII), cumpre enfrentar a discussão sobre a inserção da CADH no sistema jurídico brasileiro, até porque, há uma corrente que propugna pela equivalência das normas

---

[30] PASTOR, Daniel. *El Plazo Razonable en el Proceso del Estado de Derecho*, p. 100.

[31] O Brasil aderiu a Convenção Americana sobre Direitos Humanos (Pacto de São José da Costa Rica, de 22 de novembro de 1969) através do Decreto n. 678, de 6 de novembro de 1992.

[32] STC 5/85: "El art. 24.2 no ha constitucionalizado el derecho a los plazos; ha constitucionalizado, como un derecho fundamental con todo lo que ello significa, el derecho de toda persona a que su causa sea resuelta dentro de un tiempo razonable." APUD: PEDRAZ PENALVA, Ernesto. "El derecho a un proceso sin dilaciones indebidas". IN: *La Reforma de la Justicia Penal*, p.392.

dos tratados sobre direitos fundamentais com as leis ordinárias, negando-lhes hierarquia constitucional (com a qual não concordamos, por óbvio). Essa discussão voltou a pauta com o novo § 3° do art. 5° da Constituição, também inserido pela Emenda Constitucional n.45, onde se lê:

> § 3º Os tratados e convenções internacionais sobre direitos humanos que forem aprovados, em cada Casa do Congresso Nacional, em dois turnos, por três quintos dos votos dos respectivos membros, serão equivalentes às emendas constitucionais.

Diante dessa nova redação, questiona Gustavo Henrique Badaró:[33]

a) o novo § 3° terá aplicação apenas em relação aos tratados aprovados depois da Emenda Constitucional n. 45, de 8 de dezembro de 2004, ou disciplinará também os tratados aprovados anteriormente?

b) caso a Emenda Constitucional tenha aplicação retroativa, os tratados já aprovados poderiam ser submetidos a nova votação, visando a obter o *quorum* que lhe desse equivalência constitucional?

Há que se buscar a resposta nas lições de Flávia Piovesan,[34] no sentido de que "há que se afastar o equivocado entendimento de que, em face do § 3° do art. 5°, todos os tratados de direitos humanos já ratificados seriam recepcionados como lei federal, pois não teriam obtido o quórum qualificado de três quintos demandado pelo aludido parágrafo. Reitere-se que, por força do art. 5°, § 2°, todos os tratados de direitos humanos, independentemente do quórum de sua aprovação, são *materialmente constitucionais*. A leitura sistemática dos dispositivos aponta que o quórum qualificado está tão somente a reforçar tal natureza constitucional, ao *adicionar um lastro formalmente constitucional aos tratados* ratificados." E conclui: "Vale dizer, com o advento do § 3° do art. 5° surgem duas categorias de tratados de direitos humanos: a) os materialmente constitucionais; e b) os material e formalmente constitucionais. Frise-se: todos os tratados internacionais de direitos humanos são materialmente constitucionais, por força do § 2° do art. 5°. Para além de serem materialmente constitucionais, poderão, a partir do § 3° do mesmo dispositivo, acrescer a qualidade de formalmente constitucionais, equiparando-se às emendas à Constituição, no âmbito formal".[35]

Feito esse esclarecimento, com Badaró concluimos que a CADH, diante do disposto nos §§ 2° e 3° do art. 5° da Constituição, tem natureza materialmente constitucional, embora formalmente suas normas não sejam constitucionais, por não terem sido aprovadas pelo *quorum* previsto para as emendas constitucionais. De qualquer forma, do ponto de vista do conflito de normas, é de se destacar que toda e qualquer norma infraconstitucional que esta em confronto com a CADH *será destituída de eficácia, posto que inconstitucional*.

---

[33] BADARÓ, Gustavo Henrique e LOPES Jr., Aury. "Direito ao Processo Penal no Prazo Razoável". Rio de Janeiro, Lumen Júris, 2006, p. 19 e ss.

[34] PIOVESAN, Flávia. "Tratados internacionais de proteção dos direitos humanos e a constituição federal de 1988". *Boletim IBCCRIM*. São Paulo, n. 153, ago. 2005, p. 9.

[35] PIOVESAN, Flávia. "Tratados internacionais ...", p. 9.

Aplicando tais conceitos ao direito ao processo no prazo razoável, explica Badaró, é de se concluir que, antes da Emenda Constitucional 45/04, o direito ao processo em um prazo razoável tinha natureza materialmente constitucional, por força do § 2º do art. 5º da Magna Carta, que "constitucionalizava" o direito previsto no art. 8.1, da CADH. O mesmo poderia ser dito em relação ao direito de o acusado preso cautelarmente ser desencarcerado se o processo superasse a duração razoável (CADH, art. 7.5). Após a Emenda Constitucional n. 45, que acrescentou o § 3º e o inc. LXXVIII ao art. 5º, o panorama se alterou. O direito ao processo no prazo razoável passou a ser uma garantia constitucional explícita (art. 5º, inc. LXXVIII). Já o direito de o acusado se posto em liberdade, se estiver preso e o processo durar além do prazo razoável, passou a ser um garantia materialmente constitucional (CADH, art. 7.5), embora formalmente não seja equiparado a uma emenda constitucional (CR, art. 5º, § 3º).

Com a nova redação do art. 5º, está evidenciada a supremacia dos tratados e a prevalência dos direitos humanos como valor fundante do Estado Democrático de Direito, estejam eles previstos, formalmente, na Constituição ou em tratados internacionais de direitos humanos. De qualquer forma, o direito ao julgamento no prazo razoável, que já era uma garantia constitucional implícita, decorrente do devido processo legal, passou a estar expressamente assegurado pelo novo inc. LXXVIII.[36]

Evidenciada a recepção do direito a um processo sem dilações indevidas por parte do ordenamento jurídico brasileiro, bem como a importância prática da temática, passemos a problemática em torno de sua efetividade.

3.3. A problemática definição dos critérios: a doutrina do não-prazo

Tanto a Convenção Americana de Direitos Humanos como a Constituição não fixaram prazos máximos para a duração dos processos e tampouco delegaram para que lei ordinária regulamentasse a matéria.

Adotou o sistema brasileiro a chamada "doutrina do não-prazo", persistindo numa sistemática ultrapassada e que a jurisprudência do Tribunal Europeu de Direitos Humanos vem há décadas debatendo-se.

Dessa forma, a indeterminação conceitual do art. 5º, LXXVIII, da Constituição, nos conduzirá pelo mesmo (tortuoso) caminho da jurisprudência do TEDH e da CADH, sendo importante explicar essa evolução para melhor compreensão da questão.

Foi no caso "Wemhoff"[37] (STEDH, de 27/6/1968) que se deu o primeiro passo na direção da definição de certos critérios para a valoração da "duração indevida", através do que se convencionou chamar de "doutrina dos sete critérios."

---

[36] BADARÓ, Gustavo Henrique. "Direito ao Processo Penal no Prazo Razoável". Rio de Janeiro, Lumen Júris, 2006, p. 19 e ss.

[37] Cf. PASTOR, Daniel. *El Plazo Razonable en el Proceso del Estado de Derecho*, pp. 111 e seguintes.

Para valorar a situação, a Comissão sugeriu que a razoabilidade da prisão cautelar (e conseqüente dilação indevida do processo) fosse aferida considerando-se: a) a duração da prisão cautelar; b) a duração da prisão cautelar em relação a natureza do delito, a pena fixada e a provável pena a ser aplicada em caso de condenação; c) os efeitos pessoais que o imputado sofreu, tanto de ordem material como moral ou outros; d) a influência da conduta do imputado em relação à demora do processo; e) as dificuldades para a investigação do caso (complexidade dos fatos, quantidade de testemunhas e réus, dificuldades probatórias, etc.); f) a maneira como a investigação foi conduzida; g) a conduta das autoridades judiciais.

Tratavam-se de critérios que deveriam ser apreciados em conjunto, com valor e importância relativas, admitindo-se, inclusive, que um deles fosse decisivo na aferição do excesso de prazo.

A doutrina dos sete critérios não restou expressamente acolhida pelo TEDH como referencial decisivo, mas tampouco foi completamente descartada, tendo sido utilizada pela Comissão em diversos casos posteriores e servido de inspiração para um referencial mais enxuto: a teoria dos três critérios básicos (complexidade do caso; a atividade processual do interessado (imputado); a conduta das autoridades judiciárias).

Esses três critérios têm sido sistematicamente invocados, tanto pelo TEDH, como também pela Corte Americana de Direitos Humanos. Ainda que mais delimitados, não são menos discricionários.

Como tratar do direito de ser julgado num "prazo" razoável, se o TEDH (e também a Corte Americana de Direitos Humanos) jamais fixou um limite temporal? Que prazo é esse que nunca foi quantificado? Se não há um limite temporal claro (ainda que admita certa flexibilidade diante das especificidades), o critério para definir se a dilação é "indevida" ou está justificada, é totalmente discricionário, com um amplo e impróprio espaço para a (des)valoração, sem qualquer possibilidade de refutação.

Nessa indefinição e vagueza de conceitos foi consolidada a (criticada) doutrina do "não-prazo", pois deixa amplo espaço discricionário para avaliação segundo as circunstâncias do caso e o "sentir" do julgador.

Para falar-se em dilação "indevida" é necessário que o ordenamento jurídico interno defina limites ordinários para os processos, um referencial do que seja a "dilação devida", ou o "estándar medio admisible para proscribir dilaciones más allá de él".[38]

Uma vez definido um parâmetro, a discussão desviará seu rumo para outras questões, como por exemplo: se o limite abstratamente fixado é substancialmente constitucional (à luz dos diversos princípios em torno da qual gira a questão); em que situações a superação desse limite poderá ser considerada como "justi-

---

[38] PEDRAZ PENALVA, Ernesto. "El derecho a un proceso sin dilaciones indebidas". IN: *La Reforma de la Justicia Penal*, p.395.

ficada";[39] possibilidade de reconhecer-se como indevida uma dilação, ainda que não se tenha alcançado o prazo fixado, mas as circunstâncias específicas do caso indicarem uma conduta danosa e negligente por parte dos órgãos que integram a administração da justiça, etc.

Fundamental ainda, é a leitura da questão à luz do princípio da proporcionalidade,[40] critério inafastável na ponderação dos bens jurídicos em questão.

A questão pode ser ainda abordada desde uma interpretação gramatical. Por *dilação* entende-se a (de)mora, o adiamento, a postergação em relação aos prazos e termos (inicial-final) previamente estabelecidos em lei, sempre recordando o dever de impulso(oficial) atribuído ao órgão jurisdicional (o que não se confunde com poderes instrutórios-inquisitórios). Incumbe as partes o interesse de impulsionar o feito (enquanto *carga* no sentido empregado por James Goldschmidt), mas um dever jurisdicional em relação ao juiz.

Já o adjetivo "indevida" que acompanha o substantivo "dilação", constitui o ponto nevrálgico da questão, pois a simples dilação não constitui o problema em si, eis que pode estar legitimada. Para ser "indevida", deve-se buscar o referencial "devida", enquanto marco de legitimação, verdadeiro divisor de águas (para isso é imprescindível um limite normativo, conforme tratado a continuação).

Gimeno Sendra[41] aponta que a dilação indevida corresponde a mera inatividade, dolosa, negligente ou fortuita do órgão jurisdicional. Não constitui causa de justificação a sobrecarga de trabalho do órgão jurisdicional, pois é inadmissível transformar em "devido" o "indevido" funcionamento da justiça. Como afirma o autor, *"lo que no puede suceder es que lo normal sea el funcionamiento anormal de la justicia, pues los Estados han de procurar los medios necesarios a sus tribunales a fin de que los procesos transcurran en un plazo razonable (*SSTEDH Bucholz cit., Eckle, S. 15 julio 1982; Zimmerman-Steiner, S. 13 julio 1983; DCE 7984/77, 11 julio; SSTC 223/1988; 37/ 1991)."

Em síntese, o art. 5°, LXXVIII, da Constituição – incluindo pela Emenda Constitucional n. 45 – adotou a doutrina do não-prazo, fazendo como que exista uma indefinição de critérios e conceitos. Nessa vagueza, cremos que quatro de-

---

[39] Obviamente que o "acúmulo de serviço" ou argumento similar não pode ser admitido, como não o é pelo Tribunal Europeu de Direitos Humanos, na medida em que incumbe ao Estado organizar-se de modo a fazer frente a demanda de tutela e jamais legitimar o "anormal" funcionamento do Poder Judiciário (quase que um "beneficiar-se de sua própria torpeza"). Por outro lado, é perfeitamente admissível o argumento de que se a demora ocorreu por atos de natureza manifestamente procrastinatória por parte do imputado, não há que se falar em dilação indevida, senão em atraso gerado e imputável à parte. Em última análise, como bem definiu o TEDH no Caso Ciricosta e Viola *versus* Itália, 4/12/1995, "sólo las dilaciones imputables al Estado pueden llevar a concluir la inobservância del plazo razonable".

[40] Com base na proporcionalidade, já decidiu o TEDH e a Corte Americana, que uma prisão cautelar supere o prazo fixado no ordenamento jurídico interno e, ainda assim, esteja justificada (a partir da complexidade, da conduta do imputado, da proporcionalidade, etc.). No "Caso Firmenich versus Argentina", a Corte Americana de Direitos Humanos entendeu que uma prisão cautelar, que havia durado mais de 4 anos, estava justificada, ainda que superasse o prazo fixado pelo ordenamento interno (2 anos).

[41] GIMENO SENDRA, Vicente et all. *Derecho Procesal Penal*, p. 109.

verão ser os referenciais adotados pelos Tribunais brasileiros, a exemplo do que já acontece nos TEDH e na CADH:

- complexidade do caso;
- atividade processual do interessado (imputado), que obviamente não poderá se beneficiar de sua própria demora;
- a conduta das autoridades judiciárias como um todo (polícia, Ministério Público, juízes, servidores, etc.);
- princípio da proporcionalidade.

Ainda não é o modelo mais adequado, mas enquanto não se tem claros limites temporais por parte da legislação interna, já representa uma grande evolução.

3.4. Nulla coactio sine lege: a (urgente) necessidade de estabelecer limites normativos

O ideal seria abandonar a noção newtoniana de tempo absoluto, à qual o direito ainda está vinculado, para reconduzir o tempo ao sujeito, por meio da concepção de tempo subjetivo. A ponderação deveria partir do tempo subjetivo, colocando esse poder de valoração nas mãos dos tribunais. Mas, se por um lado, não seria adequado cientificamente definir rigidamente um tempo universal e absoluto para o desenvolvimento do processo penal (recusa einsteniana), por outro a questão não pode ficar inteiramente nas mãos dos juízes e tribunais, pois a experiência com a (ampla) discricionariedade judicial contida na doutrina do não-prazo, não se mostrou positiva.

A principal crítica em relação às decisões do TEDH (e também da Corte Americana de Direitos Humanos) sobre a matéria, está calcada no inadequado exercício da discricionariedade jurisdicional, com os tribunais lançando mão de um decisionismo arbitrário e sem critérios razoáveis. Sem falar no majoritário desprezo dos tribunais brasileiros em relação à matéria (com poucas exceções meritórias, como se verá no próximo tópico).

Pastor[42] critica o entendimento dominante do não-prazo (como o adotado pela Constituição brasileira), pois se, inteligentemente, não confiamos nos juízes a ponto de delegar-lhes o poder de determinar o conteúdo das condutas puníveis, nem o tipo de pena a aplicar, ou sua duração sem limites mínimos e máximos, nem as regras de natureza procedimental, não há motivo algum para confiar a eles a determinação do prazo máximo razoável de duração do processo penal, na medida em que o processo penal em si mesmo constitui um exercício de poder estatal, e, igual a pena, as buscas domiciliares, a interceptação das comunicações e todas as demais formas de intervenção do Estado, deve estar *metajudicialmente regulado,* com precisão e detalhe.

Assim como o direito penal está estritamente limitado pelo princípio da legalidade e o procedimento pelas diversas normas que o regulam, também a

---
[42] PASTOR, Daniel. *El Plazo Razonable en el Proceso del Estado de Derecho*, p. 60.

duração dos processos deve ser objeto de regulamentação normativa clara e bem definida.

Na falta de bom-senso por parte dos responsáveis em reconduzir o tempo ao sujeito, devemos partir para uma definição normativa[43] do tempo máximo de duração do processo, a exemplo da pena de prisão. O Princípio da Legalidade, muito bem explicado por Brandão,[44] *surge para romper com esse terror e dar, como conseqüência, uma outra feição ao Direito Penal. A partir dele o Direito Penal se prestará a proteger o homem, não se coadunando com aquela realidade pretérita.*

No Brasil, a situação é gravíssima. Não existe limite algum para duração do processo penal (não se confunda isso com prescrição)[45] e, o que é mais grave, sequer existe limite de duração das prisões cautelares, especialmente a prisão preventiva, mais abrangente de todas.

A questão da dilação indevida do processo penal nasce tendo como núcleo a excessiva duração da prisão preventiva e assim permanece até hoje, na imensa maioria dos casos em discussão (inclusive no TEDH). No Brasil a história não é diferente. Trava-se uma histórica discussão em torno dos já lendários 81 dias, construídos a partir da soma dos diversos prazos que compõem o procedimento ordinário quando o imputado encontra-se submetido à prisão preventiva.

No processo penal brasileiro campeia a absoluta indeterminação acerca da duração da prisão cautelar, pois em momento algum foi disciplinada essa questão. Excetuando-se a prisão temporária, cujo prazo máximo de duração está previsto em lei, as demais prisões cautelares (preventiva, decorrente da pronúncia ou da sentença penal condenatória recorrível) são absolutamente indeterminadas.

Diante da imensa lacuna legislativa, a jurisprudência tentou, sem grande sucesso, construir limites globais, a partir da soma dos prazos que compõem o procedimento aplicável ao caso. Assim, resumidamente, se superados os tais 81 dias o imputado continuasse preso, e o procedimento não estivesse concluído (leia-se: sentença de 1º grau) haveria "excesso de prazo", remediável pela via do *habeas corpus* (art. 648, II). A liberdade, em tese, poderia ser restabelecida, permitindo-se a continuação do processo.

Até mesmo algumas bem intencionadas tentativas de considerar que, superado o limite para realização de algum dos atos que compõem o procedimento,

---

[43] Não somos adeptos do dogma da completude lógica e, ainda que a lei defina limites, atendendo a certos critérios, é elementar que o *reconduzir o tempo ao sujeito* exige uma significativa carga de *sentire* por parte do julgador. Mas essa operação deve realizar-se a partir de certos parâmetros, para não cair numa tal abertura conceitual que conduza a ineficácia do direito fundamental.

[44] BRANDÃO, Cláudio. *Introdução ao Direito Penal*, p. 10.

[45] No Brasil, os prazos previstos para a ocorrência da prescrição da pretensão punitiva (pela pena aplicada ou *in abstrato*) são inadequados para o objeto em questão, pois excessivos (principalmente pela pena em abstrato). Ainda que se cogite de prescrição pela pena aplicada, tal prazo, em regra, está muito além do que seria uma duração razoável do processo penal. Devemos considerar ainda, diante da imensa resistência dos tribunais em reconhecer a prescrição antecipada, que o imputado terá de suportar toda a longa duração do processo, para só após o trânsito em julgado, buscar o reconhecimento da prescrição pela pena concretizada.

sem a sua realização (por ex. denúncia, interrogatório, instrução, etc.), haveria constrangimento ilegal, devendo o imputado ser solto. Mas esse tipo de construção, excessivamente "benevolente" (ou perniciosamente garantista (...), obviamente não caiu no agrado do senso comum, adorador do simbólico fracassado do *law and order*.

Mas, concretamente, não existe nada em termos de limite temporal das prisões cautelares. Infelizmente, a cada dia, alastra-se mais no processo penal uma praga civilista, chamada de *relativismo das garantias processuais*. Isso vai da relativização da teoria das nulidades,[46] passando pelas garantias processuais e fulminando até mesmo direitos fundamentais. O mais interessante é a alquimia de "relativizar" o que deveria ser radicalizado no viés da intagibilidade, e manter a lógica newtoniana naquilo que sim deveria ser relativo (tempo, verdades, etc.).

Inexiste um referencial de duração temporal máxima e, cada vez mais, os Tribunais avalizam a (de)mora judicial a partir dos mais frágeis argumentos, do estilo: complexidade (apriorística?) do fato, gravidade (*in abstrato*?), clamor público (ou seria opinião publicada?), ou a simples rotulação de "crime hediondo", como se essa infeliz definição legal se bastasse, autolegitimando qualquer ato repressivo.

É óbvio que o legislador deve sim estabelecer de forma clara os limites temporais das prisões cautelares (e do processo penal, como um todo), a partir dos quais a segregação é ilegal, bem como deveria consagrar expressamente um "dever de revisar periodicamente" a medida adotada.[47]

No mesmo sentido, Delmanto Junior[48] é categórico ao afirmar a *necessidade de a lei estipular prazos claros e objetivos para a prisão cautelar*.

Cumpre esclarecer que não basta fixar limites de duração da prisão cautelar. Sempre destacamos a existência de penas processuais, para além da prisão cautelar (punição processual mais forte, mas não única), e que resultam de todo o conjunto de coações que se realizam no curso do processo penal. Essa é uma questão inegável e inerente ao processo penal.

Estabelecida existência de uma coação estatal, devemos recordar que ela deve estar precisamente estabelecida em lei. É a garantia básica da *nulla coactio sine lege*, princípio basilar de um Estado Democrático de Direito, que incorpora a necessidade de que a coação seja expressamente prevista em lei, previamente e com contornos claramente definidos. Nisso está compreendido, obviamente, o aspecto temporal.

---

[46] Os tribunais chegam ao absurdo de reconhecer que uma nulidade é absoluta e, "civilisticamente", exigir a demonstração de prejuízo (!!) e inatingimento do fim (!!) para sua decretação. Isso quando não se invoca o pomposo (mas inadequado ao processo penal) *pas nullité sans grief*, desprezando-se que a violação é de norma constitucional !

[47] Tratamos dessa questão em diversas oportunidades, mas especialmente no livro "Introdução Crítica ao Processo Penal".

[48] DELMANTO JUNIOR, Roberto. *As Modalidades de Prisão Provisória e seu Prazo de Duração*, p. 235 e seguintes.

Como ensina Brandão,⁴⁹ *se é através da Legalidade que se limita a intervenção penal, é porque ela tem a função de garantir o indivíduo do próprio Direito Penal* (e processual), *delimitando o âmbito de atuação do Estado na inflição da pena. Neste espeque, podemos fazer a ilação de que é a Legalidade que torna o homem a figura central de todo o Ordenamento Penal, valorizando-o em sua dignidade.*

Então, as pessoas têm o direito de saber, de antemão e com precisão, qual é o tempo máximo que poderá durar um processo concreto. Essa afirmação com certeza causará espanto e até um profundo rechaço por algum setor atrelado ainda ao paleopositivismo e, principalmente, cegos pelo autismo jurídico. Basta um mínimo de capacidade de abstração, para que isso está presente – o tempo todo – no direito e fora dele. É inerente às regras do jogo. Por que não se pode saber, previamente, quanto tempo poderá durar, no máximo, um processo? Porque a arrogância jurídica não quer esse limite, não quer reconhecer esse direito do cidadão e não quer enfrentar esse problema.

Além disso, dar ao réu o direito de saber previamente o prazo máximo de duração do processo ou de uma prisão cautelar, é uma questão de reconhecimento de uma dimensão democrática da qual não podemos abrir mão.

O "direito a jurisdição", como bem recorda o Tribunal Constitucional espanhol,⁵⁰ *"no puede entederse como algo desligado del tiempo en que debe prestarse por los órganos del Poder Judicial, sino que ha de ser comprendido en el sentido de que se otorgue por éstos dentro de los razonables términos temporales en que las personas lo reclaman en el ejercicio de sus derechos y intereses legítimos."*

Um bom exemplo de limite normativo interno, encontramos no Código de Processo Penal do Paraguai (Ley 1286/1998), que em sintonia com a CADH, estabelece importantes instrumentos de controle para evitar a dilação indevida.

O prazo *máximo de duração do processo penal será de 3 anos* (arts. 136 e ss), após o qual, o juiz *o declarará extinto* (adoção de uma solução processual extintiva). Também fixa, no art. 139, um limite para a fase pré-processual (a investigação preliminar), que uma vez superado, dará lugar a extinção da ação penal.

Por fim, cumpre destacar a *resolução ficta*, insculpida nos arts. 141 e 142 do CPP paraguaio, através da qual, em síntese, se um recurso contra uma prisão cautelar não for julgado no prazo fixado no Código, o imputado poderá exigir que o despacho seja proferido em 24 horas. Caso não o seja, se entenderá que lhe foi concedida a liberdade.

Igual sistemática resolutiva opera-se quando a Corte Suprema não julgar um recurso interposto no prazo devido. Se o recorrente for o imputado, uma vez superado o prazo máximo previsto para tramitação do recurso, sem que a Corte tenha proferido uma decisão, entender-se-á que o pedido foi provido. Quando o

---

⁴⁹ BRANDÃO, Cláudio. *Introdução ao Direito Penal*, p. 39.
⁵⁰ STC 24/81. APUD: PEDRAZ PENALVA, Ernesto. "El derecho a un proceso sin dilaciones indebidas". IN: *La Reforma de la Justicia Penal*, p.404.

postulado for desfavorável ao imputado (recurso interposto pelo acusador), superado o prazo sem julgamento, o recurso será automaticamente rechaçado.

O Código de Processo Penal paraguaio é, sem dúvida, um exemplo a ser seguido, pois em harmonia com as diretrizes da CADH. Trata-se, como o Brasil, de um país sul-americano, com graves deficiências na Administração da Justiça, especialmente na justiça penal, mas com um importante diferencial: ao invés de reformas pontuais, inconsistentes e eivadas de dicotomias (uma verdadeira colcha de retalhos), muito mais sedantes e simbólicas do que realmente progressistas, partiram para um novo código, norteado pela CADH. São vantagens de uma codificação que, além de corajosamente avançada, possui um princípio unificador.

Definida assim a necessidade de um referencial normativo claro da duração máxima do processo penal e das prisões cautelares, bem como das "soluções" adotadas em caso de violação desses limites, passemos agora a uma rápida análise de decisões do TEDH, da Corte Americana e de uma pioneira decisão do TJRS.

3.5. Algumas decisões do Tribunal Europeu de Direitos Humanos, da Corte Americana de Direitos Humanos e o pioneiro acórdão do Tribunal de Justiça do Rio Grande do Sul

Como já destacamos, além de firmatário da CADH, o Brasil é passível de ser demandado junto a Corte Americana de Direitos Humanos, que previsivelmente "importa" muitos dos entendimentos do TEDH, que acabarão – por via transversa – afetando nossa jurisprudência interna, como já ocorreu na pioneira decisão do TJRS, a seguir analisada.

O direito a um processo sem dilações indevidas (ou de ser julgado num prazo razoável) é "jovem direito fundamental", ainda pendente de definições e mesmo de reconhecimento por parte dos tribunais brasileiros, em geral bastante tímidos na recepção de novos (e também de "velhos") direitos fundamentais, mas que já vem sendo objeto de preocupação há bastante tempo por parte do Tribunal Europeu de Direitos Humanos (TEDH), e dos sistemas processuais europeus. Diante dessa tradição européia na questão, e a inegável influência que as decisões do TEDH exercem sobre a Corte Americana de Direitos Humanos e ela, sobre o sistema interno brasileiro, é importante analisar a doutrina construída em torno do art. 6.1 da CEDH[51] (também fonte de inspiração da CADH).

A essa altura, o leitor pode estar questionando "quanto tempo" é necessário para constituir a "dilação indevida" nos casos submetidos ao TEDH. Como já foi apontado, não há um critério único, rígido, senão uma análise do caso em concreto (doutrina do não-prazo). Feita essa ressalva, apenas como ilustração, vejamos

---

[51] Art. 6.1 "Toda persona tiene derecho a que su causa sea oída equitativa, públicamente y dentro de un plazo razonable por un tribunal independiente e imparcial, establecido por la ley, que decidirá sobre sus derechos y obligaciones de carácter civil o sobre el fundamento de cualquier acusación que en materia penal se dirija contra ella".

alguns exemplos[52] de condenações por violação ao direito de ser julgado num prazo razoável:

a) Caso "Zimmermann y Steiner contra Suíça", STEDH 13/07/1983: esse caso é de natureza administrativa, mas considerando que o direito a um processo sem dilações indevidas está inserido no princípio geral de celeridade, também é invocável sua violação. Trata-se de uma ação de reparação de danos promovida contra o Estado suíço, tendo como objeto de reclamação junto ao TEDH, a demora de aproximadamente 3 anos e meio para julgamento de um recurso junto ao Supremo Tribunal Federal suíço. A dilação[53] foi considerada indevida, e o Estado, condenado a indenizá-la.

b) Caso "Foti e outros contra Itália", STEDH 10/12/1982: envolvia delitos praticados em uma rebelião popular, envolvendo porte ilegal de armas, resistência e "obstrução de vias públicas." Foi considerado que o procedimento mais rápido durou três anos e o mais longo, 5 anos e 10 meses, tendo o TEDH condenado a Itália por violação ao art. 6.1 da CEDH (direito a um processo sem dilações indevidas), na medida em que havia longos lapsos "mortos" de tempo, em que os procedimentos ficaram injustificadamente sem atividade.

Na esfera da Corte Americana de Direitos Humanos, a garantia prevista nos arts. 7.5 e 8.1 da CADH, já foi objeto de decisão em algumas oportunidades, como por exemplo:[54]

a) Caso "Gimenez contra Argentina", Sentença prolatada em 01/03/1996: o réu foi condenado por delitos de roubo a uma pena de 9 anos de prisão. Cautelarmente, ficou detido por cerca de 5 anos. A Corte expressou seu reconhecimento pelo avanço legislativo daquele país, que havia promulgado lei estabelecendo o limite de duração da prisão preventiva (2 anos). Destacou a possibilidade de uma cautelar exceder o prazo fixado no sistema jurídico interno (2 anos), sem com isso ser considerado, automaticamente, como "indevido", ao mesmo tempo em que, uma prisão cautelar poderia ser vista como excessiva, ainda que sua duração fosse inferior ao prazo de 2 anos. No caso em questão, a partir da doutrina dos três critérios, entendeu que houve dilação indevida do processo e excesso na duração da prisão cautelar.

b) Caso "Bronstein e outros contra Argentina", Sentença de 29/01/1997: foram reunidas 23 reclamações de excesso de prazo da prisão preventiva, em diferentes processos penais. As detenções variavam de 1 ano e 4 meses a 6 anos e 9 meses e 11 imputados ainda se encontravam presos quando do julgamento na Corte. A Comissão entendeu que havia uma denegação de justiça em relação aos reclamantes e dos demais que se encontravam em situação similar na Argentina. Destacou que o poder estatal de deter uma pessoa a qualquer momento ao longo

---

[52] Exemplos extraídos das obras de Daniel Pastor e Ernesto Pedraz Penalva, anteriormente citadas.

[53] Para os padrões brasileiros, uma demora de "apenas" três anos e meio junto ao STF, numa ação de natureza reparatória contra a União, seria realmente "anormal", mas em sentido inverso ao caso citado....

[54] Apud: PASTOR, Daniel. Op.cit., pp. 208 e seguintes.

do processo penal, constitui, ao mesmo tempo, o fundamento do dever de julgar tais casos dentro de um prazo razoável. Em decisão única, a Corte entendeu que Argentina violou, em relação a todos os peticionários, o direito a um processo sem dilações indevidas, assim como o direito a presunção de inocência.

No Brasil, encontramos uma única decisão que realmente enfrentou a violação do direito de ser julgado num prazo razoável, com a seriedade e o comprometimento efetivo que a questão exige, aplicando uma das "soluções compensatórias" cabíveis. Entendeu a 5ª Câmara do Tribunal de Justiça do Estado do Rio Grande do Sul, na apelação nº 70007100902, Rel. Des. Luis Gonzaga da Silva Moura, j. 17/12/2003:

> Penal. Estupro e Atentado violento ao pudor. Autoria e materialidade suficientemente comprovadas. Condenação confirmada. Redimensionamento da pena. Atenuante inominada do artigo 66 do Código Penal caracterizada pelo longo e injustificado tempo de tramitação do processo (quase oito anos) associado ao não cometimento de novos delitos pelo apelante. Hediondez afastada. Provimento parcial. Unânime.

No caso em questão, o réu foi acusado pelo delito de atentado violento ao pudor (art. 214, c/c 224, alínea "a", 225, inciso II, e 226, inciso II, na forma do art. 70, parágrafo único, do CP) sendo ao final condenado a uma pena de 17 anos e seis meses de reclusão, no regime integralmente fechado. Em grau recursal, o TJRS redimensionou a pena, considerando, entre outros elementos, a ocorrência de dilação indevida, na medida em que o processo tramitou por quase oito anos sem justificativa. Ponderou o Relator dois aspectos:

> Um, que a excessiva duração da demanda penal, como na espécie presente, por culpa exclusiva do aparelho judicial, viola direito fundamental do homem – o de ter um julgamento rápido (artigo 1.º da Declaração dos Direitos do Homem da Virgínia) -, pelo que tal situação deve ser valorada no momento da individualização da pena. Aliás, já há na jurisprudência européia decisões no sentido de atenuar o apenamento, em razão da exorbitante duração do processo criminal (ver Daniel R. Pastor, in "EL PLAZO RAZONABLE EN EL PROCESSO DEL ESTADO DE DERECHO", p. 177/180).
>
> Dois, se a pena tem na prevenção e retribuição seus objetivos, é de se concluir que, na hipótese, a finalidade preventiva restou atendido só pelo moroso tramitar da lide penal – sem sentido se falar em prevenção de novos delitos, quando, durante os quase oito anos de "andamento" do processo, o apelante não cometeu nenhum novo crime. E se isto aconteceu, evidente que, em respeito ao princípio da proporcionalidade e necessidade, tal deve refletir na definição do apenamento a ser imposto ao acusado.

Interessa-nos, especificamente, o reconhecimento por parte do Tribunal da existência (recepção) do direito fundamental de ser julgado num prazo razoável e sua incidência no processo penal brasileiro. Invocou o relator a incidência do princípio da proporcionalidade, na medida em que as funções de prevenção e retribuição da pena foram atendidas pela morosa tramitação do feito. Destacou que a função de prevenção de novos delitos acabou por perder seu objeto, considerando que durante os oito anos de duração do processo o imputado não cometeu nenhum novo crime.

Ao redimensionar a pena, o Tribunal lançou mão de uma *solução compensatória de natureza penal* (explicaremos as "soluções" a continuação), reduzindo a pena aplicada através da incidência da *atenuante inominada do art. 66 do CP* para um quantitativo *inferior ao mínimo legal*, desprezando – *acertadamente* – o disposto na Súmula 231 do STJ.

Admitida ainda a continuidade delitiva, a pena tornou-se definitiva em 8 anos de reclusão, no regime semi-aberto, porque também foi afastada a incidência da Lei 8072, em que pese o novo entendimento do STF, pois a Câmara segue a orientação de que somente há hediondez quando resulta lesão corporal grave ou morte.

Até onde tivemos notícia, esse foi o primeiro acórdão a enfrentar a violação do direito de ser julgado num prazo razoável, adotando com precisão uma das soluções compensatórias cabíveis (no caso, a atenuante inominada do art. 66 do CP) com real eficácia, posto que a pena foi substancialmente reduzida e a punição – como um todo – compensada pela pena processual (longa e injustificada tramitação do feito).

Concluindo, os exemplos citados demonstram que a demora não precisa ser tão longa como se imagina, e que, na maioria dos casos, sequer se operaria a prescrição (mesmo pela pena aplicada). Saindo da esfera penal e ingressando no universo de demandas ajuizadas por particulares contra a União ou Estados, o direito a um julgamento sem dilações indevidas teriam um imenso campo de incidência, ainda completamente inexplorado. Mas não basta afirmar que houve uma dilação indevida, é necessário buscar e aplicar uma solução para o caso, conforme as opções que analisaremos a continuação.

4. Em busca de "soluções": compensatórias, processuais e sancionatórias

Reconhecida a violação do direito a um processo sem dilações indevidas, deve-se buscar uma das seguintes soluções:[55]

1. Soluções Compensatórias: Na esfera do direito internacional, pode-se cogitar de uma responsabilidade por "ilícito legislativo", pela omissão em dispor da questão quando já reconhecida a necessária atividade legislativa na CADH. Noutra dimensão, a compensação poderá ser de natureza civil ou penal. Na esfera civil, resolve-se com a indenização dos danos materiais e/ou morais produzidos, devidos ainda que não tenha ocorrido prisão preventiva. Existe uma imensa e injustificada resistência em reconhecer a ocorrência de danos, e o dever de indenizar, pela (mera) submissão a um processo penal (sem prisão cautelar), e que deve ser superada.[56] Já a compensação penal poderá ser através da atenuação da

---

[55] A classificação é de PASTOR, Daniel. Op.cit. p. 504 a 538.

[56] Tal dano é substancialmente ampliado pela necessidade de um novo e demorado processo (agora de natureza civil) onde esse dano será longamente discutido e debatido para, após, novo processo, agora de execução. No mínimo, o "dano processual" deve ser triplicado, pela necessidade de a parte suportar dois processos de conhecimento (o penal, gerador do dano inicial, seguido do processo de conhecimento na esfera civil) e um de execução (da sentença condenatória proferida pelo juízo cível). Em última análise, a violação do direito de ser

pena ao final aplicada (aplicação da atenuante inominada, art. 66 do CP) ou mesmo concessão de perdão judicial, nos casos em que é possível (v.g. art. 121, § 5º, art. 129, § 8º do CP). Nesse caso, a dilação excessiva do processo penal – uma conseqüência da infração – atingiu o próprio agente de forma tão grave, que a sanção penal se tornou desnecessária. Havendo prisão cautelar, a detração (art. 42 do CP), é uma forma de compensação, ainda que insuficiente.

2. *Soluções Processuais*: a melhor solução é a extinção do feito, mas encontra ainda sérias resistências. Ao lado dele, alguns países prevêem o arquivamento (vedada nova acusação pelo mesmo fato) ou a declaração de nulidade dos atos praticados após o marco de duração legítima.[57] Como afirmado no início, a extinção do feito é a solução mais adequada, em termos processuais, na medida em que reconhecida a ilegitimidade do poder punitivo pela própria desídia do Estado, o processo deve findar. Sua continuação, além do prazo razoável, não é mais legítima e vulnera o Princípio da Legalidade, fundante do Estado de Direito, que exige limites precisos, absolutos e categóricos – incluindo-se o limite temporal – ao exercício do poder penal estatal. Também existe uma grande resistência em compreender que a instrumentalidade do processo é toda voltada para impedir uma pena sem o devido processo, mas esse nível de exigência não existe quando se trata de não aplicar pena alguma. Logo, para não aplicar uma pena, o Estado pode prescindir completamente do instrumento, absolvendo desde logo o imputado, sem que o processo tenha que tramitar integralmente. Finalizando, também são apontadas como soluções processuais: possibilidade de suspensão da execução ou dispensabilidade da pena, indulto e comutação.

3. *Soluções Sancionatórias:* punição do servidor (incluindo juízes, promotores, etc.) responsável pela dilação indevida. Isso exige, ainda, uma incursão pelo direito administrativo, civil e penal (se constituir um delito). A Emenda Constitucional n. 45, além de recepcionar o direito de ser julgado em um prazo razoável, também previu a possibilidade de uma sanção administrativa para o juiz quer der causa a demora. A nova redação do art.93, II, e, determina que: "e) não será promovido o juiz que, injustificadamente, retiver autos em seu poder além do prazo legal, não podendo devolvê-los ao cartório sem o devido despacho ou decisão".

Cumpre agora esperar para ver se a sanção ficará apenas nessa dimensão simbólica ou se os Tribunais efetivamente aplicarão a sanção.

Na atual sistemática brasileira, não vemos dificuldade na aplicação das soluções compensatórias de natureza cível (devidas ainda que não exista prisão cautelar), bem como das sancionatórias. É importante destacar, que a responsabilidade estatal independe dos efeitos causados pela dilação. Em outras palavras,

---

julgado num prazo razoável conduz a reiteração da violação do mesmo direito, pois novamente o imputado terá de suportar a longa (de)mora judicial, agora na esfera cível.

[57] Similar a *pena de inutilizzabilità*, prevista no art. 407.3 do CPP italiano, mas apenas em relação os atos da investigação preliminar. Sobre o tema consulte-se nosso "Sistemas de Investigação Preliminar no Processo Penal", 4ª edição, Rio de Janeiro, Lumen Juris, 2006.

a reparação é devida pelo atraso injustificado em si mesmo, independentemente da demonstração de danos as partes, até porque, presumidos. Também haverá, na prática, dois sérios inconvenientes: a dificuldade que os tribunais têm de reconhecer e assumir o funcionamento anormal da justiça (resistência corporativa), bem como a imensa timidez dos valores fixados, sempre muito aquém do mínimo devido por uma violência dessa natureza.

Na *esfera penal*, não compreendemos a timidez em aplicar a atenuante genérica do art. 66 do CP. Assumido o caráter punitivo do tempo, não resta outra coisa ao juiz que (além da elementar detração em caso de prisão cautelar) *compensar a demora reduzindo a pena aplicada*, pois parte da punição já foi efetivada pelo tempo. Para tanto, formalmente, deverá lançar mão da atenuante genérica do art. 66 do Código Penal. É assumir o *tempo do processo* enquanto *pena* e que, portanto, deverá ser compensado na *pena de prisão* ao final aplicada.

Já em 1995, com inegável pioneirismo, Gustavo Badaró[58] defendia que "a duração irrazoável do processo, que por certo constitui uma espécie de sanção antecipada, pela incerteza que tal estado acarreta, bem como pelos danos morais, patrimoniais e jurídicos, deve ser considerada circunstância relevante posterior ao crime, caracterizando-se como circunstância atenuante inominada nos termos do art.66 do Código Penal".

Para além dessa indiscutível incidência, somos partidários de que a atenuante pode reduzir a pena além do mínimo legal, estando completamente equivocada a linha discursiva norteada pela Súmula 231 do STJ.[59]

A aplicação da atenuante terá ainda, conforme o caso, caráter decisivo para a ocorrência da prescrição, tornando a redução um fator decisivo para fulminar a própria pretensão punitiva (a solução mais adequada em termos processuais).

Ainda que o campo de incidência seja limitado, não vislumbramos nenhum inconveniente na concessão do perdão judicial, nos casos em que é possível (v.g. art. 121, § 5º, art. 129, § 8º do CP), pois a dilação excessiva do processo penal é uma conseqüência da infração – que atinge o próprio agente de forma tão grave, que a sanção penal se tornou desnecessária. Mas, na esteira de Pastor,[60] o fato de apontarmos soluções compensatórias não significa que toleramos pacificamente as violações do Estado, senão que elas são um primeiro passo na direção da efetivação do direito de ser julgado num processo sem dilações indevidas. A flecha do tempo é irreversível e o tempo que o Estado indevidamente se apropriou, jamais será suficientemente indenizado, pois não pode ser restituído.

[58] BADARÓ, Gustavo Henrique Righi Ivahy. *Direito ao processo penal em prazo razoável*. Monografia apresentada à Comissão de Pós-Graduação da Faculdade de Direito da Universidade de São Paulo, 1995, p. 24.

[59] Neste sentido, a Súmula 231 do STJ reflete a posição hoje majoritária. Contudo, a nosso juízo, trata-se de entendimento equivocadamente pacificado, na medida em que constitui um despropositado preciosismo, além de substancialmente inconstitucional, como muito bem já havia identificado o então Ministro Luiz Vicente Cernicchiaro em decisões prolatadas no STJ, vg. RESP 68.120-0 MG.

[60] *El Plazo Razonable en el Proceso del Estado de Derecho*, especialmente no Capítulo V.

As soluções compensatórias são meramente paliativas, uma falsa compensação, não só por sua pouca eficácia (limites para atenuação), mas também porque representam um "retoque cosmético", como define Pastor,[61] sobre uma pena inválida e ilegítima, eis que obtida através de um instrumento (processo) viciado. Ademais, a atenuação da pena é completamente ineficiente quando o réu for absolvido ou a pena processual exceder o suplício penal. Nesse caso, o máximo que se poderá obter é uma paliativa e, quase sempre, tímida indenização.

Em relação à indenização pela demora, evidencia-se o paradoxo de obrigar alguém a cumprir uma pena – considerada legítima e conforme o Direito – e, ao mesmo tempo, gerar uma indenização pela demora do processo que impôs essa pena – processo esse, em conseqüência, ilegítimo e ilegal.

Quanto às *soluções processuais*, o problema é ainda mais grave. O sistema processual penal brasileiro está completamente engessado e inadequado para atender as diretrizes da CADH. Não dispõe de instrumentos necessários para efetivar a garantia do direito a um processo sem dilações indevidas. Sequer possui um prazo máximo de duração das prisões cautelares.

O ideal seria uma boa dose de coragem legislativa para prever claramente o prazo máximo de duração do processo e das prisões cautelares, fixando condições resolutivas pelo descumprimento. Na fase de investigação preliminar, deve-se prever a impossibilidade de exercício da ação penal depois de superado o limite temporal, ou, no mínimo, fixar a pena de inutilidade para os atos praticados após o prazo razoável.

Também é preciso que se compreenda a instrumentalidade do processo penal, de modo que, para não aplicar uma pena, o Estado pode prescindir completamente do instrumento, absolvendo desde logo o imputado, sem que o processo tenha que tramitar integralmente. Isso permite que se exija, por exemplo, o pronto reconhecimento da prescrição pela provável pena a ser aplicada, como imediata extinção do feito.

Deve-se voltar os olhos para os sistemas europeus, mas também para o Código de Processo Penal paraguaio, que acertadamente consagra um instrumento que efetivamente assegura a eficácia do direito fundamental de ser julgado num prazo razoável: resolução ficta em favor do imputado.

Se, diante de um recurso (contra decisões definitivas ou mesmo interlocutórias) interposto pelo réu, o Tribunal competente não se manifestar no prazo legal (marco normativo do prazo razoável), entendem-se automaticamente concedidos os direitos pleiteados. É óbvio que o imputado, que já está sofrendo todo um feixe de penas processuais, não está obrigado a suportar o sobrecusto da demora na prestação jurisdicional. Essa é a verdadeira compreensão do que seja a (de)mora judicial. E não se diga, por favor, que isso justificará decisões apressadas e sem a devida motivação, pois um direito fundamental (ser julgado no prazo razoável)

---

[61] PASTOR, Daniel. Op.cit.p.513.

não legitima o sacrifício de outros, autônomos e igualmente imperativos para o Estado.

O Brasil tem ainda um longo caminho a percorrer nesse terreno.

Outra questão de suma relevância brota da análise do "Caso Metzger", da lúcida interpretação do TEDH no sentido de que *o reconhecimento da culpabilidade do acusado* através da sentença condenatória *não justifica a duração excessiva do processo.* É um importante alerta, frente a equivocada tendência de considerar que qualquer abuso ou excesso está justificado pela sentença condenatória ao final proferida, como se o "fim" justificasse os arbitrários "meios" empregados. Desnecessária qualquer argumentação em torno do grave erro desse tipo de premissa, mas perigosamente difundida atualmente pelos movimentos repressivistas de lei e ordem, tolerância zero, etc.

5. A título de conclusões provisórias: o difícil equilíbrio entre a (de)mora jurisdicional e o atropelo das garantias fundamentais

Até aqui nos ocupamos do direito de ser julgado num prazo razoável, seu fundamento, recepção pelo sistema jurídico brasileiro, dificuldade no seu reconhecimento e os graves problemas gerados pela (de)mora jurisdicional.

O processo nasceu para retardar e dilatar o próprio tempo da reação. Mas ao lado dessa regra basilar, devemos (também) considerar que o processo que se prolonga indevidamente, conduz a uma distorção de suas regras de funcionamento,62 e as restrições processuais dos direitos do imputado, que sempre são precárias e provisórias, já não estão mais legitimadas, na medida em que adquirem contornos de sobrecusto inflacionário da pena processual, algo intolerável em um Estado Democrático de Direito.

Contudo, não se pode cair no outro extremo, no qual a duração do processo é abreviada (aceleração antigarantista) não para assegurar esses direitos, senão para violá-los.

Não existe nada mais demonstrativo da arbitrariedade de um procedimento que os juízos sumários ou sumaríssimos em matéria penal, pois eles impedem que o imputado possa exercer todas as faculdades próprias de um processo penal adequado a Constituição democrática. Isso nos remete a um primeiro ponto de partida, que é analisar o problema a partir da perspectiva dos direitos do imputado. O processo penal reclama tempo suficiente para satisfação, com plenitude, de seus direitos e garantias processuais.

A CADH não se contentou em prever o *direito aos meios adequados de defesa,* senão que consagrou, de forma cumulativa (conjunção aditiva "e"), a garantia de *concessão ao acusado de tempo.* Trata-se de garantir o *tempo da defesa,* na medida em que a eficácia dessa garantia está pendente de tempo para seu

---
[62] PASTOR, Daniel. *El Plazo Razonable en el Proceso del Estado de Derecho,* p. 53.

preparo. Tem-se assim uma clara orientação a ser seguida: em caso de dúvida, o tempo está a favor do acusado. Isso implica vedação ao atropelo das garantias fundamentais (aceleração antigarantista) e, ao mesmo tempo, negação a dilação indevida do processo penal.

Devemos considerar ainda, que existe uma clara relação entre o aumento do número de processos com a duração que eles acabarão tendo, onde a panpenalização, gerada por movimentos como *law and order* e tolerância zero, sobrecarregam a justiça penal, muitas vezes com condutas penalmente irrelevantes (eis que passíveis de resolução em outras esferas, como cível e direito administrativo sancionador), entupindo juízes e tribunais com volumes absurdos de trabalho e, em última análise, aumentando a duração dos processos.

De nada servirá um simplório (senão simbólico) "aumento de pessoal", pois o volume de processos criminais gerados pela maximização do direito penal é inalcançável, ainda mais para um Estado que tende, cada vez mais, a ser "mínimo."

É interessante o infindável ciclo que se estabelece: o Estado se afasta completamente da esfera social, explode a violência urbana. Para remediar, tratamento penal para a pobreza. Diante da banalização do direito penal, maior será a ineficiência do aparelho repressor e a própria demora judicial (em relação a todos os crimes, mas especialmente dos mais graves, que demandam maior dose de *tempo*, diante de sua complexidade). Atulham-se as varas penais e evidencia-se a letargia da justiça penal. Nada funciona. A violência continua e sua percepção amplia-se, diante da impunidade que campeia. Que fazer? Subministrar doses ainda maiores de direito penal. E o ciclo se repete.

É conseqüência natural da complexidade, onde os diversos elementos atuam em rede, numa permanente relação e interação, sendo inviável pensar em compartimentos estanques e herméticos, que permitam tratamentos isolados.

Mas a situação pode ficar ainda mais grave, quando o tratamento vem acompanhado por doses de utilitarismo processual, pois "também deve-se acelerar o processo", para torná-lo ainda mais eficiente. Começa então o sacrifício lento e paulatino dos direitos fundamentais. É o óbito do Estado Democrático de Direito e o nascimento de um Estado Policial, autoritário. O resto da história, é por todos conhecida.

Vimos assim, os dois extremos da questão "tempo" no processo penal: aceleração antigarantista e dilação indevida. Em ambos, temos a negação da jurisdição, pois não basta qualquer juiz e qualquer julgamento, a garantia da tutela jurisdicional exige qualidade e, neste tema, ela está no equilíbrio do *direito a ser julgado num prazo razoável,*[63] enquanto recusa aos dois extremos.

Dessarte, pensamos que:

a) Deve haver um *marco normativo interno* de duração máxima do processo e da prisão cautelar, construído a partir das especificidades do sistema processual

---

[63] Ou ainda, no mesmo sentido, o *direito a um processo sem dilações indevidas*.

de cada país, mas tendo como norte um prazo fixado pela Corte Americana de Direitos Humanos. Com isso, os tribunais internacionais deveriam abandonar a doutrina do não-prazo, deixando de lado os axiomas abertos, para buscar uma clara definição de "prazo razoável", ainda que admitisse certo grau de flexibilidade atendendo as peculiaridades do caso. Inadmissível é a total abertura conceitual, que permite ampla manipulação dos critérios.

b) São *insuficientes as soluções compensatórias* (reparação dos danos) e atenuação da pena (sequer aplicada pela imensa maioria de juízes e tribunais brasileiros), pois produz pouco ou nenhum efeito inibitório da arbitrariedade estatal. É necessário que o reconhecimento da dilação indevida também produza a extinção do feito, enquanto inafastável conseqüência processual. O poder estatal de perseguir e punir deve ser estritamente limitado pela Legalidade, e isso também inclui o respeito a certas condições temporais máximas. Entre as regras do jogo, também se inclui a limitação temporal para exercício legítimo do poder de perseguir e punir. Tão ilegítima como é a admissão de uma prova ilícita, para fundamentar uma sentença condenatória, é reconhecer que um processo viola o direito de ser julgado num prazo razoável e, ainda assim, permitir que ele prossiga e produza efeitos. É como querer extrair efeitos legítimos de um instrumento ilegítimo, voltando a (absurda) máxima de que os fins justificam os meios.

c) O *processo penal deve ser agilizado*. Insistimos na necessidade de acelerar o tempo do processo, mas desde a perspectiva de quem o sofre, enquanto forma de abreviar o tempo de duração da pena-processo. Não se trata da aceleração utilitarista como tem sido feito, através da mera supressão de atos e atropelo de garantias processuais, ou mesmo a completa supressão de uma jurisdição de qualidade, como ocorre na justiça negociada, senão de acelerar através da diminuição da demora judicial com caráter punitivo. É diminuição de tempo burocrático, através da inserção de tecnologia e otimização de atos cartorários e mesmo judiciais. Uma reordenação racional do sistema recursal, dos diversos procedimentos que o CPP e leis esparsas absurdamente contemplam e ainda, na esfera material, um (re)pensar os limites e os fins do próprio direito penal, absurdamente maximizado e inchado. Trata-se de reler a aceleração não mais pela perspectiva utilitarista, mas sim pelo viés garantista, o que não constitui nenhum paradoxo.

Atento a questão, Salo de Carvalho[64] leciona "que a legislação seja aperfeiçoada no sentido do estabelecimento de prazos razoáveis às decisões judiciais em sede executiva, mas apreendendo os valores ínsitos ao Pacto de São José, sejam criadas técnicas judiciais idôneas a uma célere decisão sobre os incidentes de execução penal."

Ainda que estivesse se ocupando da execução penal (sem dúvida um ponto sensível da questão), sua acertada indicação encontra plena ressonância em todo o processo penal, especialmente a "resolução ficta", que Salo busca inspiração no

---

[64] CARVALHO, Salo de. *Pena e Garantias*, p. 208.

Código de Processo Penal Paraguaio, no sentido da "concessão automática dos direitos pleiteados em caso de omissão dos poderes jurisdicionais".

Em suma, um capítulo a ser escrito no processo penal brasileiro é o direito de ser julgado num prazo razoável, num processo sem dilações indevidas, mas também sem atropelos. Não estamos aqui buscando soluções, ou definições cartesianas em torno de tão complexa temática, senão dando um primeiro e importante passo em direção a solução de um grave problema, e isso passa pelo necessário reconhecimento desse "jovem direito fundamental".

— 14 —

A inconstitucionalidade dos poderes investigatórios do Ministério Público

CEZAR ROBERTO BITENCOURT

Doutor em Direito Penal pela Universidade de Sevilha.
Professor do Programa de Pós-Graduação em Ciências Criminais da PUCRS

Sumário: 1. Considerações preliminares – 2. Ilegitimidade de investigação criminal realizada diretamente pelo Ministério Público – 3. A investigação criminal e o exercício da função de Polícia Judiciária – 4. Unilateralidade das investigações do Ministério Público: distanciamento da busca da "verdade real" – 5. Poderes investigatórios do Ministério Público em alguns ordenamentos jurídicos alienígenas – 6. Os "mistérios" do Ministério Público investigador – 7. A doutrina dos poderes implícitos – 8. A Resolução nº 13 do Conselho Nacional do Ministério Público e sua inconstitucionalidade – 9. Evolução da jurisprudência do Supremo Tribunal Federal acerca da ilegitimidade do Ministério Público para realizar investigação criminal.

1. Considerações preliminares

Nos últimos tempos, ganhou relevo nacional o questionamento sobre a *inconstitucionalidade e conseqüente ilegitimidade das investigações criminais* que, principalmente, nos casos rumorosos tem sido realizado, diretamente, pelo Ministério Público, tanto no plano federal quanto estadual.

O Ministério Público passou a realizar diretamente investigações criminais, especialmente naqueles casos midiáticos ou nos que são rotulados como rumorosos, *sem requisitar, à autoridade policial, a instauração de inquérito.*[1] Sustenta, em síntese, que como titular da ação penal pública, não pode ser – e nunca foi – mero expectador inerte durante a realização do procedimento preliminar, razão pela qual pode, não apenas requisitar diligências à autoridade policial, mas realizá-las diretamente, pois quem pode o mais, pode o menos, alega.

---

[1] VIEIRA, Luís Guilherme. "O Ministério Público e a Investigação Criminal". *Revista Brasileira de Ciências Criminais*, São Paulo, ano 12, n. 46, p. 308, jan-fev. 2004

Trata-se de questão *constitucional de alta relevância*: afinal, sob o império da Constituição Federal de 1988, o Ministério Público tem poderes investigatórios na esfera criminal? As investigações criminais realizadas, diretamente, pelo Ministério Público revestem-se de validade, de molde a legitimar, com base na própria investigação, propor ação penal pública? Pode o Ministério Público, arregimentar os fundamentos e elementos probatórios, unilateralmente, para si próprio propor a ação penal pública?

O *Conselho Federal da Ordem dos Advogados do Brasil*, em sua constituição plenária, na sessão realizada em agosto do dano de 2004, manifestou-se, à unanimidade, *pela inconstitucionalidade* da atribuição de poderes investigatórios ao Ministério Público. Reforçando o reconhecimento dessa inconstitucionalidade, no *inquérito 1.968-E,* que tramita no *Supremo Tribunal Federal*, subscreveram memoriais as seguintes entidades: Associação Internacional de Direito Penal (AIDP), Instituto Brasileiro de Ciências Criminais (IBCcrim), Instituto Carioca de Criminologia (ICC), Instituto de Criminologia e Política Criminal (ICPC), Instituto de Defesa do Direito de Defesa (IDDD), Instituto Manoel Pedro Pimentel (IMPP) e Instituto Transdisciplinar de Estudos Criminais (ITEC!).

Esses dois fatos que acabamos de mencionar, dão a dimensão da gravidade e da relevância do tema, que ultrapassa eventual disputa de poder em favor desta ou daquela instituição. Nessa linha, importa tão-somente estabelecer um marco constitucional, preservando a manutenção do equilíbrio entre os órgãos integrados na persecução penal estabelecido na Carta Magna, além de assegurar o respeito aos princípios norteadores de um Estado Democrático de Direito.

O debate ganhou grandes proporções mais recentemente, a despeito de tratar-se de tema antigo, ante o esforço do Ministério Público em demonstrar que a Constituição Federal atribuiu-lhe poderes investigatórios em matéria criminal. No entanto, o próprio Ministério Público reconhece, ao menos tacitamente, a inexistência dessa atribuição defendendo a necessidade de aprovação de Emenda Constitucional para tal fim. Nesse sentido, tramita no Congresso Nacional, com esse objetivo, a PEC nº 197/2003.

Os fundamentos jurídicos, basicamente, apontados pelos defensores dos poderes investigatórios do Ministério Público, na ordem jurídica vigente, em síntese, são os seguintes:

1. a *segurança pública* e a apuração das infrações penais não são atribuição exclusiva da Polícia Judiciária;

2. o *art. 129 da Constituição da República* inclui em seus vários incisos, entre as atribuições do Ministério Público, a investigação criminal;

3. O inquérito policial é *facultativo* e dispensável para o exercício da ação penal;

4. A *Lei Orgânica Nacional do Ministério Público*, bem como a *Lei Orgânica do Ministério Público da União* contêm dispositivos que se compatibilizam com os poderes investigatórios penais da referida instituição;

5. O *Ministério Público*, ao investigar, não assume ações unilaterais da acusação, de forma a alhear-se à "verdade real";

6. *Diversos ordenamentos jurídicos estrangeiros* atribuem ao Ministério Público poderes de investigação no âmbito processual penal.

7. Por fim, nessa reta final, com uma campanha maciça e mais agressiva, está veiculou nos meios de comunicação, especialmente em São Paulo, o seguinte slogan: *"com o Ministério Público não há Mistério".* Esse slogan traz em seu bojo, a insinuação que em outras instituições falta transparência, eficiência e confiabilidade.

Atendendo, especificamente, a consulta que nos foi feita, passamos examinar, no plano teórico, os aspectos que consideramos mais relevantes dessa *vexato quaestio.*

2. Ilegitimidade de investigação criminal realizada diretamente pelo Ministério Público

A leitura do *art. 129 da Constituição Federal* permite constatar, de plano, que não foi previsto o *poder de investigar infrações penais,* diretamente, entre as atribuições conferidas ao Ministério Público. Extrair interpretação em sentido contrário do rol contido no dispositivo constitucional referido seria *"legislar"* sobre matéria que o constituinte *deliberadamente* não o fez. Aliás, a um órgão público não é assegurado fazer o que não está proibido (princípio da compatibilidade), mas tão-somente lhe é autorizado realizar o que está expressamente permitido (princípio da legalidade); e a tanto não se pode chegar pela via da interpretação, usando-se argumento *a fortiori,* especialmente quando há previsão expressa da atribuição a outro órgão estatal, como ocorre. na hipótese, em que essa atividade está destinada à Polícia Judiciária.[2]

Não se poderia conceber que o legislador constituinte assegurasse expressamente o poder de o Ministério Público *requisitar diligências investigatórias* e *instauração de inquérito policial* e, *inadvertidamente,* deixasse de constar o poder de investigar diretamente as infrações penais. À evidência, trata-se de decisão consciente do constituinte, que não desejou contemplar o *Parquet* com essa atribuição, preferindo conferi-la à Polícia Judiciária, minuciosamente, como fez no art. 144 da CF.

Ademais, fazendo-se uma pequena retrospectiva sobre a elaboração da norma constitucional citada, constata-se que as propostas de introdução de texto específico versando sobre a condução de investigação criminal pelo Ministério Público foram todas rejeitadas. Em outros termos, trata-se de uma firme, refletida, sensata e deliberada opção da *Assembléia Nacional Constituinte de 1988* de não atribuir poderes investigatórios criminais ao Ministério Público.

---

[2] SILVA, José Afonso da Silva. Controle externo da atividade policial como uma das funções institucionais do Ministério Público – Entendimento do art. 129, VII, da Constituição Federal – Conteúdo da lei complementar e seus limites constitucionais – Competências exclusivas das polícias, em *Revista ADPESP*, ano 17 – n. 22 – dezembro 1998, p. 19 e ss.: "Percorram-se os incisos em que o art. 129 define as funções institucionais do Ministério Público e lá não se encontra nada que autorize os membros da instituição a proceder a investigação criminal diretamente. O que havia sobre isso foi rejeitado, como ficou demonstrado na construção da instituição durante o processo constituinte e não há como restabelecer por via de interpretação o que foi rejeitado".

Nesse sentido, merece ser destacado o entendimento sustentado pelo *Ministro Nelson Jobim*, contido no *RHC No. 81.326-7* (DF), que está expressado nos seguintes termos:

> Na Assembléia Nacional Constituinte (1988), quando se tratou de questão do Controle Externo da Polícia Civil, o processo de instrução presidido pelo MINISTÉRIO PÚBLICO voltou a ser debatido.
> Nesse sentido, leio voto que proferi no RE 233.072, do qual fui Relator para o acórdão:
> "(...) quando da elaboração da Constituição de 1988, era pretensão de alguns parlamentares introduzir texto específico no sentido de criarmos, ou não, o processo de instrução, gerido pelo MINISTÉRIO PÚBLICO.
> Isso foi objeto de longos debates na elaboração da Constituição e foi rejeitado".

Em outras oportunidades, como na seguinte, o *STF* já decidiu que o *Ministério Público não tem poderes para realizar investigação criminal*, cabendo tal atribuição à Polícia Judiciária:

> CONSTITUCIONAL. PROCESSUAL PENAL. MINISTÉRIO PÚBLICO. ATRIBUIÇÕES. INQUÉRITO. REQUISIÇÃO DE INVESTIGAÇÕES. CRIME DE DESOBEDIÊNCIA. C.F., art. 129, VIII; art. 144, parágrafos 1o. E 4o.. I – Inocorrência de ofensa ao art. 129, VIII, C.F., no fato de a autoridade administrativa deixar de atender requisição de membro do Ministério Público no sentido da realização de investigações tendentes a apuração de infrações penais, mesmo porque *não cabe ao membro do Ministério Público realizar, diretamente, tais investigações, mas requisitá-las à autoridade policial, competente para tal (C.F., art. 144, parágrafos 1º. e 4º.).* Ademais, a hipótese envolvia fatos que estavam sendo investigados em instância superior. II. R.E. não conhecido (RE no. 205473/AL, Rel. Min. Carlos Velloso, Segunda Turma, j. 15.12.1998, DJ 19.3.1999, p. 19) – (grifos acrescentados).

Portanto, o inciso VI do art. 129 do texto constitucional, que diz respeito à expedição de notificações, pelo órgão ministerial, nos procedimentos administrativos de sua competência (como os preparatórios de ação de inconstitucionalidade ou de representação por intervenção), a fim de requisitar informações e documentos para instruí-los, não se refere à atuação do Ministério Público nas investigações criminais. O mesmo ocorre com referência ao inciso IX[3] do mesmo dispositivo constitucional, cujas atribuições ali mencionadas, não podem ser estendidas para abranger também a investigação criminal. Invoca-se, nesse sentido, o magistério de *Ada Pellegini Grinover* que, com a acuidade que lhe é peculiar, conclui:

> Não tenho dúvida de que o desenho constitucional atribui a função de Polícia Judiciária e a apuração das infrações penais à Polícia Federal e às Polícias Civis, sendo que a primeira exerce, com exclusividade, as funções de Polícia Judiciária da União (art. 144). Parece-me evidente, também, que a referida exclusividade se refere à repartição de atribuições entre Polícia da União e Polícia Estadual, indicando a indelegabilidade das funções da primeira às Polícias dos Estados.[4]

Na realidade, a *Constituição Federal* distinguiu, com precisão, em incisos diferentes, a atuação ministerial em *procedimentos administrativos de sua competência,* como, por exemplo, o *inquérito civil*, daquela referente *à investigação*

---

[3] "exercer outras funções que lhe forem conferidas, desde que compatíveis com sua finalidade (...)".
[4] GRINOVER, Ada Pellegrini. *Investigações pelo Ministério Público*. Boletim IBCCRIM, São Paulo, v. 12, n. 145, p. 4-5, dezembro de 204.

criminal, limitando, nesse caso, a atividade do Ministério Público *à requisição de inquérito policial e de diligências investigatórias*. No mesmo sentido, vale a pena destacar a seguinte passagem do erudito parecer emitido pelo *Prof. José Afonso da Silva*, a pedido do IBCCRIM, que sustenta, *in verbis*:

> 6. Percorram-se os incisos em que o art. 129 define as funções institucionais do Ministério Público e lá não se encontra nada que autorize os membros da instituição a proceder a investigação criminal diretamente. O que havia sobre isso foi rejeitado, como ficou demonstrado na construção da instituição durante o processo constituinte e não há como restabelecer por via de interpretação o que foi rejeitado.

Não se pode conceber, *venia concessa*, um Ministério Público "polícia", quando a própria Constituição Federal atribui-lhe, dentre tantas atribuições, às de *exercer o controle externo desta*. Ficaria sem sentido outorgar o poder de controle externo a um órgão que controla a própria atividade desenvolvida, pois, nesse caso, o controle externo caberia necessariamente a órgão diverso, posto que do contrário tratar-se-ia de *controle interno*, que sempre existe em toda administração pública. Isso, gize-se, não diminui a importância do Ministério Público, titular da *opinio delicti*, nessa fase preliminar, contudo, sempre como assistente, acompanhando a investigação, sem, contudo, substituir a polícia, Instituição verdadeiramente encarregada da direção e presidência do procedimento investigatório. À autoridade policial caberá, não há menor dúvida, com exclusividade, a direção de tais investigações, nos termos do art. 144, § 1º, IV, da CF.

Segundo integrantes do Ministério Público, sua *Lei Orgânica Nacional*, bem como a *Lei Orgânica do Ministério Público da União e dos Estados* contêm dispositivos que se compatibilizam com os poderes investigatórios penais da referida Instituição.

No entanto, ao contrário do que pretende o *Parquet*, examinando-se os diplomas legais mencionados, mais uma vez se comprova que, nem mesmo as ditas Leis Orgânicas, que regem as atividades do Ministério Público, dispõem sobre *os pretensos poderes investigatórios* na esfera criminal. O prurido dos legisladores infra-constitucionais não lhes recomendou que atribuíssem poderes investigatórios ao Ministério Público, porque esbarrariam no vício da inconstitucionalidade.

Com efeito, nem mesmo as *Leis Orgânicas* que regem as atividades do Ministério Público dispuseram sobre tais poderes desse órgão, na esfera processual penal. Realmente, a *Lei Orgânica Nacional do Ministério Público* (Lei nº 8.625, de 12.2.1993), em seu art. 25, inciso IV, e art. 26, inciso I, que relaciona, entre as funções ministeriais, a promoção e a instauração do *inquérito civil*, não faz qualquer menção sobre essa possibilidade relativamente ao *inquérito policial*, ou qualquer *investigação criminal comandada pelo Parquet*. Pelo contrário, quanto a estes limita-se a estabelecer, no art. 26, inciso IV, que poderá o Ministério Público "requisitar diligências investigatórias e a instauração de inquérito policial e de inquérito policial militar, observado o disposto no art. 129, inciso VIII, da Constituição Federal", isto é, *"podendo acompanhá-los"*, mas *não os presidir,* isolada ou cumulativamente. Não se afasta, assim, e nem poderia fazê-lo, da previsão constitucional. E, convenhamos, *requisitar* diligências investigatórias e/ou instauração de inquérito, *não se confunde com poder* para o Ministério Público *investigar* diretamente a existência de infrações penais. No mesmo sentido, em parecer emitido para o IBCCRIM, referindo-se ao *controle externo da atividade policial, pelo Ministério Público*, é incensurável a conclusão do emérito professor da USP, *Manoel Gonçalves Ferreira Filho, in verbis*:

> Ora, se a Constituição dá ao Ministério Público o poder de 'requisitar a instauração de inquérito policial' é porque obviamente não lhe dá o poder de realizar a investigação criminal que se faz por meio de tal inquérito. Se o Ministério Público pudesse realizar tal inquérito, para que autoriza-lo a requisitar a sua instauração?[5]

Não se pode perder de vista, ademais, que o *verbo nuclear* do art. 7º da Lei Complementar 75/93 é *"requisitar"*, e tais requisições destinam-se à autoridade policial, que procederá às investigações ou instauração de inquérito, cabendo ao Ministério Público, se o desejar, acompanhar tais diligências, visto ser o destinatário das mesmas.

É falaciosa, por outro lado, a tese do Ministério Público – constituindo forma dissimulada de burlar o texto constitucional – pretender iniciar investigação através de *inquérito civil*, para, ao final da apuração, *dar ao conteúdo investigado conotação penal* e, com base nele, oferecer denúncia. Não existe nada no texto constitucional que autorize o Ministério Público a instaurar e presidir investigação criminal, ao contrário das pretensões do *Parquet*. "Embora o tenha feito – como destaca *José Afonso da Silva*[6] – por via do *inquérito civil* previsto no inc. III do art. 129, *com notório desvio de finalidade*, já que o *inquérito civil* é peça de instrução preparatória da ação civil pública consignada a ele no mesmo dispositivo e não evidentemente de instrução criminal. Ou tem pretendido usar de procedimento administrativo próprio, como o art. 26 do Ato 98/96 do Procurador-Geral de Justiça de São Paulo definiu, com desvio ainda mais sério, porque, a toda evidência, procedimento administrativo não é meio idôneo para proceder investigações criminais diretas. O fato mesmo de se recorrer a tais expedientes demonstra, à saciedade, que o Ministério Público não recebeu da Constituição o poder para promover investigações diretas na área penal".

Extremamente elucidativo, nesse particular, a seguinte síntese de *Luis Guilherme Vieira* que, subscrevemos, e, por sua pertinência, importante transcrevê-la, *in verbis*:

> O próprio Supremo Tribunal Federal quando abordou o tema, pela vez primeira, no RE 205.473-9[7] interposto pelo Ministério Público, contra concessão de habeas corpus pelo TRF da 5ª Reg, trancando

---

[5] FERREIRA FILHO, Manoel Gonçalves. *O poder investigatório do Ministério Público.*

[6] SILVA, José Afonso da. *Controle externo da atividade policial como uma das funções institucionais do Ministério Público – Entendimento do art. 129, VII, da Constituição Federal(...)* p. 19 e ss.

[7] Brasil, STF, 2ª T., RE 205.473-9-AL, rel. Min. Carlos Velloso, *DJU* 19.3.1999, *Ementário* 1943-2.

a ação penal. Na oportunidade, o *Juiz Lázaro Guimarães*, relator do *writ*, afirma que não se compreendia "o poder de investigação do Ministério Público fora da excepcional previsão da ação civil pública (art. 129, III, da CF). De outro modo, haveria uma polícia judiciária paralela, o que não combina com a regra do art. 129, VIII, da CF". A hipótese era de ação penal por *desobediência*, a qual foi considerada não ocorrente e o recurso extraordinário não foi conhecido, em julgamento datado de 15.12.1998, com parecer, nesse sentido, do então Subprocurador-Geral Cláudio Fonteles. Na ementa, contudo, o eminente relator do recurso, Min. Carlos Velloso, *consignou* sua desaprovação às investigações criminais realizadas pelo Ministério Público: "não cabe ao membro do Ministério Público realizar, diretamente, tais investigações, mas requisitá-las à autoridade policial".[8]

Enfim, observa-se que as normas regentes da matéria, em qualquer esfera, constitucional ou não, se mostram coerentes em tudo permitir ao Ministério Público, em termos de inquérito e ação civil públicos, não se estendendo, deliberadamente, à área criminal, restando, por conseguinte, os chamados "procedimentos investigatórios/administrativos criminais" completamente ao desamparo da lei e da constituição.[9] Por partilhar do mesmo entendimento, não há como deixar de subscrever a impecável conclusão de *Ada Pellegrini Grinover*, nos seguintes termos:

> Nessas condições, não me parece oportuno, no atual sistema brasileiro, atribuir funções investigativas ao MP. Em primeiro lugar, por uma razão prática: o *Parquet*, declaradamente, não tem estrutura para assumir todas as investigações relativas a determinados crimes, sem proceder a uma insustentável seleção de casos. Em segundo lugar, em nome da busca da maior eficácia possível nas investigações criminais: para tanto, é necessário que Polícia e MP deixem de digladiar-se, querendo para si uma atribuição que, isoladamente, será sempre insatisfatória. É preciso que as duas instituições aprendam a trabalhar em conjunto, como tem ocorrido em alguns casos, com excelentes resultados. É mister que Polícia e MP exerçam suas atividades de maneira integrada, em estreita colaboração. E é necessário promulgar uma nova lei sobre a investigação criminal, que substitua o inquérito policial burocrático e ineficiente de que dispomos, estimulando a atividade conjunta da polícia e do MP.[10]

Sintetizando, os próprios termos da Lei Orgânica Nacional do Ministério Público não atribuem poderes investigatórios ao aludido órgão, na esfera criminal. Não há na Constituição, repetindo, nada que autorize o Ministério Público a presidir investigação criminal.

3. A investigação criminal e o exercício da função de Polícia Judiciária

Outro argumento que se articula com freqüência, para sustentar os poderes investigatórios do Ministério Público, na esfera processual penal, é que no ordenamento jurídico nacional, *a Polícia Judiciária não tem a exclusividade da investigação criminal, na medida em que outros órgãos diversos dela podem exercer funções investigatórias.*[11] Constata-se tais circunstâncias, por exemplo, em rela-

---

[8] VIEIRA, Luís Guilherme. Op. cit., p. 347-348

[9] VIEIRA, Luís Guilherme. Op. cit., p. 344

[10] GRINOVER, Ada Pellegrini. *Investigações pelo Ministério Público*. Boletim IBCCRIM, São Paulo, v. 12, n. 145, p. 4-5, dezembro de 204.

[11] SILVA, José Afonso da. *"Controle externo da atividade policial como uma das funções institucionais do Ministério Público(...)* p. 19 e ss.: "Argumenta-se que a Constituição não deferiu à Polícia Judiciária o monopólio

ção às Comissões Parlamentares de Inquérito e nos delitos praticados por membros da Magistratura, que são investigados pela autoridade judiciária, bem como nos delitos atribuídos a membros do Ministério Público, que são apurados pelo Procurador-Geral da República ou pelo Procurador-Geral da Justiça, conforme o caso. Outros exemplos ainda se podem agregar, como é o caso das investigações que realizam órgãos como a Receita Federal ou o Banco Central, os quais investigam irregularidades administrativas ou mesmo financeiro/tributárias, próprias de suas atribuições; quando encontram, no entanto, possíveis indícios da existência de crimes, encaminham referidos expedientes ao Ministério Público. É fácil perceber, portanto, que tais órgãos não têm atribuições investigatório-criminais, principalmente acompanhados de poder coercitivo, tanto que o surgimento de indícios da existência de crimes determina o encaminhamento de seus expedientes ao Ministério Público, que é o titular da ação penal.

Os exemplos citados, por outro lado, constituem claras *exceções à regra geral*, que é a apuração das infrações penais pela Polícia Judiciária, consubstanciada no art. 144 e parágrafos da CF, e no art. 4º, *caput*, do CPP, e, por isso mesmo, necessitam encontrar-se expressamente previstos em lei. Ditas exceções à essa regra geral dependem, obrigatoriamente, de expressa previsão legal, o que não se verifica no caso de poderes investigatórios criminais atribuídos ao Ministério Público, como reconhece *José Afonso da Silva,*[12] *in verbis*: "Argumenta-se que a Constituição não deferiu à Polícia Judiciária o monopólio da investigação criminal. É verdade, mas as exceções estão expressas na própria Constituição e *nenhuma delas contempla o Ministério Público*". No mesmo sentido, é a orientação adotada por *Ada Pellegrini Grinover:*[13] "A própria Constituição, como é sabido, atribui o poder de investigar a outros órgãos, como as Comissões Parlamentares de Inquérito – CPIs e os tribunais. E também é sabido que não confere expressamente essa função ao MP, sendo oportuno lembrar que as emendas à Constituição de 1988 que pretendiam atribuir funções investigativas penais ao Parquet foram rejeitadas, deixando portanto a salvo a estrutura constitucional acima descrita".

Por fim, o fato de ser o inquérito policial *facultativo* e dispensável para o exercício da ação penal por parte do MP não tem extensão que permita sustentar, a partir desse enunciado, o reconhecimento da existência de poderes investigatórios penais atribuídos ao órgão ministerial.

Com o efeito, se o Ministério Público *dispuser de elementos probatórios suficientes*, poderá propor a ação penal independente de inquérito policial (art. 39, § 5º, CPP). Por isso, não raro depara-se com ações penais fundadas em procedimentos administrativos tributários e previdenciários. No entanto, o fato de dispensar, em situações específicas, a obrigatoriedade do inquérito policial, não

---

da investigação criminal. É verdade, mas as exceções estão expressas na própria Constituição e nenhuma delas contempla o Ministério Público".

[12] SILVA, José Afonso da, op cit.

[13] GRINOVER, Ada Pellegrini. *Investigações pelo Ministério Público*. Boletim IBCCRIM, São Paulo, v. 12, n. 145, p. 4, dezembro de 204.

significa que, em decorrência dessa previsão, possa o Ministério Público investigar diretamente. *A dispensa de inquérito policial*, gize-se, está condicionada a serem oferecidos com a representação, "elementos que o habilitem a promover a ação penal" (art. 39, § 5º, do CPP), nesse caso, devendo oferecer a denúncia em quinze dias. Alguns aspectos, nesse contexto, afastam interpretação que leve a admissão da possibilidade de o Ministério Público investigar diretamente: primeiramente, o fato de o Código de Processo ter surgido em época em que se desconhecia a importância que o Ministério Público adquiriria no final do século XX; a dispensa do inquérito somente é autorizada se, "com a representação forem oferecidos elementos que o habilitem a promover a ação penal", significando dizer que a falta de tais elementos não autorizam a proposição da ação penal. E mais: nesses casos, não autorizam nem mesmo que o Ministério Público realize diretamente diligências complementares, além determinar que se abstenha de investigar ele próprio. Aliás, se o desejasse, seria a grande oportunidade para o legislador ter atribuído ao *Parquet* os discutidos "poderes investigatórios", bastando ter consignado no texto legal o seguinte: *"se com a representação não forem oferecidos elementos que o habilitem a promover a ação penal, o Ministério Público poderá diligenciar para obtê-los"*. No entanto, conscientemente, o legislador não o fez, e deixou de fazê-lo deliberadamente, por que não achou conveniente atribuir essa atividade a um órgão que é o titular da ação penal e, portanto, *parte acusatória*, para evitar a disparidade de armas entre acusação e defesa na relação processual penal.

Não dispondo dos elementos probatórios necessários, contrariamente ao almejado pelo Ministério Público, a Constituição, em seu art. 129, inciso VIII, autoriza ao Ministério Público *requisitar a instauração do inquérito*, que ficará a cargo da Polícia Judiciária. São, como vimos sustentando, coisas completamente distintas. A investigação criminal pelas polícias civis (federal e estaduais), como regra, é imposição do *princípio da legalidade*, sob a ótica administrativa, segundo o qual a Administração Pública somente poderá agir diante de texto de lei que a autorize. Ademais, é direito do cidadão e da sociedade saber, com antecedência, a quem incumbe investigar determinada infração penal, respaldado pela Constituição e pelas leis infraconstitucionais. Esse direito é decorrência natural da segurança jurídica, que deve ser preservada nos Estados Democráticos de Direito.

Por isso, não há como se afastar a regra geral de apuração das infrações penais pelas Polícias, civil e federal, sem norma expressa a respeito, compatível com o texto constitucional.

4. Unilateralidade das investigações do Ministério Público: distanciamento da busca da "verdade real"

Luiz Alberto Machado, emérito Professor da Universidade Federal do Paraná, *questionando a pretensa neutralidade investigatória do Ministério*

Público, que, como titular da ação penal, beneficia-se diretamente do resultado dessas investigações preliminares, chega a inevitável conclusão:

> (...) a lei não pode cometer as funções de elaboração de inquérito policial e de investigações criminais a quem não se revista expressamente de autoridade policial, segundo a Constituição Federal. A leitura que se deve fazer dessa atribuição administrativa constitucional é ser uma garantia individual, a garantia da imparcialidade e impessoalidade do Ministério Público, 'dominus litis' e que, por isso, não deve, e não pode, investigar ou coligir informações para o exercício da ação processual criminal.[14]

A curta experiência brasileira tem demonstrado, à saciedade, que a realização de investigação criminal diretamente pelo Ministério Público compromete a neutralidade na apuração preliminar dos fatos, cujo resultado tem a finalidade de fundamentar o início da ação penal no *sistema acusatório* adotado pelo ordenamento jurídico brasileiro, em razão de que, nessa esfera, o *Parquet é parte*, pensa como *parte* e age como *parte*. Haverá nítida tendência a *selecionar aqueles elementos probatórios que favoreçam a acusação*, especialmente por que é atribuição do Ministério Público promover, com exclusividade, a ação penal pública. *Não é por outra razão, que, invariavelmente, em todas as investigações procedidas pelo Ministério Público invoca-se o questionado "sigilo"*, com notória infringência aos *princípios da ampla defesa, do contraditório e do devido processo legal*, com violação da paridade de armas, revestindo-se de inegável inconstitucionalidade. "Na verdade – sustenta *Luis Guilherme Vieira* – além do arbitrário e ilegal desequilíbrio entre as partes, violando o devido processo legal, há outro fundamento para não permitir ao Ministério Público proceder investigações criminais: quem investiga adota, de plano, um determinado ponto de vista, uma hipótese provisória, uma premissa maior, sem a qual nenhuma conclusão advirá. Tal hipótese seduz o investigador, de tal forma, que o torne indiferente a qualquer outra possibilidade, o que é extremamente danoso quando ocorre com um Ministério Público inquisidor".[15]

Por todas essas razões, o Ministério Público não pode e não deve assumir as funções investigatório-criminais, *num autêntico papel de polícia*, sem mudarmos todo o sistema jurídico brasileiro, que é acusatório, repita-se, preservando-se o *Parquet* para o seu genuíno papel de acusador, quando os elementos para o exercício da ação penal se apresentarem, visto que, ao que parece, o Ministério Público abdicou da função de *fiscal da lei* e da sua fiel execução. Na verdade, de há muito o Ministério Público abandonou aquela sagrada função de *custos legis* em matéria criminal, agindo, por vezes, inescrupulosamente *contra legis*, no afã de conseguir, a qualquer custo, a realização de sua vocação acusatória. Razões como essa justificam que já se comece a exigir a criação de um órgão denominado *Ombudsmann*, para, na fase processual penal, exercer essa função que, outrora, se atribuía ao Ministério Público, talvez, até se pudesse atribuir essa função de *custos legis* à Defensoria Pública.

---

[14] MACHADO, Luiz Alberto. *Monopólio constitucional da investigação criminal*, cit., p. 442.
[15] VIEIRA, Luís Guilherme. Op. cit., p. 318-319

5. Poderes investigatórios do Ministério Público em alguns ordenamentos jurídicos alienígenas

Os ordenamentos português e italiano adotaram – desde o Código Napoleônico, sendo ainda mantido – o juizado de instrução, que, no entanto, é bom que se registre, foi rejeitado pela Assembléia Nacional Constituinte de 1988. Mesmo assim, no ordenamento português, v.g., no qual a presidência do inquérito cabe ao Ministério Público, é clara a opção pela atividade investigatória coordenada e integrada entre o órgão ministerial e a polícia.

Essa integração também é prevista na Constituição Federal brasileira, na medida que o art. 129 assegura ao Ministério Público o controle externo da atividade policial, bem como o poder de requisitar diligências investigatórias. Quem tem a função de controlar e fiscalizar não pode concorrer com o controlado ou fiscalizado, que, *mutatis mutandis*, pode-se dizer numa linguagem figurada, faria "concorrência desleal", beneficiando-se da função praticamente controladora da organização policial, em detrimento desta que não tem a mesma oportunidade. Nesse sentido, com a acuidade de sempre, Manoel Gonçalves Ferreira Filho, sentencia: "Ora, a função de controle da atividade policial evidentemente exclui a realização de atividade policial típica, qual seja a realização do inquérito. Quem faz não pode controlar, quem controla, não pode fazer".[16]

Por outro lado, a admissão, mesmo parcialmente, de atividades investigatórias penais ao Ministério Público nos dois ordenamentos mencionados – português e italiano – não derivou, pura e simplesmente, da interpretação deste ou daquele dispositivo, como se pretende fazer no Brasil. Ao contrário, foi fruto da opção do legislador pela adoção de um determinado sistema, no qual se permite que o órgão ministerial presida as investigações criminais, implicando inclusive na elaboração de novos diplomas processuais penais, algo inocorrente em nosso ordenamento vigente, que se recente de expressa previsão legal. Convém ressalvar, ademais, destacava Evaristo de Moraes Filho, "que o novo Código italiano preocupou-se em estabelecer uma diversificação de funções, ainda na fase preliminar, instituindo a figura do *giudice per le indagini preliminari* (art. 328), incumbido de manifestar-se sobre certas questões de natureza probatória, e competente para examinar o pedido de arquivamento, e, sobretudo, para decidir sobre a abertura da ação penal, após uma audiência de caráter contraditório, com possibilidade de colheita de novas provas. A presença deste juiz é a forma de controlar, indiretamente, a atuação do Ministério Público, como que em resposta à famosa indagação de Juvenal: *Quis coustodiet ipsos Custodes?*"[17]

Realmente, quem investigará ou controlará o investigador Ministério Público? Em outros termos, quem fará o controle externo desse órgão investigador?

---

[16] FERREIRA FILHO, Manoel Gonçalves. op. cit.
[17] MORAES FILHO, Antonio Evaristo de. "Ministério Público e o inquérito policial". *Revista Brasileira de Ciências Criminais*, vol. 5, n. 19, São Paulo, jul-set. 1997, p. 107

Extrai-se daí que nem mesmo a inserção de dispositivo na Constituição da República atribuindo poderes investigatórios penais ao Ministério Público resolveria a questão, sem macular todo o sistema que foi idealizado pelo legislador constituinte e reproduzido na legislação infraconstitucional: o sistema acusatório. Isso porque, como destaca o Memorial dos Institutos Jurídicos, "uma simples mudança constitucional, não traria a necessária reformulação sistêmica para ordenar todas as Instituições (Magistratura, Ministério Público, Polícias, Defensorias e Advocacia, assim como demais órgãos auxiliares) de forma equilibrada e isonômica no desenvolvimento da persecução penal em suas fases. Faltaria, ainda, estrutura material e uma nova ordenação jurídica infraconstitucional a fim de determinar, segundo o princípio da legalidade, as novas esferas e funções para o atuar de cada órgão".

6. Os "mistérios" do Ministério Público investigador

Finalmente, com uma campanha maciça e mais agressiva foi veiculado nos meios de comunicação, especialmente em São Paulo, o seguinte slogan: "com o Ministério Público não há Mistério"! Esse slogan traz em seu bojo, no mínimo, a insinuação de que a outras instituições falta transparência, prejudicando a confiabilidade.

Realmente, além de uma grande jogada de *marketing* usado no Estado de São Paulo, referido slogan traz em seu bojo, pelo menos, a insinuação de que em outras instituições a ausência de transparência prejudica a confiabilidade e eficiência. No entanto, a assertiva que "transparece" no slogan não é verdadeira, no campo criminal, cujas investigações realizadas pelo Ministério Público são sempre "envoltas em ministérios", passando-se meses e, às vezes, até anos (enquanto a polícia tem prazo limitado para concluir as investigações e necessita de autorização para prorrogá-lo), investigando sigilosamente, sem que os investigados/acusados tenham conhecimento, ao arrepio do texto constitucional que assegura o contraditório e a ampla defesa a qualquer cidadão que seja em geral "acusado" (art. 5º, inciso LV, CF). Ignora-se que as investigações criminais deverão ter, no mínimo, um prazo razoável para concluir-se, sendo vedado ao Estado, independentemente dos órgãos ou instituições que utilize, eternizar-se na invasão da privacidade/liberdade de qualquer cidadão, haja ou não suspeita de alguma irregularidade. Em prazo razoável,[18] devem os organismos do sistema repressivo estatal chegar a alguma conclusão.

Com efeito, contrariando referido slogan, pode-se afirmar que os "Mistérios" do Ministério Público investigador-criminal podem ser sintetizados nos seguintes:

a) o Ministério Público não investiga todos os fatos – os próprios defensores do poder investigatório criminal do Ministério Público reconhecem que não há interesse e nem possibilidade de o *Parquet* assumir a investigação de todos os fatos.

---

[18] Veja sobre o tema LOPES JR., Aury & BADARÓ, Gustavo Henrique. *Direito ao Processo penal no PRAZO RAZOAVEL*, Rio de Janeiro, Editora Lumen Juris, 2006

O Ministério Público reconhece que não teria condições materiais de abarcar toda a investigação criminal, limitando-se a atuar em um ou outro caso, *"quando o interesse público exigir"*, mas, desarrazoadamente, quem definiria quando se faz presente a "exigência do interesse público" seria o próprio *Parquet*. Em suma, quer-se, no fundo, escolher os casos penais a investigar, que a prática tem demonstrado, são os casos rumorosos e de grande repercussão na mídia, o que resulta completamente absurdo, inclusive pela falta de condições materiais, especialmente de proteção física dos próprios órgãos do Ministério Público e aos seus.

Realmente, o Ministério Público *somente tem interesse de investigar aqueles casos* que, por uma razão ou outra, rende muitos dividendos na grande mídia. Essa voracidade pela mídia, tem levado, inclusive, alguns de seus membros lançarem boatos na imprensa e, após, invocarem os próprios boatos como fundamento de investigação criminal que fazem, atropelando os princípios éticos que devem orientar a postura de qualquer Pública, e especialmente quem se arvora como único detentor do patrimônio ético nacional. Com efeito, Ministério Público, com freqüência indesejável, divulga as investigações, mesmo as taxadas de "sigilosas", primeiro para a mídia, de tal forma que o investigado e seu defensor são surpreendidos pelos meios de comunicação, antes de serem oficialmente cientificados dos atos processuais.

Em síntese, o Ministério Público não investiga os fatos, *investiga somente aquilo que quer provar*, isto é, somente colhe indícios e subsídios que interessem à sua tese, e não à verdade dos fatos.

b) não admite controle jurisdicional de seus atos investigatórios – esse é seguramente um de seus maiores equívocos em um Estado Democrático de Direito, ignorando o texto constitucional que assegura "aos acusados em geral" a ampla defesa e o contraditório (art. 5º, LV, CF). Aliás, a Resolução n. 13 editada pelo CNMP, em seu artigo 6º, § 1º, afasta a quebra de sigilo determinada pelo Ministério Público do crivo do próprio Poder Judiciário, como destacamos mais adiante. Esse "mistério" das investigações do MP é complementado com o seguinte.

c) todas as investigações realizadas pelo Ministério Público são, segundo seus próprios membros, sigilosas – basicamente em todas as investigações realizadas pelo MP tem sido invocado sigilo, inclusive para o investigado e seu advogado. Investigações procedidas em locais e horários impróprios, sem mandado judicial, tem sido levado a efeito.

Em outros termos, o Ministério Público, o quotidiano tem demonstrado isso, não admite que o defensor tenha acesso aos elementos das investigações, numa demonstração clara de sua dificuldade de atuar *transparentemente* em um Estado Democrático de Direito. *Interroga os investigados sem dar-lhes ciência dos fatos de que estão sendo suspeitos ou acusados*. Recentemente, o *Ministro Sepúlveda pertence*, no emblemático HC 82.354-8/PR, declarou que o eventual sigilo, quando a lei permite, *não abrange o investigado e seu advogado*, que, constitucionalmente, têm direito e prerrogativa de serem previamente cientificados. Destacamos, por sua pertinência, parte da ementa desse *writ*:

I. (...)

II. Inquérito policial: inoponibilidade ao advogado do indiciado do direito de vista dos autos do inquérito policial.

1. (...)

2. Do plexo de direitos dos quais é titular o indiciado – interessado primário no procedimento administrativo do inquérito policial –, é corolário e instrumento a prerrogativa do advogado de acesso aos autos respectivos, explicitamente outorgada pelo Estatuto da Advocacia (L. 8906/94, art. 7º, XIV), da qual – ao contrário do que previu em hipóteses assemelhadas – não se excluíram os inquéritos que correm em sigilo: a irrestrita amplitude do preceito legal resolve em favor da prerrogativa do defensor o eventual conflito dela com os interesses do sigilo das investigações, de modo a fazer impertinente o apelo ao princípio da proporcionalidade.

3. A oponibilidade ao defensor constituído esvaziaria uma garantia constitucional do indiciado (CF, art. 5º, LXIII), que lhe assegura, quando preso, e pelo menos lhe faculta, quando solto, a assistência técnica do advogado, que este não lhe poderá prestar se lhe é sonegado o acesso aos autos do inquérito sobre o objeto do qual haja o investigado de prestar declarações.

4. (...) (STF, 1ª Turma, (HC. 82.354-8/PR, unânime, *Rel. Ministro Sepúlveda Pertence*, julgamento em 10 de agosto de 2004).

Finalmente, precisamos saudar, o STF manifestou-se especificamente sobre esses abusos que, nos últimos anos, haviam feito letra morta do texto constitucional, procedimento, que, aliás, o Ministério Público tem sido multirreincidente. *Mutatis mutandis*, o entendimento adotado para o inquérito policial, aplica-se a todos os eventuais procedimentos investigatórios criminais, sejam em que âmbito for. Enfim, é preciso repensar os poderes investigatórios exercidos pelo Ministério Público. Hoje, o cidadão investigado não tem nenhuma proteção diante do ilimitado poder que Instituição arvora-se dispor. Estamos assistindo à disseminação do abuso e o cidadão está perdendo a possibilidade de invocar, a seu favor, as garantias constitucionais que são constantemente violadas, inclusive com impedimento do crivo do Judiciário, como prevê o § 1º do art. 6º da Resolução n. 13, recentemente editada pelo Conselho Nacional do Ministério Público, conforme demonstraremos adiante.

Nessa linha, curvando-nos a bem elaborada pesquisa de *Luis Guilherme Vieira*, invocamos novamente o "Recurso Ordinário de HC n. 81.326-7,[19] a 2ª Turma do STF que, unanimemente, sob o voto condutor do Min. Nelson Jobim, *decidiu que o Ministério Público não possui atribuições para realizar, diretamente, investigação de caráter criminal*. Esse julgamento passou a ser o paradigma de muitas outras decisões de tribunais de todo o país que, antes com algumas hesitações, e posteriormente com mais segurança vêm consagrando o mesmo entendimento. Em seu voto, o Min. Jobim destaca que, historicamente, no direito processual penal brasileiro, as atribuições para realizar as investigações prepara-

---

[19] Brasil, STF, 2ª T. RO em HC 81.326-7-DF, rel. Min. Nelson Jobim. *DJU* 1º.8.2003.

tórias da ação penal têm sido da polícia, pelas mais diversas razões, as quais têm prevalecido a ponto de todas as iniciativas no sentido de mudar as regras, nessa matéria, terem sido repelidas, desde a proposta de instituir *Juizados de Instrução* feita pelo então Ministro da Justiça, Dr. Vicente Ráo, em 1935, passando pela elaboração da Constituição de 1988, da lei complementar relativa ao Ministério Público, em 1993, até propostas de emendas constitucionais em 1995 e 1999, com o objetivo de dar atribuições investigatórias ao *Parquet*".[20]

Na verdade, como lembra *Luis Guilherme*, o legislador brasileiro – constituinte e ordinário – sempre rejeitou a idéia de transformar o Ministério Público em "Grande Inquisidor", reservando-lhe o papel superior de *controlador/fiscalizador* das atividades policiais. Por isso, o Min. Jobim afirma, acertadamente, que a *mens legis* das normas em vigor é, seguramente, no sentido de manter as investigações criminais como atribuição exclusiva da polícia judiciária.[21]

7. A doutrina dos poderes implícitos

Argumenta-se, para se reconhecer poderes investigatórios criminais ao Ministério Público, que, *implicitamente*, estariam recepcionados pelo art. 129 da Constituição, e mesmo que se entenda que a Constituição não lhe tenha conferido expressamente os tais poderes, deve-se aplicar a *doutrina dos poderes implícitos*, considerando-se que se a Constituição assegura-lhe a competência privativa para promover a ação penal pública, deve, igualmente, garantir-lhe os meios necessários para tal fim.

A conhecida *doutrina dos poderes implícitos* tem suas origens na escola clássica do constitucionalismo norte-americano, radicada na concepção do Estado liberal. Trata-se de regra de interpretação, concebida no seio da Constituição americana, e como atribuía amplos poderes ao governo dos Estados Unidos, necessitava assegurar-lhe também os mais amplos meios para sua execução. Essa doutrina constitucional, no entanto, afasta a aplicação da doutrina dos poderes implícitos quando houver outra norma constitucional que cuide da competência que se pretende reconhecer implicitamente. Em outros termos, somente se admite a invocação dessa regra de interpretação onde houver *lacuna constitucional, ou então, quando houver* uma competência explícita e justificável que se pretenda aprofundar e não alargar.

No caso, porém, não se verifica nenhuma das duas hipóteses. Primeiramente, *não há lacuna constitucional na competência em questão*. A norma do art. 144 da Constituição da República atribui expressamente a *função de polícia judiciária* às polícias civis, federal e estaduais. Sendo assim, a Constituição indicou a Instituição, resultando impossível atribuí-la indistintamente a outro órgão, sem que o próprio legislador constituinte o tenha feito. Em segundo lugar, *não se*

---

[20] Apud VIEIRA, Luís Guilherme. Op. cit., p. 310
[21] Idem, ibidem.

cuidaria de aprofundar competência do Ministério Público, mas de criá-la, uma vez que, expressamente, a Constituição não atribuiu poderes investigatórios ao órgão ministerial, no âmbito processual penal. Aplicável, no caso, a incensurável lição de *Canotilho*[22] que sentencia: "A força normativa da Constituição é incompatível com a existência de competências não escritas salvo no caso de a própria Constituição autorizar o legislador a alargar o leque de competências normativo constitucionalmente especificado".

Em síntese, *poderes implícitos* só podem existir quando a Constituição for omissa, isto é, quando não conferir os *meios* expressamente em favor do titular ou em favor de outra autoridade, órgão ou instituição. Se, no entanto, expressamente outorgar a quem quer que seja o que se tem como *meio* para atingir o *fim* pretendido, não se pode falar em poderes implícitos.[23] Não há poder implícito onde este foi explicitado, expressamente estabelecido, mesmo que tenha sido em favor de outra instituição. Enfim, o poder implícito somente pode ser reconhecido quando a Constituição não disciplina a matéria: a competência que é atribuída a um órgão, não pode ser invocada por outro, sob nenhum pretexto, como acremente sentencia *Canotilho*:[24] "Mas são claros os limites dos poderes implícitos: eles não podem subverter a separação e a interdependência dos órgãos de soberania constitucionalmente estabelecida, *estando em especial excluída a possibilidade de eles afetarem poderes especificamente atribuídos a outros órgãos*".

Com efeito, não é uma opção sustentável a importação da doutrina dos poderes implícitos para nosso Estado constitucional, especialmente no caso *sub examen*. Necessariamente, destaca *José Afonso da Silva*, deve-se questionar se há entre a investigação preliminar e a ação penal uma relação de meio e fim. O *meio* para o exercício da ação penal consiste no aparato institucional com a habilitação, competência adequada e condições materiais para fazê-lo. O *fim* (finalidade, objetivo) da investigação penal, por sua vez, *não é a ação penal*, mas a apuração da autoria do delito, de suas causas, de suas circunstâncias. O resultado dessa apuração constituirá a instrução documental – o inquérito – (daí, tecnicamente, *instrução penal preliminar*) para fundamentar a ação penal e serve de base para a instrução penal definitiva.

8. A Resolução nº 13 do Conselho Nacional do Ministério Público e sua inconstitucionalidade

O art. 144, § 4º, da CF estabelece que *às polícias civis, dirigidas por delegados de polícia de carreira, incumbem, ressalvada a competência da União, as*

---

[22] CANOTILHO, José Joaquim Gomes. *Direito Constitucional e Teoria da Constituição*, 3ª ed., Coimbra, Almedina, 1999, p. 1.334.

[23] Cf. a doutrina de Marshall e de outros constitucionalistas em *Ruy Barbosa* e deste mesmo, *Comentários à Constituição Federal Brasileira*, Vol. 1, São Paulo, Saraiva, 1932, pp. 190 e ss.

[24] CANOTILHO, José Joaquim Gomes. *Direito Constitucional e Teoria da Constituição*, 3ª ed., Coimbra, Almedina, 1999, p. 494-495.

funções de polícia judiciária, e a apuração de infrações penais, exceto as militares. Significa afirmar-se "que a Constituição reservou à polícia civil estadual um campo de atividade exclusiva que não pode ser invadido por norma infraconstitucional e, menos ainda, por disposições de ato administrativo. Uma delas é a realização do inquérito policial, que constitui o cerne da atividade de polícia judiciária, que não comporta o controle do Ministério Público(...). A outra é que também à polícia civil, polícia judiciária, se reservou a função de apuração das infrações penais, o que vale dizer o poder investigatório, sendo, pois, de nítido desrespeito à Constituição normas que atribuam a órgão do Ministério Público a faculdade de promover diretamente investigações como o fez o art. 26 do ato 98/96".[25]

Ocorre que, a despeito pender de julgamento, no Supremo Tribunal Federal, a questão dos limites dos *poderes investigatórios do Parquet*, recentemente o *Conselho Nacional do Ministério Público* aprovou a *Resolução nº 13*, a pretexto de regulamentar o art. 8º da Lei Complementar nº 75/93 e o art. 26 da Lei nº 8.625/93, "disciplinando" os poderes investigatórios do órgão ministerial.

No entanto, *a inconstitucionalidade dessa Resolução* é inquestionável, posto que, escancaradamente, *viola o art. 22, inciso I*, da Carta Magna brasileira ao legislar em matéria processual penal. Em verdade, a dita *Resolução pretende regulamentar dispositivos de Lei que não tratam de poderes investigatórios do Ministério Público;* ou seja, não se trata de regulamentação, *in casu*, mas de verdadeira *criação de poderes investigatórios* em favor do órgão ministerial, ao arrepio do texto constitucional, e ainda na pendência de exame da matéria pela Suprema Corte. Refletindo sobre a possibilidade, *de lege ferenda*, de criar um procedimento investigatório criminal, para atribuir tais funções ao Ministério Público, com base no inciso IX do art. 129 da Constituição Federal, *Pellegrini Grinover* questiona qual seria o *instrumento normativo* adequado para tanto? Ela própria responde taxativamente:

> Somente a lei, é evidente. O princípio da reserva legal o impõe. E o § 5º do art. 128 da Constituição reforça o entendimento, quando estabelece que as atribuições do MP serão estabelecidas por lei, observe-se lei complementar.
>
> Servirá a esse objetivo a Lei Orgânica do Ministério Público – LOMP em vigor, que prevê algumas funções investigativas para o MP? Não. As referidas atribuições ligam-se ao exercício da ação civil pública, outra função institucional do MP, nos termos do art. 129, III, da Constituição. Só lei complementar, que atribuísse expressa e especificamente funções investigativas penais ao órgão ministerial, teria o condão de configurar o instrumento normativo idôneo para atribuir outras funções ao MP, não contempladas nos incs. I a VIII do art. 129, com base na previsão residual do inc. IX. Surge, portanto, outra conclusão: sem a lei complementar acima referida, o MP não pode exercer funções investigativas penais. Por via de conseqüência, são flagrantemente inconstitucionais e desprovidos de eficácia os atos normativos editados no âmbito do MP, instituindo e regulando a investigação penal pelos membros do *Parquet*.[26]

---

[25] SILVA, José Afonso da Silva, *Controle externo da atividade policial como uma das funções institucionais do Ministério Público – Entendimento do art. 129, VII, da Constituição Federal – Conteúdo da lei complementar e seus limites constitucionais – Competências exclusivas das polícias*, em Revista ADPESP, ano 17 – n. 22 – dezembro 1998, pp. 19 e ss.

[26] GRINOVER, Ada Pellegrini. *Investigações pelo Ministério Público*. Boletim IBCCRIM, São Paulo, v. 12, n. 145, p. 5, dezembro de 204.

Poderes e atribuições privativas do Poder Judiciário também foram invadidos na referida Resolução. Autoriza-se o órgão ministerial a promover o arquivamento do "procedimento investigatório criminal", sem qualquer controle por parte do Judiciário. Atribui-se, com efeito, o poder de requisitar "condução coercitiva de testemunhas"; assegura-se ao órgão ministerial o acesso incondicional a qualquer banco de dados de caráter público ou relativo a serviço de relevância pública. Destacando-se, para não pairar qualquer dúvida sobre a ausência de quaisquer limites, que "nenhuma autoridade poderá opor ao Ministério Público, sob qualquer pretexto, a exceção de sigilo, sem prejuízo da subsistência do caráter sigiloso da informação, do registro, do dado ou do documento que lhe seja fornecido" (art. 6º, § 1º, da Resolução).

Resta claro, pelo texto citado, que o Ministério Público pretende afastar de suas atividades investigatórias (por que, venia concessa, de poder não se trata) o crivo do próprio Poder Judiciário, numa afronta gritante ao texto constitucional. Seria o *Parquet* um superpoder, superior aos Três Poderes da República? Pode não ser, mas que parece, parece.

Por outro lado, o Conselho Nacional do Ministério Público não tem legitimidade para "legislar" sobre a matéria, ao contrário da invocação daquele, como se pode constatar: "O CONSELHO NACIONAL DO MINISTÉRIO PÚBLICO, no exercício das atribuições que lhe são conferidas pelo artigo 130-A, § 2º, inciso I, da Constituição Federal e com fulcro no art. 64-A de seu Regimento Interno,". Contudo, examinemos o conteúdo dos dois dispositivos invocados, começando por aquele da Carta Magna:

Art. 130-A (...),

§ 2º (...),

I – zelar pela autonomia funcional e administrativa do Ministério Público, podendo expedir atos regulamentares, no âmbito de sua competência, ou recomendar providências.

Tampouco o artigo do *Regimento Interno do CNMP* cria ou disciplina tal atribuição, posto que se limita a regrar o procedimento interno de projetos de resolução naquele colegiado:

Art. 64-A. Os procedimentos que visem a expedição de atos de caráter normativo/regulamentar terão a seguinte tramitação: (Incluído pela Emenda Regimental nº 1 de 2006) (...).

Há claramente, como se pode constatar, invasão de reserva constitucional atribuída, com exclusividade, ao Poder Legislativo da União, fonte única de normas processuais, como já registramos. Aliás, nessa linha, já existe a ADI nº 3.806, proposta pela Associação dos Delegados de Polícia do Brasil – ADEPOL/BRASIL, distribuída em 10/10/2006, tendo como relator o Ministro Ricardo Lewandowski, argüindo a inconstitucionalidade da Resolução CNMP nº 13, de 2/10/2006.[27] No mesmo sentido, o Conselho Federal da OAB, em sua composi-

---

[27] Até a presente data, os requerimentos de concessão de medida liminar pleiteados nas ADIs não foram apreciados pelo ministro-relator.

ção plenária, deliberou no dia 30 de outubro do corrente ano que a Ordem dos Advogados deve ajuizar uma ADI postulando o reconhecimento da inconstitucionalidade não apenas da referida resolução, como também dos próprios poderes investigatórios pretendidos pelo Ministério Público.

Enfim, indiscutivelmente, a Resolução nº 13 ofende a Constituição Federal sob vários aspectos, sendo inevitável a declaração de sua inconstitucionalidade, em homenagem aos postulados do Estado Democrático de Direito.[28] Reforça nossa conclusão, o magistério de Ada Pellegrini Grinover, *in verbis*: "sem a lei complementar acima referida, o MP não pode exercer funções investigativas penais. Por via de conseqüência, são flagrantemente inconstitucionais e desprovidas de eficácia os atos normativos editados no âmbito do MP, instituindo e regulando a investigação penal pelos membros do *Parquet*".

Pois bem, após vermos que a unanimidade dos grandes autores que se debruçaram sobre o tema sustentam que é impossível reconhecer-se, nos limites do marco constitucional brasileiro, poderes investigatórios atribuídos ao Ministério Público, convém que se faça, ainda que superficialmente, uma análise sobre o entendimento jurisprudencial, particularmente sobre o entendimento do STF.

9. Evolução da jurisprudência do Supremo Tribunal Federal acerca da ilegitimidade do Ministério Público para realizar investigação criminal[29]

No âmbito da jurisprudência do Supremo Tribunal Federal, esta matéria vem sendo discutida há algum tempo, sendo que ainda não temos um posicionamento firmado. Ao que parece, o primeiro julgado da Suprema Corte sobre este tema foi o HC 77.371/SP, relatado pelo Ministro Nelson Jobim. Nesse julgado, muito embora não tenha sido enfrentada diretamente a questão da legitimidade do Parquet para realizar atos investigatórios em matéria penal, o Tribunal entendeu possível que o Ministério Público realizasse oitiva de testemunhas antes do oferecimento da exordial acusatória. Vejamos o teor da ementa:

EMENTA: *HABEAS CORPUS*. PROCESSO PENAL. SENTENÇA DE PRONÚNCIA. PROVA COLHIDA PELO MINISTÉRIO PÚBLICO.

---

[28] SILVA, José Afonso da Silva. *Controle externo da atividade policial como uma das funções institucionais do Ministério Público – Entendimento do art. 129, VII, da Constituição Federal – Conteúdo da lei complementar e seus limites constitucionais – Competências exclusivas das polícias* (Parecer), em Revista ADPESP, ano 17 – n. 22 – dezembro 1998, pp. 19 e ss.: "*De passagem, já me manifestei sobre o tema, nos termos seguintes*: "o art. 144, § 4º, estatui que às polícias civis, dirigidas por delegados de polícia de carreira, incumbem, ressalvada a competência da União, as funções de polícia judiciária, e a apuração de infrações penais, exceto as militares. Isso quer dizer que a Constituição reservou à polícia civil estadual um campo de atividade exclusiva que não pode ser invadido por norma infraconstitucional e, menos ainda, por disposições de ato administrativo. Uma delas é a realização do inquérito policial, que constitui o cerne da atividade de polícia judiciária, que não comporta o controle do Ministério Público. (...) A outra é que também à polícia civil, polícia judiciária, se reservou a função de apuração das infrações penais, o que vale dizer o poder investigatório, sendo, pois, de nítido desrespeito à Constituição normas que atribuam a órgão do Ministério Público a faculdade de promover diretamente investigações como o fez o art. 26 do ato 98/96".

[29] Todo o conteúdo desta pesquisa jurisprudencial foi realizada pela colega Dra. Débora Poeta Weyh.

Inocorre excesso de linguagem na sentença de pronúncia que apenas demonstra a existência de indícios de claros e suficientes de autoria e motiva sucintamente a ocorrência de qualificadora do homicídio. E remete ao Tribunal do Júri a solução da questão.

Legalidade da prova colhida pelo Ministério Público. Art. 26 da Lei 8625/93.

Ordem denegada. (Grifo nosso)

[STF, HC 77.371-3/SP; 2ª Turma, Rel. Min. Nelson Jobim, Unânime, DJ. 01/09/98].

Pouco tempo depois, esta mesma Turma enfrentou novamente a questão no julgamento do RE 205473. Desta vez, contudo, chegando à conclusão diversa, ou seja, a de que *o Parquet não possui legitimidade para conduzir diretamente investigação criminal*, in verbis:

EMENTA: CONSTITUCIONAL. PROCESSO PENAL. MINISTÉRIO PÚBLICO. ATRIBUIÇÕES, INQUÉRITO. REQUISIÇÃO DE INVESTIGAÇÕES. CRIME DE DESOBEDIÊNCIA. CF, art. 129, VIII; art. 144, §§ 1º e 4º.

I – Inocorrência de ofensa ao art. 129, VIII, CF, no fato de a autoridade administrativa deixar de atender requisição do membro do Ministério Público no sentido da realização de investigações tendentes à apuração de infrações penais, mesmo porque *não cabe ao membro do Ministério Público realizar, diretamente, tais investigações, mas requisita-las à autoridade policial, competente para tal (CF, art. 144, §§ 1º e 4º)*. Ademais, a hipótese envolvia fatos que estavam sendo investigados em instância superior.

II – RE não conhecido. (Grifo nosso)

[STF, RE 205.473-9/AL; 2ª Turma, *Rel. Min. Carlos Velloso*, Unânime, DJ. 15/12/98]

O posicionamento adotado pela Turma fica ainda mais claro no seguinte excerto do voto do Min. Relator, *in verbis:*

(...) porque *não compete ao Procurador da República*, na forma do disposto no art. 129, VIII, da Constituição da Federal, *assumir a direção das investigações*, substituindo-se à autoridade policial, dado que, tirante a hipótese inscrita no inciso III do art. 129 da Constituição Federal, *não lhe compete assumir a direção de investigações tendentes à apuração de infrações penais* (art. 144, §§ 1º e 4º).

No ano seguinte, no julgamento do RE 233072, da relatoria do *Min. Néri da Silveira*, a 2ª Turma reconheceu, novamente, a *ilegitimidade do Ministério Público para realizar diretamente diligências investigatórias*, ficando vencidos o Ministro Relator e o Ministro Maurício Corrêa. Vejamos a ementa do julgado:

EMENTA: RECURSO EXTRAORDINÁRIO. MINISTÉRIO PÚBLICO. INQUÉRITO ADMINISTRATIVO. INQUÉRITO PENAL. LEGITIMIDADE. *O Ministério Público* (1) *não tem* competência para promover inquérito administrativo em relação à conduta de servidores públicos; (2) nem *competência para produzir inquérito penal* sob o argumento de que tem possibilidade de expedir notificações nos procedimentos administrativos; (3) pode propor ação penal sem o inquérito policial, desde que disponha de elementos suficientes. Recurso não conhecido. (Grifo nosso)

[STF, RE 233.072-4/RJ; 2ª Turma, *Rel. Min. Néri da Silveira*, DJ. 18/05/99]

No ano de 2003, houve o julgamento do Recurso Ordinário em *Habeas Corpus nº 81.326/DF*, no qual a Suprema Corte, reformando decisão do Superior Tribunal de Justiça, *decidiu que ao Ministério Público é vedado conduzir diretamente investigação de feitos criminais*. Neste julgamento, diferentemente de todos os citados anteriormente, o voto condutor do acórdão trabalha, de forma detalhada, todos os argumentos contrários à possibilidade de o Ministério Púbico conduzir investigações. Por isso, tornou-se um precedente-paradigma.

A situação fática objeto do julgamento foi a seguinte: o *Parquet* expediu requisição a um Delegado de Polícia determinando seu comparecimento para prestar esclarecimentos em Procedimento Administrativo Investigatório Supletivo (PAIS), junto ao Núcleo de Investigação Criminal e Controle Externo da Atividade Policial. O julgado ficou ementado nos seguintes termos:

> RECURSO ORDINÁRIO EM *HABEAS CORPUS*. MINISTÉRIO PÚBLICO. INQUÉRITO ADMINISTRATIVO. NÚCLEO DE INVESTIGAÇÃO CRIMINAL E CONTROLE EXTERNO DA ATIVIDADE POLICIAL/DF. PORTARIA. PUBLICIDADE. ATOS DE INVESTIGAÇÃO. INQUIRIÇÃO. ILEGITIMIDADE.
>
> 1 – PORTARIA. PUBLICIDADE: A portaria que criou o Núcleo de Investigação Criminal e Controle Externo da Atividade Policial no âmbito do Ministério Público do Distrito Federal, no que tange a publicidade, não foi examinada no STJ. Enfrentar a matéria nesse Tribunal ensejaria supressão de instância. Precedentes.
>
> 2 – INQUIRIÇÃO DE AUTORIDADE ADMINISTRATIVA. ILEGITIMIDADE: A Constituição Federal dotou o Ministério Público do poder de requisitar diligências investigatórias e a instauração de inquérito policial (CF, art. 129, III). *A norma constitucional não contemplou a possibilidade do parquet realizar e presidir inquérito policial. Não cabe, portanto, aos seus membros inquirir diretamente pessoas suspeitas de autoria de crime. Mas requisitar diligência nesse sentido à autoridade policial. Precedentes.*
>
> O recorrente é delegado de polícia e, portanto, autoridade administrativa. Seus atos estão sujeitos aos órgãos hierárquicos próprios da Corporação, Chefia de Polícia, Corregedoria. Recurso conhecido e provido. (grifo nosso). [STF, RHC 81326-7/DF; 2ª Turma, *Rel. Min. Nelson Jobim*, unânime, DJ. 01/08/2003]

Vejamos os principais argumentos utilizados pelo voto do Ministro Relator, acompanhado, à unanimidade, pelos demais Ministros integrantes da 2ª Turma:

Ab initio, o Ministro traz elementos históricos com o fim de demonstrar *a atribuição exclusiva da polícia para realização de diligência investigatória em matéria penal.* Faz referência à tentativa, em 1936, de criação dos *Juizados de Instrução,* a qual restou fadada ao insucesso por opção do legislador em manter o Inquérito Policial. Ressalta, ainda, que *a Policia Judiciária é exercida pelas autoridades policiais, sendo o Inquérito Policial o instrumento adequado de investigação na esfera penal para subsidiar o Ministério Público na instauração da ação penal.* Menciona precedentes de *Nelson Hungria* no Supremo Tribunal, quando afirmara: "(...) o Código de Processo Penal (...) não autoriza, sob qualquer pretexto, semelhante deslocação da competência, ou seja, a substituição da autoridade policial pela judiciária e membro do MP na investigação do crime..". Refere, também, que na Assembléia Nacional Constituinte de 1988 o processo de instrução presidido pelo Ministério Público foi debatido e rejeitado. O último elemento histórico alegado no voto foi que "O Constituinte rejeitou as emendas 945, 424, 1025, 2095, 20524, 24266 e 30513, que, de um modo geral, davam ao Ministério Público a supervisão, avocação e o acompanhamento da investigação criminal".

Além de argumentos históricos, o Ministro assinalando os arts. 144, § 4º, 129, VIII, ambos da CF, bem como os arts. 7º e 8º da LC 75/93, conclui que *o poder de realizar* investigação criminal *é exclusivo da Polícia*, restando ao Ministério Público o poder para *requisitar* diligências investigatórias. Ao final, colaciona precedentes anteriores do Supremo Tribunal Federal, decidindo pelo provimento do recurso para o fim de anular a requisição expedida pelo *Parquet* por falta de legitimidade para realizar atos de investigação criminal.

Nota-se que os precedentes até aqui referidos são oriundos das Turmas da Suprema Corte, não tendo a matéria chegado – de forma direta – ao Plenário. Isso ocorreu no julgamento do *Inquérito 1968/DF*, o qual se encontra suspenso, com pedido de vista do Ministro Cezar Peluso. O fato subjacente deste Inquérito é a existência, em tese, de irregularidades na Clínica Santa Luzia na prestação de serviços médico-hospitalares, com supostos desvirtuamentos de recursos provenientes do SUS. O inquérito está sendo conduzido pelo Supremo Tribunal Federal porque um dos investigados era Deputado Federal na época dos fatos – Remy Abreu Trinta. A denúncia está embasada em diligências investigatórias conduzidas pelo Ministério Público Federal.

O *Ministro Marco Aurélio* – relator do Inquérito – votou no sentido de *ao Ministério Público não ser possível conduzir investigação criminal*, mas sim ser *parte* da ação penal. Os argumentos usados pelo ilustre relator, de forma sintética, remontam a distinção entre a "titularidade da ação penal e a feitura de investigações para alicerçá-la". Refere que a *Constituição determina pertencer ao Ministério Público o exercício da primeira tarefa, e à Polícia a legitimidade exclusiva para exercer a segunda*. Consigna que entender o contrário implicaria "inversão da disciplina constitucional, potencializando-se o objetivo a ser alcançado em detrimento do meio".

Logo após o voto do relator, o *Ministro Nelson Jobim* acompanhou-o. Em seguida, contudo, pediu vista o Ministro Joaquim Barbosa. Retomando o julgamento, votou o Ministro de forma contrária ao relator, entendendo deter o Ministério Público legitimidade para realizar diligências investigatórias. Amparou sua conclusão, principalmente, na teoria dos *poderes implícitos,* já rebatidos por nós acima.

Na mesma sessão os Ministros Eros Grau e Carlos Britto também apresentaram seus votos admitindo o poder investigatório do *Parquet*. Em síntese, o Ministro Carlos Britto entende que a investigação faz parte da natureza do Ministério Público e, por isso, privá-lo dessa tarefa retiraria sua própria natureza. Consigna, apenas, a capacidade de investigação criminal por conta própria não pode significar poder de abrir e presidir inquérito policial. Dessa forma, distingue investigação criminal de inquérito policial, deixando claro que este é apenas uma das espécies de investigação criminal.

O último voto já prolatado neste julgamento foi o do Ministro Eros Grau que – conforme já mencionado – concluiu pelo "reconhecimento de que o Ministério Público tem a sua disposição todos os meios necessários ao desempenho dessas funções, inclusive a investigação criminal". Para chegar a essa conclusão, o Ministro levantou a questão da impossibilidade da leitura isolada do art. 144, § 4º, da CF, aduzindo pela necessidade de fazer-se uma leitura totalitária da Constituição. Referiu também a necessidade de o *Parquet* dispor de todos os meios necessários para o exercício da titularidade plena e exclusiva da ação penal. Alertou que seu entendimento não se baseia na teoria dos poderes implícitos, mas sim no fato de que o § 4º do art. 144 da Constituição refere-se apenas ao Inquérito Policial, ou seja, a uma de tantas outras formas existentes de investigação criminal. Sendo assim, afirma o Ministro que "não há, no reconhecimento de que o Ministério Público pode [=deve] realizar investigação criminal, invasão, por ele, da competência atribuída às polícias civis. O que não pode é o Ministério Público instaurar inquérito policial. Apenas isso".

Depois desses votos, pediu vista dos autos o *Ministro Cezar Peluso,* estando, por conseguinte, até a presente data, pendente de julgamento o *Inquérito 1968/DF.*

Continuamos aguardando.

— 15 —

Breves considerações sobre o direito ao recurso no processo penal brasileiro

FABRÍCIO DREYER DE AVILA POZZEBON

Advogado. Vice-Diretor da Faculdade de Direito da PUCRS. Professor de Direito Penal na PUCRS. Mestre e Doutor em Direito pela PUCRS.

Prolatada uma sentença penal[1] condenatória pelo juízo monocrático, deverão ser intimados tanto o acusado como seu defensor, independentemente da interposição de recurso pelo Ministério Público, pelo Querelante ou pela assistência à acusação. Se o réu e/ou seu defensor manifestar (em) interesse em apelar no prazo legal,[2] deverá o juiz intimar o defensor para que apresente as razões de apelação, se já não tiver feito quando da interposição ou não tiver protestado pelo oferecimento de razões em segundo grau de jurisdição, na forma do artigo 600, § 4º, do Código de Processo Penal.

Oferecidas as razões ou findos os prazos para este fim, os autos deverão ser remetidos à superior instância para exame, pois uma vez recebida a apelação não pode mais o juiz de primeiro grau reconsiderar a decisão anterior para impedir a

---

[1] Para Aramis NASSIF, a sentença penal "é o ato de reduzir a um espaço documentado, estrito, oficial, praticado por juiz competente, toda a gama de circunstânciass e emoções visíveis e descritíveis informadas com as garantias constitucionais do processo, ocorrentes em um fato praticado com a necessária intervenção humana, que a lei traduz como crime, para o efeito de confirmar ou desconstituir, determinando sanções legais, ou preservando o estado de inocência do cidadão-acusado". NASSIF, Aramis. Reflexões crítico-fragmentárias sobre a sentença pena. *In*: CARVALHO, Salo de (Org.). *Leituras constitucionais do sistema penal contemporâneo*. Rio de Janeiro: Lumen Juris, 2004. p. 209 e 219.

[2] Entende-se que o artigo 577 do Código de Processo Penal, ao dispor que o recurso pode ser interposto pelo réu, seu procurador ou defensor, deve ser entendido de forma ampla, à luz da garantia constitucional à ampla defesa: a) com a interposição por advogado sem procuração nos autos, quando constituído oralmente; b) pelo defensor dativo, ainda que sem a anuência do acusado preso; d) pela defensoria pública, mesmo em caso de réu revel; e) pelo curador do réu, ainda que contra a vontade deste; f) por qualquer manifestação que o réu lance nos autos ou no mandado de intimação, tais como "apelo", "recorro", "inocente"; ou ainda, ao declarar, oralmente, sua vontade de recorrer no ato da notificação.

subida dos autos ao segundo grau.³ No caso de o acusado haver manifestado desejo de apelar e o recurso não tiver sido arrazoado pelo seu defensor constituído, embora intimado, deve o acusado ser cientificado da desídia do patrono para que, se assim desejar, constituir outro.⁴ Não sendo este o caso, o juiz irá nomear-lhe defensor dativo, para que apresente as razões de apelo. É o que, em nosso entendimento, deve ocorrer sempre.⁵ Interposto o recurso, para que possa, efetivamente, ser exercido o direito ao contraditório e à ampla defesa, é necessário, sempre, o oferecimento de razões, ainda que através de defensor nomeado para tanto. Estes casos obedecem à visão tradicional da doutrina e da jurisprudência sobre o recurso de apelação e o oferecimento de razões.

No entanto, nossa preocupação neste caso é ainda outra. Como afirma Weber Martins Batista,⁶ ao tratar da hipótese de réu pobre assistido por defensor dativo que, intimado pessoalmente ou por edital, não manifesta desejo expresso de recorrer, ocasionando, não raramente, o trânsito em julgado do *decisum*:

> não é verdade, longe disso, que o julgamento de primeiro grau seja uma mera preparação da decisão do tribunal superior, nem tem sentido imaginar que só se obtenha justiça com esta última decisão. A sentença monocrática, além de ser verdadeira e completa forma de prestação jurisdicional, é justa na grande maioria dos casos. Em algumas hipóteses, no entanto, humanos que são os juízes proferem decisões menos justas, de modo que, nesses casos, seria pelo menos prudente a parte recorrer ao tribunal superior.

Desta forma, se o direito a um novo olhar sobre o feito se dará com o exame da decisão monocrática condenatória pela superior instância, através do recurso de apelação cabível, o que ocorrerá quando, intimados o acusado e seu defensor ou apenas um deles (em razão de revelia, por exemplo), não houver interposição de recurso no prazo legal? Sim, porque da mesma forma como é possível o defensor não ter oferecido razões mesmo efetivada sua intimação para tanto, como

---

³ Aliás, o artigo 601 do Código de Processo Penal é expresso no sentido de que "findos os prazos para razões, os autos serão remetidos à instância superior com ou sem elas".

⁴ A Súmula 708 do Excelso Supremo Tribunal Federal é expressa neste sentido: "é nulo o julgamento da apelação se, após a manifestação nos autos da renúncia do único defensor, o réu não foi previamente intimado para constituir outro". Aliás, A Excelsa Corte tem entendido que é indispensável o oferecimento de contra-razões, pelo defensor dativo, ao recurso do Ministério Público que pretende condenação mais gravosa ao réu. Em que pese, mesmo sem razões, possa o apelo ser conhecido e julgado, se houver prejuízo ao réu, poderá haver nulidade por cerceamento de defesa. Portanto, vários tribunais, nestes casos, têm convertido o julgamento em diligência para o oferecimento de razões.

⁵ Neste sentido, o Anteprojeto de Reforma do Código de Processo Penal prevê a exigência de interposição de apelo acompanhado de razões. "Artigo 578. O recurso será interposto por petição, acompanhada das razões. Parágrafo Único. Ao acusado é facultado interpor o recurso pessoalmente, por termo nos autos, devendo nessa hipótese ser intimado seu defensor ou procurador para arrazoá-lo em 5 (cinco) dias".

⁶ BATISTA, Weber Martins. *Direito penal e direito processual penal*. Rio de Janeiro: Forense, 1996. p. 217 e 218. E completa o autor: "Muito diferente do advogado do réu, no juízo cível, é a figura do defensor do réu, no juízo penal. Aqui o acusado deve, de regra, ser assistido por um defensor técnico, e isso não apenas em razão da ampla defesa, mas, sobretudo, por força da garantia constitucional do contraditório. A justa solução dos conflitos em matéria penal ultrapassa os limites do mero interesse individual do réu, para ingressar na órbita do interesse social. Daí porque a assistência técnica ao réu por profissional com capacidade postulatória, mero pressuposto de atuação processual no juízo cível, constitui verdadeiro pressuposto processual no juízo penal, sendo nulo o processo onde ao réu não for nomeado defensor".

tradicionalmente se discute, o próprio recurso pode não ter sido interposto. E, no caso de réu revel ou foragido, que pode não ter sido intimado ou haver manifestado desejo de apelar à instância superior? Sem contar as hipóteses de acusados, na maioria das vezes de setores menos privilegiados da sociedade, que aguardam o apelo por parte de seus defensores, os quais, por desinteresse, desídia, desentendimento financeiro ou tantos outros motivos, nada fazem.

Inicialmente, para que não passe o recurso de apelação a ser um recurso obrigatório e perca seu caráter de voluntariedade, oportunidade e conveniência, tornando-se um recurso de ofício não previsto no rol exemplificativo do artigo 574 do Código de Processo Penal e até, de forma prejudicial ao réu que tem direito de arrazoar a sua inconformidade através do seu defensor de confiança; entende-se que com a intimação do acusado e seu procurador, havendo manifestação expressa nos autos da inexistência de interesse em recorrer, a vontade demonstrada deve prevalecer.[7] Entretanto, com uma observação: concorda-se com Tourinho Filho que se o réu manifesta expressamente que não deseja apelar, mas o defensor nomeado ou constituído diverge, deve prevalecer a opinião deste último, pois, tecnicamente mais interessante para o acusado e propicia uma maior amplitude defensiva.[8] Todavia, discorda-se quando afirma o autor que se o réu deseja apelar e o defensor não, também a posição deste último deverá prevalecer, sob o argumento de que: "permitindo-se que o próprio réu seja o árbitro dessa situação, não se poderá dizer que sua defesa foi ampla" ou que "se o defensor não vislumbrar nada que possa vir em benefício do seu patrocinado não deve apelar".[9]

Em primeiro lugar, não há como se afirmar que o não-recorrer de uma condenação penal à superior instância possa significar ampla defesa e recorrer não. Ademais, a ampliação da visibilidade sobre o processo e o compartilhamento da motivação sempre podem trazer "agradáveis surpresas", sem qualquer prejuízo

---

[7] Inclusive, é pacífico que o réu pode tanto renunciar como desistir do recurso interposto, adotados os cuidados para que, quando parte dele esta iniciativa, seja formalizada em termo próprio nos autos ou perante o próprio juízo, ou ainda, através do seu procurador com outorga de poderes especiais.

[8] Este é o sentido da Súmula 705 do Supremo Tribunal Federal ao dispor que a renúncia pelo réu do direito de apelação, manifestada sem a assistência do defensor, não obsta seja recebida a apelação interposta por este. É também a posição do Superior Tribunal de Justiça (*Revista do Superior Tribunal de Justiça*. Brasília, n. 42, p. 89, jan. 1997) e do Supremo Tribunal Federal (*Revista Trimestral de Jurisprudência*. Brasília, n. 80, p. 497, maio 1997; n. 79, p. 422, fev. 1977). Mas existe posição em contrário, sob o argumento de que se o réu pode desconstituir seu defensor no processo que é o mais, pode também desautorizar o recurso interposto em seu nome, que é o menos (*Revista dos Tribunais*. São Paulo, n. 655, p. 380, maio 1990).

[9] TOURINHO FILHO, Fernando da Costa. *Manual de processo penal*. 4. ed. São Paulo: Saraiva, 2002, p. 701, responde ao questionamento se o defensor é obrigado a recorrer? A resposta é negativa pois se trata de recurso voluntário e não há lei que obrigue. E se o réu não quiser, poderá o procurador apelar? Entende neste sentido o autor que deve prevalecer a vontade do defensor, pois se subtraído da defesa técnica o direito de apelar ou não, de modo a melhor atender os interesses do réu. Segundo Tourinho Filho, se ficar a cargo do réu esta decisão não se poderá dizer que sua defesa foi ampla, cabendo-lhe perquirir se há alguma vantagem, pois o recurso é um ônus. Se nada vislumbrar que possa vir em benefício do acusado deve deixar de interpor a apelação. Mas quando o réu manfesta expressamente que não deseja apelar, mas tem o defensor constiuído, inclusive o defensor público, legitimidade para interpor o recurso de apelação, pois cabe a este o juízo da avaliação técnica de recorrer. (*Revista Trimestral de Jurisprudência*. Brasília, n. 154, p. 540, nov. 1995; n. 126, p. 610, nov. 1998; n. 156, p. 1074, jul. 1996; n. 122, p. 326, out. 1987).

ao acusado, uma vez que vigora a proibição da *reformatio in pejus*. Quanto ao argumento de que o defensor pode não vislumbrar qualquer possibilidade em favor do seu constituinte, é de se destacar a afirmação de que a apreensão do todo é impossível ao julgador.[10] E se é ao julgador, é também ao defensor. Desta forma, as partes do todo que fogem à visão do defensor podem significar uma melhora na situação do acusado, inclusive o próprio decurso do tempo.[11] Ademais, sendo a realidade complexa e dinâmica, é possível, após a condenação, surgirem fatos novos que beneficiem o acusado. Lembre-se que pode o réu ser reinterrogado e outras diligências podem ser determinadas por iniciativa do segundo grau de jurisdição[12] e que a juntada de documentos novos pode se dar em qualquer momento do processo.[13] Sem contar a possibilidade do reconhecimento de atenuantes inominadas, de *analogia in bonam partem*, ampliando o espectro de normas permissivas e todo um rol de instrumentos normativos que podem favorecer o acusado, à luz de uma nova percepção colegiada dos fatos. Lembra-se que um voto apenas em favor do réu, poderá gerar, ainda, o recurso de embargos infringentes com novo compartilhamento da decisão e mais olhares sobre a causa. Assim, o que deve ser objeto de reflexão é quando intimados, defensor e réu, da sentença condenatória, flui o prazo legal e nenhum deles interpõe recurso. Não manifestam expressamente nos autos que não desejam recorrer, apenas silenciam. As hipóte-

---

[10] Neste sentido, afirma COUTINHO, Jacinto Nelson de Miranda. Glosas ao verdade, dúvida e certeza, de Francesco Carnelutti, para os operadores do direito. *Revista de Estudos Criminais*, Porto Alegre, NOTADEZ/ PUCRS/ITEC, n. 14, p. 77-94, 2004: "Com efeito a verdade está no todo, mas ele não pode, pelo homem ser apreensível, a não ser por uma, ou alguma das partes que o compõe. Seria como uma figura geométrica, como um polígono, do qual só se pode receber a percepção de algumas faces. Aquelas da sombra, que não aparecem fazem parte do todo, mas não são percebidas porque não refletem no espelho da percepção. E completa o autor: "o todo é demais para nós".

[11] Como é o caso da prescrição intercorrente ou superveniente à condenação, prevista no artigo 110, § 1º, do Código Penal, regulada pela pena aplicada, se dá antes da setença penal transitar em julgado. Trata-se de modalidade de prescrição da pretensão punitiva, que, diversamente da prescrição da pretensão executiva (posterior ao trânsito em julgado), como afirma Cézar Roberto BITENCOURT, "tem como consequência a eliminação de todos todos os efeitos do crime: é como se este nunca tivesse existido". Assim, havendo a interposição do apelo, é procrastinado o trânsito em julgado, com possibilidade da implementação de prescrição mais favorável. Outro exemplo, bem mais raro, é o do acusado que até a data do julgamento do apelo interposto implementa 70 anos de idade, que boa parte da jurisprudência vem entedendo, leva à contagem do prazo prescricional pela metade, na forma do artigo 115 do Código Penal. BITENCOURT, Cezar Roberto. *Tratado de Direito Penal* – parte geral. 8. ed. V. 1. São Paulo: Saraiva, 2003, p. 713.

[12] Artigo 616 do Código de Processo Penal. "No julgamento das apelações poderá o tribunal, câmara ou turma proceder a novo interrogatório do acusado, reinquirir testemunhas ou determinar outras diligências". Entre estas diligências estão incluídas, por exemplo, a realização de prova pericial e a oitiva de testemunhas referidas. Quando a reiteração do interrogatório ou da oitva de pessoas se dá perante o próprio colegiado, denomina-se *juz novorum*. E como frisa Fernando da Costa TOURINHO FILHO, na linha do presente artigo, quando o recurso é interposto exclusivamente pela defesa, "eventual diligência a ser realizada não poderá objetivar a colheita de prova para piorar a situação do réu (RT, 503/350)". TOURINHO FILHO, Fernando da Costa. *Código de processo penal comentado*. V. 2. 3. ed. rev. mod. e ampl. São Paulo: Saraiva, 1998, p. 376.

[13] Assim dispõe o artigo 231 do Código de Processo Penal: "Salvo os casos expressos em lei, as partes poderão apresentar documentos em qualquer fase do processo". Os casos que a lei excepciona são os previstos nos artigos 406, § 2º, e 475, ambos do estatuto penal adjetivo. Nos processo de competência do Júri, não poderão as partes requerer a juntada de documentos na fase de "alegações finais", nem ler documentos em plenário, sem que dele seja dada ciência à parte contrária, no mínimo com três dias de antecedência, hipóteses estas que não dizem respeito a limitações em sede recursal.

ses em que o juiz subordina na sentença que, para o réu apelar, deva se recolher à prisão (artigo 594 do Código de Processo Penal), ou de deserção da apelação já interposta pela fuga do acusado (artigo 595 do referido estatuto penal adjetivo), serão logo, após, examinados sob a alegação de sua inconstitucionalidade.[14]

Retornando ao réu ou seu defensor silentes no prazo recursal quando intimados da sentença condenatória, o que deve fazer o juiz? Entende-se que não se pode adotar a presunção "quem cala consente", em nada familiarizada quando se trata de uma garantia constitucional que envolve o *jus libertatis* da pessoa. Quem cala pode estar sendo mal representado ou, até mesmo, negligente. Pode ter se desentendido com seu procurador habilitado. Pode ter mudado de endereço e não ter comunicado o juízo. Algum deles pode estar doente ou ter morrido (tanto o réu como seu advogado). Pode estar preso por outro motivo. Enfim, muitas coisas podem ter ocorrido. Por isto, para que possa haver neste caso compartilhamento da decisão com aumento da visibilidade do caso posto à decisão, e assim, a implementação do devido processo legal, do prolongamento da presunção de inocência, do exercício do contraditório e da ampla defesa com os meios e recursos a ela inerentes; enfim, do acesso à jurisdição em todas as suas fases e instâncias, incluindo, neste caso, o duplo grau de jurisdição, deverá o juiz – seja o defensor constituído, particular, público ou dativo – agir de modo a tornar efetivas estas garantias constitucionais, como dele se espera no Estado Democrático e Social de Direito. E de que forma?

Estendendo o mesmo procedimento de quando não são oferecidas as razões de apelo interposto. Caberá ao juiz reiterar a intimação do acusado e de seu defensor, estabelecendo prazo para que se manifestem, expressamente, sobre se há ou não interesse em recorrer.[15] Não havendo manifestação, mais uma vez, tenham sido eles localizados e intimados ou não, deverá o juiz nomear defensor para que apele e ofereça as respectivas razões ou, não sendo este o entendimento do defensor nomeado, manifeste-se, por escrito e fundamentadamente, sobre a eventual inocuidade da interposição do recurso em favor do réu. Somente, assim, se estará zelando pela efetividade das garantias constitucionais aqui referidas.[16] Trata-se

---

[14] CHOUKR, Fauzi Hassan. *Código de Processo Penal*: Comentários consolidados e crítica jurisprudencial. Rio de Janeiro: Lumen Juris, 2005. p. 849 a 854. Aponta o autor que "poucas matérias geraram tamanha discussão doutrinária e jurisprudencial, à luz da Constituição Federal e Convenção Americana de Direitos Humanos, quanto o artigo 594 do estatuto penal adjetivo, indicando, entre vários outros existentes a respeito, os artigos constantes nas Revistas Brasileiras de Ciências Criminais. São Paulo. volumes 4 (p. 161-166, out. e dez. de 1993); 10 (p. 151-156, abr. e junho de 1995); 15 (p. 385-387, jul. e set. 1996); e Boletins do IBCCrim, São Paulo, volumes: 14 (p. 07, março de 1994); 55 (p. 10-12, junho de 1997); e 42 (p. 05, junho de 1996)".

[15] E não se trata de obrigar o defensor nomeado, dativo ou público, a apelar, mas sim, de zelar pela efetividade da motivação compartilhada e pelo respeito às garantias nela abarcadas em um Estado Democrático e Social de Direito, através de manifestação técnica, expressa e motivada, de que inexiste tal desiderato, em caso de inércia. Nomeado o defensor dativo ou público para que apele, caso entenda que não é o caso de interposição do recurso, deverá fazê-lo expressamente, deduzindo os motivos da inocuidade.

[16] Recentemente, decidiu o Superior Tribunal de Justiça no mesmo sentido aqui sustentado: "Consoante a Súmula 523 do STF, a deficiência da defesa só anula o processo se houver prova do efetivo prejuízo para o réu o que ficou demonstrado in casu. A desídia do defensor, a acarretar a perda do prazo recursal, é hipótese de nulidade absoluta por cerceamento de defesa, tratando-se de matéria de ordem pública" (*Habeas Corpus* n.

de postura ativa exigível do juiz contemporâneo, consciente da importância das garantias (máxime envolvendo o *jus libertatis* do indivíduo) em um Estado Social e Democrático de Direito, diante da complexidade atual e dos limites do conhecimento como mitificados na modernidade, agravados pela presença da velocidade, da incerteza, da relativização do conceito de verdade e do risco.[17]

Tal é a importância da possibilidade de revisão dos julgados que, mesmo em se tratando de decisão proferida perante o Tribunal do Júri, prevê o inciso III do artigo 593 do Código de Processo Penal[18] a recorribilidade das decisões nas hipóteses de: *a)* nulidade posterior à pronúncia; *b)* discrepância entre a sentença e o veredicto dos jurados, ou entre a sentença e a lei; *c)* erro ou injustiça na graduação da pena; *d)* dissonância entre a decisão dos jurados e a prova; e *e)* nulidade por deficiência dos quesitos ou das respostas. Conquanto possuam os jurados inteira liberdade de julgar as questões de fato apresentadas no tribunal, fazendo-o de acordo com suas consciências e sem ficarem adstritos à lei e às provas, e ainda que assegurada constitucionalmente a soberania do veredicto,[19] é admitida a reapreciação da decisão do Conselho de Sentença. Consoante prevê o parágrafo terceiro do dispositivo em comento,[20] é restrita a análise e pronunciamento do órgão superior colegiado, sendo que este apenas verifica a regularidade ou não do julgamento popular, sem adentrar no mérito, e uma vez constada a irregularidade determina a feitura de nova sessão de julgamento. Contudo, tenha ou não intencionado, o legislador processual possibilitou ao colegiado excursionar entre os elementos de prova constantes no feito, eis que só através do exame das provas é que poderá concluir se a decisão terminativa lhe é manifestamente contrária.

37.368/PR, 6ª Turma, Relator Ministro Paulo Medina, julgado em 19.05.05, publicado no Diário de Justiça da União de 12.09.05, p. 374.

[17] Inclusive, o entendimento preponderante na esfera procesual penal é o de ampliar a possibilidade de manifestação recursal em prol do *jus libertatis* do acusado, o que se verifica, por exemplo, pela possibilidade do próprio órgão do Ministério Público, na sua função de *custos legis* prevista no artigo 257 do estatuto penal adjetivo, mesmo como parte acusatória que é, pode recorrer em favor do réu. Neste sentido: PINHEIRO, Paulo Cezar. *Comentário ao acórdão na apelação nº 62.142, do TJRJ, Revista de Direito Penal n. 19/20*. Rio de Janeiro: Forense, 1975. p. 117. Para Nelson NERY JÚNIOR, esta postura deve se dar também em ação penal privada se entender deva o réu ser absolvido. NERY JÚNIOR, Nelson. A legitimidade recursal do Ministério Público na ação privada e a interrupção da prescrição na Lei n. 5.250, de 9-02-67. *Justitia*, São Paulo, n. 109, p. 57-66, abr./jun. 1980.

[18] Dispõe o artigo 593, inciso III, do Código de Processo Penal: "Caberá apelação no prazo de cinco dias; (...) III – das decisões do Tribunal do Júri, quando: a) ocorrer nulidade posterior à pronúncia; b) for a sentença do juiz-presidente contrária à lei expressa ou à decisão dos jurados; c) houver erro ou injustiça no tocante à aplicação da pena ou da medida de segurança; d) for a decisão dos jurados manifestamente contrária à prova dos autos", prevendo ainda no parágrafo primeiro do mesmo dispositivo que "se a sentença do juiz-presidente for contrária à lei expressa ou divergir das respostas dos jurados aos quesitos, o tribunal *ad quem* fará a devida retificação".

[19] A Constituição Federal, segundo dispõe o artigo 5º, inciso XXXVIII, reconhece a instituição do júri, assegurando-lhe, além de outros, o sigilo das votações e a soberania dos veredictos.

[20] Pelo § 3º do artigo 593 do Código de Processo Penal, "se a apelação se fundar no n. III, d, deste artigo, e o tribunal *ad quem* se convencer de que a decisão dos jurados é manifestamente contrária à prova dos autos, dar-lhe-á provimento para sujeitar o réu a novo julgamento; não se admite, porém, pelo mesmo motivo, segunda apelação".

Ademais, é inconteste que os jurados julgam por íntima convicção, sem fundamentar seus posicionamentos, mas o fazem de acordo com os quesitos formulados pelo juiz e em conformidade com os fatos narrados no libelo e as teses apresentadas pelas partes, em um procedimento marcado pelas garantias constitucionais. Conseqüentemente, a resposta aos quesitos explicita a forma como pensam os juízes de fato, evidenciando o juízo que fazem acerca da hipótese delitiva ali imputada ao acusado, ainda que não se possa antever os motivos pelos quais adotam esta ou aquela tese argumentativa. Seus veredictos, portanto, são passíveis de reapreciação pelo colegiado superior, segundo prevê o diploma processual, até porque não oportunizada a discussão da matéria apreciada pelos jurados, diante do sigilo da votação como imperativo constitucional. Conforme Aramis Nassif,[21]

> todas as ocorrências do julgamento pelo Tribunal do Júri, mesmo as que distantes da verdadeira análise meritória, envolvem exame de prova, não produzem um juízo de reforma da decisão, pois ou será reformada no plus ilegal ou será anulado o julgamento.

Por isso afirma o autor, "o legislador, talvez preocupado com a exclusão do Tribunal do Júri do sistema do duplo grau de jurisdição, imposto pela tradição jurídica brasileira como princípio de direito", e hoje, com *status* constitucional como visto, "introduziu na lei processual penal brasileira, a apelação pelo fato da decisão dos Jurados ter sido manifestamente contrária à prova dos autos, como forma de autorizar o exame do acervo probatório". Desta forma, a decisão do Tribunal do Júri é colegiada por excelência, mas encontra sérias restrições no tocante às garantias do acusado, no tocante à fundamentação,[22] razão pela qual se impôs o controle pelo colegiado de eventuais abusos cometidos. Por este motivo, Aury Lopes Júnior[23] critica a falta de fundamentação das decisões do Tribunal do Júri, cláusula pétrea da Constituição, como negativa à jurisdição, pois sem os motivos que levaram os jurados a decidirem de uma forma ou de outra, ou o porquê da decisão. É a partir do saber que o poder é legitimado, pois a pena só pode ser imposta a quem pode ser considerado sujeito ativo do fato criminoso.

---

[21] NASSIF, Aramis. *O júri objetivo*. Porto Alegre: Livraria do Advogado, 1997. p. 122-126. E afirma, ainda, este autor, impressioná-lo o fato de o recurso em sentido estrito poder ser interposto para reformar o mérito, de acordo com a sistematização das inconformidades relativas ao Júri, enquanto a apelação, recurso mais amplo, promove adequações da sentença e nulidades do julgamento.

[22] Entre esses abusos, um dos mais evidentes, é o da formulação (ilegal, entende-se) do quesito genérico da co-autoria, que respondido positivamente, não só o réu, como ninguém mais, sabe, por qual conduta foi condenado. Neste sentido, Aramis NASSIF (*O júri objetivo. Op. cit.*, p. 163) afirma que o Tribunal do Júri do Estado do Rio Grande do Sul, contrariamente do que ocorre em todo o país, sem distinguir co-autoria de participação, tem exigido que após a votação negativa do quesito sobre a participação específica, seja quesitada a genérica (...O réu concorreu de qualquer modo...). Diversos juízes têm resistido à quesitação sem que seja descrito o modo de atuação ou da conduta contributiva do co-réu ao evento criminoso. E, para o autor, o fazem com correção, uma vez que viola, nitidamente, o direito constitucional à ampla defesa e até o princípio da legalidade, pois o réu deve tomar ciência pelo que foi condenado e se o foi por fato tipificado penalmente. Sobre a matéria ver Revista da AJURIS (*Revista da AJURIS*, Porto Alegre, n. 67, p. 50-59, jul. 1996).

[23] LOPES JÚNIOR, Aury. *Introdução crítica ao processo penal* – fundamentos da instrumentalidade garantista. Rio de Janeiro: Lumen Juris, 2004, p. 142.

Contudo, como afirma Adriano Marrey, em primeiro lugar, o juiz natural nos casos de crimes dolosos contra a vida, nem sempre é o Tribunal do Júri,[24] como nas hipóteses de delitos praticados por pessoas que gozam de prerrogativa de função, como ocorre, com Juízes e Promotores de Justiça, por exemplo. Quando for o caso de competência do Júri Popular, a questão se situa no "sigilo das votações" e na "soberania dos veredictos",[25] prevista no artigo 5°, XXXVIII, "b" e "c", da Constituição Federal de 1988, onde estão arrolados os direitos e garantias fundamentais de defesa dos acusados em geral. Existe, neste particular, uma má compreensão do alcance dos julgados da 2ª instância.

> Não são os jurados onipotentes com o poder de tornar o quadrado redondo e de inverter os termos da prova. Julgam eles segundo os fatos objeto do processo; mas exorbitam se decidem contra a prova. Não é para facultar-lhes a sua subversão que se destina o preceito constitucional. Se o veredicto do Conselho de Jurados foi manifestamente contrário à prova dos autos (o que importa em não julgar a acusação, e sim, assumir a atitude arbitrária perante ela) poderá o Tribunal de Justiça em grau de recurso, se reconhecer a incompatibilidade entre o veredicto proferido e a prova que instrui os autos, determinar que o próprio Júri se manifeste, sem substituir a decisão deste por outra própria.

Para Magalhães Noronha,[26] além da duplicidade de instâncias ser garantia imanente à ampla defesa (artigo 5°, XXXVIII, a, e LV), em processo penal, não pode haver decisão não-transitada em julgado intangível, ainda que promanada do Júri. Segundo o autor seria teratológico que uma decisão, seja ela qual fosse, permanecesse intocável, quando provas da inocência do acusado viessem demonstrar o equívoco cometido.[27] Desta forma, os preceitos legais relativos ao Tribunal do Júri devem ser compreendidos, guardadas suas peculiaridades e sua condição de direito e garantia constitucional, em consonância com as demais garantias previstas na lei maior. E em nível recursal, como acrescenta Frederico Marques,

> cabe o exame da decisão do Júri e sua adequação com a prova dos autos ao Poder Judiciário, a quem a própria Constituição confiou a guarda e tutela suprema dos direitos individuais. Natural, assim, analise se o direito individual ao julgamento pelo Júri, se exercido de maneira abusiva, atentou contra estes.[28]

---

[24] Segundo Clóvis RAMALHETE, o Júri é mais do que um mero órgão judiciário, é uma instituição política, acolhida entre os direitos e garantias individuais, a fim de que permaneça conservado em seus elementos essenciais, reconehcendo-se, seja, implicatamente, um direito dos cidadãos o de serem julgados por seus pares, ao menos sobre a existência material do crime e a procedência da imputação. Esse ato de julgar o fato do crime e sua autoria, é entre nós direito inviolável do indivíduo e não função atribuída ao juidicário. RAMALHETE, Clóvis. *apud* PORTO, Hermínio Alberto Marques. *Júri*. São Paulo: Malheiros, 1993. p. 51.

[25] MARQUES, José Frederico. *O júri no direito brasileiro*. 2. ed. São Paulo: Saraiva, 1955. p. 69 e 73. O autor destaca que "soberania dos veredictos" não se confunde com "onipotência insensata e sem freios". Trata-se de uma expressão técnico-jurídica que deve ser definida de acordo com a ciência dogmática do processo penal e não conforme exgeses de lastro filosófico, alimentadas em esclarecimentos vagos de dicionário.

[26] NORONHA, Edgard Magalhães. *Curso de Direito Processual Penal*. São Paulo: Saraiva, 1997, p. 514-515.

[27] Aliás, como afirma Aramis NASSIF, conforme doutrina e jurisrpudência majoritárias, admite-se a revisão criminal para revogar decisão promanada do Conselho de Sentença, uma vez satisfeitas as condições processuais a respeito. Assim, tem-se admitido que o juízo revisional possa absolver, desclassificar, anular o julgamento e alterar a pena, como é óbvio, sempre em favor do réu. NASSIF, Aramis. *O júri objetivo. Op. cit.*, p. 131.

[28] MARQUES, José Frederico. *O júri no direito brasileiro*. 2. ed. São Paulo: Saraiva, 1955, p. 71.

Semelhante hipótese ocorre na Justiça Castrense, onde o julgamento do acusado é feito por órgão jurisdicional colegiado, com previsão na Constituição Federal de 1988,[29] tanto para esfera federal como estadual. O Conselho de Sentença é formado por quatro juízes militares, pertencentes à força a que pertencer o processado, e um magistrado togado (Juiz Auditor), sendo o feito solvido pelo voto de todos e presidida a solenidade pelo Oficial de maior posto. Tanto as decisões proferidas pelo Conselho de Justiça como as prolatadas pelo auditor comportam reapreciação, conforme dispõe o artigo 510 do Código de Processo Penal Militar.[30] Ao contrário do que ocorre no Tribunal do Júri, há preparação dos juízes leigos para o desempenho de suas funções, assim como recomendação de que estes se manifestem durante o julgamento.

Portanto, segundo Aramis Nassif,[31] essa é uma diferença marcante entre o Júri e os juízes de fato no âmbito da Justiça Militar, preparados estes para interagir no julgamento. De qualquer modo, a reapreciação das decisões justifica-se, em ambos os casos, no interesse do indivíduo de rever a decisão que lhe é prejudicial, logrando um segundo olhar sobre o veredicto e obtendo um veredito final, bem como na necessidade da correta distribuição da justiça, com controle dos atos estatais e a observância das garantias constitucionais, evidenciadores que são do Estado Democrático de Direito, a legitimarem a decisão final.

Outros aspectos importantes na legislação processual apontam para a maior amplitude recursal possível. No que tange às decisões terminativas de mérito prolatadas pelo Juizado Especial Criminal, igualmente não há que se falar em restrição ao reexame da matéria por órgão colegiado. O ato sentencial acerca do fato punível, considerado de menor potencial ofensivo, mas prolatado por juízo monocrático, é passível de reapreciação pela Turma Recursal, a teor do que dispõe o artigo 82 da Lei n. 9.099, de setembro de 1995,[32] composta de três magistrados, com competência para rever tanto a matéria de direito como a de fato. Ademais, o artigo 806, § 1º, do Código de Processo Penal, é outro exemplo de salvaguarda recursal em benefício da defesa, pois, nos casos de ação penal privada, mesmo se o réu não recolher as custas, se for pobre, não há que se falar em deserção.

Da mesma forma, é possível ainda inferir a relevância do reexame das decisões terminativas de mérito também nos artigos 575 e 579 do Código de Processo Penal, na medida em que estes autorizam a revisão da decisão monocrática ainda

---

[29] Quanto à Justiça Militar da União, dispõe o artigo 122, inciso II: "São órgãos da Justiça Militar: II – os Tribunais e Juizes Militares instituídos por lei". No que diz com a Justiça Militar estadual, prevê o § 3º do artigo 125: "A lei estadual poderá criar, mediante proposta do Tribunal de Justiça, a Justiça Militar estadual, constituída, em primeiro grau, pelos Conselhos de Justiça e, em segundo, pelo próprio Tribunal de Justiça, ou por Tribunal de Justiça Militar nos Estados em que o efetivo da polícia militar seja superior a vinte mil integrantes".

[30] Dispõe o artigo 510 do Código de Processo Penal Militar: "Das decisões do Conselho de Justiça ou do auditor poderão as partes interpor os seguintes recursos: a) recurso em sentido estrito; e b) apelação".

[31] NASSIF, Aramis. *Júri*: instrumento da soberania popular. *Op. cit.*, p. 81.

[32] Prevê o artigo 82 da Lei n. 9.099, de setembro de 1995: "Da decisão de rejeição da denúncia ou queixa e da sentença caberá apelação, que poderá ser julgada por turma composta de 3 (três) juízes em exercício no primeiro grau de jurisdição, reunidos na sede do Juizado".

que inadequado seja o recurso interposto ou extemporâneo o seu recebimento por culpa de terceiros. E segundo as regras processuais vigentes, interposto um recurso por outro deve o magistrado, reconhecendo o equívoco e a inexistência de má-fé da parte recorrente, mandar que a insubordinação se processe de acordo com o rito correspondente ao instrumento adequado. Trata-se do princípio da fungibilidade dos recursos, ou do recurso indiferente, disposto no artigo 579 do Código de Processo Penal[33] e no artigo 514 do Código de Processo Penal Militar.[34] Acerca do tema, pontifica Magalhães Noronha:[35]

> O recurso é remédio processual que atende à necessidade da efetivação da justiça, da exata aplicação do direito, que não deve ser prejudicado por erro na escolha do meio, por via do qual ele se realizará. Acima da legitimidade formal do recurso está o fim a que visa.

A norma referida exige não apenas a inocorrência de má-fé da parte que opõe o instrumento inadequado, como a interposição deste no prazo apropriado ao recurso admissível. Determina que o juiz empreste ao recurso o procedimento cabível, recebendo-o como se fosse o pertinente à hipótese e, com isto, reexaminando a matéria levada à apreciação do Judiciário.

De igual forma, pela sistemática adotada no direito pátrio, não fica prejudicado o recurso que, por erro, falta ou omissão de funcionário, não tiver seguimento ou não for apresentado no prazo devido. Sobre o tema, refere Magalhães Noronha[36] que "não é justo que o interessado sofra prejuízo em virtude da conduta de outrem, quando não concorreu para a desobediência à Lei". O artigo 575 do Código de Processo Penal[37] visa a impedir seja o recorrente prejudicado pelo erro ou desídia dos funcionários incumbidos do recebimento e processamento dos recursos. Como bem leciona Tourinho Filho,[38]

> se, por acaso, no prazo legal, a parte protocola o seu recurso e, por *fas* ou por *nefas*, a petição chega às mãos do órgão jurisdicional tardiamente, não se pode dizer seja ele extemporâneo. Às vezes pode ocorrer, dependendo da Comarca, seja a petição de recurso entregue em Cartório, mas, por inércia ou negligência do funcionário é apresentada a despacho a destempo; nem por isso a parte fica prejudicada.

Depreende-se de tais normas, portanto, a intenção do legislador pátrio de garantir ao réu o direito de recorrer da decisão terminativa que lhe é desfavorável.

---

[33] Dispõe o artigo 579 do Código de Processo Penal: "Salvo a hipótese de má-fé, a parte não será prejudicada pela interposição de um recurso por outro. Parágrafo único. Se o juiz, desde logo, reconhecer a impropriedade do recurso interposto pela parte, mandará processá-lo de acordo com o rito do recurso cabível".

[34] Reza o artigo 514 do Código de Processo Penal Militar: "Salvo a hipótese de má-fé, não será a parte prejudicada pela interposição de um recurso por outro. Parágrafo único: Se o auditor ou o Tribunal reconhecer a impropriedade do recurso, mandará processá-lo de acordo com o rito do recurso cabível".

[35] NORONHA, Edgard de Magalhães. *Op. cit.*, p. 338.

[36] *Ibid.*, p. 338.

[37] O artigo 575 do Código de Processo Penal reza: "Não serão prejudicados os recursos que, por erro, falta ou omissão dos funcionários, não tiverem seguimento ou não forem apresentados dentro do prazo".

[38] TOURINHO FILHO, Fernando da Costa. *Código de processo penal comentado. Op. cit.*, p. 274.

Sopesando tal entendimento com os demais aspectos aqui abordados, forçoso concluir-se pela inconstitucionalidade da limitação imposta nos artigos 594 e 595 do Código de Processo Penal.[39] Os doutrinadores pátrios costumam apontar a inconstitucionalidade de tais dispositivos na ofensa ao estado de inocência e à ampla defesa com os meios e recursos a ela inerentes,[40] deixando de destacar que, especialmente, atentam contra a garantia constitucional de acesso à justiça e, como corolário lógico, na idéia de direito à motivação compartilhada das decisões

---

[39] O Superior Tribunal de Justiça e o Supremo Tribunal Federal têm entendido pela constitucionalidade dos referidos dispositivos. Neste sentido destaca-se as seguintes decisões: Recurso Extraordinário 299835/MS, Segunda Turma, Rel. Ministro Néri da Silveira, j. 20/11/2001, DJU 08/02/2002, p. 266: *"Habeas corpus* concedido de ofício, após fuga do réu, fundado em afronta ao princípio da ampla defesa, do acesso ao judiciário e do duplo grau de jurisdição, por ter sido julgada deserta a apelação interposta, vez que a sentença não lhe permitira o recurso em liberdade. Tese recorrida que não tem sido consagrada por esta Corte. No RHC 73.274/SP, afirmou-se que "empreendida a fuga, incide a deserção do recurso interposto. O fato do apelante ser recapturado antes do julgamento da apelação não afasta o mundo jurídico o fenômeno ocorrido, ou seja, a deserção do recurso com trânsito em julgado da sentença condenatória". No mesmo sentido, *Habeas Corpus* 76878/SP, Segunda Turma, Relator Ministro Maurício Corrêa, j. 04/08/1998, DJ 24.08.2001, p. 43 (vencidos os Ministros Marco Aurélio e Néri da Silveira): "Não procede o argumento de restrição à garantia constitucional do acesso ao duplo grau de jurisdição quando os autos revelam que o réu foragido foi julgado à revelia, porém, observadas as cautelas processuais. A jurisprudência desta Corte firmou-se no sentido de declarar deserta apelação quando réu foge após sua interposição, independentemente de sua captura dar-se antes do julgamento deste recurso". *Habeas corpus* 74.500, 2ª turma, Rel. Ministro Carlos Velloso, DJU de 07.03.97: "A presunção de inculpabilidade do artigo 5º, LVII, da Constituição Federal, pela qual só é culpado o condenado por decisão trânsita em julgado, não exclui medidas cautelares, como prisões processuais, aliás, previstas no inciso LXI da mesma norma; donde resulta que a exigência do artigo 594, de recolher-se à prisão para apelar , não é incompatível com o preceito constitucional". *Habeas corpus* 72610-1/MG, DJU de 06.09.96, p. 31850: "O Pacto de San José da Costa Rica, que instituiu a Convenção Americana sobre Direitos Humanos, não impede – em tema de proteção ao *status libertatis* do réu (artigo 7º, n. 2) que se ordene a privação antecipada da liberdade do indiciado, do acusado ou do condenado, desde que esse ato de constrição pessoal se ajuste às hipóteses previstas no ordenamento doméstico de cada Estado signatário desse documento internacional. O sistema jurídico brasileiro, além das diversas modalidades de prisão cautelar, também admite aquela decorrente de sentença condenatória meramente recorrível. Precedente: HC 72.366/SP, Rel. Min. Néri da Silveira, Pleno. A Convenção Americana sobre Direitos Humanos não assegura ao condenado de modo irrestrito o direito de sempre recorrer em liberdade". A prisão decorrente que se orde Recurso Ordinário em *Habeas Corpus* 16.706/MG, 5ª Turma, Relator Gilson Dipp, j. 02/12/2004, DJ 09.02.2205, p. 204: "O benefício do artigo 594 do Código de Processo Penal não acolhe o recorrente, tendo em vista ser o mesmo possuidor de maus antecedentes, os quais foram reconhecidos na própria sentença condenatória. Precedentes. A exigência de prisão provisória para apelar não ofende a garantia constitucional da presunção de inocência, nos termos da Súmula 09/STJ". Recurso Especial 275664/SP; Sexta Turma, Relator Vicente Leal, j. 13.08.2202, DJ 24.03.2003, p. 292 (vencidos Vicente Leal e Fontes de Alencar): "A fuga do réu após a interposição do recurso importa na sua deserção, a teoria do artigo 595 do CPP. Precedentes desta Corte".

[40] Neste sentido: TUCCI, Rogério Lauria. *Direitos e garantias individuais no processo penal brasileiro*. São Paulo: Saraiva, 1993. p. 401; MOREIRA, Rômulo de Andrade. *Direito Processual Penal*. Rio de Janeiro: Forense, 2003. p. 45; GOMES, Luiz Flávio. *Direito de apelar em liberdade*. 2. ed. São Paulo: Revista dos Tribunais, 1994. p. 32. Acrescenta ainda o autor, além da ofensa à presunção de inocência e à ampla defesa, ao princípio da necessidade da fundamentação da prisão, prevista no artigo 5º, inciso LXI, da Constituição Federal); GRINOVER, Ada Pellegrini; FERNANDES, Antonio Scarance; GOMES FILHO, Antonio Magalhães. *As nulidades no processo penal*. 7. ed. rev. e atual. São Paulo: Revista dos Tribunais, 2001. p. 135-137. Em sentido contrário: DEMERCIAN, Pedro Henrique. *Curso de processo penal*. 3. ed. Rio de Janeiro: Forense, 2005. p. 549-551 (que considera a prisão prevista no artigo 594 uma espécie de "prisão processual de natureza cautelar"). BATISTA, Weber Martins. *Op. cit.*, p. 234-236 (entende a prisão se embasa neste caso em um juízo de cautela, e portanto, em um juízo de periculosidade, não de culpabilidade, onde há, por força da sentença condenatória um reforço do *fumus boni iuris* (pela própria condenação) e do *periculum in mora* (pelo risco de fuga que se intensifica); e RANGEL, Paulo. *Direito Processual Penal*. Rio de Janeiro: Lumen Juris, 2004. p. 24 (destaca que a prisão decretada com base no artigo 594 do Código de Processo Penal encontra perfeita harmonia com a Constituição Federal, que prevê a prisão por ordem escrita e fundamentada de autoridade judiciária competente.

terminativas de mérito proferidas por juízo monocrático. Conforme preceitua o artigo 594 do Código de Processo Penal,[41] o acusado que não for considerado primário ou, ainda que o seja, não tiver bons antecedentes, deverá se recolher à prisão para ter acesso à impugnação da sentença, via recurso de apelação. Vale dizer, se o acusado não for primário e de bons antecedentes, dois ônus lhe são impostos: a prisão decorrente da sentença condenatória[42] e a impossibilidade de recorrer se não houver recolhimento à prisão.

Como destaca Ada Pellegrini Grinover, anteriormente à reforma ocasionada pela Lei n° 5.941, de 22.11.1973, havia um convívio harmônico entre os artigos 393, 594, 595 e 597 do Código de Processo Penal, pois era negado efeito suspensivo à apelação da sentença condenatória no tocante à prisão do réu, salvo quando ele se livrara solto ou tinha direito à fiança. O artigo 597 negava à apelação força para suspender o efeito da sentença condenatória previsto no artigo 393, I (a prisão do réu ou sua manutenção no cárcere nas infrações inafiançáveis e nas afiançáveis enquanto não prestar fiança). Em igual sentido, o artigo 594 impedia o apelo do réu sem recolhimento à prisão ou prestação de fiança,[43] salvo quando condenado por crime de que se livrasse solto.[44] Finalmente, pelo artigo 595, a apelação seria declarada deserta se o réu condenado fugisse depois de ter apelado (fato extintivo da apelação).[45] Mas, com a alteração do artigo 594 do Código de Processo Penal pela referida Lei foi ampliada a possibilidade de apelação em liberdade, admitindo-se que o réu primário e de bons antecedentes apelasse sem se recolher à prisão, o que acabou entrando em conflito com o referido artigo 393, I, que permaneceu com igual redação, e, portanto, superado.[46] Houve, ainda, com o

---

[41] Segundo prevê o artigo 594 do Código de Processo Penal: "O réu não poderá apelar sem recolher-se à prisão, ou prestar fiança, salvo se for primário e de bons antecedentes, assim reconhecido na sentença condenatória, ou condenado por crime de que se livre solto".

[42] Salvo se se livrar solto ou prestar fiança nos casos em que esta é cabível.

[43] As hipóteses de inafiançabilidade, que levam em conta a natureza ou gravidade da infração, ou, ainda, as condições pessoais do agente, estão previstas no artigos 323 e 324 do Código de Processo Penal, aos quais devem ser acrescidos as proibições previstas na Constituição Federal (artigo 5°, XLII, XLIII e XLIV) e em leis especiais como é o caso da Lei dos Crimes Hediondos (Lei 8072/90) e do porte ilegal de armas (Lei 10.826/2003).

[44] São crimes em que o réu se livra solto, caso de liberdade provisória sem fiança e sem vinculação, os previstos no artigo 321 do Código de Processo Penal que ressalva expressamente o disposto no artigo 323, III e IV, do estatuto penal adjetivo: a) infração penais (delitos ou contravenções) a que não for, isolada, cumulativa ou alternativamente, cominada pena privativa de liberdade; e b) infrações penais em que o máximo da pena privativa de liberdade, isolada, cumulativa ou alternativamente, cominada não excede a 3 meses). A ressalva se dá em caso de reincidência em crime doloso e de haver prova no processo de ser o réu vadio.

[45] Segundo Fauzi Hassan CHOUKR, a "deserção" consiste num impedimento objetivo do julgamento do recurso pelo descumprimento de uma medida legal exigível para o processamento da impugnação, e o exemplo sempre lembrado é o pagamento de custas processuais que, "de inaplicabilidade no processo penal", em que pese alguma previsão expressa a respeito, restando a maior discussão quanto à fuga do réu quando imposta sua prisão na sentença condenatória como pressuposto cautelar para apelar. CHOUKR, Fauzi Hassan. *Op. cit.*, p. 850.

[46] Houve certo retrocesso com a vigência da Lei 6.368/76, que no seu artigo 35 vedou aos condenados por infração aos artigos 12, 13 e 14, o direito de apelar em liberdade. Hoje, porém, encontra-se pacificada no Superior Tribuanl de Justiça, a orientação de que é possível a apelação em liberdadenas condenações por tráfico, com base no § 2° do artigo 2° da Lei 8.072/90, exigindo-se, assim, que o juiz fundamente a exigência do recolhimento à prisão para apelar. Neste sentido, ver GRINOVER, Ada Pellegrini; FERNANDES, Antonio Scarance; GOMES FILHO, Antonio Magalhães. *As nulidades no processo penal. Op. cit.*, p. 146.

advento da Constituição Federal de 1988, e seu artigo 5º, inciso LVII, consagrador do princípio da presunção de inocência, reforço à idéia de que durante o processo, em primeira e segunda instância, a imposição de prisão somente poderia decorrer de necessidade, ou seja, de caráter cautelar, como passou a ser entendida a possibilidade de prisão disposta no artigo 594 do Código de Processo Penal.[47] E completa a autora:

> até mesmo em uma visão de cautelaridade não encontra fundamento o referido artigo 594, pois neste caso caberia ao juiz, ao condenar o réu não-primário e de maus antecedentes, expedir mandado de prisão, o qual cumprido ou não, seria admitida e dada seqüência à apelação imposta.

Uma coisa é o direito de todo indiciado, acusado ou condenado, ser presumido inocente até que seja irrecorrivelmente julgado,[48] tendo em vista não mais existir em nosso ordenamento a antecipação da pena, de modo a mostrar-se obrigatória a fundamentação do decisório que obriga o acusado a recorrer sem liberdade.[49] Outra coisa é a inconstitucionalidade do dispositivo ao condicionar o exercício das garantias do controle jurisdicional e do devido processo legal através do recurso cabível, compreendidas aí a ampla defesa e o contraditório, "com os meios e recursos a ela inerentes", ao cumprimento de cautela processual. Obstaculiza, por assim dizer, o exercício do direito de reapreciação da decisão terminativa, garantia que é assegurada constitucionalmente e que condiz com o próprio Estado Democrático de Direito. Ademais, esta garantia ao contraditório e à ampla defesa com os meios e recursos a ela inerentes, não pode ser desta forma condicionada, e exatamente no direito de recorrer na esfera penal onde periclita o *jus libertatis* do indivíduo, a uma lei infraconstitucional, criada quando o processo penal era encarado com uma outra feição. Veja-se o caso das hipóteses de recurso obrigatório, ou *ex officio*, de maneira inadmissível, todas contra o réu, o que configura verdadeira excrescência, resquício do sistema inquisitivo, anterior à Constituição Federal de 1988.

Em consonância com o novo paradigma processual penal trazido pela Constituição de 1988,[50] passou a lei adjetiva a prever o recurso de embargos infrin-

---

[47] O entendimento majoritário tanto no Supremo Tribunal Federal (Decisão Plenária no *Habeas Corpus* n 68.726, de 28.06.91, mencionada no julgamento do Habeas Corpus 68.841-1/SP, DJU 11.10.1991, p. 14.240) e no Superior Tribunal de Justiça (Súmula 9) é o de que o artigo 594 do estatuto penal adjetivo não foi revogado pelo princípio constitucional da presunção de inocência. Mas para esta Corte trata-se de prisão cautelar, no caso de entender o juiz que o condenado venha a evadir-se.

[48] Como afirma Rômulo de Andrade MOREIRA. pela presunção de inocência não pode alguém ser preso antes de definitivamente julgado, salvo na hipótese de esta prisão provisória se revestir de caráter cautelar, o que independe da eventual primariedade e bons antecedentes do sujeito. MOREIRA, Rômulo de Andrade. *Op. cit.*, p. 46.

[49] A doutrina tem divergido quanto à natureza jurídica da prisão decorrente de sentença penal condenatória recorrível. RANGEL, Paulo (*Op. cit.*, p. 629-633) entende tratar-se de efeito da sentença na forma do artigo 393, inciso I, 594 e 669, I, do Código de Processo Penal. Caso de execução provisória da pena. Por sua vez, representando a outra parte da doutrina, TOURINHO FILHO, Fernando da Costa (*Processo Penal*. V. 3. *Op. cit.*, p. 504 e 505) afirma que essa é uma modalidade de prisão provisória, tendo em vista que pelo teor do artigo 105 da Lei de Execução Penal, posterior à edição dos artigos supracitados, bem como pelo princípio da presunção de inocência, a execução pressupõe sempre sentença condenatória transitada em julgado.

[50] STRECK, Lenio Luiz. A Jurisdição Constitucional e as Possibilidades Hermenêuticas de Efetivação da Constituição: Breve balanço crítico dos quinze anos da Constituição Brasileira. *In*: RÚBIO, David Sánchez;

gentes, apenas em favor da defesa, o que pode ser adotado como um exemplo da mudança de mentalidade legislativa, em matéria recursal, pós Carta Magna de 1988.

Dispor a lei que só terá respeitadas essas garantias constitucionais (acesso à justiça, presunção de inocência, duplo grau de jurisdição, contraditório e da ampla defesa, e principalmente, garantia à motivação compartilhada, com aumento de visibilidade das variáveis envolvidas no julgamento da causa), através do direito ao recurso, àquele que for primário e de bons antecedentes, é, no mínimo, discriminatório e fere o princípio da igualdade, da mesma forma garantias constitucionais fundamentais. Equivale dizer, se não for dos crimes em que o réu se livra solto: sem ser primário ou de bons antecedentes, ou se for pobre (não puder prestar fiança), "tu não és bom o bastante para poder recorrer, para poder, exercitar garantias constitucionais indisponíveis". Neste sentido, aduz Ada Pellegrini Grinover[51] que a exigência de recolhimento do réu para apelar afronta igualmente os princípios da igualdade, uma vez que não são feitas exigências com força restritiva suficiente ao direito de recorrer da parte contrária (Ministério Público ou ofendido); e do duplo grau de jurisdição.[52]

A solução não pode ser outra. Prisão cautelar é uma medida de caráter processual (marcada pela provisoriedade, necessidade e excepcionalidade, pelo *fumus boni iuris* e pelo *periculum in mora*, cuja presença deve ser examinada caso a caso); direito de recorrer é outra totalmente diversa. Aliás, é de uma clareza solar o fato de que se trata de um dispositivo perverso, pois a própria sentença, ao subordinar o recurso do acusado ao seu recolhimento ao cárcere, afasta a pos-

---

FLORES, Joaquin Herrera; CARVALHO, Salo de (Org.). *Direitos humanos e globalização*: fundamentos e possibilidades desde a teoria crítica. Rio de Janeiro: Lumen Juris, 2003. p. 365. O autor critica "um certo enciclopedismo ainda presente na análise da Constituição de 1988, pois a Constituição não encontrou terreno fértil no Brasil para a efetivação das promessas contidas no seu texto. A comunidade jurídica demorou para perceber a revolução paradigmática que representou a nova Constituição e ao Direito Constitucional o *status* de disciplina dirigente. Onde o novo paradigma do Estado Democrático de Direito, no interior do qual se situa o constitucionalismo, assume contornos transformadores da realidade social". No mesmo sentido, Geraldo PRADO, aduz que "o modelo processual penal em vigor no Brasil balança entre exigências normativas garantistas e práticas autoritárias e que leis editadas basicamente na mesma época, depois da Constituição de 1988, reproduzem esta contradição, de forma que a dogmática jurídica não é a mesma de décadas anteriores". PRADO, Geraldo. *Sistema acusatório*. A conformidade constitucional das leis processuais penais. 3. ed. Rio de Janeiro: Lumen Juris, 2005.*Op. cit.*, p. 03.

[51] GRINOVER, Ada Pellegrini; FERNANDES, Antonio Scarance; GOMES FILHO, Antonio Magalhães. *As nulidades no processo penal. Op. cit.*, p. 138.

[52] NORONHA, Edgard Magalhães. *Op. cit.*, p. 474. Entende o autor que o artigo 5º, inciso LVII, da Lei Maior acabou, em certos casos, com a necessidade do réu recolher-se à prisão, como condição de admissibilidade do apelo, porque: a) a nova Constituição, em seu espírito, demonstrou uma índole profundamente liberal e a presunção constitucional de inocência é um reflexo; b) a prisão em primeiro grau, por força da condenação, é verdadeiramente um início de execução da pena e a previsão constitucional admite a executoriedade apenas após o trânsito em julgado. Se a sentença condenatória encontrar o réu em liberdade, qualquer que seja o *quantum* de pena e seus antecedentes, poderá recorrer sem recolher-se à prisão. Se preso, assim permanecerá, sem que seja uma condição de admissibilidade, mas pelo fato de que já estava sujeito a uma coerção processual não atingida pela Constituição. Mas discordamos do autor quando afirma que, nos casos de sentença condenatória, se o crime for inafiançável, e o réu respondia solto, não poderá apelar sem recolher-se à prisão. Ao fazer tal afirmação, o autor acaba caindo na mesma idéia de misturar institutos diversos: recurso e prisão.

sibilidade dela mesma ser examinada como ato configurador de ilegalidade na determinação desta prisão.[53]

Para Sylvia Helena de Figueiredo Steiner:[54]

> Dentro de uma linha de interpretação sistemática dos textos convencional e constitucional, torna-se claro, sem quaisquer espaços para digressões, traduzir-se em inegável constrangimento ilegal a obrigatoriedade do recolhimento à prisão para que possa o réu exercer um direito constitucional – usar dos recursos inerentes à ampla defesa – sem que se fundamente, adequadamente, a necessidade da custódia.

Ainda sobre o tema, refere Tourinho Filho[55] que, diante do teor do artigo 8º, n. 2 e "h", do Pacto de San José da Costa Rica dispondo que toda a pessoa acusada de delito tem direito não só a ser presumida inocente enquanto não comprovada legalmente sua culpa, como também, de recorrer para juiz ou tribunal superior:

> é induvidoso que a regra do art. 594 perdeu sua importância, uma vez que o art. 8º do citado Pacto, à vista do § 2º do art. 5º da Constituição da República, insere-se entre os direitos e garantias fundamentais do homem, só encontrando restrição no art. 5º, LXI, da CF, porque esta pode excepcionar a si própria.

Ora, se como é afirmado ao quatro ventos, o Direito se estruturou sobre a razão, no momento em que se subordina o direito ao recurso ao recolhimento à prisão, esta elimina a própria garantia, já que a prisão é o *ultima ratio* punitiva da lei. Portanto, o sentido de racionalidade sobre o qual se estrutura a garantia é eliminado, ou seja, ignora a própria racionalidade da Ciência do Direito. Se o recurso visa a evitar a punição e antecipa-se a forma última de punição (e na sua forma mais gravosa, equivalente ao regime fechado) para possibilitar o recurso há uma inversão racional que não pode ser tutelada pela mesma racionalidade sobre a qual o direito se alicerçou (e não se venha a usar a falácia de que "não é prisão pena é cautelar", se não como aplicar a detração penal?). Ademais, não se trata descurar da segurança social, pois, havendo necessidade demonstrada no caso concreto, sempre o meio social poderá ser acautelado pelo decreto de prisão preventiva, desde que embasado em fundadas razões. O que há com a aplicação deste dispositivo, aliás, é a antecipação do resultado do julgamento, sem o deslinde o feito, e da imposição da pior sanção possível. Onde ficam as garantias?

No entanto, há outros argumentos importantes, no sentido dessa zomba à razão, com a inconstitucionalidade do referido dispositivo pela falta de isonomia no acesso à justiça, ao devido processo legal e à ampla defesa: o tratamento díspar

---

[53] Como é o caso da decisão que divergir do entendimento, hoje pacificado, no Superior Tribunal de Justiça e no Supremo Tribunal Federal de somente serem considerados "maus antecedentes" condenação definitiva por fato anterior. Neste sentido: BOSCHI, José Antônio Paganella. *Das penas e seus critérios de aplicação*. Porto Alegre: Livraria do Advogado, 2000. p. 206. BITENCOURT, Cezar Roberto. *Op. cit.*, p. 554; e CARVALHO Amilton Bueno de. CARVALHO Salo de. *Aplicação da pena e garantismo*. Rio de Janeiro: Lumen Juris, 2001. p. 41-46.

[54] STEINER, Sylvia Helena de Figueiredo. *A Convenção Americana sobre Direitos Humanos e sua integração ao processo penal brasileiro*. São Paulo: Revista dos Tribunais, 2000. p. 121.

[55] TOURINHO FILHO, Fernando da Costa. *Código de processo penal comentado. Op. cit.*, p. 339.

dispensado a duas situações específicas, envolvendo: a) réu revel, primário e de bons antecedentes que, após ter-lhe sido facultado apelar em liberdade na sentença penal condenatória, recorre e tem sua prisão decretada; e b) o réu não-primário ou sem bons antecedentes, que tem seu recolhimento determinado na sentença. No primeiro caso, o réu que passou ausente todo o processo, interposta apelação em seu favor, tem sua prisão preventiva decretada, e não terá afirmada a deserção do seu recurso na forma do artigo 595 do Código de Processo Penal,[56] pelo argumento de que a revelia não pode acarretar outros efeitos que não os previstos em lei e, portanto, prejudicar o direito de defesa ou a faculdade de apelar em liberdade. No segundo caso, onde o réu compareceu a todos os atos processuais, sem demonstrar uma única vez a necessidade cautelar de sua custódia, tem sua prisão decretada na sentença e, se não se recolher, terá seu recurso julgado extinto. Esta situação contraditória, à evidência, é inadmissível quando envolve a salvaguarda do *jus libertatis* em um Estado de Direito, portanto, regido por uma Constituição, e reforça a afirmação feita neste artigo da inconstitucionalidade dos referidos dispositivos quando misturam prisão e recurso. Nem primariedade e bons antecedentes podem ser estabelecidos como pressupostos recursais, nem prisão. Aliás, recurso e prisão são ontologicamente colidentes.

E outra contradição gritante a demonstrar a impropriedade do artigo 594 do Código de Processo Penal, se não entendido como limitado à prisão cautelar, cuja necessidade deve ser examinada no caso concreto independente da primariedade e dos bons antecedentes, é o teor do artigo 2º, § 2º, da Lei nº 8.072/90, sobre os crimes hediondos. Ao mesmo tempo em que sendo uma lei posterior à edição da Constituição Federal de 1988, atendeu, pelo menos nesta parte, aos postulados da Lei Maior,[57] ao determinar "que em caso de sentença condenatória, o juiz decidirá fundamentadamente se o réu poderá apelar em liberdade", retirando a alusão à primariedade e bons antecedentes, além de obrigar o juiz ao exame dos pressupostos da prisão preventiva; trouxe grande perplexidade, uma vez que, segundo Ada Pellegrini Grinover,[58]

> em crimes mais graves é exigido do juiz a fundamentação de decisão que admita ou negue a apelação em liberdade, mas para outros delitos de menor grau ofensivo, condiciona-se o direito de recorrer solto a requisitos meramente objetivos: falta de primariedade ou de bons antecedentes, não se levando em conta a necessidade de custódia no caso concreto.

Nota-se não haver como defender a racionalidade do direito neste caso. A crise da razão, tantas vezes aqui apontada, encontra-se manifestada na própria contradição para aplicação das garantias.

---

[56] Neste sentido, decidiu o Tribunal de Alçada do Rio Grande do Sul (hoje Tribunal de Justiça): Julgados do Tribunal de Alçada do Rio Gande do Sul, n. 69, p. 71, Porto Alegre, março de 1989.

[57] Artigo 5º, LXI: "ninguém será preso senão em flagrante delito ou por ordem escrita e fundamentada de autoridade judiciária competente..."..

[58] GRINOVER, Ada Pellegrini; FERNANDES, Antonio Scarance; GOMES FILHO, Antonio Magalhães. *As nulidades no processo penal. Op. cit.*, p. 139.

Da mesma forma, o teor do disposto no artigo 595 do Código de Processo Penal,[59] caso haja interposição de apelação pela defesa, o recurso ficará extinto por deserção na hipótese de o acusado que estiver preso vir a fugir do estabelecimento prisional.[60] Sobre o tema, as palavras de Tourinho Filho:[61]

> o STJ, pela voz do eminente Ministro Vicente Cernicchiaro, entendeu que o art. 595 do CPP merece uma releitura. Se o duplo grau de jurisdição é direito fundamental do cidadão, o fato de o réu, após interpor apelo, vir a fugir não é impeditivo do conhecimento do recurso. O Juiz poderá determinar a sua captura. Não, contudo, julgar o recurso deserto.

Paulo Rangel[62] afirma que a deserção em razão da fuga não pode mais subsistir diante da nova ordem constitucional, onde a ampla defesa é direito constitucional. Assim, deve o juiz adotar as medidas necessárias à sua captura, mas jamais aplicar sanção decorrente de deficiência do próprio aparelho do Estado. Como instrumento a serviço da ordem constitucional, o processo deve sempre refletir as garantias do regime democrático. E Ada Pellegrini Grinover, quando aduz que as mesmas críticas endereçadas ao artigo 594 do Código de Processo Penal podem ser endereçadas a este artigo 595, que dispõe seja declarada deserta a apelação caso o réu condenado, após haver interposto o recurso, venha a evadir-se. Além da extinção do recurso não encontrar justificativa no plano da cautelaridade processual, ocorrem idênticas violações aos princípios constitucionais da igualdade processual, da ampla defesa e do duplo grau de jurisdição.

É tão frágil essa hipótese de deserção do artigo 595 que somente ocorrerá quando o condenado foge após haver interposto o recurso. Se a prisão é determinada logo após a interposição, o apelo terá seu trâmite normal.[63] Ou, ainda, como referido acima, se esteve revel durante todo o feito, e for primário e de bons antecedentes, poderá interpor seu apelo normalmente, sem deserção. Se fugir somente após a interposição do apelo será considerado deserto. Casos esdrúxulos como este ocorrem exatamente porque prisão não tem a ver com recurso, mas sim com aplicação de pena após o trânsito em julgado da condenação e à necessidade nas hipóteses cautelares. Não se trata de ter o réu condenado direito ou não à fuga como sustenta Paulo Rangel, mas sim, que a evasão do réu condenado não pode ser considerada manifestação de desinteresse ou empecilho para o recurso.

---

[59] Dispõe o artigo 595 do Código de Processo Penal: "Se o réu condenado fugir depois de haver apelado, será declarada deserta a apelação".

[60] No sentido da legalidade do referido dispositivo: NORONHA, Edgard Magalhães. *Op. cit.*, p. 476.

[61] TOURINHO FILHO, Fernando da Costa. *Código de processo penal comentado*. *Op. cit.*, p. 320.

[62] RANGEL, Paulo. *Op. cit.*, p. 766. O autor chega a argumentar que se o réu tem "direito de fuga", salvo se usar de violência contra a pessoa (artigo 352 do Código Penal), quando será punido não pela lei penal adjetiva, mas substantiva, não poderia ser sancionado com a deserção por exercer este direito sem inverter o ônus da responsabilidade pela evasão. Em que pese nossa posição coincida com a do autor no sentido da inconstitucionalidade do referido artigo por violação a garantias contitucionais, não se pode ir tão longe a ponto de afirmar um "direito à fuga", caso contrário, ao exercer o direito deveria haver uma obrigação de sua acolhida por parte do Estado. Aliás, fosse a fuga um direito, não poderia trazer outros efeitos negativos ao réu condenado como é o caso da configuração de falta grave na forma do artigo 50, inciso II, da Lei de Execução Penal, com conseqüência a ele nefastas como a perda do direito ao tempo remido de pena (artigo 127 da aludida Lei).

[63] Neste sentido: *Revista dos Tribunais*, São Paulo, n. 536, p. 333, jun. 1980.

Portanto, o recurso de apelo interposto, visando à satisfação das garantias referidas no curso deste artigo, deverá ter seu trâmite normal: a) seja qual for a infração penal praticada (afiançável ou inafiançável);[64] b) independente do réu condenado ser primário e de bons antecedentes; c) esteja ele solto, preso a qualquer título ou foragido; sem prejuízo das medidas necessárias à sua (re) captura. Ou será que o réu não-primário, com maus antecedentes ou foragido, por força de uma decisão ainda não-definitiva, perde as demais garantias vistas neste artigo e que justificam o seu direito ao recurso? Com certeza não. Não em um Estado Democrático de Direito pós-Constituição de 1988.[65] São exemplos claros da crise racional demonstrada no decorrer deste artigo que, ao mesmo tempo em que fragiliza as garantias, as torna mais essenciais. As garantias constitucionais são como a fênix que renasce das cinzas da crise do conhecimento racional moderno.

Assim, salienta Márcia Dometila Lima de Carvalho[66] que

> as garantias constitucionais de igualdade, inafastabilidade do controle jurisdicional, da ampla defesa, do contraditório, enfim, do devido processo legal, deverão ser interpretadas de forma a conduzir à efetividade do processo, sem perder de vista a sua função de instrumento a serviço da ordem constitucional e legal, e a serviço do estado de Direito de cunho democrático-social.

Portanto, como indica Fernando da Costa Tourinho Filho,[67] as normas insertas nos artigos 594 e 595 devem ser lidas em conformidade com as garantias asseguradas na Carta de 1988; portanto, nada impede que, se necessário, o juiz

---

[64] Mesmo no caso das Leis Extravagantes que procuram estabelecer restrições ao recurso de apelação 8.072/90 (artigo 2º, § 2º), 6.368/76 (artigo 35), 9.034/95 (artigo 9º) e, para alguns o artigo 21 da Lei 10.826/2003 (ao estabelecer que os crimes nela previstos nos artigos 16, 17 e 18 são insucetíveis de liberdade provisória), se o juiz entender que há necessidade cautelar da prisão no caso concreto, deve decretá-la na sentença ou fora dela, mas sempre de maneira fundamentada, nas hipóteses do artigo 312 do Código de Processo Penal (garantia da ordem pública, da instrução criminal, da aplicação da lei penal e da ordem econômica), mas nunca condicionando a admissibilidade do recurso interposto à efetivação da prisão.

[65] O Supremo Tribunal Federal, muito recentemente, vem demonstrando a intenção de alterar seu entendimento quanto à validade dos artigos 594 e 595 do estatuto penal adjetivo, na mesma linha da posição aqui defendida: "Depreende-se da inicial que o paciente vinha respondendo ao processo em liberdade. Prolatada a sentença condenatória, por incursão no crime de roubo qualificado, o Juízo condicionou a interposição de recurso ao recolhimento ao cárcere, aludindo, para tanto, à circunstância de delito envolvido na espécie acarretar grande clamou público (folha 42). A apelação foi declarada deserta porquanto desatendida a condição imposta a partir do disposto no artigo 594 do Código de Processo Penal. Ante o quadro, requer-se, porque cumprido mandado de prisão, a concessão de liminar que viabilize a expedição de alvará de soltura e o direito de o paciente apelar em liberdade. Surge a relevância do pedido formulado na inicial. O pressuposto de recorribilidade é extravagante, sendo que a questão atinente à inconstitucionalidade do artigo 594 do Código do Processo Penal está submetida ao Plenário – Recurso Ordinário em Habeas Corpus nº 83.810-3/RJ, relator ministro Joaquim Barbosa. Mostra-se até mesmo incongruente caminhar-se para a exigência de o inconformado com a sentença condenatória apresentar-se para o início da execução da pena cominada. Defiro a medida acauteladora. Expeça-se o alvará de soltura, a ser observado com as cautelas legais, ou seja, caso o paciente não esteja sob a custódia do Estado por motivo diverso do retratado na sentença proferida no Processo nº 307/97, da 1ª Vara do Foro Distrital de Itaquaquecetuba – Comarca de Poá. O tema concernente à deserção do recurso será apreciado quando do julgamento final da impetração". (Habeas Corpus nº 86.527/SP, Relator: Ministro Marco Aurélio, despacho liminar de 25.08.2005). *Boletim do IBCCrim*, São Paulo, n. 155, p. 932, out. 2005.

[66] CARVALHO, Márcia Dometila Lima de. *Fundamentação constitucional do Direito Penal*. Porto Alegre: Sérgio Antonio Fabris, 1992. p. 85.

[67] TOURINHO FILHO, Fernando da Costa. *Código de processo penal comentado*. Op. cit., p. 318.

decrete e determine o recolhimento do acusado, mas não pode impedir o processamento do apelo interposto, "sob pena da ampla defesa não passar de uma promessa vã e platônica".

Finalmente, como afirma Ingo Sarlet,[68] mencionando Canotilho, a vinculação dos juízes e tribunais aos direitos fundamentais se dá, primeiramente, através da constitucionalização da organização dos tribunais e do procedimento judicial, que não só devem ser compreendidos à luz dos direitos fundamentais, mas também são por estes influenciados, manifestando-se, "na vinculação do conteúdo dos atos jurisdicionais aos direitos fundamentais que, neste sentido, atuam como autênticas medidas de decisão material, determinando e direcionando as decisões judiciais". Como o Poder Judiciário está, concomitantemente, vinculado às leis e à Constituição (e os direitos fundamentais), tem o poder-dever de não aplicar normas inconstitucionais, de forma que eventual conflito entre princípios da legalidade e da constitucionalidade, ou seja, entre a lei e a Constituição, deve prevalecer esta última. Desta forma, seja caso de reincidência, de maus antecedentes, ou ainda, de prisão cautelar, não poderá ser sobrestado o recurso interposto pelo acusado ou seu defensor, mesmo que venha a fugir após a interposição.[69]

---

[68] SARLET, Ingo. *A eficácia dos direitos fundamentais*. *A eficácia dos direitos fundamentais*. 3. ed. rev., atual. e ampl. Porto Alegre: Livraria do Advogado, 2003. p. 350-351.

[69] A Exposição de Motivos do Anteprojeto de Reforma do Código de Processo Penal, no tocante aos recursos prevê, de *lege ferenda*, no sentido do que é sustentado nesta artigo ainda que por outro fundamento, que nos casos de apelação poderá o juiz decidir, fundamentadamente, sobre a manutenção, ou se for o caso, a imposição de prisão preventiva ou outra medida cautelar, sem prejuízo do conhecimento da apelação. Ademais, revoga o dispositivo (artigo 595) que prevê a deserção da apelação em caso de fuga.

— 16 —

Parecer do Ministério Público, na segunda instância, sem o devido contraditório

LÚCIO SANTORO DE CONSTANTINO

Advogado criminalista, especialista em ciências criminais, mestre em ciências criminais, professor universitário de direito processual penal da Pontifícia Universidade Católica do Rio Grande do Sul, Faculdades Riograndenses e Universidade Luterana do Brasil, professor na Escola Superior da Magistratura e na Escola Superior do Ministério Público, representante da OAB/RS junto ao Conselho Estadual da Justiça e da Segurança, autor de diversos artigos e livros jurídicos. Já foi membro da Escola Superior da Advocacia, corregedor-geral adjunto da OAB/RS e conselheiro da OAB/RS.

Sumário: 1. Introdução – 2. O processo penal constitucional – 3. O processo penal como proteção – 4. O Ministério Público – 5. Parecer do Ministério Público, na segunda instância, sem o devido contraditório – Considerações finais – Referências bibliográficas.

"Conta a história que o rei Filipe da Macedônia, famoso pelo seu senso de justiça, tapava um dos ouvidos quando falava o acusador. Admirado, este não se conteve e perguntou-lhe por que assim procedia. Assim procedo – respondeu o rei- porque desejo reservar um ouvido inteiramente a defesa".

Vitorino Prata Castelo Branco

1. Introdução

O presente estudo não tem outras pretensões que não examinar de forma singelíssima a questão do parecer do Ministério Público, na segunda instância, sem o devido contraditório.

A presente abordagem não ultrapassará a fonte manualesca, razão que servirá para as incompreensões daqueles que apenas buscam conhecimento basilar sem incursões detalhadas sobre a matéria.

Efetivamente poderíamos aprofundar o tema com assertivas de alta indagação, firmadas em discursos argumentativos, justificativos e de aplicação, seja à luz da teoria discursiva de Habermas ou através do fenomenologia hermenêutica, traduzida por Streck com seu giro lingüístico ontológico. Inclusive, poderíamos estrear com o próprio processo intepretativo de Gadamer e, daí, discorrer de forma apofântica no universo da linguagem, o que não nos pareceria de tão ineficaz. Contudo, em assim fazendo, certamente nos distanciaríamos da instrução imperiosa que se busca para aqueles que pretendem a simples formação jurídica.

Destarte, nosso objetivo é realizar uma focagem simples, ao lume da dogmática habitual e de seus habituais intérpretes, sobre a questão do parecer do Ministério Público, na segunda instância, sem o contraditório.

Como o código material necessita, para ter eficácia, de um código formal e este deve atender aos ditames da Constituição Federal, é imprescindível se visualizar o processamento como um instrumento, outrossim, de proteção contra eventuais abusos do Estado. Daí, o gizamento de princípios, entre os quais o da proteção dos inocentes, como elemento supedâneo para a aplicabilidade da formalística.

Nesta esteira, é sabido que nas ações penais públicas, o papel do Ministério Público é essencial. Designado para acusar, o Ministério Público passa a carregar uma natureza eclética, pois mistura dever público com sujeição parcial. Uma vez acusando, *parquet* assume posição de parte ativa e nestas condições, torna-se curiosa a questão do parecer do Ministério Público, na segunda instância, sem o devido contraditório. Ora, frente a uma ação penal pública, sendo o Ministério Público representado em segunda instância, suas manifestações não necessitam ser conhecidas pela defesa para oportunizar eventual contraposição?

Destarte, este franciscano estudo serve para gizar a questão sobre a ausência do contraditório frente ao parecer do *parquet* de segunda instância no processo criminal atual. Para isto, nos firmamos em trabalhos já desenvolvidos,[1] e que examinam a matéria através de assertivas jurídicas e aspectos fáticos, além de outros entendimentos tradicionais no seio doutrinário.

2. O processo penal constitucional

O Estado possui o monopólio da justiça. É ele quem tem o direito e o dever de tutelar a sociedade e seus indivíduos. Inobservadas as regras sociais, cabe ao Estado atuar de maneira concreta, sem excessos, a fim de manter a pacificação social.

Seja no firmamento de lei, capaz de etiquetar o que é crime, bem como na perseguição daquele tido como autor do delito, o Estado deve atuar de forma incisiva no cumprimento de suas tarefas.

---

[1] CONSTANTINO, Lúcio Santoro de. *Nulidades no Processo Penal.* 2ª ed. Porto Alegre: Verbo Jurídico, 2006 e, outrossim, CONSTANTINO, Lúcio Santoro de. *Recursos Criminais, Sucedâneos Recursais Criminais e Ações Impugnativas Autônomas Criminais.* 2ª ed. Porto Alegre: Livraria do Advogado, 2006.

Como se sabe, as regras estabelecidas no código material carecem de instrumentalidade, razão que este não tem aplicação imediata. O código substancial é tido como diploma de coerção indireta.É por isso que não basta que o fato seja típico, antijurídico e culpável, para a aplicação da pena ao indivíduo. É fundamental a existência de um instrumento que materialize o direito penal. Daí a imperiosidade do processo penal, como condição para a imposição da sanção.

A instrumentalidade corporificada no processo penal se reveste como única forma de efetivação da pena, razão de sua importância para a eficiência da tutela pretendida pelo Estado, bem como para a garantia do indivíduo, contra qualquer abuso. Então, conclui-se, por este sumário cognitivo, o destaque extremo, ainda que em sede inaugural, da figura do processo penal.

É verdade. Foi-se o tempo da vingança, em que o indivíduo insatisfeito com o comportamento criminoso de outrem, promovia reações destemperadas em nome da justiça. A exclusividade da administração da justiça passou ao Estado e este, sempre em nome da tutela do bem comum, iniciou um balanceamento nas relações sociais, passando a aplicar a pena.

A pena, tantas vezes asseverada como mal necessário, só pode ser promovida pelo Estado. Assim, uma vez praticada a infração penal, nasce ao Estado a pretensão punitiva, pretensão esta que não se confunde com a aplicação da pena. É que a efetividade da sanção somente se dará após o devido processo penal, ou seja, depois de um processamento regular. Eventual punição, sem *due process of law,* demonstra abuso que desmerece o titular do direito de punir.

Logo, o processo penal, é meio para aplicação da pena. Carrega efetividade que não se dirige a si próprio, mas sim ao consubstanciamento do direito material. Assim, instrumento para se fazer atuar o direito penal, o processo pode ser visto como figura que não se completa em si próprio, mas que apenas resolve um direito preexistente.

É indiscutível que a Constituição Federal de 1988 afastou o espírito autoritário do Código de Processo Penal e passou a firmar direitos fundamentais, além de garantias, ao indivíduo.

Como o Estado se obriga a tutelar a paz social, firmando-se, entre outros, no Direito Processual Penal, que é o instrumento para materializar a proteção dos valores elementares da vida comunitária, é essencial que a ação do Estado reste limitada, a fim de não violar direitos individuais. Assim, o processo penal, além de ser protetivo da sociedade, é, também, instrumento de proteção do indivíduo, pois carrega, ainda, a função nobre de consubstanciar os direitos, em especial as liberdades, de cada pessoa acusada. E é aqui que vislumbramos o processo constitucional como instituto que impede os excessos da atividade estatal e garante o respeito aos direitos fundamentais (direito à vida, à liberdade, à igualdade etc.) do indivíduo.

Ora, em uma visão estribada na Carta Magna, temos que impera no direito processual penal o princípio da proteção dos inocentes. Os direitos e garantias do indivíduo vêm colecionadas no texto constitucional como preceitos de segurança. Prescreve Tovo (1995, p. 13/14):

> Por conseguinte, podemos denominar o Direito Processual Penal: direito protetivo dos inocentes. Inocentes não no sentido de santidade ou angelicalidade, mas, sim, de inocentes (não nocentes) da acusação que lhes é imputada.

É este manto constitucional, que envolve o processo penal, que irradia o lume da efetiva proteção do indivíduo ou o respeito de seus direitos e garantias constitucinais. Não se trata, aqui, de alinhar os princípios elementares do processo constitucional, como por exemplo a presunção de inocência e outros. O que interessa, sim, é a respeitabilidade da lógica criteriosa e que se institui a proteção dos inocentes.

3. O processo penal como proteção

É inadmissível que alguém seja acusado e não possa se defender. Esta regra básica se dá porque a defesa é um direito natural do indivíduo. Veja-se que a própria bíblia, em seu velho testamento, deixa claro que Deus não condenou Adão sem, antes, ouvi-lo.

Para Pontes de Miranda (1967,p.221)

> A defesa, em rigorosa técnica e em terminologia científica, é o exercício da pretensão à tutela jurídica, por parte do acusado. O Estado-no texto constitucional- a prometeu, tem o Estado, através da Justiça e de qualquer outro órgão estatal de cumprir a sua promessa.

Assim, o princípio da ampla defesa se firma na faculdade de oposição à pretensão acusativa. O art.5º, LV, da CF prevê que aos litigantes, em processo judicial ou administrativo e aos acusados em geral são assegurados o contraditório e ampla defesa. Depreende-se que este amparo constitucional tem razão de ser, pois é do conflito entre a acusação e a defesa, ambos exercidos em sentido contrário, que emerge a razão da justiça.

O direito à defesa, por se contrapor ao direito à acusação, vem referendado como direito público, ou como ensina Pedroso (2001, p. 34)

> Como direito negativo ao de ação ou como sua antítese, tem a defesa natureza igual ao direito a que se contrapõe. Diversificam-se apenas quanto às conseqüências que procuram fazer por defluir.

Veja-se que a carta política firma a perífrase *ampla defesa*. Na realidade, pretende com esta expressão estabelecer dois aspectos distintos: A defesa técnica e a autodefesa. Defesa técnica é aquela promovida por um defensor, que poderá ser escolhido pelo réu. Esta defesa é fundamental, pois estabelece a paridade de armas: De um lado o defensor técnico e de outro o acusador técnico. O próprio art.261 do CPP prevê que nenhum acusado, ainda que ausente ou foragido, será processado ou julgado sem defensor. Observa-se, por este diploma, a preocupação do legislador em garantir uma defesa técnica e estabelecer equilíbrio junto à acusação.

A defesa técnica se caracterizará, sempre, por três elementos estruturantes: A indeclinabilidade, a plenitude e a efetividade.

Indeclinável, eis que não poderá a defesa técnica ser renunciada, sequer pelo acusado, pois o interesse em jogo é público e não privado.

Plena, pois deve se fazer presente em todo o cursivo processual. Existem momentos processuais fundamentais, os quais a ausência de defesa determina um prejuízo evidente. Desta forma se manifesta Fernandes (2000, p.261):

> Assim, se de alguma forma o defensor de confiança do réu não realizar algum desses atos relevantíssimos, incumbe ao juiz nomear substituto, ainda que provisoriamente ou só para o ato, tendo inteira aplicação o art.265, parágrafo único. Segundo esse dispositivo, a "falta de comparecimento do defensor, ainda que motivada, não determinará o adiamento de ato algum do processo, devendo o juiz nomear substituto, ainda que provisoriamente ou para o só efeito do ato".Não deve ser aplicado apenas aos atos instrutórios, mas também aos atos em que o defensor se pronuncia sobre a prova (alegações finais) ou sobre a sentença final (razões ou contra-razões de recurso).

Por fim, a defesa técnica, ainda, necessita ser efetiva, ou seja, não apenas uma formalidade, como figura que decore o processo penal. É imperioso que tal defesa desenvolva labor que resulte em uma assistência suficiente ao acusado.

De outra banda, como já referido, a ampla defesa inclui, ainda, a defesa promovida pelo próprio acusado. Não bastante a defesa técnica já garantida, a autodefesa do imputado é fundamental de ser outorgada, pois integra a amplitude defensiva que se outorga ao acusado. É verdade sobre a possibilidade do réu renunciar a sua autodefesa, como por exemplo preservando-se em silêncio perante o interrogatório ou não acompanhando os atos das audiências – como nos casos de revelia. Desta forma, é possível que a autodefesa seja declinável, não plena e não efetiva. Porém, é imprescindível que seja ofertado ao réu, esta modalidade defensiva, para que se conclua pela real ampla defesa deferida.

Considerando a existência de duas *defesas* distintas, a técnica e a autodefesa, é possível a existência de um certo conflito. Em havendo divórcio entre a defesa técnica e a autodefesa será fundamental o julgador examinar a situação existente para observar o que é mais proveitoso aos interesses do acusado. Grinover, Fernandes e Gomes Filho (2000, p.86) professam, frente a tal incompatibilidade:

> Nesse caso, porém, pode ocorrer que a defesa técnica ignore os argumentos defensivos do réu, havendo quem aluda à prevalência daquela sobre a autodefesa. Não é correta essa posição: em primeiro lugar, haverá que verificar-se se, no caso concreto, o comportamento da defesa técnica não significou deixar o réu indefeso, hipótese em que incidirá a regra do art. 497, V, do CPP (aplicável a qualquer procedimento: v., retro, n.4), anulando-se o processo por prejuízo à defesa como um todo. Se isso não ocorrer, as diversas linhas da defesa deverão ser apreciadas pelo juiz, sob pena de nulidade.

Na interpretação acima, é possível reconhecer-se outro exemplo do princípio *favor rei*. Veja-se que no processo penal, o critério *favor rei* resta como admissão de benefícios somente em favor do imputado. Trata-se do reconhecimento de prerrogativas direcionadas à parte acusada. De um lado observamos o Estado e seu *jus puniendi*. E em outro, o *status dignitatis* do acusado. Nesta distribuição de valores, poderemos encontrar determinados conflitos, os quais deverão ser solucionados através da opção sempre mais favorável ao acusado. Os princípios do *in dúbio pro reo* e do *reformatio in pejus* são exemplos claros da regra *favor rei*.Ademais, existem instrumentos processuais que só beneficiam o acusado. Basta ver os recursos de *embargos de nulidade e embargos infringentes* (art.609, pg.único do CPP) ou *protesto por novo júri* (art.607 do CPP), bem como as ações impugnativas *habeas corpus* (art.647 do CPP) e a *revisão criminal*(art.621 do CPP) para se obervar as prerrogativas do acusado.

E nesta esteira, o princípio do contraditório, que na visão do réu seria efetivo corolário da ampla defesa, não poderia ser regrado com outra interpretação. Por consectário, tal princípio se firma na razoável lógica de que a parte contrária deve, também, ser ouvida- *audiatur et altera pars*. Assim, concluimos pelo contraste no discurso persuasivo da parte adversa, a possibilidade de reação.

Veja-se que em um processo penal temos duas partes frontalmente opostas. No duelo entre a acusação e a defesa, emerge a necessidade de uma parte impugnar a manifestação da outra, a fim de que a apuração dos fatos, para a futura aplicação do direito, se dê da forma mais cristalina. Veja-se que o julgamento deve se materializar em moldes confiáveis. Nesta esteira, refere Cruz (2002, p.168):

> Como "princípio fundamental do processo", sua "força motriz" e "garantia suprema", o contraditório, ou, como também é conhecido, a bilateralidade de audiência, é uma verdadeira "opção de civilidade", permitindo o desenvolvimento da atividade jurisdicional (civil ou criminal) de modo eficaz, escorreito e ético, tanto para quem provoca aquela atividade, quanto para aquele contra quem se pede a tutela em juízo.

O contraditório se apresenta como instrumento que permite o conhecimento e a manifestação da parte adversa. O conhecimento se dá frente ao aspecto de que a cada provocação processual de uma parte, será visualizada pela parte contrária, a qual passará a saber, de forma integral, sobre o movimento promovido. Todavia, não basta apenas o conhecimento. É essencial que seja oportunizado a faculdade de reação, ou manifestação impugnativa. Mesmo com a ciência da atividade da parte adversa, o contraditório outorga a possibilidade de uma participação objurgativa, ou seja, um contra-ataque.

É em razão do contraditório, que institutos como a citação, intimação e notificação se tornam imperiosos ao contexto processual.

Assim, o sistema acusatório se caracteriza pela consagração do contraditório. Basta ver que no início do processamento o juiz determina a ciência do acusado e por ocasião do cursivo instrutório confere a ele o direito de provar e contraprovar. As alegações finais da acusação são seguidas pelas da defesa e, após a sentença, eventual recurso acusativo poderá ser contra-razoado pelo recorrido.

4. O Ministério Público

Controvérsia existe sobre a natureza do Ministério Público. Entretanto, no processo penal, a natureza do Ministério Público, enquanto sujeito ativo, é, para nós, indiscutivelmente, de efetiva parte. Ou seja, é órgão de acusação, tanto que legitimado para tal. É verdade que alguns doutrinadores afirmam a imparcialidade do Ministério Público, frente ao seu dever, e não direito, de acusar e em razão de sua legitimação constitucional. Conforme professa Oliveira (2004, p.453):

> Enquanto órgão do Estado e integrante do poder público, tem ele como relevante missão constitucional a defesa não dos interesses acusatórios, mas da ordem jurídica, o que o coloca em posição de absoluta imparcialidade diante da e na jurisdição penal.

Entrementes, não nós parece que o aspecto de estar legitimado constitucionalmente para a acusação, e tenha obrigação de acusar, afaste do Ministério Público a característica que conclui ser ele efetivo órgão acusativo. Quando o Ministério Público é autor em um litígio penal, carrega pretensão acusatória o que é essencial no sistema jurídico pátrio. Barreiros (1981, p.310) aduz:

> Em nome e como corolário do princípio acusatório, tem-se salientado o carácter imprescindível da actuação do Ministério Público no processo criminal, já que, o que aquele princípio numa das suas formulações proíbe, é precisamente a actuação oficiosa do juiz.

Ademais, o fato de ser uma das obrigações do Ministério Público a observância dos direitos fundamentais do acusado, não lhe torna imparcial. Veja-se que os direitos deverão ser respeitados por todos, inclusive pelo querelante, já que as partes possuem o poder/dever de velar pela correta aplicação da lei, inclusive em favor da figura adversa. Por sua vez, Carneiro (2001, p.4) diz:

> Ser parte não é algo que se possa qualificar em tipos, dependendo do modo como ela atua, e sim o fato de alguém figurar no pólo ativo ou passivo da relação jurídica processual com direitos, poderes e ônus. Do mesmo modo, não é o fato de uma pessoa figurar como parte na relação jurídica processual que irá obrigá-la, necessariamente, ao ataque ou defesa das questões existentes.

Nesta lógica, poderíamos, até admitir o agudo mister do Ministério Público, agindo com imparcialidade como órgão público e com total parcialidade enquanto sujeito ativo. E já professava Calamandrei (2000, p.58):

> Entre todos os ofícios judiciários, o mais árduo parece-me o do acusador público o qual, como sustentador da acusação, deveria ser tão parcial quanto um advogado e, como guardião da lei, tão imparcial quanto um juiz.

Dizer, nestas condições, que o Ministério Público é tomado pela total imparcialidade é afastar a lógica processual do sujeito ativo e estabelecer um outro juiz para a causa. É de se reconhecer, então, a natureza jurídica do Ministério público, enquanto sujeito parcial ativo, como de efetiva parte acusatória.

Por sua vez, o Ministério público é representado[2] por seus membros, os promotores públicos. Estes se firmam em critérios essenciais e que regem a própria instituição. Veja-se que os membros do Ministério Público oficiam com independência (art. 127, § 1º da CF) e autonomia (art. 127, § 2º da CF), não respondendo a quaisquer comandos, além de jamais poderem ser removidos fora dos casos

---

[2] Talvez o termo não devesse ser representado, mas sim presentado. Veja-se que o membro do Ministério Público não o representa, contudo o presenta, por torná-lo presente.

determinados em lei. Os membros do Ministério Público, após ingressarem na carreira, através de concurso público, e serem empossados no cargo, serão lotados e exercerão seus ofícios, sem sofrerem qualquer tipo de constrangimento.

Veja-se, então, que estes e outros direitos jungidos à instituição, refletem, também, em proteção ao próprio acusado, pois permite que ele tenha certeza de que seu acusador, na persecução criminal, será alguém indicado pela lei e de caráter impessoal. Assim, o Estado Democrático de Direito outrossim outorga ao réu o direito de ser acusado por alguém que restou designado legalmente, sem qualquer casuísmo ou interesse político. Nesta esteira, é de se lembrar, inclusive, a instituição do promotor natural. Nos dizeres de Rangel (2004, p.36/37)

> O Promotor Natural, assim, é garantismo constitucional de toda e qualquer pessoa (física ou jurídica) de ter um órgão de execução do Ministério Público com suas atribuições previamente estabelecidas em lei, a fim de se evitar o chamado promotor de encomenda para esse ou aquele caso. O princípio existe muito mais em nome da sociedade do que propriamente da pessoa física do Promotor de Justiça, pois, na verdade, exige-se, dentro de um Estado Democrático de Direito, que a atuação dos órgãos do Estado seja pautada pelos princípios da legalidade, oralidade e impessoalidade. (cf.art.37, caput, da CRFB), não sendo admissível que os atos praticados pelo Ministério Público com interferência de terceiros em afronta ao devido Processo Legal.

E em nome desta regularidade, que firma-se o critério do *Promotor Natural* junto à jurisprudência.[3] Assim, eventual promotor público de exceção, ou escolhido especialmente para capitanear a acusação contra alguém, determinará vício processual. E não seria demais lembrar o julgamento que entendeu pela nulidade da denúncia interposta por promotor, sem atribuição para tal, face sua promoção para outra comarca;[4] bem como aquele que reconheceu a nulidade da figura do promotor *ad hoc*, ou seja, pessoas estranhas à carreira, frente aos termos do artigo 129, § 2º da Constituição Federal e artigo 25, parágrafo único da Lei 8.625/93.[5]

5. Parecer do Ministério Público, na segunda instância, sem o devido contraditório

Com o exposto, resta abordagem sobre um tema reticente e que ainda pende de um discurso racional. Estreitando a questão para a seara dos recursos criminais, é por demais curiosa a situação que se desenvolve na segunda instância, frente ao parecer do representante do Ministério Público sem o devido contraditório.

Para melhor compreender a questão, imaginemos um exemplo cotidiano e sensível:

> O réu é absolvido de uma acusação criminal, em ação penal pública, e o Ministério Público apela. Após as contrarrazões da defesa, o recurso sobe para o tribunal e segue para vista do Ministério

---

[3] RTJ 146/794, Mesmo sentido: STJ-RMS-Rel. Luiz Vicente Cernicchiaro- DJU 16.09.96, p.33.796; RT705/412.
[4] RT544/418.
[5] RT685/335.

Público da segunda instância. Em seguida ao parecer deste, o feito segue para julgamento, sem a manifestação da defesa.

Isto está correto?

Entendemos que não!

Inicialmente, devemos considerar que a Lei n°8.625/93,[6] que institui a Lei Orgânica Nacional do Ministério Público, dispõe em seu artigo 41, III, que constitui prerrogativa dos membros do Ministério Público ter vista dos autos após a distribuição às Turmas ou Câmaras e intervir nas sessões de julgamento para sustentação oral ou esclarecimento da matéria de fato. Por sua vez, o anacrônico dispositivo do artigo 610 do CPP, refere que nos recursos em sentido estrito e nas apelações interpostas das sentenças, os autos seguirão imediatamente com vista ao procurador-geral pelo prazo de cinco dias e, em seguida, passarão, por igual prazo, ao relator, que pedirá dia para julgamento.

Destarte, depreende-se a imprescindibilidade legal do parecer do Ministério Público.

Porém, é possível se duvidar desta imprescindibilidade. É que se o Ministério Público já se manifestou no juízo *a quo*, por qual razão haveria a necessidade de novo parecer? Destarte, existe o entendimento de que parecer, no recurso do processo penal, seria efetivamente desnecessário. Nesta esteira, segue Marques (2000, p. 255)

> Bem de ver, é porém, que, na justiça criminal, se apresenta algo esdrúxula essa função consultiva do procurador-geral, uma vez que o Ministério Público está constituído, precipuamente, como órgão da ação penal e da pretensão punitiva do Estado. Tanto isso é exato que pode o procurador fazer sustentação oral perante a Turma julgadora do recurso e ali debater a causa, ex vi do art.610, parágrafo único, do Código de Processo Penal. E está claro que pode intervir ou tomar parte no debate ora, como órgão da acusação (...)

Contudo, sem entrar em discussão sobre o mérito da questão da essencialidade ou não do parecer do Ministério Público de segunda instância, até para que não percamos o foco do tema em estudo e não tenhamos que justificar o aspecto da atipicidade formal existente, é de se relembrar que o princípio do contraditório revela a dialética probatória e argumentativa entre os contendores. Ou seja, a manifestação de uma das partes permitirá a contra-posição da adversa. Assim, garante-se a paridade de armas e admissão de iguais oportunidades. Logo, jamais poder-se-á aceitar a manifestação do Ministério Público, sem a contraposição da defesa.

Muito embora o argumento predileto e escolhido para evitar o contraditório no parecer do *parquet* seja de que o Ministério Público na segunda instância, em uma ação penal pública, esteja tão-somente no papel de fiscal da lei (*custos legis*), é impossível pensar que seu suporte subjetivo seja firmado em um inabalável desinteresse acusatório.

---

[6] Por sua vez, segue a Lei Complementar n° 75/93 dispõe sobre a organização, as atribuições e o estatuto do Ministério Público da União.

A idéia de que o órgão acusador de segunda instância despreze a *opinio delicti* de seu colega de primeiro grau parece beirar às raias da ingenuidade, principalmente quando no processo penal de ação pública o Ministério Público se apresenta uno e indivisível.

Neste aspecto é de salientar que os princípios da unidade e da indivisibilidade se firmam como critérios, de observância rigorosa, do *parquet*. O princípio da unidade estabelece que os representantes do Ministério Público agem em nome da instituição e não de forma isolada e individual. A idéia que firma a unidade é que todos os promotores públicos atuam em nome do Ministério Público, o qual é representado pelo procurador-geral. Já o princípio da indivisibilidade revela que os representantes do Ministério Público, e que agem em nome da instituição, podem ser substituídos, nos moldes da lei, sem quebrar a continuidade dos ofícios.

Desta forma, o promotor público, que é quem oferece a denúncia, mantém a acusação e pleiteia a aplicação de uma pena, tem sua legitimidade estendida ao tribunal, na pessoa do representante do Ministério Público de segunda instância, o qual pode, inclusive, sustentar oralmente o interesse no agravamento da situação do acusado. Veja-se que se não fosse assim, não haveria representatividade do órgão acusador no tribunal.

Ora, e nos casos práticos, outra não é a situação evidente. Por exemplo, que o procurador de justiça faz às vezes do promotor de justiça na segunda instância. Ou seja, o substitui legalmente.

Veja-se, ainda, que nos termos do artigo 616 do Código de Processo Penal é possível a existência de diligências probatórias. Ou seja, é viável a promoção de um cursivo instrutório jungido à segunda instância. E se tal medida fosse promovida no próprio tribunal, quem representaria a parte acusadora pública? Obviamente, o representante do Ministério Público jungido ao segundo grau.

Desta forma, é incabível dizer-se, por exemplo, que o Procurador de Justiça é mero fiscal da lei, sem qualquer relação com o Promotor de Justiça parte acusadora, que lhe antecedeu.

Nestas condições, deve ser oportunizado à parte contrária dizer sobre o Ministério Público de segundo grau.

E não é demais voltarmos a questão da essencialidade do parecer. Se não fosse imperioso, certamente o mesmo seria desprezado pela economia processual. Contudo, sabe-se que a supressão do parecer ministerial acarreta em nulidade absoluta, forte no artigo 564, III, *d*, do CPP. Nestas condições é de se reconhecer a importância ao processo, da manifestação do representante do Ministério Público, que não raras as vezes serve de fundamento para o posicionamento do julgador. Assim, a mesma deve ser levada ao conhecimento da defesa. Por sua vez, professa Moreira (2003, p. 263):

> Com efeito, sempre nos pareceu que este pronunciamento do Procurador de Justiça na segunda instância, ainda que na condição de custos legis soava estranho, mesmo porque fiscal da lei também é o Promotor de Justiça atuante junto à primeira instância e, no entanto, nunca se dispensou a ouvida da

defesa (...). Para nós, este privilégio fere o contraditório (ação versus reação), a isonomia (paridade de armas), o devido processo legal (a defesa fala por último) e a ampla defesa (direito do acusado de ser informado também por último).

Nesta mesma esteira, segue Toron (1997, p.4) sobre a Procuradoria da Justiça:

(...) embora sob o rótulo de fiscal da lei, desenvolve acusações muito mais contundentes que o próprio órgão de acusação. Sobretudo nas hipóteses em que este é recorrente e, por último, novamente, a Procuradoria-Geral de Justiça se manifesta. É imperioso que a defesa, neste caso, até para o resguardo da amplitude do direito de defesa, manifeste-se por último.

Lamentavelmente, a jurisprudência não tomou partido firme sobre esta questão, no sentido de reconhecer a imperiosidade do contraditório ao parecer do Ministério Público de segunda instância. Muito embora exista entendimento que conclui ser nulidade processual a falta de tal contraditório[7] não há, ainda, um entendimento pacífico sobre a questão, pois posição contrária existe.[8]

E, em nosso sentir, a ausência deste contraditório é mácula insanável. Se o parecer se constitui em peça essencial ao feito, por consectário lógico deve ser visualizado pela defesa.

A par ditso, existe outra possibilidade de grave preocupação. E se a manifestação do Ministério Público reforçar a tese da acusação, com novos argumentos que desconstruam os trazidos pela defesa? Ou seja, se o parecer trouxer premissas que instituam a condenação, como fica a defesa? Veja-se que é regra no sistema acusatório pátrio que a defesa fale por último. E neste trilhar, professa Marques (2000, p. 255) sobre a manifestação do Ministério Público perante a segunda instância:

(...) não se compadece muito com a estrutura contraditória do processo penal pátrio, e com as garantias de defesa plena do réu, que fale em último lugar um órgão investido de funções nitidamente persecutórias.

Efetivamente a questão é por demais efervescente. E talvez por isso, exista certa mitigação no professamento de Tourinho Filho (2001, p. 20), para o qual deveria o parecer do Ministério Público de segunda instância restar afastado das questões de mérito do recurso interposto:

A nosso ver, quando o Promotor recorrer, após as contra-razões da Defesa, não deveria o Procurador de Justiça, ao opinar sobre o processo, manifestar-se quanto ao mérito, e sim sobre o aspecto formal e regularidade do feito. Do contrário estaria, em última análise, o Ministério Público falando duas vezes.

Porém, para nós tal posicionamento merece crítica, pois as questões relacionadas aos pressupostos e requisitos objetivos recursais, outrossim, são de notório

---

[7] "Ministério Público. Atuação. Parte. A turma, por maioria, concedeu a ordem para anular o processo a partir do julgamento, por entender que, na hipótese, o Ministério Público, além de atuar como fiscal da lei, era também parte, e como tal, à luz da Constituição vigente, não pode proferir sustentação oral depois da defesa". HC 18.166-SP, julgado em 19.02.02.

[8] DJU Seção I, 15.04.94, p. 8047.

interesse à defesa, razão da imperiosidade de se oportunizar a esta o conhecimento e contraposição da manifestação do *parquet*.

Considerações finais

O código substancial resta deficitário em instrumentalidade. Por este motivo não tem aplicação imediata. Desta forma, emerge a necessidade de um instrumento que materialize o direito penal, o que somente ocorrerá com o processo penal.

É indiscutível que com a Constituição Federal de 1988, o Código de Processo Penal passou a sofrer mutações, em nome dos direitos fundamentais e garantias do indivíduo. Assim, firmou-se o processo penal constitucional como instrumento real contra eventuais abusos do Estado. Entre os diversos reflexos, o processo penal constitucional ratificou o princípio da proteção dos inocentes, o qual irradia consectários, entre os quais o de uma defesa ampla, indeclinável, plena e efetiva, um processamento *favor rei*, além do exercício racional do contraditório.

Entretanto, nas ações penais públicas, o papel do Ministério Público é essencial. Nestes casos, o *parquet* assume características de uma efetiva parte acusadora, já que para isto é legitimado. E como não poderia deixar de ser, o princípio de proteção dos inocentes deverá, outrossim, repercutir, inclusive, na atividade ministerial, a ponto de, por exemplo, impedir eventuais máculas como a de um promotor artificialmente designado para uma acusação.

Como se sabe, o *parquet* do segundo grau resulta por opinar e sua manifestação não passa pelo crivo da defesa. Ora, no caso de uma ação penal pública, sendo o Ministério Público representado em segunda instância, suas manifestações necessitam ser conhecidas e contrabalançadas pela defesa. Como o parecer do *parquet* influi no convencimento do julgador, pois caso contrário não haveria razão de existir, é certo que a manifestação da defesa deve se dar em seguimento.

Por esse entendimento, defendemos neste tímido trabalho que a defesa deva ser intimada do parecer do Ministério Público da segunda instância, para usufruir do contraditório nos crimes de ação pública. Reconhecemos, ainda, que eventual ausência de ciência defensiva se caracterizará em vício processual, o que poderá, inclusive, macular o decisório do colegiado.

Referências bibliográficas

BARREIROS, José Antonio. *Processo Penal*. Coimbra: Livraria Almedina, 1981.

CALAMANDREI, Piero. *Eles, os juízes, vistos por um advogado*. Tradução Eduardo Brandão. São Paulo: Martins Fontes, 2000.

CASTELO BRANCO, Vitorino Prata. *O Advogado e a Defesa Oral*.São Paulo: Sugestões Literárias, 1986.

CARNEIRO, Paulo Cezar Pinheiro. *O Ministério Público no Processo Civil e Penal*. 6ª ed. Rio de janeiro: Forense, 2001.

CONSTANTINO, Lúcio Santoro de. *Nulidades no Processo Penal*.2ª ed. Porto Alegre: Verbo Jurídico,2006.

——. *Recursos Criminais, Sucedâneos Recursais Criminais e Ações Impugnativas Autônomas Criminais*.2ª ed. Porto Alegre: Livraria do Advogado,2006.

CRUZ, Rogério Schietti Machado. *Garantias Processuais nos Recursos Criminais.* São Paulo: Atlas, 2002.
FERNANDES, Antonio Scarance. *Processo Penal Constitucional.* 2ªed.. São Paulo:Revista dos Tribunais, 2000.
——. *Nulidades no Processo Penal.* 6ªed.. São Paulo:Revista dos Tribunais, 2000.
GADAMER, Hans-Georg. *Verdade e Método I.* Tradução de Flávio Paulo Meurer. Petrópolis: Vozes, 1998.
GOMES FILHO, Antonio Magalhães. *Nulidades no Processo Penal.* 6ªed.. São Paulo:Revista dos Tribunais, 2000.
GRINOVER, Ada Pellegrini. *Nulidades no Processo Penal.* 6ªed.. São Paulo:Revista dos Tribunais, 2000.
HABERMAS, Jürgen. *O discurso filosófico da modernidade.* São Paulo: Martins Fontes, 2000.
MARQUES, José Frederico. *Elementos de Direito Processual Penal.* 2º ed. Vol.IV, Campinas: Millennium, 2000.
MIRANDA, Pontes. *Comentários a Constituição de 1967 com a Emenda nº1 de 1969.* 2ª ed.São Paulo: Revista dos Tribunais.
OLIVEIRA, Eugênio Paricelli de. *Curso e Processo Penal.* 3 ed. Belo Horizonte: Del Rey, 2004
PEDROSO, Fernando de Almeida. *Processo Penal.O direito de defesa:Repercussão, amplitude e limites.* 3ªed. São Paulo: Revista dos Tribunais, 2001.
STRECK, Lênio Luiz. *Hermenêutica Jurídica em Crise.* Porto Alegre: Livraria do Advogado, 2003.
TOVO, Paulo Cláudio, *Estudos de Direito Processual Penal,* Porto Alegre: Livraria do Advogado, 1988

Legitimação ativa do cidadão envolvido em atos de cooperação judicial penal internacional

MARCELO CAETANO GUAZZELLI PERUCHIN

Advogado. Mestre em Ciências Criminais pela PUCRS. Professor de Direito Penal e Prática Jurídica da da PUCRS. Professor da Escola da Magistratura do Rio Grande do Sul (AJURIS). Investigador Internacional do ICEPS (*International Center of Economic Penal Studies*).

O Direito Penal Liberal[1] e humanitário possui uma relevante missão a desempenhar, a partir do momento em que passa a compor a mesa até então ocupada exclusivamente pelos Estados requerente e requerido, no universo da Cooperação Judicial Penal Internacional. Compartilhamos, também, da idéia clarificadora de que esta deixou de ser uma mera questão entre Estados (partes formais da cooperação) para ser algo que envolve tanto os Estados como os cidadãos concretos potencialmente afetados no cumprimento de tais medidas (partes substanciais). Na reunião do Conselho Consultivo do ICEPS de dezembro de 1998, o Delegado russo Lako Sigol expressou com lúcida clareza que

> Seria ilusório proclamar os atributos de resguardo do direito processual interno dos Estados se a proteção dos mesmos direitos não iluminasse as garantias dos cidadãos quando estes se vissem envolvidos em procedimentos de interação processual internacional. Também seria muito mais absurdo exibir as garantias do cidadão concernido na cooperação, se tais garantias resultam ser meramente formais e não se transformam em definitivo num exercício efetivo de ampla defesa".[2]

---

[1] É fundamental, quando se utiliza aqui a palavra *liberal*, a referência à esclarecedora observação feita por CANOTILHO: "É historicamente correto afirmar que a idéia do Estado de Direito serviu para acentuar unilateralmente a dimensão burguesa de defesa da esfera jurídico-patrimonial dos cidadãos. Só que, uma coisa é a monodimensionalidade liberal do Estado de Direito e a idéia inaceitável de um 'Estado de Direito em si', e outra, a idéia de um Estado de Direito intimamente ligada aos princípios da democracia e socialidade. Nessa perspectiva, a idéia de Estado de Direito pode transportar um ideário progressista. A mundividência constitucional que hoje se colhe vem a demonstrar isso mesmo: a utilização do princípio do Estado de Direito, não como 'cobertura' de uma forma conservadora de domínio, mas como princípio constitutivo da juridicidade estadual democrática e social (ABENDROTH)". CANOTILHO, J.J. Gomes. *Direito Constitucional*. 6.ed. Coimbra: Almedina, 1993, p.369.

[2] SIGOL, Lako. Palestra proferida. Tema II – Garantias do Procedimento Internacional e Macrodelinqüência Econômica. Atas de Reunião conjunta do Conselho de Direção e Consultivo do ICEPS (International Center of Economic Penal Studies), doc. m. 68/98, Nova Iorque, 1998, p. 12.

Esse pensamento, com o qual concordamos, supõe, de início, a legitimação ativa da qual nos ocupamos, pois somente o devido reconhecimento poderá viabilizar seu pleno exercício.[3]

Ocorre que no jogo da entre-ajuda entre os Estados (sendo a matéria criminal) estão envolvidos direitos e interesses daqueles que são objeto das medidas solicitadas, e que, portanto, correm o risco de sofrer danos ou prejuízos, por vezes irreparáveis: os cidadãos. E sendo assim, o Direito Penal, enquanto limite intransponível do poder punitivo do Estado[4] *lato sensu* não pode estar ausente, e da sua incidência decorrem princípios de Processo Penal também garantistas, próprios do Estado Constitucional e Democrático de Direito.[5] Neste sentido, assevera Canotilho:

> Independentemente das densificações e concretizações que o Princípio do Estado de Direito encontra implícita ou explicitamente no texto constitucional, é possível sintetizar os pressupostos materiais subjacentes a este princípio da seguinte forma: 1) juridicidade; 2) constitucionalidade; 3) *direitos fundamentais*.

Aqui estão, portanto, as três bases fundamentais do Estado de Direito na concepção constitucionalista moderna, de onde resulta notória a importância da pessoa como *ratio essendi* da estrutura constitucional de um ordenamento.[6]

É como se o que deveria ser essência soasse como novidade: no cenário da Cooperação Judicial Penal Internacional deve ser realçada (senão descoberta) a situação e os direitos do cidadão (concernido). E, a partir deste enfoque – do indivíduo para o(s) Estado(s) –, mercê da concepção antropocêntrica sem a qual inexistem o Direito penal Liberal e humanitário e o Processo Penal garantista e equânime que lhe é consectário, é possível construir um conjunto de princípios aplicáveis à Cooperação Penal Internacional, os quais vislumbrem – e efetivamente respeitem – o cidadão como centro do sistema.

Assim, sustentamos não ser juridicamente razoável se cogitar de uma harmonização da legislação penal, especialmente a Cooperação Judicial Penal Internacional, enquanto principal alternativa, sem a percepção de que os *direitos do homem* constituem a *ratio essendi* do Estado Constitucional,[7] uma vez que

---

[3] No mesmo sentido: ICEPS – Research – Documentos IPC M. 12/98, autoria de LOUIS SEVERIN e RAÚL CERVINI sobre o âmbito da Cooperação Penal Internacional Moderna; Informe 24/98, de SILVIE ROSS. Assim como o resumo elaborado uma vez terminada as Juntas de dezembro de 1998, por SR 98, pela citada SILVIE ROSS.

[4] E exatamente nessa linha a lição de ZAFFARONI, Eugénio Raul e PIERANGELI, José Henrique. Manual de Direito Penal brasileiro. Parte geral. São Paulo: RT, 1997. p. 80: "Ante a constatação de que em toda a sociedade existe o fenômeno dual 'hegemonia-marginalização', e que o sistema penal tende, geralmente, a torná-lo mais agudo, impõe-se buscar uma aplicação de soluções punitivas da maneira mais limitada possível".

[5] Concordantemente com o expressado, FERRAJOLI, Luigi. Direitos e garantias. A lei do mais débil. Madri: Trotta, 1999. p. 41 e ss., desenvolveu o conceito de que o Estado Democrático de Direito se fundamenta e se projeta empiricamente na realização plena das garantias substanciais e adjetivas, reconhecendo nestas últimas o suporte básico do exercício pleno da qualidade de cidadão.

[6] CANOTILHO, J.J. Gomes. Op. cit., p. 357.

[7] Já lecionava GIORGIO DEL VECCHIO: "A constante tutela dos direitos naturais da pessoa é, por conseguinte, o fim imutável do Estado, a missão primária que este é chamado a cumprir, e a qual não se pode subtrair sem

representam um *topos* caracterizador da modernidade e do constitucionalismo. Está, no âmago do constitucionalismo moderno, que "os direitos fundamentais do homem constituem a raiz antropológica essencial da legitimidade da Constituição e do poder político",[8] e tal referencial tem que nortear, também, as relações internacionais entre os Estados.

Exatamente nessa linha de argumentação manifestamos nossa sincera preocupação quanto ao risco de prejuízo aos direitos fundamentais do homem, no cenário do Direito Comunitário, informado pelos anteriormente vistos princípios da aplicação direta e da primazia. Embora já indiscutível a inaplicabilidade do Direito Comunitário no MERCOSUL (por constituir, este, apenas um organismo intergovernamental), nunca é demais gizar que a prevalência de um ordenamento supranacional sobre a ordem jurídica interna dos Estados, no cenário europeu, sem agregar maior eficiência real, tem o condão de colocar as suas Constituições em um inadmissível segundo plano. A mesma advertência vale para a criticável tentativa de implementação do Tribunal Penal Internacional, realidade que, apesar de causar desconforto por sua fragilidade jurídica, não constitui objeto principal de nosso estudo.[9] Mesmo assim, não podemos negar que representaria um enorme passo para a perda de parte da soberania dos Estados, entendida como *policy* estrutural de sua sobrevivência, em especial no que alude a matéria penal.[10]

Esta construção constitucional das garantias processuais tem encontrado, no Direito anglo-saxão, uma natural expansão no âmbito da proteção dos direitos humanos no campo da cooperação penal internacional de segundo e terceiro graus. Igualmente, sob a perspectiva continental européia, autores como o catedrático de Urbino Eduardo Rozo Acuña e o professor de Nápoles Andrea Castaldo, manifestaram, com veemência, a concordância com o risco grave de lesão à soberania.[11]

Em nossa língua, Canotilho muito bem ressalta a importância da Constituição:

Os homens são capazes de construir um projeto racional, condensando as idéias básicas desse projeto num pacto fundador – a Constituição.[12] Em termos mais Filosóficos, dir-se-ia que a idéia de

---

se privar do título que justifica a sua existência. Em suma, o Estado racionalmente concebido é o ponto ideal de convergência dos direitos individuais, que lhe são logicamente anteriores, mesmo quando deles esperam o positivo reconhecimento e a positiva confirmação". DEL VECCHIO, Giorgio. *Teoria do estado*. Tradução de: Antônio Pinto de Carvalho. São Paulo: Saraiva, 1957, p.100.

[8] CANOTILHO, J.J. Gomes. Op. cit., p. 19.

[9] Justamente por não integrar o objeto deste estudo, deixamos de examinar o Estatuto de Roma, o qual fundou o Tribunal Penal Internacional Permanente, no corpo deste artigo.

[10] Conferir sentença GOMES vs. TERRITORIAL INCK. Corte Suprema do Estado da Flórida, 1998, apud BLOVITCH, Leon, *Codex of Criminal Law and Procedure*. New York: Adams Editor, 1998, p.57.

[11] Palestras proferidas no Seminário de AMALFI, abril/maio de 1999.

[12] Mesmo para os constitucionalistas que denominam o Direito Constitucional atual como pós-moderno (TEUBNER, e.g.), enquanto pós-intervencionista, processualizado, dessubstantivado, neocorporativo, medial, etc.), continuam a reconhecer a Constituição como "texto" de garantias individuais e de direitos fundamentais do homem, aduzindo que além dessa função básica de sua existência, também é um estatuto reflexivo, capaz de sugerir progressos político-sociais, a coexistência de variados jogos políticos e até a possibilidade concreta da construção de rupturas. CANOTILHO, J.J. Gomes. Op. cit., p.14.

Constituição é indissociável da idéia de subjetividade projetante, ou se se preferir, da idéia de razão iluminante e/ou iluminista. (...) Através de um documento escrito concebido como produto da razão que organiza o mundo, iluminando-o e iluminando-se a si mesma, pretendia-se também converter a lei escrita (= lei constitucional) em instrumento jurídico de constituição da sociedade.[13]

Nesse pacto fundador do Estado Democrático de Direito que denominamos de Constituição estão insertos os direitos fundamentais do homem e expressas as suas garantias, dentre várias outras diretrizes que norteiam a atuação do Estado, e que, por conseqüência, a legitima.[14]

Luigi Ferrajoli, estabelecendo a distinção entre governo *sub lege* e governo *per lege*, assevera que, no campo do Direito Penal, a expressão "Estado de Direito" designa ambas as coisas: o poder judicial de descobrir e castigar os delitos é em efeito *sub lege*, porquanto o poder legislativo de defini-los se exercita *per leges*; e o poder legislativo atua *per leges*, enquanto, por seu turno, está *sub lege*, quer dizer, está prescrita por lei constitucional a reserva de lei genérica e abstrata em matéria penal. O poder *sub lege* pode ser entendido de duas formas: no sentido lato ou formal, posto que qualquer poder deve ser conferido pela lei e exercido na forma e nos procedimentos por ela estabelecidos; e no sentido estrito ou substancial, significando que qualquer poder deve ser limitado pela lei, que condiciona não só suas formas, mas também seu conteúdo. Ferrajoli aduz que a expressão "Estado de Direito", concebida como legalidade em sentido estrito ou substancial, é utilizada em sua obra Direito e Razão – Teoria do Garantismo Penal – como sinônimo de *garantismo*, denotando não simplesmente um estado legal ou regulado pela lei, senão um modelo de Estado nascido com as modernas Constituições e caracterizado:

> (...) a) no plano formal, pelo princípio da legalidade, em virtude do qual todo poder público – legislativo, judicial ou administrativo – está subordinado a leis genéricas e abstratas, que disciplinam suas formas de exercício e cuja observância se faça submetida a controle de legitimidade por parte de juízes separados do mesmo e independentes (o Tribunal Constitucional para as leis, os juízes ordinários para as sentenças, os Tribunais administrativos para as decisões desse caráter); b) no plano substancial, pela orientação de *todos os poderes do Estado a serviço das garantias dos direitos fundamentais dos cidadãos, mediante a incorporação limitativa em sua Constituição dos deveres públicos correspondentes, quer*

---

[13] Ministra o constitucionalista MIRANDA, Jorge. Manual de Direito Constitucional. V.4, Coimbra: Coimbra, 1988, p.1 66: "A Constituição confere uma unidade de sentido, de valor e de concordância prática ao sistema dos direitos fundamentais. E ela repousa na dignidade da pessoa humana, ou seja, na concepção que faz a pessoa fundamento e fim da sociedade e do Estado". Na mesma linha é a lição de CANOTILHO, J.J. Comes. Op. cit., p.13. Ainda neste diapasão, aduz LUÑO, Antonio Enrique Perez, apud PIOVESAN, Flávia. Direitos humanos e o Direito Constitucional internacional. São Paulo: Max Limonad, 2000, p.53: "Os valores constitucionais compõem, portanto, o contexto axiológico fundamentador ou básico para a interpretação de todo o ordenamento jurídico; o postulado-guia para orientar a hermenêutica teleológica e evolutiva da Constituição; e o critério para medir a legitimidade das diversas manifestações do sistema da legalidade". Com base nisso, conclui FLAVIA PIOVESAN: "Neste sentido, o valor da dignidade da pessoa humana impõe-se como núcleo básico e informador de todo ordenamento jurídico, como critério e parâmetro de valoração a orientar a interpretação e compreensão do sistema constitucional".

[14] O mesmo CANOTILHO, J.J. Gomes. Op. cit., p.43, leciona: "O Estado concebe-se hoje como constitucional democrático, porque ele é conformado por uma lei fundamental escrita (= constituição juridicamente constitutiva das 'estruturas básicas da justiça') e pressupõe um modelo de legitimação tendencialmente reconducível a legitimação democrática".

dizer, das proibições de lesar os direitos de liberdade e das obrigações de dar satisfação aos direitos sociais, assim como os correlatos poderes dos cidadãos de acionarem a tutela judicial.[15] (grifo nosso)

Essa limitação da intervenção estatal no universo dos direitos do cidadão ganha maior relevância ainda quando se fala em Direito Penal, como bem observa Ferrajoli:

> No Direito Penal, onde o direito fundamental que está em jogo é a imunidade do cidadão frente a proibições e castigos arbitrários, estes conteúdos substanciais se concretizaram na taxatividade das hipóteses de delito, que comporta de um lado na referência empírica aos três elementos constitutivos que encontram expressão nas garantias penais, e, de outro, sua verificabilidade e refutabilidade nas formas expressadas pelas garantias processuais.[16]

Em paradigmático trecho de sua obra, o mesmo autor recorda que o Estado moderno nasceu historicamente, enquanto Estado de Direito, antes como monarquia constitucional do que como Estado Democrático (democracia representativa). Porém, nasceu exatamente como

> (...) Estado de Direito limitado por proibições (ou deveres negativos de não-fazer), mas não vinculado por obrigações (ou deveres positivos de fazer). O núcleo essencial das primeiras Cartas fundamentais – desde a antiga Magna Carta inglesa às declarações de direitos do século XVIII e até os Estatutos e as Constituições do século XIX –, está formado por regras sobre o limite do poder e não sobre suas fontes ou sobre suas formas de exercício.[17]

Continua, realçando, que a primeira regra de todo pacto constitucional sobre a convivência civil é aquela segundo a qual nenhuma maioria pode decidir a supressão (ou não decidir a proteção) de uma minoria ou de um só cidadão, o que, projetado para o Estado de Direito, entendido como *sistema de limites substanciais impostos legalmente aos poderes públicos em garantia dos direitos fundamentais*, se contrapõe ao Estado absoluto, seja autocrático ou democrático.[18]

Pensamos que, também sob este viés, tanto no plano interno dos Estados, quanto no cenário internacional, a supressão de direitos e garantias individuais é inadmissível, vez que deslegitimada, exatamente como ocorreu no Protocolo de San Luiz,[19] com a vedação expressa do direito ao contraditório e à ampla defesa quanto aos atos de cooperação que envolvam o cidadão *concernido*, como adiante demonstraremos.

O reconhecimento da legitimidade ativa do cidadão envolvido em medidas de Cooperação Judicial Penal Internacional é corolário lógico e inevitável do

---

[15] FERRAJOLI, Luigi. Derecho y razón: teoria del garantismo penal. Tradução de: Perfecto Andréz Ibáñez, Afonso Ruiz Miguel, Juan Carlos Bayón Mohino, Juan Terradillos Basoco, Rocio Cantanero Bandrés, Madri Trotta, 1997, p. 856-857.

[16] Idem, p. 857.

[17] Idem, p. 859.

[18] Id. Ibid.

[19] A Cooperação Judicial Penal no âmbito do Mercosul é atualmente regulada pelo denominado Protocolo de San Luiz. Este se constitui em um Acordo subscrito em 25 de junho de 1996, na cidade argentina de San Luiz, pelos países originalmente fundadores: Brasil, Argentina, Uruguai e Paraguai. A despeito de ter sido firmado em 1996, o Protocolo de San Luiz passou a vigorar em nosso país a partir da promulgação do Decreto nº 3.468, de 17 de maio de 2000.

Estado de Direito, principalmente no de matiz democrática. A grande inovação institucional da qual este nasceu foi a positivação e constitucionalização destes direitos, ao que Luigi Ferrajoli denomina de "incorporacão limitativa" ao ordenamento jurídico dos deveres correspondentes impostos ao exercício dos poderes públicos. É justamente com a contemplação constitucional de tais deveres que os direitos naturais passam a ser direitos positivos invioláveis, alterando a estrutura do Estado, de absoluto para limitado e condicionado.[20]

E neste rol está inserto o direito ao contraditório e à ampla defesa em toda e qualquer intervenção estatal nos direitos dos cidadãos. Tais direitos fundamentais e suas garantias constituem "vínculos funcionais[21] que condicionam a validade jurídica de toda a atividade do Estado".[22]

Ministra Luigi Ferrajoli, e em tal sentido também plenamente consonante com a lição de Sergio Moccia,[23] que as garantias penais e processuais não podem ser mais que um sistema de proibições inderrogáveis:

> Proibições de castigar, de privar de liberdade, de registrar, de censurar ou de sancionar de alguma outra forma, se não concorrerem as condições estabelecidas pela lei em garantia do cidadão frente ao abuso de poder. Em um Estado de Direito, os direitos precisam ser tutelados, ainda quando seus pressupostos legais sejam vagos e incertos, sendo que o progresso da democracia de um povo se mede pela expansão dos direitos e de sua justiciabilidade.[24]

Com isso, pode-se concluir que a função garantista do Direito (em especial do Direito Penal) consiste na limitação dos poderes e na correspondente ampliação das liberdades dos cidadãos ou, nas palavras de Sergio Moccia: "potencialidade da civilidade".

Assinala Francesco Palazzo que as modernas Constituições liberal-democráticas reforçam os chamados limites constitucionais garantidores, tanto do ponto de vista formal, quanto substancial, da utilização da sanção penal, razão pela

---

[20] Idem, p.859-860.

[21] Esclarecemos que a expressão funcional, tanto na obra de FERRAJOLI, como na de CERVINI e na de PAULO MOUSO nada tem a ver com o funcionalismo de JACOBS, a qual se explicita no campo dogmático. Vincula-se ao imprescindível equilíbrio jurídico-instrumental entre níveis de assistência e garantias que deve presidir a moderna Cooperação Judicial Penal Internacional, para que possa efetivamente cumprir-se. Refere CERVINI que "esta funcionalidade se percebe em face de uma necessária continuidade jurídica que viabilize um fluido trânsito jurisdicional entre os Estados Partes formais – sem desconhecer os direitos das pessoas concernidas – que junto a esses mesmos Estados constituem partes substanciais. No frágil equilíbrio dinâmico entre eficiência da prestação assistencial e garantias dos concernidos, se encontra precisamente a funcionalidade legitimante da moderna cooperação internacional, a qual deve ser concebida frente a um Direito de raiz antropocêntrica e garantidor dos direitos humanos. Isso é assim, porque na Cooperação Judicial Penal Internacional está superada a época na qual se associava seu funcionamento com o poder dos Estados, com a igualmente difusa cortesia internacional e, inclusive, mais modernamente, com a concepção meramente instrumental do respeito e continuidade do processo. Hoje em dia, estas últimas fundamentações vinculadas ao trato entre Estados soberanos devem estar acompanhadas pelo reconhecimento imperioso dos direitos do concernido (sujeito afeto ou atingido pelas medidas de cooperação). Com isso, estará observada a função legitimante do Direito Penal, tal como deve ser inexoravelmente concebido a partir do pensamento garantista". CERVINI, Raúl, TAVARES, Juarez. *Princípios da cooperação judicial penal internacional no protocolo do Mercosul*. São Paulo: RT, 2000, p. 73 e s.

[22] FERRAJOLI, Luigi, Op. cit., p. 905.

[23] MOCCIA, Sergio. Tutela penale del patrimonio e principi constituzionali. Padova : Cedam, 1998.

[24] FERRAJOLI, Luigi. Op. cit., p. 918.

qual consignam expressamente a *intangibilidade da dignidade humana*. De igual forma, sustenta este mesmo jurista, que as modernas Constituições contribuem fortemente para que se esclareça o fundamento e a finalidade do *jus puniendi*, diante da possibilidade de

> (...) reconduzir a ordem dos bens penalmente tutelados àquele vasto consenso democrático que serve de fundamento para a ordem dos valores constitucionais, quer quando possibilite a valorização constitucional do direito penal, não somente como limite à liberdade, mas, também, como instrumento de liberdade individual contra agressões provenientes do Estado ou de particulares.[25]

Justamente em face disso, inúmeros conceitos político-criminais, muitas vezes informados por caracteres marcantes de institutos jurídico-penais, constam expressamente no corpo da Constituição.[26]

Ademais, é na própria Constituição que está assentada a base antropológica estruturante do Estado Democrático de Direito em que se constitui a República Federativa do Brasil (art. 1º da Carta Magna de 1988). No mesmo art. 1º, III, consta expressamente que um dos fundamentos deste Estado Democrático de Direito é a dignidade da pessoa humana, sendo que, no art. 5º, estão consagrados os direitos e as garantias fundamentais[27] do cidadão.

Considerando que toda Carta Magna deve ser compreendida como uma unidade e como um sistema que privilegia certos valores, pode-se reconhecer que a Constituição brasileira de 1988 elegeu a dignidade da pessoa humana como um valor essencial que lhe dá unidade de sentido, informando a ordem constitucional, imprimindo-lhe uma feição própria ao conferir um suporte axiológico nitidamente garantista ao sistema jurídico brasileiro.[28]

Observa, ainda, Flavia Piovesan que

> (...) no intuito de reforçar a imperatividade das normas que traduzem direitos e garantias fundamentais, a Constituição de 1988 institui o princípio da aplicabilidade direta dessas normas, nos termos do art. 5º, parágrafo 1º. Este princípio realça a força normativa de todos os preceitos constitucionais referentes a direitos, liberdades e garantias fundamentais, prevendo um regime jurídico específico endereçado a estes direitos. Vale dizer, cabe aos poderes públicos conferirem eficácia máxima e imediata a todo e qualquer preceito definidor de direito e garantia fundamental.[29]

---

[25] PALAZZO, Francesco. Valores constitucionais e de Direito Penal. Tradução de: Gérson Pereira dos Santos. Porto Alegre: Sérgio Antonio Fabris, 1989. p. 17-18

[26] Idem, p. 18.

[27] Os direitos fundamentais cumprem a função de direitos de defesa dos cidadãos sob uma dupla perspectiva: (1) constituem num plano jurídico-objetivo, normas de competência negativa destes poderes públicos, proibindo fundamentalmente a ingerência destes na esfera jurídica individual; (2) implicam, num plano jurídico-subjetivo, o poder de exercer positivamente direitos fundamentais (liberdade positiva) e de exigir omissões dos poderes públicos, de forma a evitar agressões lesivas por parte dos mesmos (liberdade negativa), consoante leciona CANOTILHO, J.J. Gomes. Op. cit., p.541.

[28] PIOVESAN, Flávia. Op. cit., p.54. Para ratificar este entendimento, basta constatar que a Constituição de 1988 consagra os princípios e direitos fundamentais nos primeiros títulos, para depois tratar da organização do Estado, enquanto que a Constituição de 1967, e.g., tratava primeiramente da organização nacional (titulo I) para, num segundo momento, estabelecer os direitos (titulo II – art. 145 a 154).

[29] Idem, p. 58.

Continua a autora asseverando que a prevalência dos direitos humanos expressamente erigida como princípio da República Federativa do Brasil (art. 4°, II, da Constituição de 1988) não se circunscreve aos limites do território brasileiro, mas passa a reger o país em suas relações internacionais.[30]

Em consonância com o exposto, a garantia do acesso aos Tribunais também representa uma concretização do principio estruturante do Estado de Direito, além de ser uma conseqüência natural do sistema jurisdicional de solução dos conflitos. Em termos sintéticos, significa o direito à proteção jurídica por meio dos Tribunais. Essa proteção eficaz engloba a exigência de apreciação pelo Poder Judiciário da matéria de fato e de direito, objeto do litígio ou da pretensão do cidadão, bem como a respectiva resposta plasmada na decisão judicial vinculativa. No caso brasileiro, tal garantia vem expressa no art. 5°, XXXV, da atual Constituição.[31]

A Carta de 1988 institucionaliza a instauração de um regime democrático no Brasil, consubstanciando-se num marcante avanço na materialização legislativa e consolidação sistêmica das garantias e dos direitos fundamentais do cidadão. A partir dela os direitos humanos ganharam extraordinário relevo, uma vez que foi o documento mais contundente, neste sentido, promulgado no Brasil,[32] traduzindo-se num verdadeiro marco no processo de democratização nacional.[33]

Verdadeiramente, as Constituições promulgadas nos últimos decênios caracterizam-se pela presença, no elenco de suas normas, de instâncias de garantias de prerrogativas individuais e, concomitantemente, de instâncias que traduzem imperativos de tutela de bens individuais e coletivos. Ou seja, os princípios do *Rechtsstaats* (Estado de Direito) e, ao mesmo tempo, do *Sozialstaats* (Estado Social). Os primeiros configuram-se em preceitos asseguradores dos direitos humanos e da cidadania, enquanto os segundos se fazem presentes na tutela dos valores sociais.[34]

Assevera o saudoso e paradigmático defensor do garantismo Luiz Luisi que o *Rechtsstaats*, produto das idéias iluministas dos séculos XVII e XVIII, estruturou-se normativamente a partir da vigência das Constituições americanas do segundo quartel do século XVIII e da Constituição francesa de 1791, sendo a sua tônica

---

[30] Idem, p. 62.
[31] Art. 5, XXXV, CF/88: "A lei não excluirá da apreciação do Poder Judiciário lesão ou ameaça a direito".
[32] PIOVESAN, Flávia. Op. cit., p. 50.
[33] Sobre o processo de democratização, vale citar a lição de JOSÉ AFONSO DA SILVA: "A luta pela normalização democrática e pela conquista do Estado de Direito Democrático começara assim que se instalou o golpe de 1964 e especialmente após o AI 5, que foi o instrumento mais autoritário da história política do Brasil. Tomara, porém, as ruas, a partir da eleição de governadores, em 1982. Intensificara-se, quando, no início de 1984, as multidões acorreram entusiastas e ordeiras aos comícios em prol da eleição direta do Presidente da República, interpretando o sentimento da Nação, em busca do reequilíbrio da vida nacional, que só poderia consubstanciar-se numa nova ordem constitucional que refizesse o pacto político social". SILVA, José Afonso da. Curso de Direito constitucional positivo. 6.ed. São Paulo : RT, 1990, p.78-79.
[34] LUISI, Luiz. Os princípios constitucionais penais. Porto Alegre: Sergio Antonio Fabris Editor, 1991, p. 9

(...) a afirmação dos direitos do homem e do cidadão e a limitação do papel do Estado a garantir a efetivação e eficácia dos mencionados direitos, principalmente no que concerne à inviolabilidade da liberdade individual e da propriedade.[35]

No entanto, adverte o mesmo penalista,

A liberdade no campo da economia, o direito da propriedade "le plus absolue" geraram uma sociedade profundamente injusta, com evidentes e chocantes desigualdades.[36]

Essa realidade inquestionável explica a existência do *Sozialstaats*, o qual preconiza a presença do Estado para garantir a todos os cidadãos o atendimento das necessidades básicas, superando as distorções desigualitárias geradas e fortemente acentuadas pelo Estado liberal.

Trazendo a análise para a seara penal, observa-se que as Constituições que são expressão do *Rechtsstaats* contêm normas que se traduzem em postulados de defesa dos direitos e garantias fundamentais, servindo como diretrizes da limitação a intervenção (penal) do Estado.[37]

No mesmo sentido, apregoa Juarez Tavares que a dogmática penal possui extrema relevância enquanto instrumento de proteção da pessoa humana e que esta

Não pode ficar à mercê de sentimentos políticos ou de posicionamentos jurídicos que os satisfaçam, mas deve ter a segurança necessária para se orientar de acordo com os seus planos de vida.[38]

Se a pessoa humana representa a *raiz antropológica* do Estado Democrático de Direito, e, portanto, do ordenamento jurídico-penal que encontra as suas dire-

---

[35] Idem, p. 9.

[36] Idem ibidem.

[37] A concepção de um Direito Penal como limite da intervenção do Estado na esfera dos direitos dos cidadãos, muitas vezes, é desvirtuada, e dela se afastam as legislações em nível mundial, inclusive a brasileira. Isso se deve ao fato de que é visível no quadro da política criminal, tanto no plano interno, quanto externo, duas posturas bem nítidas: o aumento da intervenção estatal, incentivada pelos movimentos de lei e de ordem e motivado pela política de tolerância zero, de um lado, e propostas de abolicionismo e de um direito penal mínimo, de outro (CERVINI, Raúl e TAVARES, Juarez. Op. cit., p. 173 e seg., em capítulo intitulado "Os limites dogmáticos da cooperação penal internacional", autoria de JUAREZ TAVARES). Para os que advogam a primeira corrente de pensamento, é como se o Direito Penal fosse capaz de, por meio de penas elevadas, erradicar a onda de criminalidade crescente em nível mundial, especialmente a criminalidade de rua (visível, portanto), o que não passa de mais uma das ilusões de um discurso simbólico e adredemente construído para o exercício irresponsável e obstinado do poder por parte daqueles que o detêm, e que acabam por instrumentalizar os agentes estatais que exercem a repressão penal, para a satisfação de seus interesses. As estatísticas demonstram que a elevação das penas não tem o condão de reduzir o índice de criminalidade, o que só é possível com o incremento de medidas políticas, sociais, econômicas, culturais sérias de erradicação da pobreza, e de diminuição das desigualdades sociais, do aumento de empregos, do aprimoramento do sistema de saúde, do aparelhamento adequado dos órgãos encarregados da persecução penal, etc., que terão por corolário, ai sim, a redução da criminalidade. Por uma simples questão de lógica, caso tivéssemos um Estado Social consolidado não precisaríamos cogitar de um Direito Penal Repressivista ou Funcionalista Ativo concebido para a erradicação de uma criminalidade que não seria elevada como a atual, o que bem aumenta a responsabilidade dos penalistas no sentido da construção cotidiana de um Direito Penal Mínimo (ou necessário) enquanto ainda não se tem um Estado Social fortalecido. Talvez venhamos a assistir ao epílogo dessa batalha, pois quando viermos a alcançar esse estágio os adversários do Direito Penal Necessário já não exercerão mais a função simbólica que hoje desempenham, fadados que estarão ao merecido esquecimento no lixo da História.

[38] Idem.

trizes fundamentais na Constituição, essa relevância estampada na essência e na razão de ser de suas existências não pode restar relegada a um segundo plano na órbita internacional, como se tem observado em alguns acordos internacionais firmados pelo Brasil, como logo adiante examinaremos.

Portanto, o que aqui se está a advogar é o reconhecimento do homem e de seus direitos e garantias fundamentais também em sede de Cooperação Judicial Penal Internacional. Compartilhamos, *in totum*, da lição de Juarez Tavares, quando diz que

> Qualquer tendência que se assuma neste setor da persecução penal se reflete também no âmbito da Cooperação Penal Internacional, cujos princípios consolidam a aplicação do direito interno em face do fenômeno da criminalidade, que continua sendo um fato incontestável e representativo de certo sentimento de preocupação, mas que somente pode ser combatida através de respostas legais e subordinadas aos preceitos rígidos e absolutos de garantia.[39]

E acrescenta, com inteira razão, o mesmo penalista e professor da Universidade Estadual do Rio de Janeiro:

> Na medida em que a legislação interna visa a combater a criminalidade mediante o emprego de normas subordinadas a procedimentos democráticos de realização jurídica, onde se busca equacionar a defesa da liberdade individual, por um lado, e os interesses punitivos, de outro lado, os princípios da cooperação penal internacional devem igualmente estarem subordinados a determinados limites dogmáticos.[40] Se ao Estado se reconhece um poder direto de intervenção sobre a liberdade individual, não pode haver nesse setor qualquer tergiversação. É imperioso, como conseqüência de uma ordem internacional igualmente democrática e garantista da pessoa humana, como proclamam todos os pactos de proteção dos direitos fundamentais, que se estabeleçam, bem ou mal, suficiente ou insuficientemente, princípios delimitativos dessa atividade repressiva.[41]

Essa concepção de matiz garantista tem o alcance de não só reconhecer legitimação ativa ao cidadão envolvido numa medida de assistência jurídica mútua entre países, senão que implica a garantia da utilização de todos os meios licitamente admitidos para o exercício pleno de sua defesa.

Denuncia Raúl Cervini que existe uma concepção clássica da entre-ajuda judicial penal, originada no âmbito dos jusprivatistas, a qual reivindica a exclusividade dos Estados como sujeitos dessas instâncias, desconhecendo o valor das

---

[39] Idem, p. 173 e s.

[40] A expressão dogmática é utilizada por JUAREZ TAVARES, como ele mesmo explicitou, como "exigência de garantia de uma ordem democrática, voltada à salvaguarda do próprio indivíduo, como figura central da ordem jurídica", e não enquanto conjunto pré-configurado de princípios ou dogmas instituídos por determinada orientação jurídica (Op. cit., p. 173-176).

[41] TAVARES, Juarez. Op. cit., p. 175. Este autor elenca uma série de princípios, os quais denomina de *dogmáticos*, que seriam "*reitores da atividade interventora do Estado*", implicando, pois, numa "submissão do poder público às garantias concretas de respeito à pessoa humana, como sujeito de direitos". Especificamente, tais *princípios dogmáticos* não constituem objeto de análise deste artigo, mas cabe a referência aos mesmos, inclusive em reverência ao compromisso garantista do autor. JUAREZ TAVARES classifica os *princípios dogmáticos* aplicados à Cooperação Judicial Penal Internacional em dois grandes grupos: a) princípios de limitação material; b) princípios de limitação formal. No primeiro grupo estariam os princípios da *proteção da dignidade da pessoa humana, da observância do bem jurídico, da necessidade da pena, da intervenção mínima, da proporcionalidade e os preceitos delimitativos decorrentes dos direitos humanos*. No segundo grupo estaria o *princípio da legalidade* e seus corolários (Op. cit., p. 173 e s.).

partes substanciais da cooperação: tanto estes mesmos Estados, quanto seus cidadãos. Graças ao aporte da moderna doutrina italiana, entre outras, hoje se reconhece o fato de que, por suas características, grande parte dos casos de assistência judicial penal internacional atinge, direta ou indiretamente, a situação daquelas pessoas concretas alcançadas pelas medidas de cooperação, provocando, inúmeras vezes, danos irreversíveis na esfera de sua liberdade ou em seu patrimônio.

No meio do relacionamento entre os Estados, aparece, com evidência, a presença de um terceiro sujeito que interpõe seus direitos e garantias no jogo da ajuda recíproca entre Estados. A este elemento chamamos, valendo-nos de Raúl Cervini,[42] de *concernido*, pessoa para quem a questão processual objeto da cooperação não é somente *"assunto ou razão de Estado"*, e em cuja solução careça, por completo, do direito de intervir e obter pronunciamentos jurisdicionais. Senão, ao revés, uma matéria que lhe concerne diretamente, na medida em que se atinjam seus direitos e na qual se deve reconhecer legitimação para aspirar sua tutela.

A partir desta concepção, as garantias de que é titular a pessoa afetada pela medida de cooperação judicial penal internacional esclarecem-se à consciência jurídica num plano de absoluta paridade com o Estatuto que rege a ajuda interestatal e, isto, sem nenhum prejuízo jurídico à eficiência material da medida.

Chegados a este ponto, cabe examinar quais os fundamentos embasadores da legitimação ativa do *concernido* em sede de Cooperação Judicial Penal internacional.

Antes de tudo, é preciso sublinhar que a sua legitimação ativa para intervir nos atos processuais de entre-ajuda está determinada, intrinsecamente, pela própria possibilidade de sofrer prejuízos resultantes da execução das medidas assistenciais.

Essa possibilidade é certamente evidente quanto às medidas assistenciais de terceiro nível (extradição) e a regulamentação, tanto do direito interno como do internacional, que os Estados realizam, acordando acerca da necessidade de presença e participação ativa do sujeito concernido, é a maior prova disto. Porém, também é evidente a possibilidade de prejuízo dentro do elenco de medidas de segundo nível, ou seja, aquelas suscetíveis de causar gravame irreparável às pessoas, sob o enfoque patrimonial e, inclusive, em muitos casos, frente até mesmo a medidas de primeiro nível, com a falsa aparência de simples assistência processual.

Em concreto e, à via de exemplo, tratando-se de inspeções, registros, interceptação de correspondências, seqüestros, levantamento de segredo bancário, típicas medidas de segundo grau, o sujeito atingido por elas encontra-se, na prática, preocupantemente desprotegido, pois não só desconhece, em geral, que constitui objeto de um pedido de cooperação, como, caso venha a tomar ciência dela e queira se contrapor, o Poder Judiciário brasileiro poderá impedir o exercício de defesa (pelo fato que o Protocolo de San Luiz, no âmbito do Mercosul, não lhe re-

---

[42] CERVINI, Raúl. Op. cit., p. 36.

conhece legitimidade ativa). Este entendimento, bastante difundido (inclusive na Europa) agrega à assistência jurídica em matéria penal uma inominável violência institucional contra o cidadão, inspirada por um matiz notoriamente repressivo e antidemocrático.[43]

No que diz respeito à praxe nos Tribunais, em nível internacional, elucida Raúl Cervini:

> Os Tribunais, em geral, vêem a Cooperação Judicial Penal Internacional como mera questão entre Estados, vendo-se como algo desprezível os direitos dos sujeitos concernidos, que se entendem suficientemente custodiados pelos *big brothers* da cooperação (os Estados), pelo qual não há razão para outorgar-lhe oportunidade de defesa e amparo. Como conseqüência desta prática, as solicitações de cooperação internacional que solicitam medidas de segundo nível são expedidas, tramitam e são devolvidas, sem notícia nem participação do envolvido, que só tomará ciência tardiamente de que determinados direitos que a Constituição e a lei lhe asseguram, foram irrevogavelmente violados, porque já não há possibilidade de deixar sem efeito o ato jurisdicional que ordena a medida, acepticamente qualificada como de cooperação internacional. O titular do direito ou garantia, perde, dentro do jogo puramente epistolar, de pura correspondência entre Estado requerente e requerido, toda possibilidade de prevenir eventual gravame a seu direito: quando a rogatória se devolve, já pode estar o gravame irreparável ocasionado.[44]

Por essa razão é lícita a afirmação de que a Cooperação Judicial Penal Internacional deva ser realizada com a observância das garantias e dos direitos fundamentais do cidadão *concernido*, pois todas as vezes em que este não tomar conhecimento formal da solicitação de cooperação que lhe tem por objeto, resta inviabilizada a função preventiva do ordenamento jurídico, com especial relevância na matéria criminal. Nesta assustadora realidade, como ilustrativamente leciona Cervini:

> É como quando o juiz requerido devolvesse a rogatória, os direitos dos jurisdicionados fossem envolvidos dentro do segredo epistolar dos Estados.[45]

Desse modo, esperamos ter lançado alguns argumentos fomentadores do debate acerca da temática proposta no presente artigo, a qual, por certo, impõe a continuidade do estudo e da pesquisa, a serem abordados mais profundamente em textos futuros. Com efeito, cabe-nos enaltecer a relevância deste debate, pois das teses geradas e desenvolvidas na Academia, dependerão a salvaguarda dos direitos e das garantias dos cidadãos residentes no Mercosul, a partir das posturas (garantistas ou não) dos juízes criminais dos países que lhe integram.

Não resta nenhuma dúvida de que a sensibilização positiva da magistratura acerca da importância do exercício de seu papel limitador do exercício do *jus puniendi* estatal passa – grandemente – pelo processo de construção de uma conscientização responsável, a qual encontra inafastável berço nos bancos universitários.

---

[43] CERVINI, Raúl. Op. cit., p. 73-75.
[44] Id. , p. 76-78.
[45] Id. ibid.

— 18 —

Resgate necessário da humanização do processo penal contemporâneo

NEREU JOSÉ GIACOMOLLI

Doutor em Direito pela Universidade Complutense de Madri, Professor de Processo Penal na PUC/RS, vinculado à graduação e ao mestrado em Ciências Criminais, Desembargador no Tribunal de Justiça do RS.

Sumário: 1. Introdução – 2. Considerações sobre a dignidade do ser humano – 3. Reflexos no âmbito penal – 4. Conseqüências no processo penal – 5. Efeitos na execução penal – 6. Dignidade da pessoa humana e o denominado "Direito Penal do Inimigo" – 7. Conclusões – 8. Referências bibliográficas.

1. Introdução

A presente abordagem tem por objeto analisar a dignidade da pessoa humana no âmbito criminal. Nessa perspectiva introdutória, em face de sua amplitude, o trabalho pretende assentar algumas reflexões acerca da dignidade do ser humano. Para tanto, enfoca alguns reflexos no que diz respeito ao Direito Penal, ao Processo Penal e ao cumprimento da pena privativa de liberdade, mormente com o encarceramento. Em suma, o presente artigo pretende examinar algumas conseqüências da proteção da dignidade da pessoa humana no âmbito criminal, ainda que de maneira não-exaustiva.

Num primeiro momento, a análise assenta algumas considerações acerca da dignidade da pessoa humana para, posteriormente, abordar alguns aspectos referentes às especificidades no âmbito criminal, tanto na esfera material quanto instrumental, bem como do cumprimento da pena privativa de liberdade. Quando se fala em garantias, em risco e dignidade, não se pode olvidar de abordar o denominado "Direito Penal do Inimigo", cuja concepção totalitária sepulta a dignidade da pessoa humana. Ao final, serão delineadas as conclusões mais importantes acerca da exposição, incluindo as referências bibliográficas.

2. Considerações sobre a dignidade do ser humano

No plano internacional, a Declaração Universal dos Direitos do Homem preconiza que todos os seres humanos nascem livres e iguais, em dignidade e direitos. Entre nós, a Constituição Federal de 1988 erige a dignidade da pessoa humana como um dos fundamentos da República Federativa do Brasil (art. 1º, III, da CF).

O ser humano é dotado de dignidade por ser pessoa. Portanto, a dignidade não é um direito, mas a essência do ser humano, a qual exige compreensão e consideração. Sendo essência, não é algo acidental e nem cambiante conforme o tempo e o espaço, mas perene e inerente às pessoas, e não só à determinada pessoa, na medida em que sua trajetória terrena é limitada. Portanto, a natureza do homem não é cambiante; o que varia é a "perspectiva desta natureza no fundo histórico e social" (SODER, 1960, p. 9).

Assim, pode-se falar em respeito ou desrespeito ao ser humano, à dignidade humana, cuja conceituação jurídico-normativa está em constante construção e desenvolvimento, carecendo "de uma delimitação pela práxis constitucional" (SARLET, 2004, p. 113), tais como princípios opostos, regras de dignidade e condições de precedência (ALEXY, 2001, p. 107-109).

Das diversas dimensões da dignidade do ser humano, destaca-se o respeito à própria condição do ser que existe no plano biológico, cognitivo (mente, consciência, integridade psíquica e espiritual) e social (integração, vivência, participação na sociedade e no Estado) (CAPRA, 2002, p. 48 e 267). Viver dignamente ultrapassa o mero existir biologicamente. Por isso, o núcleo material, o mínimo existencial da dignidade da pessoa não se restringe aos bens e às utilidades para a subsistência física.

A fundamentação do Estado de Direito sob o pilar da dignidade da pessoa humana gera importantes efeitos jurídicos, inclusive no âmbito criminal, material e instrumental, ou seja, do Direito Penal e do Processo Penal. *Prima facie*, é possível afirmar que se veda a instrumentalização do ser humano, ou seja, de seu tratamento como objeto, como coisa, inclusive no âmbito criminal. Assim, o ser humano há de ser reconhecido, acima de tudo, como sujeito de direitos e não como mero sujeito de deveres, obrigações e encargos.

As esferas de dignidade são irrenunciáveis, pois o ser humano possui "um núcleo intangível de dignidade e autonomia" (SODER, 1960, p. 6) e mesmo a limitação a direitos fundamentais, mormente os individuais, não podem fragilizar a dignidade da pessoa, a ser verificada no caso concreto (SARLET, 2001, p. 120 e 126).Trata-se de base antropológica (CANOTILHO, 1988, p. 221 e 222), princípio fundante da ordem jurídica, fundamento de todos os direitos, garantias e deveres fundamentais (SARLET, 2004, p.107 e 108) que serve de suporte ao ordenamento jurídico, como limite invencível da interferência do poder (não--violação da dignidade – aspecto negativo, direito de defesa, não aceitação da violação) e como dever de proteção (promoção da dignidade – aspecto positivo e prestacional de respeito e efetivação). Portanto, inafastável, também, o seu caráter limitador da intervenção Estatal e como núcleo essencial dos direitos fundamentais, quando revestidos por tal entidade substancial, não comportando "o elemento nuclear intangível da dignidade" (Sarlet, 2001, p. 138), qualquer espécie de restrição.

A dignidade da pessoa se constitui na primeira barreira protetiva dos direitos fundamentais; no primeiro critério a impedir a restrição dos direitos fundamentais vinculados à dignidade da pessoa. E isso se aplica também ao legislador, pois, mesmo sendo "o representante direto da vontade popular, é, também ele, um potencial 'inimigo' das liberdades" (Vieira de Andrade, 2001, p. 213).

A pessoa não pode ser tratada como objeto, ser instrumentalizada pelas instâncias judiciais de atuação, mesmo sendo acusado ou condenado por uma infração criminal. O processo, a pena e o cárcere não podem servir de instrumento ou meio à degradação humana, ao aniquilamento da essência do ser, de sua qualidade humana.

Em face do princípio da dignidade da pessoa humana, é o Estado que opera em função do acusado, do apenado, e não este que se submete, silenciosamente, sem possibilidade de impugnação, ao Estado. O Estado existe em função do ser humano e não este em face do Estado ou, como refere Canotilho, é o Estado "que serve ao homem, não é o homem que serve aos aparelhos político-organizatórios" (Canotilho, 1988, p. 221).

Feitas essas considerações iniciais, passo a examinar alguns reflexos da proteção da dignidade da pessoa humana no âmbito criminal, ainda que de forma introdutória, de maneira não-exaustiva. Entretanto, já deixo assentado, nos apartados seguintes, a premissa de que a dignidade da pessoa humana, além de princípio fundante da ordem jurídica, como essência dos seres humanos, de base antropológica do Estado de Direito, de fundamento dos direitos e das garantias, se constitui no limite invencível de interferência penal e processual penal, em todas as suas etapas.

3. Reflexos no âmbito penal

No âmbito criminal é que emerge, mais cristalinamente, sempre que se estuda o Direito Penal e principalmente a pena, a relação entre o poder de intervenção estatal e a liberdade, num jogo dialético entre a soberania do Estado e os direitos humanos (Donna, 1992, p. 33).

Está superada no tempo a relação crime/pecado e pena/penitência, a justificativa moral ou religiosa do delito e da pena. Em face da *secularização* do direito e das instituições políticas, o delito e a pena passaram a ser entidades de pura criação artificial do Estado. Este, como receptor das forças dos cidadãos, cria tipos penais e comina penas. Por isso, "a aplicação da força nunca pode ser gratuita e nem irracional" (Prietro Sanchís, 2003, p. 263), mas há que se justificar racionalmente. Portanto, a pena deixou de ter o caráter de reabilitação religiosa e moral e, por representar um mal, uma violência, sua aplicação pelo Estado será legítima quando representar um mal menor (Prietro Sanchís, 2003, p. 271) ou quando os custos de sua intervenção forem menores que a "anarquia punitiva" (Ferrajoli, 1997, p. 336).

No momento em que a tipificação criminal comina uma pena privativa de liberdade, permite a ingerência no direito de liberdade e, até, o sacrifício completo desse direito, no momento da condenação. Por isso, não se pode dizer "que é ilegítima toda a restrição que possa atingir o conteúdo essencial de cada um dos direitos subjetivos individuais", devendo-se entender o conteúdo essencial não como referido ao direito mas ao preceito constitucional enquanto norma de valor e garantia (Vieira de Andrade, 2001, p. 297). Restaria violada a dignidade da pessoa quando a intervenção do legislador destruir ou restringir gravemente a liberdade física em geral. Nesses casos, segundo Vieira de Andrade, o legislador estaria ultrapassando o limite absoluto da dignidade humana (Vieira de Andrade, 2001, p. 297).

O respeito à dignidade da pessoa, no âmbito penal passa, necessariamente, pela minimização criminal da intervenção estatal em todas as esferas institucionais dos mecanismos intervencionistas.

Num primeiro momento, se faz necessário afastar as concepções de *política criminal* de que a intervenção estatal, criminalizando condutas, potencializando as penas existentes e diminuindo o âmbito de garantias, mormente na aplicação das penas, é a solução ao fracasso da intervenção do aparelho criminal do Estado; é a solução para os problemas econômicos, políticos e sociais do Estado. Observa-se que a política criminal desenvolve-se dentro dessa concepção. A solução encontrada ao crescente número de acidentes de trânsito, inclusive com mortes, foi a instituição da Lei 9.503/97, a qual foi concebida, pela grande mídia, como a solução definitiva para diminuir as infrações criminais. Como se uma lei mais grave, com o aumento da penalização, fosse capaz de acabar com os "seqüestros" no Brasil, editou-se a Lei 8.072/90, incongruente em suas próprias disposições. Ademais, foram necessários mais de dez anos para que o Supremo Tribunal Federal declarasse a inconstitucionalidade do regime fechado, de forma integral. Mesmo assim, os encarregados de preservar os direitos e as garantias da pessoa, pois o apenado, com a condenação, não perde a essência de ser humano, relutam em aplicar os efeitos dessa declaração aos demais apenados. Sucedem-se leis pontuais, tópicas, para satisfazer aos interesses político-partidários de plantão.

A reformulação passa, também, pela esfera estatal de *tipificação criminal*. A nossa parte especial do Código Penal remonta à década de quarenta e, apesar de algumas reformas pontuais, sua estrutura punitiva mantém a ideologia da época. Nessa linha, observamos o desequilíbrio na proteção de bens jurídicos. Além disso, toda a formação dos operadores jurídicos obedeceu ao paradigma da legitimação da reação penal sempre que houver ofensa ao bem jurídico. É certo que o bem jurídico é o norte estabelecido para justificar a intervenção do Direito Penal, mas este se legitima, ademais da dignidade do bem protegido, na necessidade (*ultima ratio*) e na intensidade (proporcionalidade) da reação penal.

Pune-se com mais severidade (um a quatro anos de reclusão e multa) um furto simples, um estelionato (um a cinco anos de reclusão e multa), que atingem a propriedade, do que certas ofensas à vida, como ocorre no homicídio culposo (pena de um a três anos de detenção), certas ofensas à integridade física, como ocorre com as lesões corporais leves (pena de três meses a um ano de detenção) e mesmo alguns crimes contra a assistência familiar. Com isso, observa-se um desequilíbrio na proteção de bens jurídicos, com uma supervalorização da propriedade. Como se isso não bastasse, estabeleceu-se a pena de multa para crimes contra o patrimônio, justamente praticados, em sua maioria, por pessoas que não têm condições para efetuar o pagamento. Com algumas exceções, a pena de multa é cominada aos delitos praticados por aqueles, mesmo raros, com condições econômicas para adimpli-la. Esse desequilíbrio na preservação de bens jurídicos verifica-se em várias situações da tipificação, como ocorre na mesma pena cominada ao estupro e às mais singelas condutas de atentado violento ao pudor (artigos 213 e 214 do Código Penal). Em casos tais, faz-se mister a realização de uma adequação típica, em face da justa proporcionalidade.

A previsão de *penas alternativas ou substitutivas* à pena privativa de liberdade, aplicada até quatro anos, integram a parte geral do Código Penal (artigos 43 a 48 do Código Penal), mediante a satisfação de uma série de outros requisitos subjetivos, cujo âmbito discricionário e paradigma de formação dos aplicadores, dificultam e impedem a implementação. A previsão no próprio tipo penal evitaria ou, pelo menos, diminuiria a esfera de discricionariedade e de intervenção somente pelo poder. Em muitas situações, uma reação penal idônea e proporcional, está na substituição da pena privativa de liberdade, mesmo além ou contrária às hipóteses do Código Penal.

Sem o escopo de esgotar o assunto, mas apenas de suscitar a discussão acerca do tema, passo a enfocar alguns aspectos da violação da dignidade da pessoa humana no âmbito do processo penal.

4. Conseqüências no processo penal

O processo penal é o instrumento de que se valem as partes e a própria atividade jurisdicional para que incida o *ius puniendi* ou para evitar a sua aplicação. Estabelece-se, no desenrolar do processo, uma situação processual de embate entre punição e liberdade. De um lado, o Estado (como regra) desenvolve atividades tendentes à incidência do *ius puniendi* e a defesa, em pólo antagônico, labora na preservação do *status libertatis* e/ou na diminuição das conseqüências da intervenção estatal. Nesse jogo dialético, o acusado é o sujeito que integra o processo, como regra, como a parte fragilizada pela carga acusatória estatal. Mesmo que toda a carga acusatória atinja o acusado, este continua sendo pessoa humana, sujeito processual e não objeto do processo; é sujeito de direitos e garantias processuais. Não se pode falar em processo constitucionalmente válido sem respeito à dignidade do acusado.

A superação da crise da *investigação criminal* não está na substituição do sujeito encarregado de conduzi-la, mas na adequação de suas regras à normatividade substancial da Constituição Federal e do respeito à integridade do suspeito, cujo tratamento há de obedecer ao respeito à sua dignidade de ser humano. A uma investigação deficitária seguem-se *denúncias* genéricas, sem clareza, objetividade, beirando ao abuso do poder de acusar,[1] não raras vezes calcadas na inutilidade superveniente, em face da ausência de ofensividade ou na extinção da punibilidade, mesmo com o advento de um juízo condenatório. Estas são recebidas sem análise da existência ou não dos requisitos legais a sua viabilização, em decisões automatizadas, sem motivação fática e/ou jurídica. O desrespeito à dignidade avança na ausência de *defesas* consistentes, na não-apresentação de razões ou contra-razões recursais defensivas, mesmo com a devida intimação, na deficiência instrutória dos hábeas corpus e das revisões criminais. O desrespeito à dignidade do acusado culmina com *sentenças* ou acórdãos deficientes, sem o enfrentamento de todas as teses suscitadas e sem a devida maturação a respeito da melhor solução ao caso concreto, assemelhando-se mais a uma produção em série do que resultado do sentir.[2]

As *ridicularizações processuais*, as ofensas pessoais, inclusive nos plenários dos Tribunais do Júri, ofendem a dignidade do acusado. A colocação de algemas quando o preso ou o acusado não oferecem qualquer risco processual ou de incidência do direito de punir, não é uma resposta digna do Estado, mas fragilizadora do ser humano. A utilização de algemas há de ser reservada às hipóteses necessárias à preservação da integridade do preso e das pessoas que o cercam. Quando o sujeito não representa nenhum perigo à normalidade da atuação do Estado, não se justifica tal providência.

A *prisão processual* é um dos problemas mais sensíveis do processo penal. Os encarregados do aparato repressivo criminal estatal ainda persistem na concepção de que a regra é a prisão, e a liberdade a exceção. Tal concepção se verifica pelos percentuais de presos provisórios no Brasil. Pelos dados do Departamento

---

[1] Numa Comarca do Rio Grande do Sul, um agricultor foi denunciado por ter, em janeiro de 2005, cometido dano ambiental, consistente em dirigir-se ao potreiro da vítima, amarrar uma corda no pescoço dos animais, "vindo a introduzir o seu pênis na vagina das novilhas, mantendo relação sexual com estas". Foi dado como incurso no artigo 32, *caput*, da Lei 9.605/98 (duas vezes). Reza o referido artigo: praticar ato de abuso, maus-tratos, ferir ou mutilar animais silvestres, domésticos ou domesticados, nativos ou exóticos. Pena de 3 meses a 1 ano de detenção.

[2] No ano de 2005, foram "julgados", no Rio Grande do Sul, 1.633.841 processos, por 765 magistrados (o levantamento inclui os Juizados Especiais Cíveis e Criminais). Cada magistrado "julgou" mais de 2.000 processos no ano de 2005; mais de 10 processos por dia útil de trabalho. Diante dessas cifras e das dezenas de despachos em cada processo e das audiências, é possível se falar em "julgamento"? De janeiro a junho de 2006, somente na sessão criminal do Tribunal de Justiça, em oito Câmaras Criminais (32 desembargadores), foram julgados 16.921 processos.

Penitenciário Nacional, em junho de 2006, dos 371.482 presos, 102.957, isto é, em torno de 30% eram presos provisórios, sem condenação definitiva. Isso demonstra o descumprimento do paradigma constitucional da prevalência da liberdade, da dignidade da pessoa sobre a prisão, a qual há de ser encarada como a *ultima ratio,* e não a primeira e única forma de resposta punitiva. Ademais, seguem-se concepções retrógradas de que o "flagrante prende por si só", quando este não se constitui em medida cautelar. Avolumam-se as prisões processuais carecedoras de uma motivação substancial e necessária.

O aumento do *peso acusatório* desequilibra o processo e ofende a dignidade do acusado. Isso se verifica na admissibilidade do assistente da acusação, na atuação *ex officio* do órgão julgador, tanto na gestão da prova quanto na iniciativa de encaminhar os autos à segunda instância, sem recurso do órgão acusador.

O princípio da dignidade da pessoa humana serve como limitador aos *meios de prova.* Nessa linha, embora o interrogatório seja essencialmente meio de defesa e não meio de prova, o acusado não pode ser obrigado a depor, mormente contra si próprio, e nem declarar perante órgãos persecutórios; menos ainda, ser conduzido aos juízos e Tribunais. Também, não há como coagir, sob pena de ofensa à dignidade da pessoa humana, por ingerência indevida, o acusado a submeter-se às intervenções corporais. Não pode ser olvidado, quando se fala em provas no processo penal e mormente quando a conclusão é um juízo condenatório, que o delito advém de condutas externas que necessitam de um substrato forte, de atos palpáveis e suscetíveis de provas manifestas (Bentham).

O nosso *sistema recursal* criminal há de ser adequado, inclusive no plano constitucional, aos diplomas internacionais, na direção da preservação da dignidade da pessoa humana, mormente do acusado absolvido em primeira instância e da manutenção da absolvição ou da situação mais favorável ao acusado, por um dos integrantes no juízo *ad quem,* ao apreciar a apelação. É que a Declaração Universal dos Direitos Humanos, assinada pelo Brasil em 10.12.1948, em seu artigo 8º estipula que "*toda pessoa* tem o direito a um recurso efetivo aos Tribunais Nacionais competentes..".. E, no artigo seguinte, preconiza o direito a ser ouvido por um Tribunal, a *toda pessoa.* Nessa mesma direção é o Convênio de Roma de 1950 (arts. 5º, nº 4, e 6º), o Pacto Internacional de Direitos Civis e Políticos de 1966, ratificado pelo Brasil em 24.01.1992 (arts. 9º, nº 4, 14, nº 1 e nº 5). A Convenção Americana de Direitos Humanos ou Pacto de São José da Costa Rica, de 1969, ratificada pelo Brasil em 25.9.1992, também estipula ser *da pessoa* o direito ao recurso (art. 8º, nº 2, letra "h"). No que se refere ao julgamento de apelação, *de lege ferenda* é de se dar como absolvido o réu quando um dos desembargadores votar no mesmo sentido do magistrado de primeira instância, na medida em que o empate, na tradição criminal, beneficia a defesa, admitindo-se a condenação, via recurso, somente quando a decisão foi unânime.

O cabimento da *revisão criminal* das decisões condenatórias, mesmo nos crimes dolosos contra a vida, é medida que preserva ou restabelece a dignidade da pessoa. Seu *status* é de inocente. Portanto, acima da soberania dos veredictos, a qual não é absoluta, está a preservação da dignidade da pessoa humana. Poderíamos argumentar, também, com a existência de outras possibilidades legais de alteração da decisão do Tribunal do Júri, como ocorre com o protesto por novo júri e com a própria apelação, hipóteses em que o erro judiciário não tem o caráter de evidência, como o emergente na revisão criminal. Portanto, é de admitir-se a reparação criminal e civil do erro judiciário, com juízo desconstitutivo e declaratório pelo órgão *ad quem*.

O modelo clássico de processo penal produz um resultado industrial, em série, de seres etiquetados, cunhados pela brasa do cárcere, que nele vão se apinhando. Essa produção industrial, em larga escala, incrementa a criminalidade e reproduz, de forma institucional, a violência.

O *locus* onde mais se evidencia o desrespeito à condição de pessoa é o da execução criminal, mais precisamente, no cumprimento da pena privativa de liberdade no cárcere. Por isso, o próximo capítulo produz algumas reflexões críticas a esse respeito.

5. Efeitos na execução penal

A abordagem parte da premissa de que, ao restringir a liberdade, o Estado assume o dever de proteção ao apenado, reduzindo seu âmbito de atuação, e de que a pena é um mal, motivo por que "necessita de razões justificantes de certo peso que permitam compensar sua original falta de legitimidade" (Prieto Sanchís, 2003, p. 262 e 263).

A evolução histórica da pena privativa de liberdade passou por várias etapas justificativas: vingança privada (lei do talião); vingança divina (os deuses queriam a punição); vingança pública (o Estado tomou para si o *ius puniendi*, com exclusividade). A crueldade das penas foi denunciada por Beccaria, inaugurando, na esfera criminal, um período chamado de humanitário. Não podemos olvidar os esforços do período denominado de científico, cujos avanços situam-se na proporcionalidade da punição com a espécie de crime, bem como a nova defesa social, com a concepção de pena como ressocialização e proteção da sociedade.

Com a pena privativa de liberdade, o corpo do apenado deixou de ser objeto de suplício, mas passou a ser objeto de manipulação, dominação e controle. Não só o corpo, mas a mente, consciência e a participação cidadã são apropriadas pelo Estado, quem procura transformá-las. No momento em que o apenado é tratado como coisa, como objeto, no momento em que se lhe retira a essência de ser humano, resta descaracterizado como pessoa, como pessoa digna.

O artigo 5º da Declaração Universal dos Direitos do Homem reza que ninguém será submetido a torturas, a penas ou a tratamento cruel, desumano ou degradante. No mesmo sentido é o Convênio Europeu à Proteção dos Direitos Humanos e das Liberdades Fundamentais, ou Convênio de Roma, de 1950, em seu artigo 3°, bem como o Pacto Internacional de Direitos Civis e Políticos de 1966, em seu artigo 7°, com o acréscimo, em seu artigo 10, expressamente, de que toda pessoa privada de sua liberdade será tratada humanamente e com o devido respeito à dignidade inerente ao ser humano.

A Convenção Americana de Direitos Humanos, em seu artigo 5°, n° 2, determina que ninguém será submetido à tortura, a penas ou a tratamentos cruéis, desumanos ou degradantes. Toda a pessoa privada da liberdade será tratada com o respeito devido à dignidade inerente ao ser humano. Especificamente sobre a tortura, definida como todo ato pelo qual são infligidos intencionalmente a uma pessoa penas ou sofrimentos físicos ou mentais, exceto quando conseqüências ou inerentes a uma medida legal, a Convenção Interamericana para Prevenir a Tortura, de 1985, ratificada pelo Brasil em 20.07.1989, conclama, em seu artigo 6°, a que os Estados tomem medidas efetivas para prevenir e punir outros tratamentos ou penas cruéis, desumanos ou degradantes.

O oitavo Congresso da ONU estabeleceu as denominadas "Regras de Tóquio", ou seja, regras mínimas sobre penas alternativas, com o intuito de evitar a aplicação desnecessária da pena de prisão. Nessa linha, a Resolução n° 16 do sexto Congresso das Nações Unidas recomenda a redução do número de reclusos e a adoção de medidas alternativas à pena privativa de liberdade

Nos termos do artigo 5°, XLVII, da Constituição Federal, não haverá penas de morte, penas perpétuas, de trabalhos forçados ou banimento, bem como penas cruéis.

Segundo dados do Departamento Penitenciário Nacional, no mês de junho de 2006, o número de presos no sistema prisional brasileiro era de 371.482, mas havia um déficit de 101.526 vagas. A simples análise deste dado, entre tantos outros, demonstra a impossibilidade de o apenado receber um tratamento digno no sistema carcerário brasileiro. Na realidade, após a condenação, o apenado é abandonado no cárcere, em todas as dimensões, mormente a jurídica e a de ser humano.[3]

Constantes são as violações à integridade física, moral e psicológica dos apenados, nos cárceres brasileiros, o que, inclusive, obrigou a interferência da Corte Interamericana de Direitos Humanos, na Penitenciária Dr. Sebastião Martins Silveira, em Araraquara, São Paulo, através de Resolução, em 30 de

---

[3] Em agosto de 2005 foi concedido um *Habeas Corpus* ao apenado que permaneceu durante 13 anos no Presídio Aníbal Bruno, em Recife (PE), preso ilegalmente, mediante um simples ofício, sem inquérito policial, sem processo, sem defesa e sem condenação. Segundo manifestações dos ministros do STJ, no julgamento do recurso de indenização, foi o "mais grave atentado à violação humana já visto na sociedade brasileira"; "foi simplesmente esquecido no cárcere, onde ficou cego de dois olhos e submetido aos diversos tipos de constrangimento moral"; "é o caso mais grave que já vi"; "mostra simplesmente uma falha generalizada do Poder Executivo, do Ministério Público e do Poder Judiciário"; "esse homem morreu e assistiu sua morte no cárcere"; "o pior é que não teve período de luto". O apenado, ao ser preso, era casado, tinha onze filhos; no presídio, contraiu tuberculose e ficou cego dos dois olhos. Ademais disso tudo, para obter uma indenização condizente, foi necessário chegar ao Superior Tribunal de Justiça. Certamente este não é o único caso de violação gravíssima da dignidade da pessoa humana no sistema carcerário, bem como pelo próprio Estado e por seus agentes que, via procrastinação recursal, ferem de morte a dignidade da pessoa.

setembro de 2006, em face da violação da dignidade dos apenados.[4] Dentre os vários requerimentos da Corte ao Estado de São Paulo, destaca-se o de número 3: "requer ao Estado que mantenha e adote as medidas que sejam necessárias para prover condições de detenção compatíveis com uma vida digna nos centros penitenciários em que se encontram os beneficiários das presentes medidas, o que deve compreender: a) atenção médica necessária, em particular àqueles que padecem de doenças infecto-contagiosas ou se encontram em graves condições de saúde; b) provisão de alimentos, vestimentas e produtos de higiene em quantidade e qualidade suficientes; c) detenção sem superpopulação; d) separação das pessoas privadas de liberdade por categorias; f) acesso e comunicação dos advogados defensores com os detentos".

A privação da liberdade da pessoa não significa renúncia ao tratamento digno. O Estado há de ser o primeiro a tornar eficazes os fundamentos constitucionais, mormente o da dignidade da pessoa. Retirar a liberdade do ser humano não significa ceifar a sua dignidade. O condenado continua sendo um ser humano digno de respeito a sua integridade, mesmo que não tenha respeitado, ao cometer o delito, a dignidade das outras pessoas. Estamos na esfera de atuação estatal, âmbito no qual não se admite a vingança privada e nem a pública, verificável na incidência desproporcional do *ius puniendi*.

Além das condições indignas dos cárceres brasileiros, a crise no processo de execução criminal é uma das mais importantes, no âmbito processual, fruto dos resquícios inquisitoriais e de um abandono jurídico e humano, sem precedentes. Segundo jurisprudência dominante nos Tribunais, o apenado que pratica uma falta grave sofre uma gama de sanções, administrativas e jurisdicionais, para além do *bis in idem*: isolamento, perda dos dias remidos, regressão de regime, alteração da data-base para futuros benefícios, além de não mais ostentar boa conduta carcerária.

Outra questão em que os Tribunais insistem em ignorar é a questão dos laudos para efeitos de progressão de regime e concessão do livramento condicional. Mesmo com a alteração da redação do artigo 112 da Lei de Execuções Criminais, os Tribunais insistem em sua exigência. O que se verifica é um processo de execução criminal sem a devida consideração jurídica; um abandono e descaso em todos os sentidos. Por que não ouvir o apenado? Por que não realizar audiência e admitir a produção de provas acerca da boa conduta carcerária? Por puro utilitarismo, para não alcunhar a conduta dos encarregados da execução criminal com outros termos, é que os requerimentos e as decisões se debruçam sobre os laudos, os quais, não raras vezes, são acolhidos cegamente. Mas como exigir-se

---

[4] Os fundamentos da Comissão Interamericana de Direitos Humanos para solicitar a intervenção da Corte Interamericana de Direitos do Homem foram: falta de separação de presos por categorias; deficientes condições sanitárias, físicas e médicas dos apenados; superpopulação; risco de contaminação pelos mais de cem presos com o vírus HIV/AIDS, tuberculose e pneumonia; falta de medidas eficazes do Estado. Em 1998, o Brasil foi denunciado na Comissão de Direitos Humanos da ONU, pela organização não governamental *Human Rights Watch*, devidamente autorizada para realizar a pesquisa em 70 países, em face das condições dos presídios brasileiros (Folha de São Paulo, de 17.03.98).

que o apenado "curou-se", "está apto ao retorno ao convívio social" se não recebeu tratamento e nem condições dignas de ressocialização? Ademais, o apenado não está obrigado a se submeter a tratamento penitenciário (psicológico e/ou psiquiátrico), salvo se o requerer, na medida em que há de ser respeitado como ser humano, em sua autonomia e individualidade, um direito a ser diferente.

No que tange aos regimes, convém sublinhar que, estabelecida determinada espécie de regime (semi-aberto, por exemplo), a forma progressiva/regressiva de cumprimento da sanção penal esbarra no limite estabelecido no processo de cognição. O marco da regressão foi estabelecido na sentença, pois, em face do delito praticado e das condições analisadas quando da aplicação da pena, o regime estabelecido foi o semi-aberto, e não um mais gravoso. Os fatos e as circunstâncias ocorrentes no cumprimento da pena poderão progredir o regime ao aberto e regredi-lo ao semi-aberto, mas não ao fechado. Isso se aplica também ao regime inicial aberto. Cometida falta grave, aplica-se uma das conseqüências penais, mas não a regressão. Como regredir além do regime fechado? Em face da segregação cautelar decretada, em outro delito, poderá o apenado, então, e só assim, submeter-se à segregação total.

Parece que o Estado e a sociedade estão acordando após o pesadelo de que o cárcere reeduca, ressocializa e evita que o criminoso volte a praticar delitos ou que outros os pratiquem. A pena privativa de liberdade, com o encarceramento, na atual situação carcerária, representa apenas uma retribuição ao crime cometido. Isso porque o sistema carcerário não oferece as mínimas condições de retorno ao convício social. Como ressocializar em condições carcerárias de não-socialização, de destruição, de desrespeito à dignidade da pessoa?

Constata-se que o réu não está sendo condenado somente à pena privativa de liberdade. Em determinadas condições, uma condenação ao cárcere também carrega uma condenação a contrair HIV, tuberculose e outras doenças que levam à degeneração ou até a morte.

Com o encarceramento se pretende corrigir a mente, a consciência e a alma. Mas o resultado é a destruição do corpo, da mente, da consciência e da alma. O controle e a subjugação ocorrem pela violência[5] e pela ameaça da sanção. Inclusive, pretende-se corrigir pela punição, pelo poder, e não pelo saber ou pelo exercício racional do poder. O tratamento pela violência cria reações internas, como os comandos organizados no interior dos presídios (PCC), com ramificações externas (ataques nas ruas de São Paulo).

---

[5] Em pesquisa de campo realizada pela mestranda Nycia Nadine Negrão Nassif, intitulada "Educação entre as Grades", defendida com êxito em 26.9.2006, na página 31 houve retratação da violência e tratamento desumano no cárcere, em que os agentes penitenciários da PASC, diante da greve de fome dos presos, fizeram um churrasco e expuseram a churrasqueira diante das galerias, fazendo com que o cheiro da carne assada invadisse as galerias. Além disso, degustaram a carne na frente das galerias. Também, nas páginas 31 a 32, a mestranda relatou o "desaparecimento" do lixo pertencente aos presos, o qual seria reciclado. O material reciclável foi encontrado "escondido" em uma sala. Em um dos casos estudados, a mestranda Simone Schoroeder, em sua dissertação intitulada "A Execução Penal, um Olhar a Partir da Proporcionalidade e da Dignidade da Pessoa Humana", defendida na Pontifícia Universidade Católica do Rio Grande do Sul, em 29.9.2006, relatou um caso de ofensa à dignidade da pessoa de um apenado, portador do vírus HIV, sabidamente com a resistência imunológica fragilizada, foi destinado ao trabalho de limpar a fossa de esgoto.

O sistema carcerário, por sua complexidade e de microssistema social, cultural e de poder, produz toda sorte de violência, tanto na linha vertical, do Estado e de seus agentes em relação ao apenado, quanto na linha horizontal, entre os próprios apenados. Este sistema carcerário transformou-se num barril de pólvora, sujeito, a qualquer momento, à explosão. Então, esse sistema, como consegue subsistir? Uma das teses situa-se na sobrevivência pela negociação, pelas variadas formas de acordos.

6. Dignidade da pessoa humana e o denominado "Direito Penal do Inimigo"

Tal expressão foi cunhada por Jakobs, em 1985, em seu escrito *Zeitschrift für die gesamte Strafrechtswissenschaft* e retomada em 1999, em palestra realizada em Berlim. Entretanto, esta concepção não é nova. No Direito Romano, o sujeito que cometia *perduellio* (traição à pátria) era considerado um inimigo da pátria e perdia a condição de pessoa. No Direito Penal medieval, precisamente nas ordenações européias, como as Afonsinas, Manoelinas e Filipinas, várias pessoas eram condenadas como inimigos da pátria, tais como os hereges, os apóstatas, os feiticeiros, os pederastas e os autores de crimes de lesa-majestade. Também, o totalitarismo nazista e bolchevique utilizaram o direito penal para eliminar seus "inimigos" judeus e não-arianos (nazismo de Hitler), burgueses e contra-revolucionários (bolchevismo de Lênin e Stálin) (Luisi, 2007, p. 112). Observamos, embora com menor intensidade, a ideologia do "Direito Penal do Inimigo" em toda legislação penal emergencial, inclusive no Brasil, como a Lei dos Crimes Hediondos e na denominada legislação penal de emergência ou tópica.

Essencialmente, tais ideologias totalitárias, contrárias ao Estado de Direito, ganhou espaço após os atentados de 11 de setembro de 2001 às Torres Gêmeas de Nova Iorque. Efetivamente, este marco de vulnerabilidade da superpotência incrementou uma política criminal norte-americana de intensa repressão (Chevigny).

Trata-se de ideologia autoritária e demoníaca, que prega a legitimidade de um direito penal voltado aos cidadãos comuns e outro direcionado aos inimigos, considerados não-pessoas, coisas, objeto, não mais seres humanos dignos. Essa nova concepção, capaz de agregar num mesmo ninho, o conservadorismo e o liberalismo penal, admite a criminalização prévia à ofensa ao bem jurídico, pois os "inimigos" são fontes de perigo que necessitam de neutralização; a elevação das penas, com antecipação da punição e a supressão ou relativização das garantias processuais.

O denominado "Direito Penal do Inimigo" abandona vários postulados básicos do Direito Penal e do Processo Penal, mormente o do"Direito Penal do fato" (punição do infrator pelo que ele fez e não pelo que ele é); os critérios de proporcionaliade e imputação (Cancio Meliá); o princípio humanitário, o princípio da legalidade e o devido processo legal. Já afirmei que, independentemente da gravidade da conduta do agente, este, há de ser tratado como indivíduo, como pessoa que praticou um delito, e não como um combatente, como um guerreiro, como um inimigo do Estado e da sociedade. A conduta, por mais desumana que pareça, não autoriza o Estado a tratar o ser humano como se fosse um irracional. O infrator não perde a condição de ser humano.

Trata-se, portanto, de uma concepção que legitima o terror penal, a tortura, as penas cruéis, a pena de morte e a descaracterização o ser humano. Também já afirmei que os paradigmas preconizados pelo "Direito Penal do Inimigo" mostram aos seus "inimigos", toda a incompetência Estatal, ao reagir com irracionalidade, ao diferenciar o cidadão "normal" do "outro". A excepcionalidade há de ser negada com o Direito penal e processual penal constitucionalmente previstos, na medida em que a reação extraordinária afirma e fomenta a irracionalidade. Sob pena de afrontar a dignidade do ser humano, a incidência do *ius puniendi* há de preservar as garantias constitucionais substanciais e formais. A supressão ou mesmo a relativização das garantias constitucionais despersonaliza o ser humano e fomenta a metodologia do terror, repressiva de idéias, de autores, e não de fatos.

Ademais, cabe perguntar, quem são os inimigos? Supressão ou relativização das garantias penais e processuais para quem?

7. Conclusões

O ser humano é dotado de dignidade por ser pessoa, constituindo-se, a dignidade, não em um direito, mas na essência do ser humano, a qual exige compreensão e consideração. A República Federativa do Brasil tem como um de seus fundamentos a dignidade da pessoa humana, elemento comum, núcleo essencial de todos os direitos fundamentais e "princípio" fundante de toda a ordem jurídica. Por isso, não é a pessoa que existe em função do Estado (meio), mas este que opera em função das pessoas (fim).

No âmbito criminal, a dignidade da pessoa humana indica que o suspeito, o acusado, o apenado, não podem ser tratados como simples objetos, como instrumentos do Estado. Tratar dignamente a pessoa acusada de uma infração criminal ou já condenada por um delito, é minimizar o seu sofrimento, na medida em que uma acusação criminal, o ser réu em um processo penal ou ser condenado criminalmente, por si só já produzem severas restrições física, psíquica e social ao ser humano.

O bem jurídico continua norteando a intervenção penal, mas um direito penal humanitário passa pelo respeito integral ao ser humano, com intervenções quando não existirem outras formas, menos gravosas, de reação estatal; quando o bem jurídico afetado se revestir de entidade suficiente a exigir a resposta criminal, bem quando esta for a menos danosa possível ao ser humano.

Ao restringir a liberdade, o Estado assume o especial dever de proteção da pessoa encarcerada, a qual, pela circunstância da restrição da liberdade ou da condenação, não perde e nem renuncia a sua condição de ser humano. Ademais, o juízo condenatório, por implicar a aplicação de uma pena, a qual é um mal, necessita de uma justificação probatória robusta, na medida em que se faz mister compensar a falta de legitimidade original da pena com justificativas sérias e de peso.

No âmbito do processo penal, a situação processual concretizada informa que o acusado, via de regra, é o sujeito fragilizado pelo poder acusatório, motivo por que, a dinâmica processual não pode instrumentalizar o ser humano, reduzindo-o a mero objeto do processo. Nessa perspectiva, o respeito à dignidade abrange toda a incidência do aparato criminal, desde a fase de investigação. O poder acusatório, os meios de prova, a prisão processual e as garantias dos remédios jurídicos, no Estado Democrático de Direito, hão de respeitar a dignidade da pessoa humana.

A atual situação carcerária no Brasil produz a destruição do corpo, da mente, da consciência e da alma do ser humano, pois o controle e a subjugação ocorrem pela violência e pela ameaça do poder e da punição, e não pela intervenção racional. É mais um *locus* produtor e reprodutor de violência, tanto na linha vertical, entre o Estado e seus agentes e os apenados, quanto horizontal, entre os próprios detentos.

O denominado "Direito Penal do Inimigo" representa uma ideologia totalitária e demoníaca, supressora do núcleo intangível da dignidade do ser humano, na medida em que não é tratado como pessoa, mas como inimigo, coisa, objeto. Essa concepção legitima a barbárie, a tortura, as penas cruéis, a pena de morte e a descaracterização do ser humano. A supressão ou mesmo a relativização das garantias penais e processuais despersonaliza o ser humano e fomenta a metodologia do terror, repressiva de idéias, de pessoas, e não dos fatos. Os defensores desta ideologia e dos que a pregam envergonham o Direito Penal e o Processo Penal contemporâneos.

8. Referências bibliográficas

ALEXY, Robert. *Teoría de los Derechos Fundamentales*. Madrid: Centro de Estudios Políticos y Constitucionales, 2001.

BECCARIA, Cesare. *De los Delitos y de las Penas*. Madrid: Alianza Editorial, 1997.

CANCIO MELIÁ, Manuel. "Direito Penal do Inimigo?", em *Direito Penal do Inimigo, noções e críticas* (Nereu José Giacomolli et al, tradução e organização). Porto Alegre: Livraria do Advogado, 2007.

CAPRA, Fritjof. *As Conexões Ocultas, Ciência para uma vida Sustentável*. São Paulo: Editora Cultrix, 2002.

CHEVIGNY, Paul. "Repressão nos Estados Unidos após o Ataque de 11 de Setembro", em *Revista Brasileira de Ciências Criminais*, nº 47, 2004, p. 386-407.

DONNA, Edgardo Alberto. *Teoría del Delito e de la Pena*. Buenos Aires: Astrea, 1992.

FERRAJOLI, Luigi. *Derecho y Razón*. Madrid: Trotta, 1997.

LUISI, Luiz. "Um Directo Penal do Inimigo: o direto penal soviético", em *Direito Penal em Tempo de Crise* (Lenio Luiz Streck, organizador). Porto Alegre: Livraria do Advogado, 2007.

PRIETO SANCHÍS, Luis. *Justicia Constitucional y Derechos Fundamentales*. Madrid: Trotta, 2003.

SARLET, Ingo Wolfgang. *A Eficácia dos Direitos Fundamentais*. Porto Alegre: Livraria do Advogado, 2004.

——. *Dignidade da Pessoa Humana e Direitos Fundamentais*. Porto Alegre: Livraria do Advogado, 2001.

SODER, José. *Direitos do Homem*. São Paulo: Companhia Editora Nacional, 1960.

VIEIRA DE ANDRADE, José Carlos. *Os Direitos Fundamentais na Constituição Portuguesa de 1976*. Coimbra: Almedina, 2001.